新中国民族教育理论概论

孟立军◎著

中国社会科学出版社

图书在版编目（CIP）数据

新中国民族教育理论概论/孟立军著．—北京：中国社会科学出版社，2018．3
ISBN 978－7－5203－2211－9

Ⅰ．①新…　Ⅱ．①孟…　Ⅲ．①少数民族教育—教育理论—概论—中国　Ⅳ．①G759．2

中国版本图书馆 CIP 数据核字(2018)第 052701 号

出 版 人　赵剑英
责任编辑　刘晓红
责任校对　李　莉
责任印制　戴　宽

出　　版　中国社会科学出版社
社　　址　北京鼓楼西大街甲 158 号
邮　　编　100720
网　　址　http：//www．csspw．cn
发 行 部　010－84083685
门 市 部　010－84029450
经　　销　新华书店及其他书店

印　　刷　北京明恒达印务有限公司
装　　订　廊坊市广阳区广增装订厂
版　　次　2018 年 3 月第 1 版
印　　次　2018 年 3 月第 1 次印刷

开　　本　710×1000　1/16
印　　张　20．75
插　　页　2
字　　数　339 千字
定　　价　96．00 元

序

新中国民族教育理论是新中国教育理论不可缺少的重要组成部分，是新中国成立以来极具特色的教育实践活动的探索与总结。这对于总结新中国民族教育理论的发展过程和指导民族教育的新实践，既有理论意义，又有实践意义。

作者首次对新中国民族教育理论进行了全面和系统的研究。大家知道，新中国民族教育理论源自民族教育的实践，又给民族教育的实践以有力的指导，既是新中国民族教育问题研究中重要的内容，也是广大民族教育工作者无穷创造力的真实体现。但由于各方面因素的影响，长期以来我们在这方面的研究相对滞后，不仅缺乏对新中国民族教育理论整体和系统的把握，也缺乏对新中国民族教育理论不同发展阶段及其相互关系的认识，这不能不说是我国民族教育理论研究和实践工作者的一件憾事。《新中国民族教育理论概论》的出版，填补了这项空白。

作者依据中国共产党领导全中国人民进行社会主义革命和建设的伟大实践活动以及各个时期的突出特点，依据新中国民族教育理论自身发展的整个过程和内在联系，确立体系，提出观点，独辟蹊径，自为一体。这项研究，为我们提供了一种研究新中国民族教育理论的新思路、新视角和新领域，是探索，也是创新。

《新中国民族教育理论概论》是作者长期从事民族教育理论教学和研究工作的又一重要成果。尽管此项成果还存在一些不尽如人意的地方，但作者在此项研究的过程中所表现出的全身心投入，以及对新中国民族教育理论研究的执着追求，体现了作者高度的政治责任感和使命感。该成果的问世，对于进一步繁荣我国民族教育理论的研究，推动我国民族教育实践的进一步发展，有着积极的促进作用。

民族教育，意义殊深，任重道远，需要更多的仁人志士为之呐喊，为之奋斗。我们希望有更多更好的研究成果问世，以繁荣我国民族教育的理论研究，推动民族教育事业伟大实践的健康发展。

吴仕民

2006 年 12 月

目　录

第一章　新中国民族教育理论的创立 …… 1

第一节　新中国民族教育理论创立阶段的实践条件 …… 1
一　影响民族教育理论创立的社会条件 …… 1
二　影响民族教育理论创立的思想条件 …… 5
第二节　新中国民族教育理论创立阶段的主要内容 …… 7
一　民族教育是民族的、科学的、大众的文化教育 …… 8
二　民族自治机关自主发展民族教育 …… 8
三　普遍大量地培养各少数民族干部 …… 11
四　保障少数民族受教育的平等权利 …… 16
五　采取特殊措施重点扶持民族教育事业 …… 19
六　教育工作必须充分照顾民族特点 …… 24
七　区分类型促进民族教育均衡发展 …… 29
八　根据本民族特点选择适当语文进行教学 …… 31
九　多层次多形式举办民族教育 …… 39
十　加强少数民族学生的思想政治教育 …… 42
十一　重视和加强对民族教育工作的领导 …… 44
十二　进一步加强民族地区教师队伍建设 …… 46

第二章　新中国民族教育理论的完善 …… 49

第一节　新中国民族教育理论完善阶段的实践条件 …… 49
一　影响民族教育理论完善的社会条件 …… 49
二　影响民族教育理论完善的思想条件 …… 52
第二节　新中国民族教育理论完善阶段的主要内容 …… 55
一　民族自治机关自主发展民族教育 …… 55

二 帮助民族自治地方加速发展教育事业 …………………… 57
三 加强各级各类学校的思想政治教育 …………………… 68
四 切实加强对民族教育工作的领导 ……………………… 75
五 因地制宜举办民族教育 ………………………………… 80
六 注重民族学生“双语”能力的培养 …………………… 86
七 民族教育要为民族地区的经济建设和社会发展服务 …… 92
八 要对民族文字教材建设给予足够的重视 ……………… 96
九 建立数量足且质量合格的少数民族教师队伍 ………… 99
十 为“四化”建设培养更多的少数民族干部 …………… 102
十一 民族学校要把教学作为经常性的中心工作 ………… 105
十二 民族院校要开展民族学和民族问题的研究 ………… 108
十三 对口支援民族地区的教育事业 ……………………… 108
十四 采取有力措施切实抓好中小学教育 ………………… 111

第三章 新中国民族教育理论的发展 ……………………… 113

第一节 新中国民族教育理论发展阶段的实践条件 ……… 113
一 影响民族教育理论发展的社会条件 …………………… 113
二 影响民族教育理论发展的思想条件 …………………… 117
第二节 新中国民族教育理论发展阶段的主要内容 ……… 119
一 加快少数民族教育事业的发展 ………………………… 119
二 从少数民族地区实际出发发展民族教育 ……………… 127
三 培养民族地区需要的各级各类人才 …………………… 133
四 在通用民族语言文字地区的学校开展“双语”教学 …… 136
五 发达地区对口支援民族地区发展教育事业 …………… 141
六 加强对民族教育工作的领导和支持 …………………… 144
七 民族学校要加强对教学工作的管理 …………………… 150
八 采取重点倾斜政策，加快民族教育改革 ……………… 154
九 切实加强各民族师生的政治思想教育 ………………… 160
十 推动少数民族和民族地区职业教育改革 ……………… 165
十一 民族教育要为当地人民群众的富裕文明服务 ……… 168
十二 多渠道、多层次培养民族地区教师队伍 …………… 170
十三 加强民族学校的科学研究工作 ……………………… 173

第四章　新中国民族教育理论的创新 …… 176

第一节　新中国民族教育理论创新阶段的实践条件 …… 176
一　影响民族教育理论创新的社会条件 …… 176
二　影响民族教育理论创新的思想条件 …… 180
第二节　新中国民族教育理论创新阶段的主要内容 …… 183
一　大力培养少数民族高层次骨干人才 …… 183
二　把发展学前教育摆在更加重要的位置 …… 189
三　切实做好少数民族人才的培养工作 …… 193
四　制定特殊倾斜政策促进民族教育的发展 …… 199
五　加强民族学校的教学管理工作 …… 204
六　做好民族学校学生的思想教育工作 …… 209
七　加快发展现代农村职业教育体系 …… 214
八　建设一支数量充足、结构合理、质量较高的教师队伍 …… 218
九　继续做好教育援助工作 …… 224
十　加强中小学的民族团结教育 …… 230
十一　因地制宜搞好“双语”教学及科研开发 …… 234
十二　加强党和政府对民族教育工作的领导 …… 239

第五章　新中国民族教育理论的深化 …… 250

第一节　新中国民族教育理论深化阶段的实践条件 …… 250
一　影响民族教育理论深化的社会条件 …… 250
二　影响民族教育理论深化的思想条件 …… 253
第二节　新中国民族教育理论深化阶段的主要内容 …… 258
一　加快发展民族教育事业 …… 258
二　继续做好少数民族干部的培养工作 …… 262
三　建立完善教师队伍建设长效机制 …… 268
四　民族团结是各族人民的生命线 …… 275
五　科学稳妥地推行“双语”教育 …… 282
六　全面提升各级各类教育办学水平 …… 286
七　切实提高少数民族人才培养质量 …… 294

八　教育援助是重要的政治任务 …………………………… 301
九　切实加强民族教育科学研究 …………………………… 307
十　切实加强对民族教育的组织领导 ………………………… 315

再版后记 ……………………………………………………… 324

第一章　新中国民族教育理论的创立

从1949年10月中华人民共和国成立到1977年8月党的第十一次全国代表大会，是新中国民族教育理论的创立期。民族教育理论在这一时期的实践特点是消除民族隔阂、实现各民族真正平等、创立新中国民族教育体系和制度、民族教育出现曲折发展态势等。

这期间，召开了中国人民政治协商会议第一次会议、中国共产党第八次全国代表大会、第四届全国人民代表大会第一次会议、第一次全国教育工作会议、第一次全国工农教育会议、全国文教工作会议和两次全国民族教育工作会议、四次全国民族学院院长会议，制定和颁布了《中国人民政治协商会议共同纲领》《中华人民共和国民族区域自治实施纲要》《中华人民共和国宪法》和《中学暂行教学计划（草案）》《政务院关于改革学制的决定》《中华人民共和国教育部直属高等学校暂行工作条例（草案）》《全日制中学暂行工作条例》《全日制小学暂行工作条例》《培养少数民族干部试行方案》《政务院关于建立民族教育行政机构的决定》等重要的法律、法规。所有这些，都对新中国民族教育理论的创立起到了重要作用。

正是在这些重要会议和重要实践中，才完成了新中国民族教育理论的奠基过程，形成了新中国民族教育理论创立期的核心内容。

第一节　新中国民族教育理论创立阶段的实践条件

一　影响民族教育理论创立的社会条件

1. 理论创立期的政治经济环境

中华人民共和国的成立，标志着“占人类总数四分之一的中国人从此站立起来了"[①]，中国已从半殖民地半封建社会进入了新民主主义社会，开始了向社会主义社会过渡的时期。我国社会主义制度的确立、民族教育实践的发展是新中国民族教育理论创立的政治经济条件。

旧中国的少数民族教育事业十分落后，大部分少数民族基本上处于资本主义前的社会发展阶段，有的还保留有奴隶制或原始公社制的残余，社会经济文化十分落后。绝大部分民族地区学校很少，现代教育几乎是一片空白，在过去内外反动派的压迫下，广大少数民族群众完全被剥夺了受教育的权利，得不到受教育的机会，"文盲"在人口中的比例很高，知识分子更是凤毛麟角。许多少数民族地区没有一所高等学校，许多民族地区没有一名大学生。[②] 中华人民共和国的成立，使广大少数民族群众在政治上得到了翻身解放，同时也获得了受教育的权利。

1949 年 10 月到 1956 年，是我国基本完成社会主义改造的七年。"党在这个过渡时期的总路线和总任务，是要在一个相当长的时期内，基本上实现国家工业化和对农业、手工业、资本主义工商业的社会主义改造。"[③] 这期间，我国实现了从新民主主义到社会主义的转变，迅速恢复了国民经济并开展了有计划的经济建设，基本上完成了对生产资料私有制的社会主义改造，同时对旧中国的教育科学文化事业进行了改造，从根本上改变了旧中国教育的半殖民地半封建性质，建立起为社会主义建设服务的文化教育。

1956 年中国共产党第八次全国代表大会对国内的主要矛盾进行了阐述：我们国内的主要矛盾，已经是人民对于建立先进的工业国的要求同落后的农业国的现实之间的矛盾，已经是人民对于经济文化迅速发展的需要同当前经济文化不能满足人民需要的状况之间的矛盾。这一矛盾的实质，在我国社会主义制度已经建立的情况下，也就是先进的社会主义制度同落后的社会生产力之间的矛盾。党和全国人民当前的主要任务，就是要集中力量来解决这个矛盾，把我国尽快地从落后的农业国变为先

---

① 1949 年 9 月 21 日毛泽东：《中国人民站起来了》，《毛泽东选集》第五卷，人民出版社 1977 年 4 月版，第 5 页。

② 俸兰主编：《新世纪我国民族教育发展研究》，民族出版社 2004 年 2 月版，第 135 页。

③ 1953 年 8 月毛泽东：《党在过渡时期的总路线》，《毛泽东选集》第五卷，人民出版社 1977 年 4 月版，第 89 页。

进的工业国。①

1957 年到 1966 年，是我国开始进行全面建设社会主义的十年。1957 年以后，“左”的思想逐渐在党内占据主导地位，出现了反对地方民族主义扩大化、“民族融合风”、取消民族语文，以致“文化大革命”的各种错误，给民族教育工作造成了很大的危害，民族教育工作成为“众灾区”的“重灾户”。②

1967 年到 1977 年，是“文化大革命”时期。这期间，教育事业发展遭到破坏和创伤，给教育战线带来了巨大的损失。这期间，我国民族教育受到来自“左”倾思潮“两个估计”的禁锢，受到“民族问题的实质是阶级斗争”的危害，受到否定民族特点和民族差别所造成的后果。

1963 年 1 月 29 日，周恩来在上海市科学技术工作会议上指出：“我们要正确认识科学技术现代化在社会主义建设中的重大意义。”“我们要实现农业现代化、工业现代化、国防现代化和科学技术现代化，把我们祖国建设成为一个社会主义强国，关键在于实现科学技术的现代化。”“实现科学技术现代化的主要要求是：实事求是，循序前进，相互促进，迎头赶上。”③

1975 年 1 月召开的第四届全国人民代表大会第一次会议提出了发展我国国民经济的两步设想：第一步，用 15 年时间，即在 1980 年以前，建成一个独立的比较完整的工业体系和国民经济体系；第二步，在 20 世纪内，全面实现农业、工业、国防和科学技术的现代化，使我国国民经济走在世界的前列。“我们要在 1975 年完成和超额完成第四个五年计划，这样就可以为在 1980 年以前实现上述的第一步设想打下更牢固的基础。从国内国际的形势看，今后的十年，是实现上述两步设想的关键的十年。在这个时期内，我们不仅要建成一个独立的比较完整的工业体系和国民经济体系，而且要向实现第二步设想的宏伟目标前进。”④

---

① 1956 年 9 月 27 日中国共产党第八次全国代表大会通过的《中共八大关于政治报告的决议》，http://www.gov.cn/test/2008-06/04/content_1005155.htm。

② 1981 年 2 月 16 日胡嘉宾在全国民族教育工作会议上的讲话，国家教委民族地区教育司：《少数民族教育工作文件选编（一）》，内蒙古教育出版社 1991 年 2 月版，第 125 页。

③ 1963 年 1 月 29 日周恩来：《建成社会主义强国，关键在于实现科学技术现代化》，《周恩来选集》下卷，人民出版社 1984 年 11 月版，第 412 页。

④ 1975 年 1 月 13 日周恩来：《向四个现代化的宏伟目标前进》，《周恩来选集》下卷，人民出版社 1984 年 11 月版，第 479 页。

2. 理论创立期的重要会议和重要文献

1949年9月21日至30日召开了中国人民政治协商会议第一次会议，会议通过的《中国人民政治协商会议共同纲领》，是中华人民共和国的临时宪法，其基本原则在1954年宪法中得到了确认和发展。1951年12月召开了中央民族事务委员会第二次委员（扩大）会议，讨论了《中华人民共和国民族区域自治实施纲要（草案）》。1954年9月召开了第一届全国人民代表大会第一次会议，会议通过了《中华人民共和国宪法》。1956年9月召开的中国共产党第八次全国代表大会，是在我国社会主义改造基本完成，党面临着新的形势和任务的情况下召开的，对国家经济和社会发展有着重大影响。会议提出社会主义制度已经基本建立，国内主要矛盾已经不再是工人阶级和资产阶级的矛盾，而是人民对于经济文化迅速发展的需要同当前经济文化不能满足人民需要的状况之间的矛盾。主要任务是发展社会生产力，实现国家工业化，逐步满足人民日益增长的物质和文化的需要。其中，“文化教育事业在整个社会主义建设事业中占有重要地位”。①

这期间，我国教育工作和教育法制建设取得重要进展。1950年8月1日，教育部颁布新中国第一个《中学暂行教学计划（草案）》。1951年10月1日，政务院公布实施《关于改革学制的决定》。1960年11月24日—12月12日，中共中央文教小组召开的全国文教工作会议，向中共中央写了《关于1961年和今后一个时期文化教育工作安排的报告》。1961年2月7日，中共中央批转了这个报告，提出当前文教工作必须贯彻执行“调整、巩固、充实、提高”的方针。1961年9月15日，中共中央批准试行《教育部直属高等学校暂行工作条例（草案）》，规定了高等学校的方针、任务和有关政策，指出高等学校的基本任务是贯彻党的教育方针，培养为社会主义建设所需要的各种专门人才。

由国家民委、教育部联合召开的两次全国民族教育工作会议和四次全国民族学院院长会议对民族教育理论创立起到了重要作用。

第一次全国民族教育工作会议于1951年9月20日至28日召开。会议讨论通过了《关于加强少数民族教育工作的指示（草案）》，对民族教育的方针、任务、内容和经费等基本问题作了原则性的规定。修正通过

① 高奇主编：《中国现代教育史》，北京师范大学出版社1985年11月版，第322页。

了《关于建立民族教育行政机构的决定》《培养少数民族师资的试行办法》《少数民族学生待遇暂行办法》三个文件草案，并就少数民族学校的教材编译、经费、文字等问题进行了座谈和广泛地交换了意见。会议还对今后若干年内的少数民族教育工作的目标勾勒出了一个大致的轮廓，使大家在思想上进一步明确起来，统一了认识，收到好的效果。① 第二次全国民族教育工作会议于 1956 年 6 月 4 日至 17 日召开。会议总结了新中国成立以来的民族教育工作，着重讨论和研究了民族教育“十二年发展规划”（1956—1967 年）。这一时期由于受“左”倾思潮的错误影响，民族教育发展速度有所延缓，主要表现在：在办学方式和学制、课程设置等方面照搬汉族地区的做法，忽视了民族和地区的特点；不重视使用民族语言文字，使少数民族学生的学习受到影响，挫伤了学生的学习积极性；浮夸风和形式主义做法有所蔓延，如牧区搞“马背小学”和“帐篷小学”，无法保证教学质量。②

第一次全国民族学院院长会议于 1955 年 6 月召开。这次会议提出了民族学院今后一个时期内应以提高在职少数民族区、乡干部和部分县级干部的政治水平、文化水平和业务水平为主。个别地区根据建设事业上的需要和学生来源可适当招收少数民族青年，施以一定的专业训练和文化科学教育，培养少数民族的各种专业干部和知识分子。第二次全国民族学院院长会议于 1958 年 2 月召开。会议明确提出了民族学院在相当长的阶段以培养政治干部为主，同时培养专业人才。规定民族学院基本上继续执行原有的办学方针。第三次全国民族学院院长会议于 1960 年 5 月召开。会议着重讨论了民族学院在贯彻党的教育方针中的经验和存在的主要问题。第四次全国民族学院院长会议于 1964 年 5 月召开。会议提出了民族学院是培养少数民族共产主义干部的学校，是革命的“抗大式”的学校。会议确定民族学院要把轮训和培养少数民族政治干部的工作列为首要任务。

二　影响民族教育理论创立的思想条件

1. 全面发展教育

中华人民共和国的文化教育为新民主主义的，即民族的、科学的、

---

① 1951 年 9 月 21 日马叙伦在第一次全国民族教育会议上的开幕词，国家教委民族地区教育司：《少数民族教育工作文件选编（一）》，内蒙古教育出版社 1991 年 2 月版，第 33 页。

② 俸兰主编：《新世纪我国民族教育发展研究》，民族出版社 2004 年 2 月版，第 137 页。

大众的文化教育。人民政府的文化教育工作，应以提高人民文化水平、培养国家建设人才、肃清封建的、买办的、法西斯主义的思想、发展为人民服务的思想为主要任务。提倡爱祖国、爱人民、爱劳动、爱科学、爱护公共财物为中华人民共和国全体国民的公德。① 普通中学的宗旨和培养目标是使青年一代在智育、德育、体育、美育各方面获得全面发展，使之成为新民主主义社会自觉的积极的成员。②

"我们的教育方针，应该使受教育者在德育、智育、体育几方面都得到发展，成为有社会主义觉悟的有文化的劳动者。"③ 要使全体青年们懂得，我们的国家现在还是一个很贫穷的国家，并且不可能在短时间内根本改变这种状态，全靠青年和全体人民在几十年时间内，团结奋斗，用自己的双手创造出一个富强的国家。社会主义制度的建立给我们开辟了一条到达理想境界的道路，而理想境界的实现还要靠我们的辛勤劳动。④ "教育为无产阶级的政治服务，教育与生产劳动相结合。"⑤

2. 各民族享有平等的权利和义务

新中国民族理论的制定和完善也是影响民族教育理论形成的重要因素，并对民族教育的基本理论起着重要的指导作用。这些理论包括：新中国是统一的人民民主专政的社会主义国家，各民族享有平等的权利和义务，各少数民族聚居地区实行民族区域自治，发展语言文字等文化教育事业，保持或改革风俗习惯及宗教信仰的自由，建立平等、团结、互助、共同发展的民族关系，帮助各少数民族发展其经济、文化、教育事业，普遍大量地培养各少数民族干部，切实加强对民族工作的领导等主要理论和观点。

正是上述来自多方面的重要影响，才使新中国民族教育理论自创立之初，便遵循了列宁、斯大林所阐述的民族教育的一般原理，并在此基础上，从我国实际情况出发，走出了一条具有中国特色的发展民族教育

① 1949 年 9 月中国人民政治协商会议第一届全体会议通过《中国人民政治协商会议共同纲领》，https：//baike. so. com/doc/5342030 – 5577473. html。

② "教育方针"，https：//baike. so. com/doc/6129345 – 6342505. html。

③ 1957 年 2 月 27 日毛泽东：《关于正确处理人民内部矛盾的问题》，《毛泽东选集》第五卷，人民出版社 1977 年 4 月版，第 385 页。

④ 同上书，第 386 页。

⑤ "1958 年 9 月 19 日中共中央、国务院发出《关于教育工作的指示》"，http：//cpc. people. com. cn/GB/64162/64165/70293/70312/4830733. html。

的新路，创立了一套符合中国国情的民族教育理论。这一理论既体现了教育的一般原则和发展规律，又根植于我国民族教育实践的土壤中，具有鲜明的中国特色和时代气息。我国民族教育理论具有其特殊性，它是对马克思主义民族教育理论的继承和发展。

3. 培养少数民族干部的思想

列宁曾对社会主义民族理论和教育理论进行过多方面的探讨，成功地解决了社会主义时期民族、教育的一系列重大理论问题。列宁关于从本阶级队伍中选拔管理人员，关于在处理民族问题上要有更多的灵活性，关于应当允许民族地区使用民族语言进行教学，以及关于建立民族地区人民群众拥戴的、能坚持社会主义道路的、能代表各民族根本利益的苏维埃政权的思想，都从不同的侧面对社会主义民族理论，特别是民族教育的理论进行了阐述。列宁的上述思想，是社会主义民族教育理论的主要支点，是斯大林社会主义民族教育思想的理论来源，对社会主义民族教育理论的创立起到了奠基作用。

我党十分重视干部的培养工作。“没有多数才德兼备的领导干部，是不能完成其历史任务的。”“政治路线确定之后，干部就是决定的因素。因此，有计划地培养大批的新干部，就是我们的战斗任务。”① 1942 年 2 月《中共中央关于在职干部教育的决定》也曾指出：在目前条件下，干部教育工作在全部教育工作中的比重，应该是第一位的。而在职干部教育工作在全部干部教育工作中的比重，也应该是第一位的。如不把干部教育工作看得特别重要，把它放在全部教育工作中的第一等地位，就会犯本末倒置的错误。②

第二节　新中国民族教育理论创立阶段的主要内容

我国民族教育理论主要反映在我国《宪法》《民族区域自治法》等法

① 1938 年 10 月 14 日毛泽东：《中国共产党在民族战争中的地位》，《毛泽东选集》第二卷，人民出版社 1991 年 6 月版，第 526 页。

② 1942 年 2 月 28 日中共中央：《关于在职干部教育的决定》，http：//marxists. anu. edu. au/chinese/maozedong/1968/2 - 139. htm。

律文件以及国家有关政府部门制定的政策性文件中，其主要内容包括以下几个方面：

一　民族教育是民族的、科学的、大众的文化教育

1. 民族教育方针与《中国人民政治协商会议共同纲领》文教政策具有一致性

中国人民政治协商会议全体会议通过的《中国人民政治协商会议共同纲领》规定："中华人民共和国的文化教育为新民主主义的，即民族的、科学的、大众的文化教育。"人民政府的文化教育工作，应以提高人民文化水平，培养国家建设人才，肃清封建的、买办的、法西斯主义的思想，发展为人民服务的思想为主要任务。

各少数民族教育内容也必须是新民主主义的，即民族的、科学的、大众的文化教育，而不能是其他性质的教育。①

2. 民族教育方针应该根据各民族的实际情况分别决定

虽然民族教育方针与《中国人民政治协商会议共同纲领》文教政策具有一致性，即民族教育内容是民族的、科学的、大众的文化教育，但与《中国人民政治协商会议共同纲领》文教政策相比，又包含有特殊内容。正是由于制定少数民族教育的方针有其特殊性，应当"依据这个总方针，并结合各民族的特点，以新民主主义为内容，采取适合于各该民族发展的形式的人民教育"。

由于现阶段各地区少数民族教育的发展很不平衡，民族与民族之间，地区与地区之间，有着很大的差别。因而"少数民族教育工作的方针，就应该根据各民族的实际情况分别决定，在各民族文教事业现有的基础上，配合政治、经济建设的需要逐步地发展、改造和提高。"② 只有这样，指导民族地区教育工作的方针才能很好地和各民族教育的实际结合起来。

二　民族自治机关自主发展民族教育

1. 按照聚居人口多少和区域大小建立民族区域自治机关

列宁曾论述过居民生活习惯或民族成分不同的区域应当享有广泛自主和自治的思想。列宁一直十分关心民族地区的政权建设，认为这一问

① 1951年9月21日马叙伦在第一次全国民族教育会议上的开幕词，国家教委民族地区教育司：《少数民族教育工作文件选编（一）》，内蒙古教育出版社1991年2月版，第29页。

② 同上书，第29—30页。

题关系到民族地区各项事业的发展和前途，是非常重要的政治问题。十月革命前他就指出："要是各民族工人不在一切工人组织中结成最亲密的联盟，无产阶级就不能进行争取社会主义的斗争和维护自己的日常经济利益。"① 他在给民族地区党员的信中指出："高加索各民族的工人和农民之间的民族和平是非常重要的，而更加重要得多的是保持和发展作为向社会主义过渡的阶梯的苏维埃政权。"② 他认为，在社会主义制度下，"凡是国内居民生活习惯或民族成分不同的区域，都应当享有广泛的自主和自治，其机构则用普遍、平等、秘密的投票方式来建立。"③ 列宁对社会主义国家处理少数民族事务的一般原则、民族地区政权建设的思想以及民族地区政权组成人员的构成形式等思想，为解决社会主义时期民族问题，特别是解决民族地区政权构成的问题指明了方向。

我党在新民主主义革命时期就十分重视民族地区的政权建设问题。1938 年 9 月，毛泽东在党的六届六中全会的报告中详细谈到抗日战争时期的民族工作，其中就包括少数民族享有自己管理自己事务之权。抗日战争时期，党在陕甘宁边区进行了民族自治的实践，在属于边区的定边、曲子、伊克昭盟、正宁等县先后建立了一批回族和蒙古族的自治区、乡。少数民族在这些地方选举本民族的干部，自己管理自治区、乡内的事务。中央西北工作委员会、陕甘宁边区少数民族事务委员会等民族工作机构也开始建立。解放战争伊始，党提出了《和平建国纲领草案》，主张在少数民族区域应承认各民族的"自治权"。1947 年 5 月建立的内蒙古自治区是我国第一个完全意义上的民族自治区，它的建立为在我国全面实施民族区域自治制度提供了经验。④ 新中国成立后，国家又于 1950 年 11 月建立了西康省藏族自治区，这是我国建立的第一个相当于省辖市的自治地方。1955 年 10 月建立了新疆维吾尔自治区，1958 年 3 月建立了广西壮族自治区，1958 年 10 月建立了宁夏回族自治区。到 1958 年年底，全国 15 个省区建立民族自治地方 87 个，其中 4 个省一级的自治区、29 个自治

---

① 1913 年 6 月列宁：《民族问题提纲》，《列宁全集》第 19 卷，人民出版社 1959 年 2 月版，第 238 页。

② 1921 年 4 月 14 日列宁：《给阿捷尔拜疆、格鲁吉亚、阿尔明尼亚、达格斯坦、哥里共和国共产党员同志们的信》，《列宁全集》第 32 卷，人民出版社 1958 年 9 月版，第 305 页。

③ 1931 年 6 月列宁：《民族问题提纲》，《列宁全集》第 19 卷，人民出版社 1959 年 2 月版，第 239 页。

④ 铁木尔·达瓦买提：《解决中国民族问题的成功之路》，《人民日报》2001 年 6 月 29 日。

州、54 个自治县（旗）。[①] 民族区域自治由此成为我国解决民族问题的基本政治制度和政策。

1949 年中国人民政治协商会议筹备期间，中央正式确定中国实行统一国家条件下的民族区域自治制度。《中国人民政治协商会议共同纲领》规定："各少数民族聚居的地区，应实行民族的区域自治，按照民族聚居的人口多少和区域大小，分别建立各种民族区域自治机关。凡民族杂居的地方及民族自治区内，各民族在当地政权机关中均应有相当名额的代表。"《中华人民共和国宪法》，也对实施民族区域自治作了更为详尽的规定。

2. 民族自治机关采取必要和适当办法发展民族教育事业

各民族自治区自治机关必须采取必要的和适当的办法，发展各民族的文化、教育等事业。[②]《中华人民共和国宪法》指出："自治机关可以依照当地民族的政治、经济和文化的特点，制定自治条例和单行条例，报请全国人民代表大会常务委员会批准。"[③] 实践证明：在我们这样一个人口众多、底子薄、经济发展水平低的大国中，"发展民族教育，同发展任何革命事业一样，一定要把国家的支援和少数民族地区的自力更生正确地结合起来，充分调动少数民族地区的地方、厂矿企业和社队的积极性，调动广大干部、群众的积极性，实行国家办学和厂矿企业、集体办学'两条腿走路'的方针。"如果"没有地方的积极性，少数民族教育也上不去。"[④]

民族自治地方自主地发展民族教育，符合民族地区教育事业发展的一般规律性。尽管事物的发展是多种因素相互作用、相互影响的结果，事物的发展存在多种发展模式和发展趋势，甚至许多偶发因素也构成决定事物发展的主要因素，但从事物发展的最终动因来分析，事物发展的根本原因在于事物的内部而不在于事物的外部。自主地发展民族教育，

① 《当代中国》丛书编辑部：《当代中国的民族工作》（上），当代中国出版社 1993 年 3 月版，第 91 页。

② 1952 年 2 月 22 日政务院第 125 次政务会议通过的《中华人民共和国民族区域自治实施纲要》，《民族政策文献汇编》，人民出版社 1953 年 1 月版，第 167 页。

③ 1954 年 9 月 20 日第一届全国人民代表大会第一次会议通过的《中华人民共和国宪法》，《民族政策文件汇编》（第二编），人民出版社 1958 年 4 月版，第 2 页。

④ 1981 年 2 月 16 日臧伯平在第三次全国民族教育工作会议上的讲话，国家教委民族地区教育司：《少数民族教育工作文件选编（一）》，内蒙古教育出版社 1991 年 2 月版，第 115 页。

是实现民族自治地方民族教育发展的基本内部条件，是对民族教育发展起决定性作用的因素。

强调民族自治地方发展民族教育的自主性，在理论上解决了民族教育发展地方课程的动力问题，使民族教育的发展建立在了现实发展的基础上，是民族教育理论的最本质的内容。民族教育只有最大限度地自主发展，才能实现民族教育最大限度的发展与繁荣。

三　普遍大量地培养各少数民族干部

1. 迅速有计划地训练大批干部

斯大林认为，迅速培养少数民族干部是民族教育的基本任务之一和建立各民族苏维埃自治共和国的重要保障。斯大林曾分析过实现苏维埃自治道路上的障碍问题：障碍之一“是边疆地区十分缺乏当地出身的知识分子，苏维埃和党的所有一切工作部门都缺乏指导员”，这一问题的存在，“不能不阻碍边疆地区的教育工作和革命建设工作”。[①] 民族地区由于缺少当地出身的知识分子，使设立本民族语言的本民族学校、法院、行政机关和其他机关都极端困难。因此，要迅速培养当地出身的干部，为民族地区“一切管理部门培养当地人的指导干部”[②]，使民族地区的一切苏维埃机关“尽可能由熟悉当地居民生活方式、风俗、习惯和语言的当地人组成”。[③] 这样，“才能在群众和政权之间建立不可摧毁的精神联系”[④]，使苏维埃政权成为苏联边疆地区人民群众所亲近和爱戴的政权，成为他们所了解的政权。斯大林从实行民族自治的高度强调了民族教育的特殊意义，没有合格的民族干部就没有民族自治。民族教育的基本任务就是培养适应民族地区工作需要的少数民族干部。

我党也十分重视少数民族干部的培养提高工作。在第一次和第二次国内革命战争时期，党在培养少数民族干部、动员少数民族群众参加革命运动、争取自身的解放等方面也开展了卓有成效的工作。抗日战争时期，中央党校、西北工委、陕北公学等开办的各种少数民族学习班，使

---

① 1920年10月10日斯大林：《苏维埃政权对俄国民族问题的政策》，《斯大林全集》第4卷，人民出版社1956年8月版，第319页。

② 同上。

③ 同上书，第317页。

④ 同上书，第317—318页。

大批少数民族干部得到了培训。[①] 1948 年《中共中央关于九月会议的通知》中就曾指出："夺取全国政权的任务，要求我党迅速地有计划地训练大批的能够管理军事、政治、经济、党务、文化教育等项工作的干部。"[②] 东北军政大学（前身是抗日军政大学）就办有两个分校，专门培养蒙古族和朝鲜族的军政干部。[③] 1951 年 2 月 18 日，毛泽东在为中共中央政治局扩大会议决议起草党内通报中指出："认真在各少数民族中进行工作，推行区域自治和训练少数民族自己的干部是两项中心工作。"[④]

新中国成立后，民族干部培养工作逐步纳入正规化的轨道。为了国家建设、民族区域自治与实现共同纲领、民族政策的需要，从中央至有关省县，应根据新民主主义的教育方针，"普遍而大量地培养各少数民族干部。"[⑤] 各大行政区应计划争取在两三年内将区级及营连级以上干部送中央和在当地轮训一遍。中央民族学院的任务是为国内少数民族实行区域自治以及发展政治、经济、文化建设培养高级和中级的干部。[⑥]

培养少数民族干部是开展少数民族地区各项建设事业的中心环节，是少数民族教育工作的首要任务。培养民族干部的目的在于满足各民族政治、经济、文化教育建设的需要。[⑦]

2. 开办少数民族干部训练班和干部训练学校

新中国成立初期，培养少数民族干部是民族工作的一项中心任务。1949 年 11 月 14 日，毛泽东指示西北各省委及一切有少数民族存在地方的地委，都应开办少数民族干部训练班和干部训练学校。并指出："要彻底解决民族问题，完全孤立民族反动派，没有大批从少数民族出身的共产主义干部，是不可能的。"[⑧]

---

① 铁木尔·达瓦买提：《解决中国民族问题的成功之路》，《人民日报》2001 年 6 月 29 日。

② 高奇主编：《中国现代教育史》，北京师范大学出版社 1985 年 11 月版，第 283—284 页。

③ 同上书，第 286 页。

④ 1951 年 2 月 18 日毛泽东：《中共中央政治局扩大会议决议要点》，《毛泽东选集》第五卷，人民出版社 1977 年 4 月版，第 37 页。

⑤ 1950 年 11 月 24 日政务院：《培养少数民族干部试行方案》，国家教委民族地区教育司：《少数民族教育工作文件选编（一）》，内蒙古教育出版社 1991 年 2 月版，第 25 页。

⑥ 同上。

⑦ 1951 年 11 月 23 日马叙伦在政务院第 112 次政务会议上的讲话，国家教委民族地区教育司：《少数民族教育工作文件选编》，内蒙古教育出版社 1991 年 2 月版，第 37 页。

⑧ 国家教委民族地区教育司：《少数民族教育工作文件选编（一）》，内蒙古教育出版社 1991 年 2 月版，第 73 页。

1949 年 9 月至 12 月，为了培养西北地区从事民族工作的干部，西北局举办了回民干部训练班。1950 年 2 月，为了培养藏族干部，中央民族事务委员会在北京创办了藏民研究班。2 月 1 日，朱德副主席参加了开学典礼。4 月 22 日，周恩来总理作报告。①

各民族的军事干部，在初期一般也送到政治学校或政治训练班学习，同时逐步准备在军事学校开设民族班的条件。② 各民族学院分长期、短期两种班次。短期政治训练班学习时间为 4—6 个月，“招收各民族中相当于县级科长和区长以上的各种工作人员以及军队营级以上的干部，或在县以上范围内的爱国民主人士”；对个别民主人士如不适于一般训练方式，可采取较为灵活的教学方法，并缩短训练期限。长期班学制两年，“培养各民族的革命骨干”。③

为此，将原新疆学院改称民族学院。在北京设立中央民族学院和在西北、西南、中南分别设立中央民族学院西北分院、西南分院和中南分院，在有必要时还可增设。同时还要求有关省设立民族干部学校，有关专员区或县根据客观条件和实际需要，设立各种类型的临时性质的民族干部训练班。

3. 培养普通政治干部为主，迫切需要的专业与技术干部为辅

民族学院少数民族干部的培养工作，要以“培养普通政治干部为主，迫切需要的专业与技术干部为辅。”④ 民族学院从 20 世纪 50 年代初创建到“文化大革命”前的十五六年中，始终遵循“培养政治干部为主，专业技术干部为辅”的办学方针，造就了一大批民族地区急需的少数民族干部。

4. 培养相当数量兼通民族语文和汉民族语文的干部

“语文系招收高中毕业以上的志愿做少数民族工作的汉族学生及有相当学历的少数民族学生，专修各少数民族语文，两年毕业”。⑤ 培养相当

---

① 国家民委教育司：《新时期民族教育工作手册》，中央民族学院出版社 1991 年 10 月版，第 364 页。

② 1950 年 11 月 24 日政务院：《培养少数民族干部试行方案》，国家教委民族地区教育司：《少数民族教育工作文件选编（一）》，内蒙古教育出版社 1991 年 2 月版，第 25 页。

③ 1950 年 11 月 24 日政务院：《筹办中央民族学院试行方案》，国家教委民族地区教育司：《少数民族教育工作文件选编（一）》，内蒙古教育出版社 1991 年 2 月版，第 27 页。

④ 1950 年 11 月 24 日政务院：《培养少数民族干部试行方案》，国家教委民族地区教育司：《少数民族教育工作文件选编》，内蒙古教育出版社 1991 年 2 月版，第 25 页。

⑤ 1950 年 11 月 24 日政务院：《筹办中央民族学院试行方案》，国家教委民族地区教育司：《少数民族教育工作文件选编（一）》，内蒙古教育出版社 1991 年 2 月版，第 27 页。

数量的兼通本民族语文和汉民族语文的干部。

培养为少数民族地区服务的干部应尽量吸收知识分子，提高旧的，培养新的。同时，必须培养适当数量志愿做少数民族工作的汉民族干部，以便帮助各少数民族的解放事业与建设工作。[①]

5. 注意帮助少数民族培养自己的科学技术干部和管理干部

列宁曾阐述过通过先进阶层实现全体居民参加管理的重要思想。列宁在俄共（布）第八次全国代表大会上关于党纲报告指出，俄国十月革命后急需各类干部。十月社会主义革命做到了世界上任何一个国家都没有做到的事情，它彻底地摧毁了"官僚主义的和资产阶级压迫者的机构"，彻底改变了国家机关的性质。但由于缺乏具有较高文化水平的人才，使那些沙皇时代的官僚们又渐渐地转入到了苏维埃机关，"把他们赶出了大门，他们又从窗户里钻进来"，致使官僚主义现象仍在苏维埃政权中存在着。要彻底地进行反对官僚主义斗争，从根本上战胜官僚主义，"只有当全体居民都参加管理工作时"[②] 才能实现。在这一点上，哪怕是最好的资产阶级共和国也是办不到的。在那里有着无数法律上的障碍，劳动群众参加管理工作是不可能的事情。

社会主义制度的建立，虽然为全体居民参加管理提供了可能，但由于居民文化水平的限制，以至于"还没有达到使劳动群众能够参加管理的地步"。[③] 苏维埃虽然在纲领上是通过劳动群众来实现管理的机关，但实际上却是通过无产阶级先进阶层来代替全体劳动群众实行管理的，即国家机关是由先进阶层组成的机关。它代表劳动群众的根本利益，为劳动群众的根本利益服务。要解决劳动群众直接管理这一问题，只有通过长期的教育才能解决。这正如列宁所指出的："只有用比以前大得多的规模把无产阶级和农民组织起来，同时真正实行吸收工人参加管理的种种办法"[④] 才能做到。不难看出，通过教育提高人民群众的文化水平是苏维埃政权面临的十分迫切的任务。

---

① 1950年11月24日政务院：《培养少数民族干部试行方案》，国家教委民族地区教育司：《少数民族教育工作文件选编》，内蒙古教育出版社1991年2月版，第25页。

② 1919年3月19日列宁：《关于党纲的报告》，《列宁全集》第29卷，人民出版社1956年7月版，第156页。

③ 同上。

④ 同上书，第157页。

为了解决苏维埃政权建设中急需高文化素质干部的问题，列宁认为面临着两个重要任务，即改造资产阶级的人才和积极地培养本阶级的管理人才。“要善于吸取、掌握、利用先前的阶级的知识和素养，为本阶级的胜利而运用这一切。”① 要改造封建主。此外，也是更重要的，就是要以极大的努力来培养苏维埃政权建设需要的干部。他认为，“应当从本阶级队伍中选拔自己的管理人员”，“要运用全部国家机构，使学校教育、社会教育、实际训练等等，都在共产党员领导之下，为无产者、为工人、为劳动农民进行工作”。② 列宁从本阶级队伍中选拔自己管理人员的思想，解决了教育与巩固苏维埃政权的关系问题，是社会主义民族教育理论的重要理论基石。

新中国也特别强调“注意帮助少数民族形成自己的工人阶级，培养自己的科学技术干部和企业管理干部。只有这样，少数民族在各方面的发展才能比较快地达到现代的水平。”③

6. 让少数民族毕业生到少数民族地区或有关民族事务业务部门工作

20 世纪 50 年代，随着民族工作的开展，各少数民族地区迫切地需要干部，尤其是少数民族干部。中央人民政府政务院规定，除应继续有计划地动员必要数量的汉族干部和毕业学生做少数民族工作外，还应注意对少数民族毕业生作合理的分配。对大学、专门学院、中等技术学院、师范学院和普通中学的少数民族毕业生工作的分配问题，应由各地区人事部门、教育部门和民族事务机构共同研究，根据每个毕业生的具体条件，照顾学用一致的原则，提出意见，经大行政区人民政府（军政委员会）分配少数民族毕业生到少数民族地区工作或有关民族事务的业务部门工作。高等学校毕业生仍由中央统一分配工作。④

大力培养少数民族干部是由民族地区对人才的需求所决定的。由于历史等因素的影响，我国少数民族绝大多数生活在比较贫困的地区，自

---

① 1920 年 3 月 29 日列宁：《俄共（布）中央委员会的报告》，《列宁全集》第 30 卷，人民出版社 1957 年 11 月版，第 418 页。

② 同上书，第 419 页。

③ 中国共产党第八次全国代表大会的政治报告，国家教委民族地区教育司：《少数民族教育工作文件选编（一）》，内蒙古教育出版社 1991 年 2 月版，第 157 页。

④ 1952 年 11 月 9 日中央人民政府政务院：《关于少数民族毕业生分配工作的指示》，国家教委民族地区教育司：《少数民族教育工作文件选编（一）》，内蒙古教育出版社 1991 年 2 月版，第 217 页。

然环境比较恶劣，政治、经济、文化事业发展相对滞后。这种状况，不但急需本民族的政治干部以及本民族的各类专门技术人才，而且需要懂得民族语言，愿意在民族地区工作的汉族干部；不但需要培养高层次的政治、技术干部，提高他们的领导素质，而且需要进行广泛的以扫盲为主要形式的社会教育，提高少数民族群众干部整体科学文化水平。

为民族地区各少数民族培养各级各类干部，满足民族地区对人才的迫切需求，始终是民族教育实践的最终目的，是衡量民族教育质量高低的重要指标之一。民族教育只有体现这一鲜明特点，将服务方向指向国内各少数民族和民族地区这一相对稳定的服务对象和服务区域，才能使民族教育充满生机与活力，否则便失掉了民族教育存在的客观基础和时代特色。

培养少数民族干部是开展少数民族地区各项建设事业的中心环节，是少数民族教育工作的首要任务。普遍而大量地培养各少数民族干部的思想，深刻地阐述了民族教育的根本任务。民族教育是向民族地区源源不断地输送各类干部的主渠道。

四　保障少数民族受教育的平等权利

1. 切实尊重和充分保障少数民族的平等权利

列宁特别强调民族必须平等。他认为，“国内各民族绝对一律平等，任何属于一个民族或一种语言的特权都应认为是不能容许的、违背宪法的事情。”① 要“无条件地保护一切少数民族的权利。”②

斯大林也阐述了民族教育问题是实行民族平等重要内容的思想。斯大林在《马克思主义和民族问题》一文中，针对有人担心少数民族会受到多数民族压迫，建议将散居各地的少数民族结成一个统一民族联盟的论点指出：任何一个区域都不是清一色的单一民族区，每个区域里都杂居着少数民族。当国家保留着旧制度时，多民族国家中会出现多数民族压迫少数民族的问题，而在已经具备了完备民主的制度下便失去了民族压迫的根据。“少数民族所需要的不是勉强凑成的联盟，而是他们在当地拥有的实权”。少数民族感到不满的不是没有民主联盟，“而是没有使用

---

① 1914 年 5 月 6 日（19 日）以后列宁：《关于民族平等和保护少数民族权利的法律草案》，《列宁全集》第 20 卷，人民出版社 1958 年 10 月版，第 278 页。

② 1913 年 5 月列宁：《拉脱维亚边区社会民主党第四次代表大会纲领草案》，《列宁全集》第 19 卷，人民出版社 1959 年 2 月版，第 100 页。

本族语言的权利"，"是他们没有本族的学校"，"是没有信仰（信教）、迁徙等等的自由"。在社会主义条件下，"在一切方面（语言、学校等等）实行民族平等是解决民族问题的一个必要条件"，"必须在国家完全民主化的基础上颁布全国性的法律，无例外地禁止民族享有任何特权，禁止对少数民族权利加以任何妨碍或限制"。[①]

斯大林认为，搞好民族教育工作是实行民族平等的重要内容，而实行民族平等又是解决国内民族问题的必要条件。这样，就将民族教育问题与多民族国家中实行民族平等、解决民族问题紧密地联系起来，民族教育成为多民族国家中民族问题最终解决前的一个十分重要的问题。

我党一直十分强调民族平等的问题。1931 年 11 月，中华工农兵苏维埃第一次全国代表大会通过的《中华苏维埃共和国宪法大纲》就规定，在苏维埃政权范围内，不分民族和宗教信仰，在苏维埃法律面前一律平等。强调指出中华苏维埃的任务就是"要努力帮助这些弱小民族脱离帝国主义、国民党、军阀、王公、喇嘛、土司等的压迫统治，而得到完全的自由自主。"1938 年 9 月，毛泽东在党的六届六中全会报告中详细谈到了抗日时期的民族工作，其中就包括各民族平等，纠正存在的大汉族主义等内容。解放战争伊始，党提出了《和平建国纲领草案》，主张"在少数民族区域，应承认各民族的平等地位"。[②]

《中国人民政治协商会议共同纲领》明确规定，中华人民共和国境内各民族，均有平等的权利和义务。"中华人民共和国境内各民族一律平等，实行团结互助，反对帝国主义和各民族内部的人民公敌，使中华人民共和国成为各民族友爱合作的大家庭。反对大民族主义和狭隘民族主义，禁止民族间的歧视、压迫和分裂各民族团结的行为。"[③]《中华人民共和国宪法》也规定："各民族一律平等。禁止对任何民族的歧视和压迫，禁止破坏各民族团结的行为。"[④] 可以看出，我国在建立新中国的过程中就一直十分注重民族关系问题，将这一问题摆在十分重要的位

① 1913 年 1 月斯大林：《马克思主义和民族问题》，《斯大林全集》第 2 卷，人民出版社 1953 年 12 月版，第 354—355 页。

② 铁木尔·达瓦买提：《解决中国民族问题的成功之路》，《人民日报》2001 年 6 月 29 日。

③ 1952 年 2 月 22 日政务院第 125 次政务会议通过的《中华人民共和国民族区域自治实施纲要》，《民族政策文献汇编》，人民出版社 1953 年 1 月版，第 1 页。

④ 1954 年 9 月 20 日第一届全国人民代表大会第一次会议通过的《中华人民共和国宪法》，《民族政策文件汇编》（第二编），人民出版社 1958 年 4 月版，第 1 页。

置上。

实践证明，“必须认真贯彻执行党的民族政策，切实尊重和充分保障少数民族在政治上、经济上和文化教育上的平等权利和自治权利”，“这是民族教育得以发展的根本保证。”[①] 马克思列宁主义认为，社会主义时期是各民族发展繁荣时期，在这一时期中，民族特点、民族差别将长期存在，由此产生的民族矛盾也将会长期存在。我们必须认真按照党的民族政策，按照大小民族一律平等的原则，正确对待和处理民族矛盾和民族关系，努力促进各民族经济文化的发展，逐步消除各民族间事实上的不平等。民族教育的发展历史告诉我们：党的民族政策得到正确的、全面的贯彻执行，民族教育就向前发展；相反，党的民族政策受到干扰甚至破坏，民族教育就停滞、就倒退。

2. 为少数民族学生提供更多的入学机会

为了给少数民族学生提供更多的入学机会，我国在各级学校招生录取工作中实行了对少数民族学生给予照顾的政策。为了照顾少数民族学生的特殊情况，给他们以较多的录取机会，在录取时，应当特别注意照顾他们，只要他们的学科成绩达到最低录取标准，汉语程度达到基本能够听懂讲课的水平，则予以优先录取。

东北人民大学、东北师范大学、东北工学院、大连工学院、西北大学、兰州大学、西北师范学院等院校，对报考本校的少数民族学生应尽可能多录取一些。其他院校对报考本校的少数民族学生，也应按照此精神，从宽录取。

对因汉语程度而没能被高等学校录取的少数民族学生，有关部门要组织举办补习班，进行补习，以便提高他们的汉语程度，为他们再行报考提供条件。[②] 教育部 1962 年 8 月 2 日对录取少数民族学生的照顾办法又作出更为明确的规定：少数民族学生报考全国重点高等学校和其他一般高等学校，仍旧恢复过去“同等成绩，优先录取”的办法，当他们的

① 1981 年 2 月 16 日臧伯平在第三次全国民族教育工作会议上的讲话，国家教委民族地区教育司：《少数民族教育工作文件选编（一）》，内蒙古教育出版社 1991 年 2 月版，第 113—114 页。

② 1956 年 7 月 10 日高等教育部：《通知关于优先录取少数民族学生事》，国家教委民族地区教育司：《少数民族教育工作文件选编（一）》，内蒙古教育出版社 1991 年 2 月版，第 218—219 页。

考试成绩与其他考生相等时，可以优先录取。少数民族学生报考本自治区所属的高等学校，可以给予更多的照顾，当他们的考试成绩达到教育部规定的一般高等学校录取新生的最低标准时，就可以优先录取。用少数民族语言进行教学的民族中学毕业生，报考高等学校文史类，仍旧和过去一样免试古代汉语。①

保障少数民族享有在教育上的平等权利，是从法律角度保障规范民族教育行为的过程。列宁曾经说过："谁不承认和不坚持民族平等和语言平等，不同各种民族压迫或不平等作斗争，谁就不是马克思主义者，甚至也不是民主主义者。"② 民族平等是马克思主义民族理论和党的民族政策的重要内容。

社会主义时期是各民族发展的繁荣时期，能否使我国少数民族享有在教育上的平等权利，是我国少数民族能否在政治上体现平等权利的重要方面，是能否贯彻执行党的民族政策的重要内容。由于我国多民族国家的现实和民族问题的长期性，民族特点、民族差别、民族矛盾会长期存在，正确处理民族矛盾和民族关系的一项重要任务，就是在民族平等总原则的前提下，保证少数民族在教育上的平等权利。实践证明，只有当我国少数民族享有在教育上的平等权利的时候，民族教育才会发展，少数民族科学文化素质才会得到提高，国内各民族才能更加亲密地团结起来，才能实现各民族的共同发展和共同繁荣，使少数民族学生享有在教育上的平等权利是民族教育得以健康发展的重要法律保障。

五 采取特殊措施重点扶持民族教育事业

1. 要诚心诚意地积极帮助少数民族发展经济建设和文化建设

1938 年 9 月，毛泽东在党的六届六中全会的报告中详细谈到抗日时期的民族工作，其中就包括帮助他们发展自己文化教育的内容。③ 1956 年 4 月 25 日，毛泽东在《论十大关系》一文中指出："我们要诚心诚意地

---

① 1962 年 8 月 2 日教育部：《关于高等学校优先录取少数民族学生的通知》，国家教委民族地区教育司：《少数民族教育工作文件选编（一）》，内蒙古教育出版社 1991 年 2 月版，第 219—220 页。

② 1913 年 10—12 月列宁：《关于民族问题的批评意见》，《列宁全集》第 20 卷，人民出版社 1958 年 10 月版，第 11 页。

③ 铁木尔・达瓦买提：《解决中国民族问题的成功之路》，《人民日报》2001 年 6 月 29 日。

积极帮助少数民族发展经济建设和文化建设。”“我们必须搞好汉族和少数民族的关系，巩固各民族的团结，来共同努力于建设伟大的社会主义祖国。”[①] 1957 年 8 月 4 日周恩来在全国人民代表大会民族委员会召开的民族工作座谈会上也特别强调，“在中国这个民族大家庭中，我们采取民族区域自治政策，是为了经过民族合作，民族互助，求得共同的发展，共同的繁荣”,[②] 要大力帮助少数民族发展经济、文化，使各民族走上共同繁荣的现代化道路。“在平等友爱的民族大家庭中建设社会主义的强大的祖国，这是大家的共同目的。为着这个目的，我们要把历史上的痕迹消除掉，要把各民族在经济、文化方面事实上的不平等状况逐步消除掉。”[③] “我们社会主义国家，是要所有的兄弟民族地区、区域自治的地区都现代化。全中国的现代化一定要全面地发展起来。”[④] “民族繁荣是我们各民族的共同事业”[⑤]，“我们不能使落后的地方永远落后下去，如果让落后的地方永远落后下去，这就是不平等，就是错误。”[⑥] 1950 年邓小平在欢迎赴西南地区的中央民族访问团大会上提出：“中华人民共和国是一个多民族的国家，只有在消除民族隔阂的基础上，经过各族人民的共同努力，才能真正形成中华民族美好的大家庭。我们是有条件消除民族隔阂的。历史上的反动统治实行的是大民族主义政策，只能加深民族隔阂”，而今天我们所规定的民族政策“一定能够消除这种隔阂，实现各民族的大团结”。[⑦] 要“诚心诚意地为少数民族服务”[⑧] 的思想，认为“在文化方面，也有许多工作要做，要尽快提高少数民族的文化水平。应在少数民族地区举办一些建议事业，动员一些人到那里去办学校。”[⑨]

《中国人民政治协商会议共同纲领》指出：“人民政府应帮助各少数

① 1956 年 4 月 25 日毛泽东：《论十大关系》，《毛泽东选集》第五卷，人民出版社 1977 年 4 月版，第 278 页。

② 1957 年 8 月 4 日周恩来：《关于我国民族政策的几个问题》，《周恩来选集》下卷，人民出版社 1984 年 11 月版，第 261 页。

③ 同上书，第 251 页。

④ 同上书，第 266 页。

⑤ 同上书，第 268 页。

⑥ 同上书，第 266 页。

⑦ 1950 年 7 月 21 日邓小平：《关于西南少数民族问题》，《邓小平文选》第一卷，人民出版社 1994 年 10 月版，第 162 页。

⑧ 同上书，第 167 页。

⑨ 同上书，第 168 页。

民族的人民大众发展其政治、经济、文化、教育的建设事业。"[①] 上级人民政府应帮助各民族自治区发展其政治、经济、文化、教育和卫生事业。[②]《中华人民共和国宪法》也强调指出："要帮助各少数民族发展政治、经济、文化、教育和卫生事业。"[③] 1954 年 1 月教育部召开的全国中学教育会议，强调要适当照顾少数民族地区和文化特别落后的地区。[④]

实践证明，"帮助发展民族教育事业，是党的民族工作的主要内容"。在人口众多、经济不发达的大国中发展民族教育，"国家的支持是很重要的条件"。我国少数民族大多居住在边远山区、牧区和边境地区，由于历史上内外反动统治阶级的长期压迫和剥削，造成少数民族地区经济文化落后，教育底子薄、基础差。特别是高寒山区、干旱山区及土质贫瘠的大石山区，生产条件差、收入低、缺衣少食、经济贫困，"发展民族教育，仍然需要国家和地方继续采取特殊措施，在人力、财力、物力上给予重点扶持"。"国家和内地先进地区的大力支援，始终是民族教育能够得以迅速发展的必不可少的条件"。"没有国家的大力支援不行"。[⑤] "国家在人力、财力、物力方面给予特殊照顾和扶持"。[⑥]

2. 中央对部分地区的民族教育经费给予补助

列宁于 1914 年 5 月为布尔什维克党团宣传民族纲领而草拟的讲话稿中特别指出："一个地区用于其他少数民族文化教育需要上的经费的比例数字，不得少于那些少数民族在该地区总人口中所占的比例数字。"强调了发展民族教育经费的重要性。[⑦]

新中国成立初期，为了解决民族教育经费不足的问题，各地人民政

---

① 1952 年 2 月 22 日政务院第 125 次政务会议通过的《中华人民共和国民族区域自治实施纲要》，人民出版社：《民族政策文献汇编》，人民出版社 1953 年 1 月版，第 1 页。

② 同上书，第 169 页。

③ 1954 年 9 月 20 日第一届全国人民代表大会第一次会议通过的《中华人民共和国宪法》，人民出版社：《民族政策文件汇编》（第二编），人民出版社 1958 年 4 月版，第 2 页。

④ 国家民委教育司：《新时期民族教育工作手册》，中央民族学院出版社 1991 年 10 月版，第 372 页。

⑤ 1981 年 2 月 16 日臧伯平在第三次全国民族教育工作会议上的讲话，国家教委民族地区教育司：《少数民族教育工作文件选编（一）》，内蒙古教育出版社 1991 年 2 月版，第 113—115 页。

⑥ 1981 年 8 月 11 日教育部、国家民委：《关于进一步加强民族教育工作的报告》，国家教委民族地区教育司：《少数民族教育工作文件选编（一）》，内蒙古教育出版社 1991 年 2 月版，第 101 页。

⑦ 1914 年 5 月 6 日（19 日）以后列宁：《关于民族平等和保护少数民族权利的法律草案》，《列宁全集》第 20 卷，人民出版社 1958 年 10 月版，第 279 页。

府除按一般开支标准拨给教育经费外，并应按经济状况及教育工作，另拨专款，帮助解决少数民族学校的设备、教师待遇、学生生活等方面的特殊困难。少数民族的群众多数比较贫苦，必须解决少数民族学生待遇的问题，使他们从物资上得到实际的帮助，才能使他们有更多的入学可能，才能迅速而大量地培养少数民族自己的干部和师资，并逐步提高各族人民的政治觉悟和文化水平。对部分地区的民族教育经费由中央给予部分补助。① 第一次全国民族教育工作会议针对部分与会代表反映各级地方人民政府教育行政部门人力不足的现状，还对民族教育工作人员的编制问题做出了原则规定，建议政务院在确定各级地方人民政府编制时，能够根据各地区少数民族教育工作的繁简，予以适当的照顾。

为了从根本上解决民族教育经费不足的问题，1951 年中央特设了“少数民族教育事业补助费”。“少数民族各级各类学校经常费与一般学校一样均包括于一般教育事业费之内，少数民族教育补助费是为了帮助少数民族教育事业的发展，在一般教育事业费之外特设的一笔补助费用，用于补助一般教育事业费之不足。”②

这笔费用使用的原则是：只有在学校教育上因民族特点而产生的必需开支，超过了一般教育事业费的范围或标准时，其超过部分才始得由少数民族教育补助费项下开支。其开支的范围有：少数民族中、初等学校学生在学习和生活方面必需费用的补助，如书籍、文具、被服、医药卫生及特设的助学金或超过一般规定比例数的人民助学金减免费等；少数民族学校设备的补助，如辅助一般教育事业费解决其不能解决或不能完全解决的教学设备、校舍修建等；教师待遇的补助，如根据需要为了鼓励教师在少数民族地区工作，在原工资外另加的津贴或超过一般待遇标准的超过部分等；少数民族私立或群众自办学校设备和经费补助；少数民族费、牧民业余教育学习费用的补贴；其他在学校教育方面，因民族特点而产生的超过一般教育事业费范围或规定的直接有助于教学的必要开支。要本着专款专用原则和节约的精神，确实掌握，合理而正确地

---

① 1951 年 11 月 23 日马叙伦在政务院第 112 次政务会议上的讲话，国家教委民族地区教育司：《少数民族教育工作文件选编（一）》，内蒙古教育出版社 1991 年 2 月版，第 38—39 页。

② 1953 年 3 月 21 日教育部：《关于少数民族教育补助费使用范围的指示》，国家教委民族地区教育司：《少数民族教育工作文件选编（一）》，内蒙古教育出版社 1991 年 2 月版，第 511—512 页。

使用。严禁平均分配，应切实地根据需要，有重点地使用，以帮助少数民族教育事业的发展，发挥此项经费的最大作用。

中央民族学院及其分院经费统一由中央财政部拨给，有关省县的民族干部学校与民族干部训练班经费由中央规定的各级干部训练费中拨给，以上各校学生均按供给制待遇。为了鼓励和帮助少数民族学生接受各种高等教育，凡考入高等学校，包括少数民族高等学校的少数民族学生一律公费待遇。除公费待遇的少数民族中学外，在若干指定的中学也得设立少数民族学生的公费名额。为了适当照顾目前少数民族学生的文化水平，对投考高等学校与一般中学的学生应适当规定一个入学成绩标准。入学后，应给予补习条件。①

为了照顾民族地区的实际情况，帮助少数民族发展民族教育事业，使之能够逐步赶上汉族地区的水平，1956 年，国务院在民族教育事业经费方面提出如下意见：民族地区的小学基本上仍为公办，只有在经济、文化比较发达，过去群众又有办学习惯或确实有条件实行民办的地区，才可以适当地实行民办；民族地区小学学杂费收费问题应依据当地群众的生活情况规定，生活条件比较困难的地区，应不收费，原来有收费习惯或确实有条件实行收费的地区，也须扩大减免名额；各地每年必须保证一定数量的少数民族教育补助费，根据当地经济及教育事业发展情况，以 1955 年指标为基础，一般应逐年适当增加，只有经济条件较好，少数民族学生数量增加不大的地区，才可以保持原数，从而解决少数民族教育事业的特殊需要；各级人民委员会在拟定预算时，应切实根据少数民族教育事业的发展需要，并照顾民族特点，本着节约的原则，实事求是、精打细算地予以合理安排，在经费使用上应加强监督，防止积压、浪费、挪用、乱用等现象的产生，更好地发挥经费开支对民族教育事业发展上的保证作用。②

为了照顾民族自治地方经济和文化事业发展的需要，各民族自治区除按预算支出总额的 5% 设置预备费外，另按中央分配的行政、事业经费的 5% 增列机动金，作为特殊照顾。云南、青海两省少数民族人口较多，

---

① 1950 年 11 月 24 日政务院：《培养少数民族干部试行方案》，国家教委民族地区教育司：《少数民族教育工作文件选编（一）》，内蒙古教育出版社 1991 年 2 月版，第 26 页。

② 1956 年 9 月国务院：《关于少数民族教育事业经费问题的指示》，国家教委民族地区教育司：《少数民族教育工作文件选编（一）》，内蒙古教育出版社 1991 年 2 月版，第 515—516 页。

可以比照民族自治区办理。对于省属自治州、自治县，也给予适当照顾。①

民族教育的重点扶持，强调的是民族教育外部条件的问题，虽然事物发展的最终动因在于事物的内部，但外部条件也是影响事物发展速度、发展方向的重要因素。我国少数民族大都居住在边远山区、牧区和边境地区，这些地区普遍存在着经济文化落后、教育基础薄弱的问题。在这些地区发展民族教育，国家支持始终是一个非常重要的条件。尤其是对那些原有教育基础相对落后的地区而言，强有力的外部扶持往往是至关重要的发展因素。如果缺少这种扶持，必然会造成这些地区教育的长期徘徊，很难走出低谷，以致最终延缓民族教育发展的历史进程。

六　教育工作必须充分照顾民族特点

1. 要注意民族教育的特点和形式

列宁对民族教育理论的贡献之一是对民族干部提出了特殊的要求。他认为，民族地区的共产党员“决不可以抄袭我们的策略，而必须深思熟虑地把它加以改变，使它适合于不同的具体条件”。②“不要抄袭我们的策略，而要独立地仔细考虑我们的策略为什么具有那些特点以及它的条件和结果，从而在自己那里不是照抄 1917—1921 年的经验，而是运用它的精神实质和教训”。③ 列宁在这里特别强调要根据民族地区实际情况采取不同政策的思想，既是对民族干部的特殊要求，又是培养和选拔民族干部的重要标准。

1950 年 6 月 8 日，周恩来在全国高等教育会议上的讲话中指出：我们的教育是民族的，要有民族的形式。普遍真理是各民族都适用的，但在不同的民族会有不同的表现形式。中国民族有自己的传统习惯，这些传统习惯总是以民族的形式表现出来。具有民族形式的教育，才易于被人民所接受，为人民所热爱。教育如果不注意民族的特点和形式，就行不通。我国是个多民族的国家，要注意各兄弟民族的特点和形式，兄弟民族之间也要互相学习彼此的长处，这样才能将科学的内容输送到各族

---

① 1971 年 3 月 1 日财政部：《关于实行财政收支包干的通知》，杨侯弟、郭承康、黄凤祥、谭伟主编：《新时期民族工作概览》，华文出版社 1993 年 5 月版，第 396 页。

② 1921 年 4 月 14 日列宁：《给阿捷尔拜疆、格鲁吉亚、阿尔明尼亚、达格斯坦、哥里共和国共产党员同志们的信》，《列宁全集》第 32 卷，人民出版社 1958 年 9 月版，第 305 页。

③ 同上书，第 307 页。

人民中去，把教育办好。①

“少数民族教育必须是新民主主义的内容，并应采取适合于各民族人民发展和进步的民族形式”，“必须采取民族形式，照顾民族特点，才能很好地和各民族实际情况结合起来，否则便不会有良好的效果。”② 各少数民族学校的教学计划、教学大纲，应以中央教育部的规定为基础，并结合各民族的具体情况，酌量加以变通或补充。少数民族各级学校的学制，应遵照中央人民政府政务院《关于改革学制的决定》，结合各少数民族的具体情况，有步骤地实行改革和建立。

实践证明，“发展民族教育，必须从少数民族地区的实际出发，充分注意和尊重民族特点、地区特点，注意把社会主义内容同民族形式正确地结合起来，使我国的民族教育成为中国式社会主义教育体系的一个重要组成部分。”③

新中国成立初期，民族教育之所以发展较快，重要原因之一就是注意从少数民族地区特点出发，采取不同于汉族地区的许多特殊措施。我国是一个多民族国家，各民族都在统一的社会主义政治、经济制度下生活，因而有许多共同性；但各民族之间在经济文化的发展水平、生产生活条件和方式方法、语言文字、风俗习惯、宗教信仰、心理状态等方面，又存在许多差别，这些必然会反映到教育工作上来。同时，就教育本身来说，各地区、各民族之间原有的基础不同，发展也极不平衡。因此，发展民族教育所采取的具体方针、政策和措施，教育体制和办学形式，教育发展的速度、规模和重点，师资队伍和教材建设，学制的长短，教育资金的安排和使用，都不能搞“一刀切”，而必须根据不同情况，提出不同要求，作出不同的规定。“要坚决反对脱离民族地区实际，照搬汉族地区经验和不讲实效的形式主义做法。”④ 民族教育既要照顾民族特点，又不能忽视整个国家教育的统一性。要使这两方面很好地统一起来，不能片面地强调一个方面。

---

① 1950 年 6 月 8 日周恩来：《在全国高等教育会议上的讲话》，《周恩来选集》下卷，人民出版社 1984 年 11 月版，第 17 页。

② 1951 年 11 月 23 日马叙伦在政务院第 112 次政务会议上的讲话，国家教委民族地区教育司：《少数民族教育工作文件选编》，内蒙古教育出版社 1991 年 2 月版，第 37 页。

③ 1981 年 2 月 16 日臧伯平在第三次全国民族教育工作会议上的讲话，国家教委民族地区教育司：《少数民族教育工作文件选编（一）》，内蒙古教育出版社 1991 年 2 月版，第 114 页。

④ 同上。

民族教育工作必须充分照顾民族特点的思想，指出了民族教育工作中首先要解决的思想路线问题。如何看待民族教育的特殊性，用什么思想来指导民族教育工作，采取什么措施促进民族教育的发展等所有这些带有根本性的问题，都要涉及思想认识问题。没有正确的思想认识，便不会产生符合民族教育实际的理论和措施，也就谈不上指导民族教育的实践。

2. 少数民族学生报考年龄应适当放宽

由于历史等因素的影响，我国少数民族地区一般上学较迟，且绝大多数是在少数民族地区解放后才能得以上学，这和各地区的实际情况有所不同。依据一届全国人大二次会议提议案 164 号“为稍放宽少数民族子弟报考初中或初级师范的年龄限制，以便造就少数民族人才案”的精神，对各地区不作严格规定，具体报考年龄分别由各地结合当地情况予以规定，对少数民族学生报考年龄适当放宽。今后在各级学校招生规定报考年龄时，对少数民族学生报考年龄一般比照当地规定放宽 2—3 岁。同时当年毕业生报考时不受年龄大小的限制，以利于培养少数民族人才，提高发展少数民族文化教育事业。①

3. 针对民族学生实际接受能力和特点进行教学活动

如何针对少数民族学生的实际接受能力和特点进行教学活动，在民族教育的实践中显得十分突出。

朝鲜族中学各学科授课时数可作适当变通。语文科：汉语文科的初中三年级每周 5 学时改为 4 学时；高中三年级每周 5 学时改为 6 学时。因为高中生升学就业，汉语文问题较初中生升学更为严重，所以减少初中授课时数，增加高中授课时数。同时也应照顾到各年级每周授课时数的平衡。朝鲜语文科的高中三年级每周 4 学时改为 3 学时。因为朝鲜文是拼音文字，较汉文易学而需时少，且各科都是用朝鲜语文教学，虽然时数减少仍不致降低程度，所以朝鲜语文科宜依照逐年减少时数的原则制订教学计划。中国历史科：中国近代史科的高中二年级第二学期每周 3 学时增至 4 学时。三年级仍依照中央规定时数进行，无须增减。这样修正，

---

① 1955 年 12 月 2 日教育部：《关于放宽少数民族学生报考年龄的问题给广西区教育厅的函》，国家教委民族地区教育司：《少数民族教育工作文件选编（一）》，内蒙古教育出版社 1991 年 2 月版，第 217—218 页。

可以不妨碍补充本民族史料，同时，不影响中国近代史教材的内容和教学进度。至于补充的内容，可以融合在总的教学过程中，依照需要，随时补充，灵活增益。但应切实注意，不能因补充部分而减少原教材的分量。中国古代史科因为民族史料甚少，只需在讲授时适当补充说明即可，同时也可相应地精简一些原教材，因此，时数不必变动。其余各科：除语文、中国近代史、外国语 3 科外，其他各年级各科可以依照 1954 年 7 月 5 日颁发的“1954—1955 年度中学各年级、各学科授课时数表”的规定修正。因为，朝鲜族中学所用教材除朝鲜语和汉语两科教材是自行编纂外，其他各科教材都是依照中央规定教材翻译后采用，如与中央规定时数差异太大，会影响进度和教学质量。如果教材翻译出版未能供应或因教学方针逐年修改，科目顺序有所变更，个别年级仍需讲授等情况，可以确定按照需要，在不影响各科规定时数的条件下，作适当调剂，但须注意考虑今后应逐步趋向于统一规定。

在时间分配方面应注意，不能因语文科时数增加，而减少其余各科课时数，每周授课总学时必须超过一般规定。但是，高中因暂不设外国语，基本上可以按中央规定实行；而初中须在每周时数内增加 1 学时。为保证学生全面发展，尽可能不占用体育、音乐、图画、制图各科的时数。此外，“中国近代史”科只在高中二年级第二学期保留每周 3 学时，其余时间一概归入“世界近代史”时数内，致使两科时数的比例悬殊，很不合理，应将高中三年级每周 3 学时的“中国近代史”时间予以保证。①

蒙古族三年制初级师范学校可以增加藏语文课程，并可对其他学科授课时数也作出必要的调整：第一学年可在汉语文科、动植物学科、图画、音乐科内调剂；第二学年可在汉语文科、图画、音乐科内调剂；第三学年可在汉语文科内调剂，并把图画、音乐和两科的教学法合并为 1 学时进行，语文教学法 2 学时分作两学期进行。②

---

① 1954 年 9 月 10 日《关于修订朝鲜族中学各学科授课时数问题给吉林省教育厅的批复》，国家教委民族地区教育司：《少数民族教育工作文件选编（一）》，内蒙古教育出版社 1991 年 2 月版，第 416—417 页。

② 1954 年 9 月 13 日《关于藏族三年制初级师范学校课程时数的调整问题给甘肃省教育厅的复函》，国家教委民族地区教育司：《少数民族教育工作文件选编（一）》，内蒙古教育出版社 1991 年 2 月版，第 419 页。

蒙古族中小学和初级师范学校各科授课和蒙汉文教学也具有特殊性。由于蒙古族小学过早加授汉文，即在初小进行两种语文学习，困难较多，不符合学生年龄的特征，造成教材和教学上的不少混乱，直接影响了教学质量的提高，因而内蒙古自治区初小语文科目前可以只学民族语文一种，自小学五年级起开始加授汉文课。农牧区小学也可不另定学习汉文的标准，但须更加注意从教材和师资方面解决教学上的困难，使要求达到的标准逐渐统一起来。对语文科，蒙汉文课时的比例，蒙文授课时数可逐年递减，因其他各科要以蒙文教学而不致降低学生蒙语文的程度；汉文课时数，从小学高年级至高中逐渐增多，使学生达到一定的汉文程度，这对民族之间的文化交流，增加生产知识及参加祖国建设事业有利。已规定的蒙汉文课时数比例不动，同时对高中外国语同意暂不开设，以减轻学生过重负担。高中制图一科，目前因师资条件，同时语文科授课时数有必要增多，可暂且不设。①

在蒙古族中学，高中第三学年的“化学”授课时数，可将每周 4 学时改为 3 学时，学年每周的总时数由 32 学时改为 31 学时。第一、第二学年“社会科学基本知识”，因原教材大部分和历史地理两科重复，在教学上有困难，自 1955—1956 学年起停止开设，第二学年另设“社会科学常识”一科，每周授课时数 2 学时，教材内容为社会科学常识和辩证唯物主义与历史唯物主义基础知识。第一学年上学期“代数”和下学期“几何”，针对目前教学质量不高，学生作业负担较重以及在此学年这两科教材的配合不很合适等情况，需要各增加每周授课时数 1 学时。由于以上两项在课程时数上的改变，第一学年每周授课时数可减少 1 学时，改为 31 学时。高中二年级“达尔文主义基础”在上学期一年级已开设，因此不再开设。第三学年“外国经济地理”提前到第一学年讲授，这样可以与初中第二学年“世界地理”相隔的时间缩短，使这两学科在教学上更容易衔接，同时对高中各学年每周授课时数保持平衡。初中第三学年“中国革命常识读本”改为“政治常识”。第二学年下学期“蒙古语法”由每周 3 学时改为 4 学时，“几何”由每周 3 学时改为 2 学时。第三学年

---

① 1955 年 7 月 14 日《关于蒙古族中、小学和四年制初级师范学校各年级各科授课时数与蒙汉文教学要求问题给内蒙古自治区教育厅的批复》，国家教委民族地区教育司：《少数民族教育工作文件选编（一）》，内蒙古教育出版社 1991 年 2 月版，第 420 页。

上学期“蒙古语法”由每周3学时改为2学时，“几何”由每周2学时改为3学时。以上两学年原规定每周总时数不变，而对“几何”一科规定的授课时数，可以按照中学数学教学大纲和教材进行教学，同时对“蒙古语法”在第二学年上、下学期均为每周4学时，第三学年上、下学期均为每周2学时的排法，在教师一年中的任课时数方面也可相同。四年制初级师范学校第四学年的“语文教学法”应在上学期增加1学时，即上、下学期均为2学时。第四学年的“中国历史”上学期由每周3学时改为2学时，下学期由每周2学时改为3学时。可以使上、下学期每周总时数都不超出33小时。“中国历史”总教学时数则改为222学时。①

4. 对民族学校的编制定额应给予适当照顾

1956年，国务院下文，对民族小学的编制定额应予适当照顾。学生每班人数最高以45人为限，最低15人左右即可开班。学校比较分散的地区，得设专职辅导员巡回辅导教师的在职学习。有寄宿生的学校得根据需要设炊事员和保育员。② 实践证明，要“从实际出发，采取适合民族特点和地区特点的方针政策和措施”。③

因此，民族教育工作必须从各民族的实际情况出发，充分考虑各民族教育的不同发展因素，采取不同的工作方法，制定不同的发展措施，走不同于一般教育发展的道路，这是依据党的实事求是的思想路线而得出的发展民族教育事业唯一正确的结论。

七　区分类型促进民族教育均衡发展

1. 各民族教育工作的发展具有不平衡性

由于民族历史条件的不同，同时由于解放的先后不同，各地区各民族教育工作的发展很不平衡，“民族与民族之间、地区与地区之间，有着

---

① 1955年7月14日《关于蒙古族中、小学和四年制初级师范学校各年级各科授课时数与蒙汉文教学要求问题给内蒙古自治区教育厅的批复》，国家教委民族地区教育司：《少数民族教育工作文件选编（一）》，内蒙古教育出版社1991年2月版，第422页。

② 1956年9月国务院：《关于少数民族教育事业经费问题的指示》，国家教委民族地区教育司：《少数民族教育工作文件选编（一）》，内蒙古教育出版社1991年2月版，第515页。

③ 1981年8月11日教育部、国家民委：《关于进一步加强民族教育工作的报告》，国家教委民族地区教育司：《少数民族教育工作文件选编（一）》，内蒙古教育出版社1991年2月版，第101页。

很大的差别”。[①] 例如，东北地区的朝鲜族入学儿童已达学龄儿童的92%左右，小学已接近普及的程度。内蒙古、新疆、青海、宁夏等省、自治区民族教育也都有相当程度的发展。但与此同时，在我国西南的横断山脉一带、西北的游牧区等少数民族地区，还只有少数的学校或者还没有学校，民族教育发展呈现高度不平衡的现象。

2. 根据各民族教育实际情况分别采取巩固、发展、整顿、改造方针

斯大林曾论述过在民族地区实行普遍义务教育的思想。他十分重视在民族地区实施普遍的义务教育问题，要求将群众的觉悟提高到苏维埃政权的水平。他认为，低文化水平是造成少数民族地区长期发展缓慢的重要原因，是使他们“终身受压迫的主要祸害”[②] 和影响民族自治机关行使自治权利的主要障碍。识字人越多和文化水平越高的国家、共和国或地区，党的机关和苏维埃机关就越接近人民，越接近人民的语言和生活习惯。“愚昧无知是苏维埃政权最危险的敌人”，民族地区要消灭人民群众的愚昧无知，“想要在精神上使俄国的中部和边疆地区接近起来，那就应该在那里实行普遍义务教育”；[③] “要想使自己的国家成为先进国家，即想使自己的国家制度发达，就必须提高居民的识字能力，提高本国的文化水平”。[④] 具体步骤就是“首先使初等教育成为不分民族的全国公民的义务教育，然后中等教育也如此”。[⑤] 这里，斯大林特别强调了提高民族地区人民群众文化水平的必要性，它直接关系到苏维埃政权的建设。

由于各民族教育工作的发展具有不平衡性，因此，“现阶段少数民族教育的工作方针，应根据各民族教育的实际情况分别采取巩固、发展、整顿、改造的方针。”[⑥] 即在西南、西北及其他各省山区、游牧区和偏僻

---

① 1951年9月21日马叙伦在第一次全国民族教育会议上的开幕词，国家教委民族地区教育司：《少数民族教育工作文件选编（一）》，内蒙古教育出版社1991年2月版，第29页。

② 1920年11月17日斯大林：《捷列克区域各族人民代表大会》，《斯大林全集》第4卷，人民出版社1956年8月版，第358页。

③ 1920年10月10日斯大林：《苏维埃政权对俄国民族问题的政策》，《斯大林全集》第4卷，人民出版社1956年8月版，第317页。

④ 1923年6月9日至12日斯大林：《有各民族共和国和各民族地区负责工作人员参加的俄共（布）中央第四次会议》，《斯大林全集》第5卷，人民出版社1957年12月版，第268页。

⑤ 1929年3月18日斯大林：《民族问题和列宁主义》，《斯大林全集》第11卷，人民出版社1955年7月版，第304页。

⑥ 1951年11月23日马叙伦在政务院第112次政务会议上的讲话，国家教委民族地区教育司：《少数民族教育工作文件选编（一）》，内蒙古教育出版社1991年2月版，第37页。

的边境等少数民族教育工作尚无基础的地区，应有重点地创办学校和各种文教事业；在云南、广西、湖南等省、自治区某些过去虽较有基础但工作尚未完全恢复的少数民族地区，应大力恢复并积极整顿；在东北、内蒙古、新疆等过去基础较好，解放后又有相当发展的少数民族地区，应着重提高质量并作适当的发展。从而形成了在高度不平衡状况下发展民族教育必须要根据各地区发展层次划定类型，采取不同的教育措施，分步骤地促进民族教育均衡发展的思想。

3. 另拨专款帮助解决民族学校的特殊困难

在民族教育经费拨给与使用方面也体现了促进民族教育发展的思想。各地人民政府在安排少数民族地区教育经费时，除按一般开支标准拨给外，应按经济状况及教育工作另拨专款，帮助解决少数民族学校的设备、教师待遇、学生生活等方面的特殊困难。在拟定 1952 年各民族教育工作计划时提出，东北和内蒙古两地可不再另外增加补助，西北、西南、中南、华北、华东等区的民族教育经费应由中央给予部分补助。①

各民族教育的发展同其他事物发展一样，会呈现出不同的发展层次和发展阶段，这不仅在于各民族教育发展的起点有所差异，甚至不同地区的同一民族的教育发展状况也有较大差距，还在于各民族教育发展的速度并非一致。因此，对高度不平衡的民族教育而言，各级教育行政部门在制定民族教育事业发展规划和实施教育宏观调控中，要根据教育发展层次的不同，划定不同的发展类型，分步骤促进不同发展水平的民族教育协调发展。必须从战略的高度，分步骤地解决民族教育发展中的起点不同、速度相异的问题，并在实践中实施不同措施促进教育后进地区教育事业的发展，使之赶上和超过教育先进地区的教育水平，最终求得民族教育的均衡发展。需要指出的是，不切实际地否认民族教育发展的不平衡现象，要求处于不同发展水平层次上的民族教育同步发展，在理论上是不能成立的，在实践中也是十分有害的。

八　根据本民族特点选择适当语文进行教学

1. 各民族都有使用和发展自己语言文字的自由

列宁特别强调本民族语言的重要性。他在《关于民族平等和保护少

① 1951 年 11 月 23 日马叙伦在政务院第 112 次政务会议上的讲话，国家教委民族地区教育司：《少数民族教育工作文件选编（一）》，内蒙古教育出版社 1991 年 2 月版，第 38 页。

数民族权利的法律草案》一文中提出：“地方自治机关和自治区代表大会确定一种语言，用这种语言来进行该地区或边区一切国家机关和社会团体业务，同时，各个其他少数民族根据平等的原则，有权要求无条件地保护自己语言的权利。”①

斯大林认为，使用本族语言的权利是实现民族平等的重要内容。他在《论取消民族限制》一文中认为：取消民族限制是必要的，不但在私人公司的文牍工作方面，在私立学校的教学工作方面有使用俄语以外的其他语言的权利，而且在那些不说俄语的非俄罗斯民族公民聚居的区域，也将有自己的议会，也将有文牍工作。② 在语言、学校等一切方面实行民族平等，“是解决民族问题的一个必要条件”。③

《中国人民政治协商会议共同纲领》规定：“各少数民族均有发展其语言文字”的自由。④ “各民族自治区自治机关得采用一种在其自治区内通用的民族文字，为行使职权的主要工具；对不适用此种文字的民族行使职权时，应同时采用该民族的文字。”⑤《中华人民共和国宪法》规定：“自治机关在执行职务的时候，使用当地民族通用的一种或者几种语言文字。”⑥ 这样做，自治机关才能够密切接近和联系当地民族的人民群众，有利于更好地为他们服务。在少数民族地区工作的汉族干部，也应当学会当地民族通用的语言文字，以便密切同少数民族干部和当地人民群众的联系，并为他们服务。

2. 使用少数民族语言文字进行教学

列宁曾论述过使用民族语言进行教学的思想。他在《需要实行义务国语吗?》一文中认为，采取强制性的伴以棍棒推行俄语是不符合人类历史发展规律的，因为“俄国资本主义的发展，一般说来，社会生活的整

---

① 1914 年 5 月 6 日（19 日）以后列宁：《关于民族平等和保护少数民族权利的法律草案》，《列宁全集》第 20 卷，人民出版社 1958 年 10 月版，第 278—279 页。

② 1917 年 3 月 25 日斯大林：《论取消民族限制》，《斯大林全集》第 3 卷，人民出版社 1955 年 3 月版，第 19 页。

③ 1913 年 1 月斯大林：《马克思主义和民族问题》，《斯大林全集》第 2 卷，人民出版社 1953 年 12 月版，第 354—355 页。

④ 1952 年 2 月 22 日政务院第 125 次政务会议通过的《中华人民共和国民族区域自治实施纲要》，《民族政策文献汇编》，人民出版社 1953 年 1 月版，第 1 页。

⑤ 同上书，第 166—167 页。

⑥ 1954 年 9 月 20 日第一届全国人民代表大会第一次会议通过的《中华人民共和国宪法》，《民族政策文件汇编》（第二编），人民出版社 1958 年 4 月版，第 2 页。

个进程，正在使各民族相互接近。……居民的民族成分混杂起来了，民族隔阂和民族落后状况一定会逐渐消失。由于自己的生活条件和工作条件而需要知道俄罗斯语言的人，不用棍子逼迫也会学会俄罗斯语言的。"因而应"保证居民能够用各种当地语言在学校中授课"。① 列宁阐述的使用民族语言的一般性原则以及多语言发展的一般性规律，对民族教育理论的形成具有重要指导意义。

斯大林也论述过使用少数民族语言进行教学的思想。认为在民族地区设立的"本民族"学校也应当使用本民族语言进行教学。他指出，"学校（不仅是'私立的'!）的'教学工作'"，"当然不仅要用俄语，而且也要用本地语言"。② 他多次强调在民族地区要设立"使用本民族语言"的学校，要"建立稠密的使用本民族语言的学校网"。③ 为使那些不会俄文的广大劳动群众都有得到政治训练的可能，要在莫斯科东方劳动者共产主义大学等学校使用民族语言进行讲授。斯大林的这一思想，使多民族国家中包括语言在内的民族平等权利在学校教育活动中得到贯彻。

《中华人民共和国民族区域自治实施纲要》规定："各民族自治区自治机关得采用各民族自己的语文文字，以发展各民族的文化教育事业。"④

凡有现行通用文字的民族，如蒙古族、朝鲜族、藏族、维吾尔族、哈萨克族等，小学和中学的各科课程必须用本民族语文教学。有独立语言而尚无文字或文字不完全的民族，一面着手创立文字和改革文字，一面按自愿原则，采用汉族语文或本民族所习用的语文进行教学。

各少数民族学校应聘用适当数量的翻译人员帮助教学，并对必须用本民族语文授课的班次和课程，逐渐做到用各族自己通用的语文授课。民族学院的长期班的少数民族学生除学好本民族语文外，也应学习汉语

---

① 1914 年 1 月 18 日列宁：《需要实行义务国语吗?》，《列宁全集》第 20 卷，人民出版社 1958 年 10 月版，第 59 页。

② 1917 年 3 月 25 日斯大林：《论取消民族限制》，《斯大林全集》第 3 卷，人民出版社 1955 年 3 月版，第 19 页。

③ 1929 年 3 月 18 日斯大林：《民族问题和列宁主义》，《斯大林全集》第 11 卷，人民出版社 1955 年 7 月版，第 305 页。

④ 1952 年 2 月 22 日政务院第 125 次政务会议通过的《中华人民共和国民族区域自治实施纲要》，《民族政策文献汇编》，人民出版社 1953 年 1 月版，第 167 页。

汉文。[①] 民族学院附设的中小学要使用本民族语文授课。[②]

开设少数民族语文课程同样是民族地区普遍关注的问题。关于甘肃省甘南藏族自治区临潭初中开设藏语文课程应按照以下原则处理：民族学校必须设置民族语文课程。将来各种条件成熟时，更需逐步过渡到各学科采用本民族语文进行教学，以致完全贯彻此方针。至于目前临潭初中汉族和其他非藏族学生占绝大多数，藏语文师资尚不能充分满足需要的条件下，藏语文课程可以列为藏族学生的必修课程，设藏语文班进行讲授。其他非藏族和汉族学生可以在自愿原则下选修，但在藏族自治区内，当前藏族干部尚十分缺乏，汉族学生学会藏族语文，将来在当地工作，也更加方便。因此，可以适当鼓励该校内汉族和其他非藏族学生选修。[③]

内蒙古自治区初小语文科蒙文授课时数可逐年递减，因其他各科要以蒙文教学而不致降低学生蒙语文的程度。[④]

3. 帮助没有文字的少数民族创造文字

对于那些确有成为民族特征的语言但没有文字的各民族，如何帮助他们创造文字，是一个既迫切而又复杂的问题，需要经过周密的调查研究，分别制订可行计划，逐步进行，使之成为交际工具，发展民族文化。[⑤] 对于没有文字的少数民族，应当帮助他们创造文字。[⑥]

1954 年 5 月，中央人民政府政务院文教委员会、民族语言文字研究指导委员会及中央人民政府民族事务委员会向政务院提交关于帮助尚无文字的民族创立文字的报告。报告认为：由于少数民族在政治、经济、

---

① 1950 年 11 月 24 日政务院：《培养少数民族干部试行方案》，国家教委民族地区教育司：《少数民族教育工作文件选编（一）》，内蒙古教育出版社 1991 年 2 月版，第 26 页。

② 1950 年 11 月 24 日政务院：《筹办中央民族学院试行方案》，国家教委民族地区教育司：《少数民族教育工作文件选编（一）》，内蒙古教育出版社 1991 年 2 月版，第 28 页。

③ 1954 年 7 月 23 日教育部：《关于甘肃临潭初中增设藏文课程的问题给西北教育局的批复》，国家教委民族地区教育司：《少数民族教育工作文件选编（一）》，内蒙古教育出版社 1991 年 2 月版，第 415—416 页。

④ 1955 年 7 月 14 日《关于蒙古族中、小学和四年制初级师范学校各年级各科授课时数与蒙汉文教学要求问题给内蒙古自治区教育厅的批复》，国家教委民族地区教育司：《少数民族教育工作文件选编（一）》，内蒙古教育出版社 1991 年 2 月版，第 420 页。

⑤ 1953 年 6 月 15 日国家民委第三次（扩大）会议文件，国家教委民族地区教育司：《少数民族教育工作文件选编（一）》，内蒙古教育出版社 1991 年 2 月版，第 430 页。

⑥ 1956 年 9 月 15 日中国共产党第八次全国代表大会的政治报告，国家民委教育司：《新时期民族教育工作手册》，中央民族学院出版社 1991 年 10 月版，第 378 页。

文化各方面获得很大的发展，没有文字的或没有通用文字的民族，迫切要求解决文字问题。一些民族形成没有文字的现实主要有 7 种情况：一是本民族比较聚居，方言虽有不同，但有占绝对优势的方言区的；二是同一民族分布在不同地区，方言差别较大的；三是民族名称相同，分布在不同地区，方言分歧，语言关系尚待研究的；四是民族名称不同，语言基本相同，可以采用同一文字的；五是与本民族语言相近的其他民族已有文字，可以使用的；六是本民族虽有自己的语言，但多数人已经熟悉一种与本民族语言不同的其他民族的语言的；七是本民族人口很少，虽然有自己的语言，但愿意使用一种与本民族语言不同的语言和文字的。针对这七种情况，对于没有文字或没有通用文字的民族，要根据他们的自愿自择，在经过一定时期的调查研究之后，帮助他们逐步制定一种拼音文字，或帮助他们选择一种现有的适用的文字，各民族新创拼音文字目前采用拉丁字母或记音符号，将来再考虑改变。某些民族因邻近苏联和蒙古人民共和国，也可依其自愿使用俄文字母。

政务院 1954 年 5 月正式做出批复，责成中国科学院语言研究所和中央人民政府民族事务委员会审核研究，拟订计划和订出在一两个民族中逐步试行，同时，继续了解情况，及时总结经验，以便在事实证明这些办法确实可行，而且其他条件也比较成熟时逐步在别的民族中进行。在工作中应充分征求各有关民族代表人物的意见，并吸收各有关民族的语文工作人员及语言研究所以外的语文工作人员参加工作。少数民族文字方案的确定和工作中的其他问题，由中央人民政府民族事务委员会负责。对于已确定的文字在各民族的学校教育中加以实验和推广的工作，由中央人民政府教育部负责。各有关民族地区的人民政府，对本区的文字实验和推行的工作，应加以领导。训练语文干部的工作，由中央民族学院和其他学校在有关部门的指导下进行。①

中国科学院少数民族语言研究所负责作出创立和改革文字方案的初步设计。由省、自治区人民委员会审核，并广泛征求本民族各界人士的意见，经过充分协商讨论取得同意以后，提出意见，报民族事务委员会审查。经确定后，由省、自治区人民委员会公布作为实验推行的方案。

① 1954 年 5 月政务院：《政务院批复》，国家教委民族地区教育司：《少数民族教育工作文件选编（一）》，内蒙古教育出版社 1991 年 2 月版，第 413 页。

上述方案实验推行经过一定时期，由负责推行的各有关部门作出总结，送交原设计机关，再加必要的修改后，重送民族事务委员会复审，然后由民族事务委员会报请国务院批准。各少数民族创立和改革文字的方案经批准确定后进行实验推行的具体分工为：实验推行工作统一归国务院第二办公室管理，在学校中的实验推行工作，如编写实验推行课本，选定实验学校进行教学等，由教育部负责；在一般的社会文化事业及翻译出版方面的实验推行工作，由文化部负责。此外，当地地方政府有关部门在文字方案实验推行中，也应该参照上述分工进行工作。①

1957 年 12 月国务院批复同意关于壮文方案的意见，认为此方案可在壮族地区逐步推行，在推行过程中应该随时总结经验，使方案更加完善。今后修订方案由广西壮族自治区提出，报告中央民族事务委员会批准后实行。国务院同意关于少数民族文字方案中设计字母的五项原则，今后少数民族设计方案时，都应按照这些原则办理。这些原则是：第一，少数民族创制文字应该以拉丁字母为基础；原有文字进行改革，采用新的字母系统时，也应该尽可能以拉丁字母为基础。第二，少数民族语言和汉语相同或者相近的音，尽可能用汉语拼音方案中相当的字母表示。第三，少数民族语言里有，而汉语里没有的音，如果使用一个拉丁字母表达一个音的方式有困难时，在照顾到字母系统清晰、字形简便美观、字母数目适当、便于教学使用的前提条件下，根据语言的具体情况，可以采用以下办法表示：①用两个字母表达一个音。②另创新字母或者采用其他适用的字母。③个别情况也可在字母上加附加符号。第四，对于语言中的声调，根据实际需要，可在音节末尾加字母表示或者采用其他办法表示或不表示。第五，各民族的文字，特别是语言关系密切的文字，在字母形式和拼写规则上应尽量取得一致。②

国务院 1974 年 1 月批复同意在内蒙古全区试行蒙古语文工作问题的草案。由于蒙古语文工作关系到除内蒙古外的黑龙江、吉林、辽宁、甘

---

① 1956 年 3 月 10 日国务院：《关于各少数民族创立和改革文字方案的批准程序和实验推行分工的通知》，国家教委民族地区教育司：《少数民族教育工作文件选编（一）》，内蒙古教育出版社 1991 年 2 月版，第 425—426 页。

② 1957 年 12 月 10 日国务院：《对“中国文字改革委员会关于讨论壮文方案和少数民族文字方案中设计字母的几项原则的报告”批复》，国家教委民族地区教育司：《少数民族教育工作文件选编（一）》，内蒙古教育出版社 1991 年 2 月版，第 426—427 页。

肃、宁夏、新疆、青海等省、自治区。为了便于蒙古语文工作的开展，请内蒙古自治区负责主持召开蒙古语文工作协作会议，请有关省、自治区派人参加，就内蒙古自治区关于蒙古语文工作的草案作进一步研究，然后报国务院批转有关省、自治区参照执行。为了加强统一领导，可在蒙古语文工作会议上协商成立一个蒙古语文工作协调小组，定期交流经验，研究蒙古语文工作规划和蒙文改革问题。这个协作小组由内蒙古、黑龙江、吉林、辽宁、甘肃、宁夏、新疆、青海等省、自治区和中央有关部门派人组成。协作小组由内蒙古自治区领导，中央有关部门给予指导。①

4. *少数民族学生需要学习汉语汉文*

少数民族干部和知识分子需要学习汉语汉文。有两点理由：第一，汉族占全国人口的93%以上，使用汉语汉文的人口（包括通用汉语文的少数民族在内）占全国人口的95%以上，随着社会主义经济和文化的发展，汉语汉文的使用范围势必继续扩大，而日益成为我国各民族共同使用的工具。学会它既有利于各民族间的交际往来，也有利于少数民族就业、升学以及进行科学研究等。第二，少数民族人民掌握了汉语汉文，更便于从汉族文化里面吸收一切有益的东西来丰富和发展本民族的文化，更快地提高本民族的文化水平。因此，可以把学习汉语汉文当作少数民族的一种义务。②

第一次全国民族教育工作会议就提出少数民族学生学汉文课的问题。会议一致同意各少数民族的各级学校得按当地少数民族的需要和自愿设置汉文课。民族学院长期班的少数民族学生除学好本民族语文外，也应学习汉语汉文。③ “目前对自愿学习汉文或者其他进步民族文字的，应当积极加以帮助，但不得有任何强迫。个别已经通用汉语，汉

① 1974年1月9日国务院：《关于内蒙古自治区蒙古语文工作问题报告的批复》，国家教委民族地区教育司：《少数民族教育工作文件选编（一）》，内蒙古教育出版社1991年2月版，第427—428页。

② 1957年3月17日李维汉在政协全国委员会邀请广西籍人士协商建立广西壮族自治区会议上的发言，国家教委民族地区教育司：《少数民族教育工作文件选编（一）》，内蒙古教育出版社1991年2月版，第41—42页。

③ 1950年11月24日政务院：《培养少数民族干部试行方案》，国家教委民族地区教育司：《少数民族教育工作文件选编（一）》，内蒙古教育出版社1991年2月版，第26页。

语实际上已成为其民族通行语言的民族，则应积极帮助其学习汉文。”①

1954年5月，中央人民政府政务院文教委员会、民族语言文字研究指导委员会及中央人民政府民族事务委员会向政务院提交关于帮助尚无文字的民族创立文字的报告提出：各少数民族均有发展其文字的自由，也均有学习和使用其语言文字的自由，同时不论已有文字或还没有文字的各民族人民，凡是自愿学习和使用汉语汉文或其他民族语言文字者，各级人民政府均应予以保障和帮助，凡机关、学校、团体等也均应尽可能予以帮助，并不得加以歧视。②

5. 统筹民族文字教材的出版工作

民族教育的一项重要内容是少数民族文字教材的编写和使用问题。中央民族学院的一个重要任务，就是组织和领导关于少数民族方面的编辑和翻译工作。③

少数民族文字图书翻译出版要分工与协作，根据不同省、自治区使用同一少数民族文字的实际情况，就图书翻译出版、教材编译和语言文字的使用等问题，统一或分别建立协作小组，制定规划、协调分工、交流经验。蒙文协作，包括内蒙古、吉林、黑龙江、辽宁、新疆、甘肃、青海、宁夏8省、自治区，由内蒙古自治区负责召集。藏文协作，包括西藏、青海、四川、甘肃、云南5省、自治区，由西藏自治区负责召集。藏文教材，目前西藏、青海自编自用，四川、甘肃暂可采用西藏、青海的教材，条件具备时组织协作编写。哈文图书、教材，由新疆维吾尔自治区负责供应甘肃、青海两省。朝文协作，包括吉林、黑龙江、辽宁3省，由吉林省负责召集。④

---

① 1953年6月15日《关于推行民族区域自治经验的基本总结》，国家教委民族地区教育司：《少数民族教育工作文件选编（一）》，内蒙古教育出版社1991年2月版，第430页。

② 1954年5月政务院文教委员会、民族语言文字研究指导委员会、中央民族事务委员会：《关于帮助尚无文字的民族创立文字问题的报告》，国家教委民族地区教育司：《少数民族教育工作文件选编（一）》，内蒙古教育出版社1991年2月版，第415页。

③ 1950年11月24日政务院：《筹办中央民族学院试行方案》，国家教委民族地区教育司：《少数民族教育工作文件选编（一）》，内蒙古教育出版社1991年2月版，第27页。

④ 1975年3月29日国务院批转国家出版事业管理局：《关于少数民族文字图书翻译出版规划座谈会的报告》，国家教委民族地区教育司：《少数民族教育工作文件选编（一）》，内蒙古教育出版社1991年2月版，第428页。

九　多层次多形式举办民族教育

1. 以干部教育为主，兼顾其他教育层次

斯大林曾指出，民族教育在人才培养类型上是有多方面要求的，首先是要培养“党的干部”[①]，执政党需要在民族地区拥有同广大居民有密切联系的可靠的本地出身的马克思主义干部，以他们的勤奋工作来贯彻党的路线和政策。其次是“苏维埃干部”[②]，需要有熟悉当地居民生活方式、风俗、习惯和语言的干部组成苏维埃政权，实行民族自治。再次要培养“有专长的经济干部”。[③] 通过他们来发展民族地区经济工作及各项文化事业，促进民族地区各项事业发展。此外，为了促进各民族共和国经济建设的发展，还要为当地居民开办工艺学校、技术学校等，以便根据各民族地区少数民族生活特点进行经济建设。斯大林在这里特别强调了民族教育要根据民族地区实际需要培养人才，并最大限度地满足民族地区各类人才需求的思想。

民族教育人才培养类型直接体现民族教育的教育目的，是民族教育得以实施和存在的客观基础。第一次全国民族教育工作会议提出：少数民族教育目前应以培养少数民族干部为首要任务，以满足各民族政治、经济、文化教育建设的需要，同时应当加强小学教育及成人业余教育，以提高少数民族的文化水平，并应努力解决少数民族各级学校的师资问题。[④]

2. 民族地区人才需求呈现多元化特点

我国各民族虽然有着在共同利益基础上的共同性，但各民族之间由于社会、历史等因素的影响，在语言文字、风俗习惯、宗教信仰、心理素质、经济文化水平和生产生活方式等方面都存在很大差别。特别是我国实行改革开放以来，出现了许多经济文化事业发展十分迅速的地区，区域间发展不平衡的问题进一步扩大，这种状况将最终体现在对人才多层次、多类型的需求上。与一般地区相比较，民族地区这种人才需求多

---

① 1925 年 5 月 18 日斯大林：《论东方民族大学的政治任务》，《斯大林全集》第 7 卷，人民出版社 1958 年 8 月版，第 115 页。

② 同上。

③ 同上。

④ 1951 年 11 月 23 日马叙伦在政务院第 112 次政务会议上的讲话，国家教委民族地区教育司：《少数民族教育工作文件选编（一）》，内蒙古教育出版社 1991 年 2 月版，第 37 页。

元化的特点会显得更为明显。

3. 多层次、多形式举办民族教育

斯大林曾论述过发展民族地区的学校和民族教育机关的思想，强调少数民族人才培养的计划性，并提出实施少数民族人才培养的具体方案。他认为：要培养少数民族干部和实行普遍的义务教育，必须发展民族地区的学校和其他民族教育机关，实现有计划的人才培养，以造就贯彻党的方针和政策的指导力量。为此，“必须发展当地的民族学校”[①]，提高边疆地区人民群众的文化水平。必须“在边疆地区大量开办训练班和学校来为一切管理部门培养当地人的指导干部”。[②] 在有各民族共和国和各民族地区负责工作人员参加的俄共（布）中央第四次会议上的演说中，他特别强调要为培养民族干部而创办政治常识学校。为了根据少数民族生活特点来进行各民族共和国和各民族区域的经济建设，还必须“为当地居民开办工艺学校和技术学校”，“为当地居民开办农业训练班”[③] 等。

此外，民族教育还需要形成一个教育体系，成为“训练班网和学校网”。[④] 斯大林还特别强调普通教育要与职业技术教育相结合，认为民族教育是普通教育与职业技术教育两者有机结合的教育系统。他在《论东方民族大学的政治任务》一文中谈到苏维埃东方积极工作者的当前任务时指出，要发展民族文化，“广泛地建立使用本族语言的普通教育性质的和职业技术性质的训练班网和学校网”[⑤]，民族教育不但要有普通教育性质的学校，而且要有职业技术教育性质的学校，民族教育不但包括民族中小学、民族大学，还包括政治常识学校、各种训练班、技术学校、工艺学校等。只有这样，才能使民族地区各层次、各类型教育协调发展，共同承担起为民族地区培养各级各类人才的任务。普通教育和职业技术教育相结合，民族教育普及与提高两个方面相互兼顾，使提高民族地区人民群众整体文化水平成为可能。

---

① 1920 年 10 月 10 日斯大林：《苏维埃政权对俄国民族问题的政策》，《斯大林全集》第 4 卷，人民出版社 1956 年 8 月版，第 317 页。

② 同上书，第 319 页。

③ 1923 年 6 月 9 日至 12 日斯大林：《有各民族共和国和各民族地区负责工作人员参加的俄共（布）中央第四次会议》，《斯大林全集》第 5 卷，人民出版社 1957 年 12 月版，第 244 页。

④ 1925 年 5 月 18 日斯大林：《论东方民族大学的政治任务》，《斯大林全集》第 7 卷，人民出版社 1958 年 8 月版，第 115 页。

⑤ 同上。

新中国成立初期，为了加强我国少数民族人才的培养工作，要求各级人民政府应有计划地逐步整理或设立少数民族的中小学。[①] 要求民族学院开办军政干部训练班、本科教育、专科教育、预科教育、少数民族干部子弟中小学等。为了培养少数民族干部，在北京设立中央民族学院，并在西北、西南、中南各设中央民族学院分院一处，必要时还可增设。还要求各有关省份设立民族干部学校，各有关专员区或县根据实际需要和主观力量设立临时性质的民族干部训练班。

要整理少数民族高等学校，首要的工作是设立军政干部训练班、本科政治系与语文系，必要时可附设少数民族干部子弟中小学。短期政治训练班性质的军政干部训练班招收各民族中相当于县级科长和区长以上的各种工作人员以及军队营级以上的干部，或在县以上范围内的爱国民主人士。本科政治系以两年时间（水平较低者先入预科半年或一年）培养各民族的革命骨干。语文系招收两年制的高中毕业以上志愿做少数民族工作的汉民族学生及有相当学历的少数民族学生，专修各少数民族语文。附设中小学招收少数民族军政人员和干部的子弟入学。[②]

民族学院在办学过程中，没有实行与一般高等院校相同的只办大专和本科的通常做法，而是采取多种形式办学，既办干训和预科，又办本科；既办大专，又办中专。有的学校还招收了研究生；对边疆文化教育基础薄弱的少数民族青少年，采取了从小学、中学到大专的“一条龙”办法进行培养；有的学校还承担了为其他高等院校开办少数民族大学预备班的任务。[③]

为了发展我国少数民族医药事业，为民族地区培养更多的高质量的医药卫生技术人员，国家在民族自治地方建立了高等医学院校、中等卫生学校，并建立了蒙医、藏医、维医等民族医学的教学、科研机构。为了培养民族地区艺术创作、理论、研究、导演、表演等艺术人才以及普通教育艺术师资和文艺普及工作干部，国家在民族地区设置和发展了艺

---

① 1950 年 11 月 24 日政务院：《培养少数民族干部试行方案》，国家教委民族地区教育司：《少数民族教育工作文件选编（一）》，内蒙古教育出版社 1991 年 2 月版，第 25 页。

② 1950 年 11 月 24 日政务院：《筹办中央民族学院试行方案》，国家教委民族地区教育司：《少数民族教育工作文件选编（一）》，内蒙古教育出版社 1991 年 2 月版，第 27 页。

③ 胡嘉宾在第五次民族学院院长会议上的报告，国家教委民族地区教育司：《少数民族教育工作文件选编（一）》，内蒙古教育出版社 1991 年 2 月版，第 63 页。

术院校和中等艺术学校。鉴于普及小学教育仍然是部分少数民族地区长期的艰巨任务，国家在这些地区采取了多种形式（包括各种形式的简易小学、班组）办学，并在巩固提高中学教育质量的同时，注意适当发展职业教育、技术教育，发展各类技工学校和农业中学。此外，还有计划地发展了业余中小学和各种技术学校，以提高民族地区农牧民的科学文化水平。

十　加强少数民族学生的思想政治教育

1. 培养民族间互相尊重、平等、团结、友爱、合作的作风

斯大林曾论述过关于克服大民族主义倾向与狭隘民族主义倾向的思想。他在题为《论东方民族大学的政治任务》的演说中，要求东方民族大学要为东方各苏维埃共和国当前的任务服务，必须与在苏维埃东方积极工作者实践中所存在的两种倾向作斗争。首先要反对简单化倾向，即要反对不顾民族地区不同发展条件，忽视民族特点，企图机械搬用中部地区适用做法的简单化倾向。其次要反对夸大地方特点的倾向，即抹杀民族地区与中心工业区的联系，夸大地方特点，漠视社会主义任务，迁就狭隘的有局限的民族主义的倾向。东方民族大学的任务就是用和上述两种倾向作不调和斗争的精神来教育少数民族干部。① 斯大林反对两种倾向的思想，提出了民族教育人才培养的政治标准问题，对培养政治素质合格的民族干部有积极意义。

新中国成立初期，党和政府就十分强调克服大民族主义倾向与狭隘民族主义倾向的问题。强调“在一切民族学校内，应发扬共同纲领精神，克服大民族主义倾向与狭隘民族主义倾向，培养民族间互相尊重、平等、团结、友爱、合作的作风。”② 毛泽东指出：“我国少数民族有3000多万人，虽然只占全国总人口的6%，但是居住地区广大，约占全国总面积的50%至60%。所以汉族和少数民族的关系一定要搞好。这个问题的关键是克服大汉族主义，在存在有地方民族主义的少数民族中间，则应当同时克服地方民族主义。无论是大汉族主义或者地方民族主义，都不利于

---

① 1925年5月18日斯大林：《论东方民族大学的政治任务》，《斯大林全集》第7卷，人民出版社1958年8月版，第120—121页。

② 1950年11月24日政务院：《培养少数民族干部试行方案》，国家教委民族地区教育司：《少数民族教育工作文件选编（一）》，内蒙古教育出版社1991年2月版，第26页。

各族人民的团结，这是应当克服的一种人民内部的矛盾。”①

2. 实施以爱国主义为中心的政治思想教育

要在少数民族地区开展爱国主义教育，将爱国主义教育作为现阶段少数民族思想、政治教育的中心内容。特别强调通过各科教学和各种活动，加强各民族儿童、青年、成人的祖国观念，反对帝国主义的侵略，肃清帝国主义的影响，加强国内各民族的团结。②

各少数民族地区，应有步骤、有系统地实施以爱国主义特别是抗美援朝为中心的政治思想教育，反对帝国主义侵略，肃清帝国主义和国民党反动派的残余影响，加强各族人民的祖国观念和拥护人民政府的热情。共同为保卫祖国、建设祖国而奋斗。③ 要使各族青年学生牢固树立拥护共产党领导、热爱社会主义祖国和奋发图强的爱国主义思想，树立各民族之间团结友爱、互助合作的思想和风气，这是由社会主义教育性质和教育方针所决定的，是建设社会主义精神文明的需要。

3. 民族理论与民族政策是民族学校德育的教学内容

用马克思主义民族理论和党的民族政策教育学生，是民族学校思想政治教育最主要的内容。对民族学生，除将共同纲领、毛泽东思想与马列主义理论作为政治课的基本内容外，还要求他们学习民族问题与民族政策。

民族学院的长期班政治课的基本内容包括中国历史与中国现况（包括中国各民族的历史与各民族社会经济情况等）、共同纲领、民族问题与民族政策、毛泽东思想与马列主义理论。短期班依此方向规定符合实际工作需要的具体课程。通过教育，要使学生懂得马克思主义民族理论和党的民族政策的基本观点，划清马克思主义民族观和资产阶级民族观的界限，以增强民族学生执行党的民族政策的自觉性。加强对民族学生思想政治教育，集中体现了民族教育的德育标准问题。④ 民族教育培养的人

① 1957年2月27日毛泽东：《关于正确处理人民内部矛盾的问题》，《毛泽东选集》第五卷，人民出版社1977年4月版，第386页。

② 1951年9月21日马叙伦在第一次全国民族教育会议上的开幕词，国家教委民族地区教育司：《少数民族教育工作文件选编（一）》，内蒙古教育出版社1991年2月版，第30页。

③ 1951年11月23日马叙伦在政务院第112次政务会议上的讲话，国家教委民族地区教育司：《少数民族教育工作文件选编（一）》，内蒙古教育出版社1991年2月版，第37页。

④ 1950年11月24日政务院：《培养少数民族干部试行方案》，国家教委民族地区教育司：《少数民族教育工作文件选编（一）》，内蒙古教育出版社1991年2月版，第26页。

才，必须具备优良的思想素质。民族学生是民族地区未来的建设者，他们的政治素质将直接关系到民族地区今后的发展与前途。我国是一个多民族的社会主义国家，加强民族团结和民族理论的教育，对于巩固和发展我国社会主义的民族关系，加强民族团结、维护祖国统一、巩固国防、全面进行社会主义现代化建设，都具有十分重要的意义。

十一 重视和加强对民族教育工作的领导

1. 切实加强对民族教育工作的领导

党和政府十分重视民族教育工作，曾在多次会议上强调民族教育工作的重要性，要求各级领导要切实加强领导。“各级人民政府教育行政部门应充分重视少数民族教育工作，加强对少数民族教育工作的领导。”① 民族教育发展的一条基本经验，就是“各级党政部门重视并加强对民族教育工作的领导。”②“提高对民族教育重要性的认识，加强各级党委和政府的领导”。是对民族教育工作的有力支持。③

民族教育所具有的某些特殊方面，客观上也要求对民族教育工作加强领导。如我国许多少数民族都有信奉宗教的历史，使我国的宗教活动带有浓厚的民族特点。我国实行的宗教信仰自由、政教分离、宗教与司法分离、宗教与教育分离的政策，是民族教育的健康发展、民族团结和政治上安定团结的基础和保障。

2. 建立中央及地方的民族教育管理机构

为了加强对民族工作的领导，必须建立从中央到地方的民族工作机构。重视和加强对民族教育工作，还必须解决好民族教育组织领导的问题。

在抗日战争时期，我党就曾建立了中央西北工作委员会、陕甘宁边区少数民族事务委员会等民族工作机构。新中国成立后，在中央人民政府政务院设置了民族事务委员会。政务院也要求中央人民政府各委、部、

---

① 1951 年 11 月 23 日马叙伦在政务院第 112 次政务会议上的讲话，国家教委民族地区教育司:《少数民族教育工作文件选编（一)》，内蒙古教育出版社 1991 年 2 月版，第 37 页。

② 1981 年 8 月 11 日教育部、国家民委:《关于进一步加强民族教育工作的报告》，国家教委民族地区教育司:《少数民族教育工作文件选编（一)》，内蒙古教育出版社 1991 年 2 月版，第 101 页。

③ 1981 年 2 月 16 日臧伯平在第三次全国民族教育工作会议上的讲话，国家教委民族地区教育司:《少数民族教育工作文件选编（一)》，内蒙古教育出版社 1991 年 2 月版，第 115 页。

会、院、署、行建立有关民族事务的业务。[①] 继中央民族事务委员会成立后，西北、西南、中南、东北、华东等大行政区和部分民族事务较多的省、市、行署、专区以及县级政府也都相继成立了主管民族事务的机构。

第一次全国民族教育会议也提出要在中央人民政府教育部和有关的各级人民政府教育行政部门建立民族教育机构或指定专职人员负责，“应根据当地少数民族人口的多寡和教育工作的繁简，设置掌管少数民族教育的行政机构或指定专人负责，领导当地少数民族教育的建设”。[②] 这是加强民族教育工作领导的关键问题，没有专门机构或专职人员来做，工作是没有办法开展的。[③]

为了加强对民族教育工作的领导，在中央人民政府教育部内设民族教育司。各大行政区人民政府（军政委员会）教育部或文教部（华北行政委员会为文教局）视工作需要设民族教育处（科）或在有关处（科）内设专职人员，其编制员额在原有编制人数内调剂。各有关省（行署）、市、专署、县人民政府教育厅（处）、局、科，根据各地区少数民族人口的多寡、民族教育工作的繁简，分别设适当的行政机构或专职人员。即在少数民族人口占当地总人口 10% 以上的省（行署）、市或人口虽不到 10%，但民族教育工作繁重的省（行署）、市教育厅（处）局，视其具体工作情况设专门机构，其编制员额在原有编制人数内调剂。少数民族人口不到当地总人口 10%，民族教育工作比较简单的省（行署）、市教育厅（处）、局在有关处、科内指定专人负责。在有关专署教育科、县人民政府教育科，也应指定专人负责。民族自治区或少数民族人口占当地总人口 50% 左右地区的各级人民政府教育行政部门，其主要任务是管理民族教育工作，不另设民族教育行政机构，但在多民族地区应对不同的民族教育工作领导作适当的分工。[④]

不仅如此，还对各级人民政府教育行政部门的民族教育行政机构与

---

① 1951 年 2 月 5 日政务院：《关于民族事务的几项规定》，人民出版社：《民族政策文献汇编》，人民出版社 1953 年 1 月版，第 13 页。

② 1951 年 9 月 21 日马叙伦在第一次全国民族教育会议上的开幕词，国家教委民族地区教育司：《少数民族教育工作文件选编（一）》，内蒙古教育出版社 1991 年 2 月版，第 30 页。

③ 1951 年 9 月 28 日马叙伦在第一次全国民族教育会议上的闭幕词，国家教委民族地区教育司：《少数民族教育工作文件选编（一）》，内蒙古教育出版社 1991 年 2 月版，第 32 页。

④ 1952 年 4 月 16 日政务院：《关于建立民族教育行政机构的决定》，国家教委民族地区教育司：《少数民族教育工作文件选编（一）》，内蒙古教育出版社 1991 年 2 月版，第 39—40 页。

该部门的高等教育、中等教育、初等教育等机构的分工作出原则性的规定。即关于全国统一的一般的教育行政、经费、师资、学制、课程、教材等事项，仍由各主管司、处、科负责处理；关于少数民族教育的行政、经费、师资、学制、课程、教材等特殊问题，由民族教育司、处、科或设专人负责处理；与双方都有关系的问题，由各有关司、处、科和民族教育司、处、科或设专人会商处理，以保证各部门职能的合理分工，责任明确。

民族教育具有与普通教育相异的特殊方面和发展规律，切实加强对这项工作的领导，是国家和民族地区现代化建设的需要，是尽快提高民族地区教育水平，增强民族团结，巩固边疆，落实民族政策的需要。

十二　进一步加强民族地区教师队伍建设

1. 要充分认识加强师资队伍建设的重要性和紧迫性

斯大林从加强民族语言师资队伍建设的角度强调了加强民族学校师资队伍建设的重要性和紧迫性。斯大林在《民族问题和列宁主义》一文中，在阐述建立使用本民族语言学校网时提出：要为这些学校“供给精通本民族语言的教师干部”[①]，以便适应民族教育在民族语言授课方面的特殊需要，保证建立本民族学校的目标得以实现。斯大林这一思想，是基于本国的实际情况提出来的。因为当时各共和国并不都使用俄语，至少在一些共和国使用俄语的程度并不高，如果没有精通民族语言的教师在民族学校任教，使用民族语言进行教学便是一句空话。为民族地区的学校提供精通本民族语言的教师和管理干部，能够使使用民族语言教学和设置民族学校的目标建立在可行的基础上。

第一次全国民族教育会议也特别强调加强师资队伍建设的重要性和紧迫性。会议提出要研究和解决“如何提高各级民族学校在职教师的质量与如何培养新的师资”[②] 的问题，这是少数民族教育工作的十分重要的问题。不切实解决这一问题，民族学校客观存在的师资数量不足和质量不高的问题将无法从根本上得到解决。师资数量的多少和质量是教育工作能否发展和提高的决定条件，少数民族地区师资缺乏情形甚为严重，

---

① 1929 年 3 月 18 日斯大林：《民族问题和列宁主义》，《斯大林全集》第 11 卷，人民出版社 1955 年 7 月版，第 305 页。

② 1951 年 9 月 21 日马叙伦在第一次全国民族教育会议上的开幕词，国家教委民族地区教育司：《少数民族教育工作文件选编（一）》，内蒙古教育出版社 1991 年 2 月版，第 30 页。

必须积极地采取各种方式加以解决。

2. 发挥内地优势支援民族地区教师队伍建设

为了进一步加强民族地区的教师队伍建设，教育部1956年11月曾对内地支援边疆地区小学师资工作作出部署：边疆小学发展所缺师资，除各边疆省、自治区大力发展师范教育培养师资外，需要内地支援的主要由内地调配部分初中学生和失业知识分子加以解决。边疆有关省、自治区教育（文教）厅（处）将每年需要内地支援的初中学生、失业知识分子，报送省、自治区劳动部门转中央劳动部根据具体情况进行必要的调整。

今后内地向边疆移民，也将增加边疆小学师资的需要。安排移民时，对整村、整乡迁移的，可在移民地区动员当地小学教师随同移民迁移，到边疆办小学为移民服务。另外，边疆各省、自治区还可在分散的移民中吸收具有初中文化程度的知识分子，加以短期训练，分配做小学教师。邻近边疆的四川、陕西等省，对于与其接邻的边疆省、自治区需要外地支援的师资要有较多的支持。

今后几年内，可以适当扩大一些中等师范学校的招生比例，每年培养小学师资应包括一部分支援边疆省、自治区需要的师资。[①]

为了适应西藏社会主义革命和社会主义建设事业迅速发展的需要，帮助西藏人民发展教育事业，尽快地改变由于历史造成的文化基础比较薄弱的状况，1974年国务院批转国务院科教组《关于内地支援西藏大、中专师资问题意见的报告》，要求本着增强民族团结，帮助西藏人民发展社会主义教育事业，切实做好支援西藏师资的选调工作。由国家机关选调干部帮助西藏两所中学所需的师资，其余6所由上海、江苏、湖南、河南、辽宁、四川6省、市定区定校包干支援。派出教师工作期限每期2年，由派出省、市和国家机关有关部委进行轮换，轮换3期共6年。各省、市和国家机关有关部委应尽可能对支援学校提供教学所需的图书和仪器。派出支援教师的任务是：宣传毛泽东思想、党的各项方针政策和贯彻执行毛泽东关于教育工作的一系列指示，同西藏当地教师一起，搞

---

① 1956年11月1日教育部：《关于内地支援边疆地区小学师资问题的通知》，国家教委民族地区教育司：《少数民族教育工作文件选编（一）》，内蒙古教育出版社1991年2月版，第271页。

好教育工作；担任一定的教学工作；负责培养提高当地师资，从根本上改变师资不足的状况。[①]

我国社会主义民族教育理论是在我国民族教育实践中产生的，也必将在我国民族教育再实践中得到发展和充实。实践证明，只要我们在工作中坚持以上这些基本内容，民族教育事业就会得到健康发展，民族人才就会不断涌现。新中国民族教育理论是我国民族教育实践的指导思想。

① 1974年4月26日国务院批转国务院科教组：《关于内地支援西藏大、中专师资问题意见的报告》，国家教委民族地区教育司：《少数民族教育工作文件选编（一）》，内蒙古教育出版社1991年2月版，第274页。

第二章　新中国民族教育理论的完善

从1977年8月党的第十一次全国代表大会到1989年6月党的十三届四中全会，是新中国民族教育理论的完善期。民族教育理论在这一时期的实践特点是拨乱反正、逐步恢复、稳步推进、深化改革、加速发展。

这期间，召开了中国共产党十一届三中全会、全国科学大会、全国教育工作会议、全国高等教育工作会议、第三次全国民族教育工作会议、第五次民族学院院长会议等，颁布了《中华人民共和国宪法》《中华人民共和国民族区域自治法》《中华人民共和国义务教育法》《中共中央关于科学技术体制改革的决定》《中共中央关于教育体制改革的决定》《中华人民共和国学位条例》《中共中央关于社会主义精神文明建设指导方针的决议》《中共中央关于改进和加强高等学校思想政治工作的决定》《教育部　国家民委关于加强民族教育工作的意见》《劳动人事部　国家民委关于加强边远地区科技队伍建设若干政策问题的报告》《国家教委关于在各级学校注意进行党的民族政策和加强民族团结教育的通知》《教育部关于1980年在部分全国重点高等学校试办少数民族班的通知》等重要法律、法规。

所有这些，对我国民族教育理论的完善起到了重要作用。正是这些重要会议和重要实践，才完成了新中国民族教育理论的完善过程，形成了新中国民族教育理论完善阶段的核心内容。

第一节　新中国民族教育理论完善阶段的实践条件

一　影响民族教育理论完善的社会条件

1. 理论完善期的政治经济环境

1977年8月12日至18日召开的党的第十一次全国代表大会，宣告了“文化大革命”的结束，提出了到20世纪末建设社会主义现代化强国的目标，在动员全党完成这个历史任务方面起了积极作用。

1978年12月18日至22日召开的中共十一届三中全会，冲破了长期“左”倾错误思想的严重束缚，端正了全党的指导思想，确立了解放思想、实事求是的思想路线，重新确立了马克思主义的思想路线、政治路线和组织路线，成为新的历史时期的开端。

这次会议决定把全党的工作重点转移到社会主义现代化建设上来，实行改革开放，集中力量进行社会主义现代化建设。能否在20世纪内实现四个现代化，决定着我们国家和民族的命运。实现现代化是一场广泛、深刻的革命，要求大幅度提高生产力，多方面改变同生产力发展不适应的生产关系和上层建筑，改变一切不适应的管理方式、活动方式和思想方式。安定团结地进行现代化建设，这是我国各民族全体人民的根本利益，是全国的大局，是当前和今后一个相当长的历史时期内的最大的政治。

1982年9月1日至11日召开的中国共产党第十二次全国代表大会第一次提出了“建设有中国特色的社会主义”这一崭新命题。我们进行现代化建设，必须从中国的实际出发，无论是革命还是建设，都要注意学习和借鉴外国经验，不能照抄照搬别国经验、别国模式。要把马克思主义的普遍真理同我国的具体实际结合起来，走自己的道路，建设有中国特色的社会主义，这是我们总结长期历史经验得出的基本结论。中国共产党在新的历史时期的总任务就是要团结全国各族人民，自力更生，艰苦奋斗，逐步实现工业、农业、国防和科学技术的现代化，把我国建设成为高度文明、高度民主的社会主义国家。在建设高度物质文明的同时，一定要努力建设高度的社会主义精神文明。

1984年10月20日，中共十二届三中全会通过的《中共中央关于经济体制改革的决定》，提出改革的基本任务是建立具有中国特色的、充满生机和活力的社会主义经济体制，促进社会生产力的发展。社会主义计划经济必须自觉依据和运用价值规律，是在公有制基础上的有计划的商品经济。要使经济持续稳定地发展，把经济体制改革继续推向前进，搞好改革开放，必须坚持四项基本原则，旗帜鲜明地反对资产阶级自由化思潮。

1987年10月25日至11月1日召开的中国共产党第十三次全国代表

大会，第一次系统地阐明了社会主义初级阶段的理论，确定了今后经济建设、经济体制改革和政治体制改革的基本方针和在改革、开放中加强党的建设的基本方针，并在总结丰富实践经验的基础上进行了创造性的理论概括。党在这个阶段的基本路线是领导和团结全国各族人民，以经济建设为中心，坚持四项基本原则，坚持改革开放，自力更生，艰苦创业，为把我国建设成为富强、民主、文明的社会主义现代化国家而奋斗。

我们在现阶段所面临的主要矛盾，是人民日益增长的物质文化需要同落后的社会生产之间的矛盾。阶级斗争在一定范围内还会长期存在，但已经不是主要矛盾。为了解决现阶段的主要矛盾，就必须大力发展商品经济，提高劳动生产率，逐步实现工业、农业、国防和科学技术的现代化，并且为此而改革生产关系和上层建筑中不适应生产力发展的部分。要加快科学技术和教育事业的发展和改革，把经济建设切实转移到依靠科技进步和提高劳动者素质的轨道上来。

2. 理论完善期的重要会议和重要文献

这期间，中央颁发了两个重要文件。1986 年 9 月 28 日中共中央十二届六中全会通过了《中共中央关于社会主义精神文明建设指导方针的决议》，提出社会主义精神文明建设的根本任务是适应社会主义现代化建设的需要，培养有理想、有道德、有文化、有纪律的社会主义公民，提高整个中华民族的思想道德素质和科学文化素质。1985 年 3 月 13 日中共中央作出《关于科学技术体制改革的决定》，指出现代科学技术是新的社会生产力中最活跃的和决定性的因素，全党必须高度重视并充分发挥科学技术的巨大作用。

这期间，我国教育工作和教育法制建设取得重要进展。1977 年 10 月 12 日，国务院批转教育部《关于 1977 年高等学校招生工作的意见》，11 月 3 日，经国务院批准，教育部、中国科学院联合发出《关于 1977 年招收研究生的通知》，自此全国高等学校招生统一考试和培养研究生工作得以恢复。1980 年 2 月 12 日，第五届人大常委会第十三次会议审议通过《中华人民共和国学位条例》。1981 年 5 月 20 日，国务院批准了《中华人民共和国学位条例暂行实施办法》。1985 年 5 月 27 日中共中央颁布《关于教育体制改革的决定》，指出教育体制改革的根本目的是提高民族素质，多出人才、出好人才。1986 年 4 月 12 日第六届全国人民代表大会第四次会议通过了《中华人民共和国义务教育法》。1986 年 9 月 28 日，党的十二届六中全会通过《中共中央关于社会主义精神文明建设指导方针的决议》，指出社会主义精神文明建设的根本任务，是适应社会主义现代化建设的需要，培育有理想、有道德、有文化、有纪律的社会主义公民，提高整个中华民族的思想道德素质和科学文化素质。1987 年 5 月 29 日中共中央颁发《关于改进和加强高等学校思想政治工作的决定》，指出建设具有中国特色的社会主义需要培养一代又一代的宏大的知识分子队伍。这支队伍的思想道德素质和科学文化素质，关系着我国社会主义事业的前途和命运。

这期间，召开了两次中央西藏工作座谈会，特别是由国家民委、教育部联合召开的两次会议对民族教育理论完善起着重要作用。1979 年 8 月召开的第五次民族学院院长会议，在总结经验的基础上，讨论研究新时期民族学院的方针、任务和发展规划等问题，提出为适应全党工作着重点的转移，各民族学院按“四化”要求大力培养少数民族政治干部和专业技术人才。民族学院办学方针的转变，适应了新时期民族工作的新形势对民族学院提出的新要求，为民族学院的发展指明了正确方向。1981 年 2 月召开的第三次全国民族教育工作会议，在总结 30 年民族教育工作经验教训的同时，分析了各地情况，研究了新形势下调整和发展民族教育的方针任务，对各时期民族教育的改革发展做出了整体部署。

二　影响民族教育理论完善的思想条件

1. 科学技术是第一生产力①

我们国家要赶上世界先进水平，必须从科学和教育入手。② 生产力中也包含科学。现代科学技术的发展，使科学与生产的关系越来越密切了。“科学技术作为生产力，越来越显示出巨大的作用。”③ 社会生产力的巨大发展，劳动生产率的大幅度提高，最主要的是靠科学的力量和技术的力量。正确认识科学技术是生产力，正确认识为社会主义服务的脑力劳动者是劳动人民的一部分，对于迅速发展我们的科学事业有极其密切的

---

① 1988 年 9 月 5 日、12 日邓小平：《科学技术是第一生产力》，《邓小平文选》第三卷，人民出版社 1993 年 10 月版，第 274 页。

② 1977 年 8 月 8 日邓小平：《关于科学和教育工作的几点意见》，《邓小平文选》第二卷，人民出版社 1994 年 10 月版，第 48 页。

③ 1978 年 3 月 18 日邓小平：《在全国科学大会开幕式上的讲话》，《邓小平文选》第二卷，人民出版社 1994 年 10 月版，第 87 页。

关系。

2. 建设宏大的又红又专的科学技术队伍①

有必要“建设宏大的又红又专的科学技术队伍”。我们向科学技术现代化进军，要有一支浩浩荡荡的工人阶级的又红又专的科学技术大军，要有一大批世界第一流的科学家、工程技术专家。造就这样的队伍，是摆在我们面前的一个严重任务，是提高整个中华民族的科学文化水平，实现四个现代化的直接需要。“红”是指具有坚定正确的政治方向，坚持四项基本原则，热爱我们社会主义国家，自觉自愿地为社会主义服务。“专”是特指在社会分工中科技人员应当具有的专业技能和岗位职责。专并不等于红，但是红一定要专。

3. 尊重知识，尊重人才

“我们国家，国力的强弱，经济发展后劲的大小，越来越取决于劳动者的素质，取决于知识分子的数量和质量。”② 在社会主义社会里，工人阶级自己培养的脑力劳动者，与历史上的剥削社会中的知识分子不同。为社会主义服务的脑力劳动者是劳动人民的一部分，体力劳动与脑力劳动，只是社会分工的不同，“从事体力劳动的，从事脑力劳动的，都是社会主义社会的劳动者。”③“一定要在党内造成一种空气：尊重知识，尊重人才。要反对不尊重知识分子的错误思想。”④

在社会主义建设的伟大事业中，必须尊重和依靠知识分子，犹如我们必须尊重和依靠工人阶级和农民一样。知识分子是我国社会主义现代化建设所绝对必需的智力因素，是我们国家的宝贵财富。我们一定要造成尊重知识和知识分子的社会风气，并且采取切实措施，改善他们的工作条件和生活条件，把这看作是基本建设，并且是最基本的基本建设。⑤

---

① 1977 年 5 月 24 日邓小平：《尊重知识，尊重人才》，《邓小平文选》第二卷，人民出版社 1994 年 10 月版，第 40 页。

② 1985 年 5 月 19 日邓小平：《把教育工作认真抓起来》，《邓小平文选》第三卷，人民出版社 1993 年 10 月版，第 120 页。

③ 1978 年 3 月 18 日邓小平：《在全国科学大会开幕式上的讲话》，《邓小平文选》第二卷，人民出版社 1994 年 10 月版，第 89 页。

④ 1977 年 5 月 24 日邓小平：《尊重知识，尊重人才》，《邓小平文选》第二卷，人民出版社 1994 年 10 月版，第 41 页。

⑤ 中共中央组织部、中共中央文献室：《知识分子问题文献选编》，人民出版社 1983 年版，第 10—11 页。

4. 教育要“三个面向”

“教育要面向现代化，面向世界，面向未来”①，这是根据中国特色社会主义现代化建设新时期的总线路和总任务，对教育战线提出的战略方针和发展方向。

教育要面向现代化，就是要求教育要面向我国的社会主义现代化建设，使整个教育事业同国民经济建设的发展需要相适应。教育要面向世界，就是要求我们要向别的国家学习，吸收别的国家的先进技术和经验，从而赶上和超过世界先进水平。教育要面向未来，就是要求我们以长远的、战略的、历史的眼光认真办好当前的教育。教育“三个面向”的三个方面之间既互相联系，又各有侧重，是一个统一的整体。其中教育要面向现代化，是基础，是核心。

5. 切实把经济工作放在民族工作的首位

“文化大革命”后我们恢复了党的正确的民族观。我们的民族政策是真正立足于民族平等，发展国内各民族之间平等、团结、互助的社会主义民族关系，切实把经济工作放在民族工作的首位。如果不把经济搞好就无法实现真正的民族区域自治。观察少数民族地区主要是看那个地区的经济能不能发展起来。

新时期民族工作的根本任务就是“以经济建设为中心，全面发展少数民族的政治、经济和文化”。② 为此，要巩固汉族同藏族、维吾尔族、蒙古族和其他边疆以及内地的各少数民族的团结。改善各少数民族的政治经济文化状况，是一个具有伟大历史意义和战略意义的重要任务。“我们建国已经三十多年了，加以目前国际形势复杂，我们如再不抓紧时间迅速大力改善民族关系，就会犯极大的错误。全党对于这个问题的严重性必须有统一的充分的认识”。③

---

① 1983 年 10 月 1 日邓小平：《为景山学校题词》，《邓小平文选》第三卷，人民出版社 1993 年 10 月版，第 35 页。

② 1987 年 4 月 17 日中共中央、国务院批转中央统战部、国家民委：《关于民族工作几个重要问题的报告》，国家民委教育司：《新时期民族教育工作手册》，中央民族学院出版社 1991 年 10 月版，第 196 页。

③ 1980 年 4 月 7 日中共中央转发《西藏工作座谈会纪要》，国家教委民族地区教育司：《少数民族教育工作文件选编（一）》，内蒙古教育出版社 1991 年 2 月版，第 126 页。

第二节 新中国民族教育理论完善阶段的主要内容

一 民族自治机关自主发展民族教育

1. 保证自治地方在教育事业上的自主权

由于过去我们在民族教育工作中的某些失误，如不顾民族特点和地区特点，强行搬用汉族地区的一些做法，管得过多，统得过死，致使民族自治地方在教育上的自主权偏少，这是民族地区教育事业落后的一个重要原因。

我们要切实"保证自治地方在教育事业上的自主权"。[①] 要真正实行民族区域自治，"各民族自治地方应享有充分的民族自治权利。"[②] 在国家统一的教育方针指导下，教育规划、学校管理体制、办学形式、学制、教材建设、教学内容、人员编制、教师任用和招聘、经费管理和使用等，都应当由自治地方根据实际情况决定。[③]

2. 依靠本民族才能充分发展教育事业

依靠本民族是实现民族教育事业发展的重要途径。

西藏建设事业所取得的成就与全国各族人民的大力支援分不开，今后全国各族人民也将一如既往地继续支援西藏建设；但是要真正把西藏建设好，主要还靠西藏人民自己的力量。发展西藏的教育事业同样如此，虽然国家要给予大力的帮助，但要从根本上解决问题，还是要依靠西藏人民自力更生、发展经济、治穷致富，这样才能充分发展教育事业。[④] 西

---

① 1980年10月9日教育部、国家民委：《关于加强民族教育工作的意见》，国家教委民族地区教育司：《少数民族教育工作文件选编（一）》，内蒙古教育出版社1991年2月版，第96页。

② 1981年2月16日臧伯平在第三次全国民族教育工作会议上的讲话，国家教委民族地区教育司：《少数民族教育工作文件选编（一）》，内蒙古教育出版社1991年2月版，第124页。

③ 1980年10月9日教育部、国家民委：《关于加强民族教育工作的意见》，国家教委民族地区教育司：《少数民族教育工作文件选编（一）》，内蒙古教育出版社1991年2月版，第96、124页。

④ 1980年7月26日杨静仁：《坚决贯彻中央指示，做好西藏工作》，国家民委教育司：《新时期民族教育工作手册》，中央民族学院出版社1991年10月版，第18页。

藏各族人民、各级干部要发扬自力更生、艰苦奋斗的精神，抓好经济建设，为团结、富裕、文明的社会主义新西藏做出应有的贡献。①

3. 自治机关有权采取特殊政策和灵活措施加速民族教育发展

《中华人民共和国宪法》和《中华人民共和国民族区域自治法》都对自治机关采取相应政策和措施发展民族教育的权力做出了规定。

《中华人民共和国宪法》指出："民族自治地方的人民代表大会有权依照当地民族的政治、经济和文化的特点，制定自治条例和单行条例"，"报全国人民代表大会常务委员会批准后生效。"②

《中华人民共和国民族区域自治法》也指出，要加速民族自治地方经济、文化的发展，建设团结、繁荣的民族自治地方。"民族自治地方的自治机关根据本地方的情况，在不违背宪法和法律的原则下，有权采取特殊政策和灵活措施，加速民族自治地方经济、文化建设事业的发展。"③

4. 自治机关自主地发展民族教育

《中华人民共和国宪法》指出："民族自治地方的自治机关自主地管理本地方的教育、科学、文化、卫生、体育事业，保护和整理民族的文化遗产，发展和繁荣民族文化。"④

对自主地发展民族教育思想表述得最完整的是《中华人民共和国民族区域自治法》。该法指出，"民族自治地方的自治机关根据国家的教育方针，依照法律规定，决定本地方的教育规划，各级各类学校的设置、学制、办学形式、教学内容、教学用语和招生办法"，"民族自治地方的自治机关自主地发展民族教育"。⑤

---

① 1985年8月31日李鹏在庆祝西藏自治区成立20周年干部大会上的讲话，国家民委教育司：《新时期民族教育工作手册》，中央民族学院出版社1991年10月版，第4页。

② 1982年12月4日第五届全国人大第五次会议通过的《中华人民共和国宪法》，全国人民代表大会常务委员会办公厅：《中华人民共和国第五届全国人民代表大会第五次会议文件》，人民出版社1983年1月版，第61页。

③ 1984年5月31日第六届全国人民代表大会常务委员会第二次会议修订通过的《中华人民共和国民族区域自治法》，全国人民代表大会常务委员会办公厅：《中华人民共和国第六届全国人民代表大会第二次会议文件汇编》，人民出版社1984年7月版，第83页。

④ 1982年12月4日第五届全国人大第五次会议通过的《中华人民共和国宪法》，全国人民代表大会常务委员会办公厅：《中华人民共和国第五届全国人民代表大会第五次会议文件》，人民出版社1983年1月版，第61页。

⑤ 1984年5月31日第六届全国人民代表大会常务委员会第二次会议修订通过的《中华人民共和国民族区域自治法》，全国人民代表大会常务委员会办公厅：《中华人民共和国第六届全国人民代表大会第二次会议文件汇编》，人民出版社1984年7月版，第90页。

二　帮助民族自治地方加速发展教育事业

1. 国家帮助是民族教育发展的重要条件

由于各种因素的影响，我国民族地区的教育事业的发展相对滞后，国家对民族教育的帮助是必不可少的重要条件。这一思想在《中华人民共和国宪法》《关于建国以来党的若干历史问题的决议》《中共中央关于教育体制改革的决定》《中华人民共和国民族区域自治法》等法律、法规文件中都有集中的反映。

“国家从财政、物资、技术等方面帮助各少数民族加速发展经济建设和文化建设事业。”① “根据各少数民族的特点和需要，帮助各少数民族地区加速经济和文化的发展。”② 国家根据国民经济和社会发展计划，努力帮助民族自治地方加速经济和文化的发展。“上级国家机关帮助民族自治地方加速发展教育事业，提高当地各民族人民的科学文化水平。”③ “民族自治地方的自治机关帮助本地方各民族发展经济、教育、科学、文化、卫生、体育事业。”④ 各级党委和政府在制定政策时，要充分注意民族乡的特点，帮助和扶持他们发展经济和文化教育事业。⑤

加快发展民族教育等事业，培养人才，提高科学文化素质，既是长期的任务，又有相当的紧迫性，应当给予更多的关心和支持。⑥

2. 采取特殊措施重点扶持民族教育

“国家应采取特殊措施，重点扶持民族教育，逐步建立适合少数民族

---

① 1982 年 12 月 4 日第五届全国人大第五次会议通过的《中华人民共和国宪法》，全国人民代表大会常务委员会办公厅：《中华人民共和国第五届全国人民代表大会第五次会议文件》，人民出版社 1983 年 1 月版，第 62 页。

② 同上书，第 35 页。

③ 1984 年 5 月 31 日第六届全国人民代表大会常务委员会第二次会议修订通过的《中华人民共和国民族区域自治法》，全国人民代表大会常务委员会办公厅：《中华人民共和国第六届全国人民代表大会第二次会议文件汇编》，人民出版社 1984 年 7 月版，第 96 页。

④ 同上书，第 93 页。

⑤ 1987 年 1 月 23 日中共中央统战部、国家民委：《关于民族工作几个重要问题的报告》，杨侯弟、郭承康、黄凤祥、谭伟主编：《新时期民族工作概览》，华文出版社 1993 年 5 月版，第 331 页。

⑥ 1987 年 1 月 23 日中共中央统战部、国家民委：《关于民族工作几个重要问题的报告》，国家民委教育司：《新时期民族教育工作手册》，中央民族学院出版社 1991 年 10 月版，第 196 页。

地区特点的民族教育体系。”① 第三次全国民族教育会议也提出：“发展民族教育，仍然需要国家和地方继续采取特殊措施，在人力、财力、物力上给予重点扶持。”②

在重点扶持民族教育方面，教育经费是重要内容。由于少数民族地区情况有其特点，发展民族教育需要更多的资金。在内蒙古办一所同等规模的小学，在牧区投入的资金要比农区、城镇投入的资金高3—4倍，牧区供一名住校小学生的家庭负担，占牧区一个劳动力全年收入的一半，相当于在城市供一名大学生上学。要“妥善解决民族教育必需的经费。”③ 民族教育经费“国家支援是主要的，特别是最贫困地区国家要实行免费教育。”④

《中华人民共和国义务教育法》规定，国家对经济困难地区实施义务教育的经费予以补助。国家在师资、财政等方面帮助少数民族地区实施义务教育。⑤ 有必要在正常教育经费照拨外，每年划拨一笔专款作为少数民族教育补助费。少数民族地区，贫困、边远地区等，免收杂费，国家在有困难的少数民族地区，其他贫困地区和需要寄宿就读地区的初级中等学校和部分小学主要是实行助学金制度。中央财政中所列的支援经济不发达地区资金、边境建设事业补助费、少数民族补助费等，地方都应从中划出一部分用于这类地区的义务教育事业。⑥

对散杂居地区的少数民族教育，也要给予足够的重视，切实帮助他

---

① 1980年10月9日教育部、国家民委：《关于加强民族教育工作的意见》，国家教委民族地区教育司：《少数民族教育工作文件选编（一）》，内蒙古教育出版社1991年2月版，第93页。

② 1981年2月16日臧伯平在第三次全国民族教育工作会议上的讲话，国家教委民族地区教育司：《少数民族教育工作文件选编（一）》，内蒙古教育出版社1991年2月版，第114页。

③ 同上书，第123页。

④ 1981年2月25日方毅在第三次全国民族教育工作会议上的讲话，国家教委民族地区教育司：《少数民族教育工作文件选编（一）》，内蒙古教育出版社1991年2月版，第142页。

⑤ 1986年4月12日第六届全国人民代表大会第四次会议通过的《中华人民共和国义务教育法》，吴仕民主编：《中国民族教育》，长城出版社2000年4月版，第550页。

⑥ 1986年9月11日国务院办公厅转发国家教委、国家计委、财政部、劳动人事部：《关于实施“义务教育法”若干问题的意见》，吴仕民主编：《中国民族教育》，长城出版社2000年4月版，第570页。

们解决实际困难。①

国家和政府采取“五个为主”的措施重点扶持西藏教育的发展。“五个为主”即“西藏的教育，要以藏族为主，以中小学教育为主，以公办学校为主，以住宿学校为主，以助学金为主。”②

3. 帮助少数民族地区发展的政策是坚定不移的

民族团结、民族平等和各民族的共同繁荣，对于我们这个多民族的国家来说，是一个关系到国家命运的重大问题。我们的政策是着眼于把民族地区发展起来，“我们帮助少数民族地区发展的政策是坚定不移的”。③要“坚定不移地关心、帮助各少数民族的政治、经济和文化的全面发展，沿着社会主义道路不断前进，逐步实现各民族事实上的平等”。④

汉族对各少数民族的帮助是义不容辞的光荣任务，“尤其是教育、科学文化方面，没有汉族的帮助，我们少数民族在发展教育、发展科学文化方面，时间将要花得比较长，道路走得要比较远，所以汉族的帮助应当提倡”。⑤

4. 帮助各少数民族积极培养各类人才

民族地区各类人才的缺乏，是民族地区十分突出的问题，而“解决人才问题的根本途径是办好教育”。⑥要帮助各少数民族积极培养、选拔少数民族干部。⑦

为了解决民族地区人才缺乏的问题，国家和政府采取了办好民族大专院校，积极发展师范学校和其他专业学校，举办各种层次的培训班，

---

① 1981年8月11日教育部、国家民委：《关于进一步加强民族教育工作的报告》，国家教委民族地区教育司：《少数民族教育工作文件选编（一）》，内蒙古教育出版社1991年2月版，第105页。

② 1980年7月26日杨静仁：《坚决贯彻中央指示，做好西藏工作》，国家民委教育司：《新时期民族教育工作手册》，中央民族学院出版社1991年10月版，第17页。

③ 邓小平：《立足民族平等　加快西藏发展》，国家民委：《中国共产党关于民族问题的基本观点和政策》，民族出版社2002年1月版，第275—276页。

④ 1981年4月21日中央书记处批准的《云南民族工作汇报会纪要》，杨侯弟、郭承康、黄凤祥、谭伟主编：《新时期民族工作概览》，华文出版社1993年5月版，第322页。

⑤ 1981年2月25日方毅在第三次全国民族教育工作会议上的讲话，国家教委民族地区教育司：《少数民族教育工作文件选编（一）》，内蒙古教育出版社1991年2月版，第139页。

⑥ 1985年8月31日李鹏在庆祝西藏自治区成立20周年干部大会上的讲话，国家民委教育司：《新时期民族教育工作手册》，中央民族学院出版社1991年10月版，第3页。

⑦ 1982年9月中国共产党第十二次全国代表大会通过的《中国共产党章程》，杨侯弟、郭承康、黄凤祥、谭伟主编：《新时期民族工作概览》，华文出版社1993年5月版，第694页。

培养更多更好的建设人才的政策。先后开办了面向民族地区的培养朝鲜语师范人才、旅游人才、文艺人才、气象技术人才、医药人才、对外经济贸易阿拉伯语人才、民族古籍整理人才、政法人才、体育人才、民族图书馆专业人才等各种科班。[①]

5. 积极采取促进民族教育事业发展的特殊政策和措施

《中华人民共和国民族区域自治法》指出："国家举办民族学院，在高等学校举办民族班、民族预科，专门招收少数民族学生。"[②] 国家还要"加强薄弱环节和薄弱地区，加速边疆少数民族地区高等教育事业的建设"。[③]

学校招生既是社会各方普遍关注的问题，也是党和政府实施重点扶持政策的重要内容。对此，国家实行定向招生、定向分配的办法，"对少数教育基础比较薄弱的老革命根据地，少数民族聚居地区，山区、边疆等县，可以制订分专业的定向招生、定向分配计划。[④]

为了扩大少数民族学生入学比例，要"注意招收少数民族学生"，"注意照顾文化薄弱地区和边疆少数民族地区"。[⑤] 要适当照顾少数民族，力求每年有一定数量的少数民族学生进入大专院校。[⑥]

在高考招生工作中，"应对少数民族学生实行择优录取和规定比例、适当照顾相结合的办法，在各民族自治地方，少数民族学生的录取比例

---

① 国家教委民族地区教育司：《少数民族教育工作文件选编（一）》，内蒙古教育出版社1991年2月版，第178—179、236、238、244、245、247、246、336—338、504—505、508、554页。

② 1984年5月31日第六届全国人民代表大会常务委员会第二次会议修订通过的《中华人民共和国民族区域自治法》，全国人民代表大会常务委员会办公厅：《中华人民共和国第六届全国人民代表大会第二次会议文件汇编》，人民出版社1984年7月版，第96页。

③ 1978年2月17日国务院转发教育部：《关于恢复和办好全国重点高等学校的报告的通知》，国家民委教育司：《新时期民族教育工作手册》，中央民族学院出版社1991年10月版，第202页。

④ 1984年3月31日教育部：《1984年普通高等学校招生规定》，吴仕民主编：《中国民族教育》，长城出版社2000年4月版，第519页。

⑤ 1978年5月18日教育部：《关于1978年中等专业学校招生工作的意见》，国家民委教育司：《新时期民族教育工作手册》，中央民族学院出版社1991年10月版，第202页。

⑥ 1979年10月12日中共中央、国务院批转国家民委党组：《关于做好杂居、散居少数民族工作的报告》，国家民委教育司：《新时期民族教育工作手册》，中央民族学院出版社1991年10月版，第187—188页。

应力争不低于少数民族人口比例”。[①] 边疆、山区、牧区、少数民族聚居地区的少数民族考生，可根据当地的实际情况，适当降低分数，择优录取。[②] 对报考边远地区、少数民族聚居地区委托培养的考生，在择优录取、保证质量的前提下，可按有关规定适当予以照顾。如录不满额，则在预备生源中择优录取。民族自治地方用本民族语文授课的高等学校或系（科）招生，由自治区或省招生委员会另行命题，组织考试。[③]

为了能更有效地培养少数民族学生，1980 年起在部分重点高等学校举办少数民族班，“对少数民族学生给予特殊的培养”。[④] 高等学校对边疆、山区、牧区少数民族聚居区的少数民族考生，可根据当地的实际情况适当降低录取分数；对散居在汉族地区的少数民族考生，在与汉族考生同等条件下优先录取；面向本省、市、自治区的高等学校，对没有考生达到最低录取分数线的县，可以低于最低录取分数线，择优照顾录取。[⑤] 对文化教育不发达、人口较少的少数民族地区考生可适当放宽录取。[⑥] 在硕士生和研究生班研究生录取工作方面，国家同样给予适当照顾。[⑦] 对志愿报考为内蒙古、广西、贵州、云南、西藏、甘肃、宁夏、青海、新疆 9 省、自治区用人单位定向培养的考生，要予以鼓励，优先录取。[⑧]

对毕业生的重点政策也是党和政府实施重点扶持工作的重要方面。

---

① 1981 年 7 月 13 日教育部、国家民委：《关于今年高等学校招生是否按少数民族人口比例录取少数民族学生问题的复函》，国家教委民族地区教育司：《少数民族教育工作文件选编（一）》，内蒙古教育出版社 1991 年 2 月版，第 227 页。

② 1987 年 4 月 21 日国家教委：《普通高等学校招生暂行条例》，吴仕民主编：《中国民族教育》，长城出版社 2000 年 4 月版，第 578 页。

③ 同上书，第 578—579 页。

④ 1980 年 4 月 10 日教育部：《关于 1980 年全国高等学校招生工作会议的报告》，国家民委教育司：《新时期民族教育工作手册》，中央民族学院出版社 1991 年 10 月版，第 203 页。

⑤ 1981 年 3 月 2 日国务院批转教育部：《1981 年高等学校招生工作的规定》，http://govinfo.nlc.cn/bjfz/xxgk/bjsrmzf/201507/t20150730_8574902.shtml?classid=596。

⑥ 1982 年 5 月 21 日国家民委、教育部：《关于中央、西北、西南、中南民族学院 1982 年预科班、高中班招生计划的通知》，国家教委民族地区教育司：《少数民族教育工作文件选编（一）》，内蒙古教育出版社 1991 年 2 月版，第 231 页。

⑦ 1989 年 5 月 4 日国家教委：《关于做好 1989 年硕士生和研究生班研究生录取工作的几点意见》，国家民委教育司：《新时期民族教育工作手册》，中央民族学院出版社 1991 年 10 月版，第 218 页。

⑧ 1989 年 5 月 4 日国家教委：《关于做好 1989 年硕士生和研究生班研究生录取工作的几点意见》，吴仕民主编：《中国民族教育》，长城出版社 2000 年 4 月版，第 656 页。

“对少数民族毕业生，应当给予适当照顾，以充分调动他们的社会主义积极性。对少数民族毕业生，要根据他们所学专业、民族和籍贯，尽可能分配到本民族地区工作。”① 为了支援西藏建设，对去西藏的高等学校毕业生和毕业研究生，在藏连续工作满8年以上的，由西藏自治区人事部门联系原籍或其爱人所在地区安排工作。② 从沿海、内地省市或中央部门分配，调往西藏和青海高原地区的大中专毕业生、科技人员工作满8年后，可调回沿海、内地，可由其父母或配偶所在地区安排工作。③ 对去西藏和青海高原地区工作的毕业生，实行浮动工资高一级待遇，连续工作满8年后，不再取消这一级工资。④

国家对民族教育采取特殊政策还体现在对教师的扶持方面。民族地区要尽快解决民办教师转公办问题。今后，如果国家给了民办转公办的指标，在教育部分配的时候，要尽量先照顾民族地区。⑤ 还要指定一批重点大学与各民族学院实行对口支援。内地高等学校应积极接受民族院校教师和业务骨干来校进修，或专门开办民族地区师资进修班，以帮助培训提高师资水平。要组织教师到民族院校短期任教、讲学或到民族地区协助举办在职人员培训班等。⑥

为迅速改善民族学校办学条件，对民族学校采取特殊发展措施十分重要。有关省、区党委和政府有关部门，对于民族学校在这方面的困难

---

① 1978年7月19日国务院批转教育部：《关于做好1978年普通高等学校毕业生调配工作的意见》，国家民委教育司：《新时期民族教育工作手册》，中央民族学院出版社1991年10月版，第203页。

② 1982年5月28日国家计委、教育部、劳动人事部：《关于1982年全国毕业研究生和高等学校毕业生分配问题的报告》，国家民委教育司：《新时期民族教育工作手册》，中央民族学院出版社1991年10月版，第205—206页。

③ 1983年4月18日劳动人事部、国家民委：《关于加强边远地区科技队伍建设若干政策问题的报告》，国家民委教育司：《新时期民族教育工作手册》，中央民族学院出版社1991年10月版，第207页。

④ 1983年6月11日国家计委、教育部、劳动人事部：《关于1983年全国毕业研究生和高等学校毕业生分配问题的报告》，国家民委教育司：《新时期民族教育工作手册》，中央民族学院出版社1991年10月版，第208页。

⑤ 1979年8月7日张承先在全国第五次民族学院院长会议上的讲话，国家教委民族地区教育司：《少数民族教育工作文件选编（一）》，内蒙古教育出版社1991年2月版，第57—58页。

⑥ 1981年12月28日文化部、国家民委、教育部：《关于印发〈关于加强民族艺术教育工作的意见〉的通知》，吴仕民主编：《中国民族教育》，长城出版社2000年4月版，第479页。

和需要，要给予更多的关心和支持，采取切实有效的措施加以解决。[①] 要考虑少数民族校址偏僻、路途遥远的特点，在分配教学设备和交通工具时给予重点照顾。[②]

由于民族学校某些特殊性，还应对民族学校的编制予以放宽。民族学校，包括小学、中学、中专和大专的教师、职工编制，应根据实际需要，适当放宽。[③] 要根据少数民族地区实际需要，适当增加教职工编制。[④] 在内地创建西藏学校和举办西藏班，教职工的编制也应适当放宽。[⑤] 鉴于少数民族地区学生文化基础差，分班教学和用两种语言授课的特点，教职员编制比例应比内地院校稍大一些。[⑥] 地、市、州、盟所属综合医院和医疗卫生机构应该作为中等卫生学校的教学实习基地，在规定的医院编制外，建议增加12%—15%的教学编制，并授予承担教学任务的医药技术人员相应的教学职称。[⑦] 民族地区高等艺术院校的师资严重不足，教师既要承担繁重的教学任务，又要进行民族艺术的搜集、整理、研究和编

---

① 1979年10月6日国家民委、教育部：《关于民族学院工作的基本总结和今后方针任务的报告》，国家教委民族地区教育司：《少数民族教育工作文件选编（一）》，内蒙古教育出版社1991年2月版，第82页。

② 1980年5月26日卫生部、国家民委、教育部：《印发〈关于加强少数民族地区医学教育工作的意见〉和〈关于内地省市对口支援少数民族地区发展医学教育施行方案〉的通知》，国家教委民族地区教育司：《少数民族教育工作文件选编（一）》，内蒙古教育出版社1991年2月版，第87页。

③ 1981年8月11日教育部、国家民委：《关于进一步加强民族教育工作的报告》，国家教委民族地区教育司：《少数民族教育工作文件选编（一）》，内蒙古教育出版社1991年2月版，第106页。

④ 1980年10月9日教育部、国家民委：《关于加强民族教育工作的意见》，国家教委民族地区教育司：《少数民族教育工作文件选编（一）》，内蒙古教育出版社1991年2月版，第95页。

⑤ 1984年12月11日教育部、国家计委：《关于落实中央关于在内地为西藏办学培养人才指示的通知》，国家教委民族地区教育司：《少数民族教育工作文件选编（一）》，内蒙古教育出版社1991年2月版，第295页。

⑥ 1980年5月26日卫生部、国家民委、教育部：《印发〈关于加强少数民族地区医学教育工作的意见〉和〈关于内地省市对口支援少数民族地区发展医学教育施行方案〉的通知》，国家教委民族地区教育司：《少数民族教育工作文件选编（一）》，内蒙古教育出版社1991年2月版，第87页。

⑦ 同上书，第88页。

写专业教材等项工作，教师的编制应当比一般艺术院校的编制适当放宽。[①] 开设少数民族语文课，用少数民族语文教学的教师在编制标准外应适当增加等。

需要特别提及的是民族班和西藏班的开设，是新中国民族教育理论方面的重要内容。根据这一理论的实践活动，成为这一时期采取特殊措施的成功范例和最具有代表性的教育实践活动。

举办民族班是为发展少数民族教育事业，支援我国边疆和民族地区“四化”建设而采取的一项特殊措施，是为少数民族培养合格人才，使其早出人才、多出人才的好办法。“文化大革命”使少数民族地区教育事业大倒退，中小学教育质量严重下降，拉大了这些地区同内地的差距。一些重点高等学校在招生时虽对少数民族考生采取降低分数线录取的办法，但由于这些学生文化水平偏低，跟班上课有困难，因此这一办法实施的效果不是很好。为了更好地为少数民族培养人才，从1980年开始，国家决定有计划、有重点地在部分全国重点高等学校举办民族班。高等院校民族班分预科、专科和本科三种，面向边疆农村、山区和牧区，实行定向招生、定向培养、定向分配。预科班从参加高考的少数民族考生中择优录取，主要补习高中课程，特别是数理化，并提高汉语听课的能力。实践证明，在高等学校举办民族班是成功的，是符合少数民族地区实际情况的，体现了党和国家对少数民族文化事业的关怀，受到全国少数民族的赞扬和欢迎。[②]

为了加快西藏人才培养工作，国家和政府还采取了举办西藏班这种特殊措施。西藏拥有250多个工业企业，普遍存在效益低、亏损严重的问题。这些问题的症结在于工人的科学文化和技术素质差，管理跟不上去。长期不能改变劳动力工资高、产值低，投入高、效益低的局面，说明了加强智力开发的迫切性和重要性。因此，有必要在内地创建西藏学校和举办西藏班，每年招收1300名至1500名藏族学生，培养中等专业技术人

---

① 1981年12月28日文化部、国家民委、教育部：《关于印发〈关于加强民族艺术教育工作的意见〉的通知》，国家教委民族地区教育司：《少数民族教育工作文件选编（一）》，内蒙古教育出版社1991年2月版，第150页。

② 1982年2月8日教育部：《关于1982年继续在部分高等学校举办少数民族班的通知》，国家教委民族地区教育司：《少数民族教育工作文件选编（一）》，内蒙古教育出版社1991年2月版，第382页。

才。为此，教育部落实中央的指示，在北京、兰州、西安、成都筹建3所西藏学校；在上海、天津、辽宁、河北、河南、山东、江苏、陕西、湖北、重庆、安徽、山西、湖南、浙江、江西、云南16个省市的中等以上城市各选条件较好的一两所中学举办西藏班。[①] 初中学制4年，其中一年补习小学文化，毕业后大部分升入当地和有关省区市的中专和技工学校，少部分成绩优秀学生继续高中课程，毕业后择优升入大学本、专科深造。[②] 西藏班对开发西藏具有重要意义，是培养当地少数民族人才的一条新路子，它“符合西藏建设对人才的实际需要”，“是为西藏加快培养建设人才的有效途径”。[③] 这种形式，使西藏学生在德、智、体各方面得到较快的发展和提高。西藏学生经过有秩序、有规律的生活和体育锻炼，体质普遍提高，思想品德、纪律方面也有较大的进步，学习藏语文的成绩有很大的提高。这种形式也促进了西藏基础教育的发展。

6. 大力改革和发展民族高等教育

“民族学院是我们党和国家为解决国内民族问题，培养少数民族干部而创办的社会主义新型高等学校”[④]，在解决国内民族问题上发挥了重要作用。经过民族学院培训的少数民族干部，在少数民族地区的民主改革、社会主义改造、社会主义建设中发挥了重大作用，为加强民族团结，巩固祖国统一，保卫边疆、建设边疆，做出了重要贡献。各民族学院在培训少数民族干部的同时，还承办了国家下达的科研任务和社会科学调查工作，取得了显著成绩。民族学院是中国各民族平等团结、友爱合作的民族大家庭，是中国共产党民族政策的生动反映。

为了适应新时期总任务的要求，更需要把民族学院办好。“如果说要

---

① 1984年12月11日教育部、国家计委：《关于落实中央关于在内地为西藏办学培养人才指示的通知》，国家教委民族地区教育司：《少数民族教育工作文件选编（一）》，内蒙古教育出版社1991年2月版，第294页。

② 同上书，第295页。

③ 1988年10月9日国家教委、财政部、国务院西藏经济工作咨询小组、人事部：《印发〈关于内地西藏班（校）工作初步总结和今后意见〉的通知》，国家教委民族地区教育司：《少数民族教育工作文件选编（一）》，内蒙古教育出版社1991年2月版，第349页。

④ 1979年10月6日国家民委、教育部：《关于民族学院工作的基本总结和今后方针任务的报告》，国家教委民族地区教育司：《少数民族教育工作文件选编（一）》，内蒙古教育出版社1991年2月版，第73页。

重视民族教育工作，首先就要重视民族学院，支持把民族学院办好。”[①]民族学院要“拟订积极可行的发展规划”。民族学院的发展规划，应当围绕新时期党和国家在民族工作方面的任务来制定，应当是民族学院方针的具体体现。要争取各方面的关怀和支持，加快民族学院的恢复速度，“各民族学院应该有适当地较大幅度的发展”。[②]

要“调整和办好少数民族的中等专业教育和高等教育”。[③] 在民族地区高等教育内部，不但财经、政法专业较少，理科的质量较低，而且适应地区需要的专业也有缺口。这些问题应在调整中逐步解决。各民族学院要采取多种途径和方法大力培养“四化”所需要的具有社会主义觉悟的政治干部和专业技术人才，特别是各类科学技术人才，为少数民族地区的社会主义现代化建设服务。应进一步加强民族自治地方中等专业教育学校和高等学校的建设。采取措施认真提高中等专业学校的教育质量。全国重点高等学校和少数民族人口较多的省的一般高等学校，要积极举办民族班。在少数民族地区要积极发展各类业余大学。[④]

要提高民族医学教育的水平。目前民族医药工作存在认识不足、重视不够，民族医学队伍后继乏人，民族医药学濒于失传，民族医药机构数量少、规模小、设备差，民族药的供应渠道不通，药品短缺十分严重等问题。民族医药学是我国少数民族劳动人民数千年来与疾病作斗争的经验总结，是中国医药学宝库的组成部分。各省区必须认真落实党的民族政策，努力使民族医学与现代医学相结合，把继承、发掘、整理、提高少数民族医学作为落实党的民族政策的大事来抓，大力培养少数民族医药卫生技术人员，这是改变少数民族地区卫生面貌的重要措施。要努力培养一支有较高水平的民族医队伍。此外，要切实办好内蒙古民族医学院蒙医系，积极筹建西藏藏医学院。其他民族地区也要创造条件举办

① 1979 年 8 月 7 日张承先在全国第五次民族学院院长会议上的讲话，国家教委民族地区教育司：《少数民族教育工作文件选编（一）》，内蒙古教育出版社 1991 年 2 月版，第 58 页。

② 胡嘉宾在第五次民族学院院长会议上的报告，国家教委民族地区教育司：《少数民族教育工作文件选编（一）》，内蒙古教育出版社 1991 年 2 月版，第 71—72 页。

③ 1981 年 2 月 16 日臧伯平在第三次全国民族教育工作会议上的讲话，国家教委民族地区教育司：《少数民族教育工作文件选编（一）》，内蒙古教育出版社 1991 年 2 月版，第 119 页。

④ 1980 年 10 月 9 日教育部、国家民委：《关于加强民族教育工作的意见》，国家教委民族地区教育司：《少数民族教育工作文件选编（一）》，内蒙古教育出版社 1991 年 2 月版，第 94 页。

民族医专科学校，或在医学院内设民族医学班，面向有关省区实行定向招生、定向分配。还要有计划地加强在职民族医药人员的培训工作，分别办好各种形式的民族医学培训班，并注意培养民族药材专业人员，以提高现有民族医药人员的业务水平。已开设蒙医、藏医和维医专业的学校和已经开设医学系的民族学院，要努力提高教学质量。各地要积极创造条件建立与健全民族医学科研机构，集中发挥老民族医生的作用，为其配助手，让其带徒弟，搞好医、教、研三结合，争取尽快把民族医学的基础理论和临床经验整理出来。加强少数民族地区医学教育工作，是贯彻落实党的民族政策，提高少数民族地区科学文化水平，改变卫生面貌，巩固边防，加快我国社会主义现代化建设的一项重要任务。①

7. 搞好民族学院的后勤管理工作

民族学院的后勤工作要为全体师生员工的教学、科研、生活提供物质条件，这方面工作搞得好不好，对每一个人都要产生直接的影响。在"文化大革命"期间，各民族学院的校舍建设和图书资料、教学器材、实验设备、生活设施等都受到了程度不同的损失。各学院的教学设备，除了民族学专业方面的图书稍有基础以外，一般都很简陋。特别是理科、医科和畜牧兽医等方面的图书教具，大体只相当于中专的水平，其中的理化实验设备，有的比一般中学还差。

各民族学院应当把校舍建设作为一项重要任务抓紧进行，并且要适当扩充教学设备。有关省、自治区党委和政府有关部门，对于民族学院的困难和需要，要给予更多的关心和支持，采取切实有效的措施加以解决。如果不能抓紧解决这些问题，民族学院的发展是不可能的。②

在国家财力、物力能够提供的条件下，搞好后勤工作的关键，是加强对这方面工作的领导，调整、整顿后勤队伍，充分调动人的积极因素。分管这方面工作的领导要亲临后勤工作的第一线，加强思想教育，建立各种工作、管理的规章制度，具体解决后勤工作中存在的问题，开展竞

① 1980 年 5 月 26 日卫生部、国家民委、教育部：《印发〈关于加强少数民族地区医学教育工作的意见〉和〈关于内地省市对口支援少数民族地区发展医学教育施行方案〉的通知》，国家教委民族地区教育司：《少数民族教育工作文件选编（一）》，内蒙古教育出版社 1991 年 2 月版，第 85 页。

② 胡嘉宾在第五次民族学院院长会议上的报告，1979 年 10 月 6 日国家民委、教育部：《关于民族学院工作的基本总结和今后方针任务的报告》，国家教委民族地区教育司：《少数民族教育工作文件选编（一）》，内蒙古教育出版社 1991 年 2 月版，第 71、82 页。

赛活动，号召后勤工作的干部职工积极为教学服务。同时教育教师、学生、干部尊重从事后勤工作的同志，互相关心、互相支持，切实搞好民族学院的后勤工作。

三　加强各级各类学校的思想政治教育

1. 政治工作是顺利完成各项业务工作的保证

民族教育的实践证明，政治工作是顺利完成各项业务工作的保证。邓小平曾指出：我们最近 10 年发展是很好的。“最大的失误是在教育方面，思想政治工作薄弱了，教育发展不够。”① 这里“主要是讲思想政治教育，不单纯是对学校、青年学生，是泛指对人民的教育。对于艰苦创业，对于中国是个什么样的国家，将要变成一个什么样的国家，这种教育都很少，这是我们很大的失误。”② “文化大革命”前，民族学院在对各民族学生进行生动活泼的社会主义教育、阶级教育、爱国主义和国际主义教育以及革命传统教育等方面都取得了很好的效果，积累了丰富的经验。

在新的形势下，应继续结合少数民族和民族地区的实际及特点，对各民族学生进行党的基本路线、近代现代史和国情教育，进行发扬爱国主义、维护民族团结和国家统一的教育，使青少年一代树立坚定正确的政治方向，这是我们保证人才培养质量的重要条件。

2. 加强学校的政治思想教育

要“加强各级各类学校的政治思想教育”③，任何时候都不能放松或削弱学校中的政治思想教育。我们办的是社会主义学校，因此，培养目标必须始终坚持又红又专的方向。尤其是在新的形势下，更要加强学校的政治思想教育。“加强学校的政治思想教育，是我国社会主义教育的性质和教育方针所决定的，是建设高度的社会主义精神文明的需要。”④

---

① 1989 年 3 月 23 日邓小平：《坚持艰苦奋斗的传统》，《邓小平文选》第三卷，人民出版社 1993 年 10 月版，第 290 页。

② 1989 年 6 月 9 日邓小平：《在接见首都戒严部队军以上干部时的讲话》，《邓小平文选》第三卷，人民出版社 1993 年 10 月版，第 306 页。

③ 1981 年 2 月 16 日臧伯平在第三次全国民族教育工作会议上的讲话，国家教委民族地区教育司：《少数民族教育工作文件选编（一）》，内蒙古教育出版社 1991 年 2 月版，第 117 页。

④ 1981 年 8 月 11 日教育部、国家民委：《关于进一步加强民族教育工作的报告》，国家教委民族地区教育司：《少数民族教育工作文件选编（一）》，内蒙古教育出版社 1991 年 2 月版，第 104 页。

在加强民族学校日常的思想政治教育工作的同时，对民族学校毕业生的思想政治教育同样也要摆在重要位置。在民族班毕业工作中，学校应加强思想政治工作，对他们进行以热爱祖国边疆建设事业、热爱家乡为内容的社会主义和爱国主义的教育，使他们树立起远大理想和为边疆各族人民服务的决心，自觉服从国家和人民的需要。①

民族学校思想政治教育的形式也是我们在实施教育工作中应当充分注重的问题。“学校的思想品德教育要有个很好的形式，不要以为搞思想品德教育是浪费时间，行为规范要作为考核学生的一个重要的内容”②，学生要严格按照这个去做，这是做一个合格公民所必须做到的。

3. 思想政治工作内容要为实现新时期的总任务服务

改革开放后一段时间，有的院校思想政治工作有所削弱，极少数学生中无组织、无纪律、无政府主义的倾向有所发展。有的学生放松对自己的要求，有的学生不愿到工作和生活条件比较艰苦的边疆、牧区、山区工作，缺乏革命的豪情壮志和远大理想。

针对这些问题，党的一切思想政治工作的中心内容就是动员群众、组织群众，为实现新时期的总任务而奋斗。应当在全体师生员工中进行马列主义、毛泽东思想的教育，抓紧进行新时期总任务和各项方针政策的教育，进行坚持正确的思想路线和坚持四项基本原则的教育，把思想统一到三中全会的精神上来。还应当进行勤俭建国、勤俭办学、勤俭办一切事业的教育。③ 各民族广大学生要勤奋学习、独立思考、刻苦钻研、勇于攻关、学而不厌、不畏险阻、勇于攀登科学高峰。民族学院的学生要争取在学习上创造出优异成绩，争当实现四化的突击手和尖兵。学校要教育学生做到“三好”，即思想品德好、学习好、身体好，使学生的德、智、体得到全面发展。对做到“三好”的学生要表扬，要鼓励；对出现不正确思想倾向的学生要善于做细致的工作，善于批评引导。教育学生要做到是非分明，界限清楚。此外，学校在纪律问题上应当有表扬

---

① 1984年12月17日教育部：《关于教育部部属高等院校少数民族班毕业生分配问题的通知》，国家教委民族地区教育司：《少数民族教育工作文件选编（一）》，内蒙古教育出版社1991年2月版，第248页。

② 1988年12月16日至22日李铁映视察云南时的讲话，国家民委教育司：《新时期民族教育工作手册》，中央民族学院出版社1991年10月版，第8页。

③ 胡嘉宾在第五次民族学院院长会议的报告，国家教委民族地区教育司：《少数民族教育工作文件选编（一）》，内蒙古教育出版社1991年2月版，第68页。

有批评，有奖励有处罚，建立以表扬和奖励为主的制度。

4. 将民族理论与民族政策作为一门必修的政治理论课

在少数民族比较多的省、自治区的高等学校和中等专业学校里开设民族理论与民族政策课程，用马克思主义民族理论和党的民族政策教育少数民族学生和汉族学生，使他们懂得马克思主义民族理论和党的民族政策的基本观点，划清马克思主义民族观和资产阶级民族观的界限，增强执行党的民族政策的自觉性是十分必要的。这对于巩固和发展我国社会主义的民族关系，加强民族团结，维护祖国统一，巩固国防，全面开创社会主义现代化建设的新局面，具有重要的意义。要教育学生学习无产阶级民族观和党的民族政策，反对大汉族主义，也要防止和克服地方民族主义。

为此，教育部发文同意在高等学校和中等专业学校中逐步讲授马克思主义民族理论和党的民族政策，并作为一门必修的政治理论课，列入教学计划。授课时间可根据各类学校的不同情况，在现有的政治理论课教学时间以外另增加50学时至70学时，并要结合本地区的实际，适当修订教学计划，编写教学大纲和教材，培训教师，把马克思主义民族理论和党的民族政策的教育以及其他马克思主义理论课的教学工作做好。①

5. 加强四项基本原则、热爱社会主义祖国和各民族团结互助的教育

首先是对各级各类学校提出加强教育的要求。

要对学生进行坚持四项基本原则的教育。曾经有一段时期，民族学校部分学生受西方资产阶级思想和某些错误思潮的影响，对四项基本原则认识不足，以致误入歧途。在一些边远地区，国外的一些分裂势力还妄图腐蚀、毒害我国青少年一代。应当看到，“加强思想政治工作要坚持四项基本原则的教育，四项基本原则最基本、最核心的就是党的领导。”②邓小平曾指出：“教育人民坚持四项基本原则，这就为我们事业的健康发展从根本上提供了保证。”③ 要在中国实现四个现代化，必须在思想政治

---

① 1982年10月6日教育部、中央宣传部：《关于在新疆高等学校和中等专业学校开设〈民族理论与民族政策〉课程问题的批复》，国家教委民族地区教育司：《少数民族教育工作文件选编（一）》，内蒙古教育出版社1991年2月版，第166—167页。

② 1981年2月25日方毅在第三次全国民族教育工作会议上的讲话，国家教委民族地区教育司：《少数民族教育工作文件选编（一）》，内蒙古教育出版社1991年2月版，第143页。

③ 1987年1月20日邓小平：《加强四项基本原则教育，坚持改革开放政策》，《邓小平文选》第三卷，人民出版社1993年10月版，第202页。

上坚持对青年学生进行热爱社会主义祖国的教育，使各族青年学生牢固树立拥护共产党领导，热爱社会主义祖国的思想。我们要以耐心细致的正面教育为主，教育青年学生，新中国的成立来之不易。这个思想阵地不加强，就会滋生资产阶级自由化。

要对学生进行热爱社会主义祖国的教育。我们是统一的多民族的国家，有光辉的历史、灿烂的文化，我们有5000多年的文化，历史典籍浩如烟海，要加强爱国主义教育。[①] 我们要在各民族青年学生中树立热爱社会主义祖国、奋发图强的爱国主义思想，不断巩固和发展少数民族地区安定团结的政治局面，这样做，对全国的安定团结也是有利的。

要对学生进行各民族团结互助的教育。我国是有50多个民族的统一的社会主义国家，加强民族团结，是巩固边疆和进行“四化”建设的需要。要进行各民族团结互助、全国各族人民大团结、革命传统、革命人生观的教育，树立各民族之间团结友爱、互助合作的思想和风气，要使各民族学生从小树立汉族和少数民族谁也离不开谁的观念。“各个民族都有他的长处，都要互相学习。”[②] 还要加强各民族在“四化”建设中的团结互助，使各民族学生下功夫学习“四化”所必需的科学技术知识和科学管理工作，努力掌握为“四化”服务的本领。政治干部也必须学习一两门技术知识，力求成为又“红”又“专”的好干部，不要做“空头政治家”。[③] 民族乡应当注意对各族居民进行民族政策和民族团结的教育，以不断促进社会主义民族关系的发展，加强各民族之间的团结互助。[④] 在汉族和少数民族的干部和群众中，要经常地、深入地进行民族政策、民族团结的教育，进行热爱社会主义祖国、坚决维护祖国统一的教育，并把实现共同理想的教育和增强民族团结的爱国主义教育结合起来，努力创造一种各民族友爱、信任、和谐的环境和气氛，动员各族人民为建设

---

① 1981年2月25日方毅在第三次全国民族教育工作会议上的讲话，国家教委民族地区教育司：《少数民族教育工作文件选编（一）》，内蒙古教育出版社1991年2月版，第145页。

② 同上书，第146页。

③ 1979年10月6日国家民委、教育部：《关于民族学院工作的基本总结和今后方针任务的报告》，国家教委民族地区教育司：《少数民族教育工作文件选编（一）》，内蒙古教育出版社1991年2月版，第78页。

④ 1983年12月29日国务院：《关于建立民族乡问题的通知》，杨侯弟、郭承康、黄凤祥、谭伟主编：《新时期民族工作概览》，华文出版社1993年5月版，第314页。

社会主义现代化强国而努力。[①]

对广大中小学和高等学校学生进行民族团结教育，一直是学校思想政治教育和德育的重要内容，“要在各级学校学生中经常地、主动地进行党的民族政策和加强民族团结的正面教育”。[②] 要进行党的民族政策和民族团结教育，在不同地区、不同学校应提出不同要求，注意教育效果，不搞形式主义。在小学和初中，应结合学生的年龄特点，寓教育于各种生动活泼的活动之中，如唱民族团结的歌，跳民族团结的舞蹈，讲民族团结的故事，做一件民族团结的好事等。在少数民族地区中等以上学校中都要开设有关讲解党的民族政策和民族问题基本理论的课程，帮助学生树立正确的民族观。在其他地区有关学校则可结合时事政策课，讲授有关民族政策的基本知识。要积极引导广大师生员工做到：不利于民族团结的话不说，不利于民族团结的事不做。凡是各地教育部门和学校办的报纸杂志，发表涉及少数民族历史、语言文字、风俗习惯、宗教信仰以及各民族关系的文章，要符合党的民族政策的基本精神，要有利于民族团结和维护国家的统一。[③]

为使各民族学生对我国56个民族的历史、文化、宗教、风俗习惯等有初步的了解，从1994年起，教育部在全国中小学普遍开展民族团结教育活动，并针对学生年龄和认知特点，增加相应的课堂教学内容。在小学阶段开设民族常识活动课，帮助学生学习和了解我国各民族的基本状况；在初中阶段开设民族政策常识课，使学生了解党的民族、宗教政策；在高等学校中，也结合思想政治教育，学习和普及宪法和法律知识，对高校学生强化民族团结方面的教育。通过在学生中实施民族团结教育，培养学生树立各民族平等、团结、互助的社会主义的民族观念，增强广大学生维护民族团结、维护祖国统一的自觉性。

在对一般学校提出加强教育的要求外，还特别对民族班、寄宿制学校提出了具体要求：

---

① 1987年1月23日中共中央统战部、国家民委：《关于民族工作几个重要问题的报告》，杨侯弟、郭承康、黄凤祥、谭伟主编：《新时期民族工作概览》，华文出版社1993年5月版，第327页。

② 1987年8月18日国家教委：《关于在各级学校注意进行党的民族政策和加强民族团结教育的通知》，国家教委民族地区教育司：《少数民族教育工作文件选编（一）》，内蒙古教育出版社1991年2月版，第188页。

③ 同上书，第189—190页。

举办民族班的学校，要结合学生思想实际，进行爱国主义、共产主义、马克思主义民族理论和党的民族政策教育，各民族学生要互相尊重、互相学习、共同进步，不断增强民族团结。在必要的情况下，可由民族班学生多的省区临时选派一至两名本民族的干部或教师，协助学校做好学生的思想政治工作和生活管理工作。① 民族班学生德育标准还应涵盖热爱家乡的内容。对藏族学生要始终注意加强热爱社会主义祖国、热爱西藏、热爱家乡的教育以及民族团结教育，艰苦奋斗的教育，劳动技术教育和严格的组织纪律教育，使他们在德、智、体、美、劳各方面都得到发展和提高，牢固树立学好本领，立志为建设新西藏服务的思想。②

寄宿制学校必须加强思想政治教育，不但要努力提高青少年的科学文化和健康水平，而且还要对他们进行共产主义的思想教育，进行爱国主义、民族团结的教育。教育学生树立革命理想，有共产主义道德、有文化、守纪律，搞好民族团结，并培养他们热爱牧区、山区，愿为建设牧区、山区的社会主义两个文明而奋斗。学生要有良好的道德、纪律以及建设牧区、山区的理想。③

《中华人民共和国民族区域自治法》指出，民族自治地方的自治机关提倡爱祖国、爱人民、爱劳动、爱科学、爱社会主义公德，对本地方内各民族公民进行爱国主义、共产主义和民族政策的教育。教育各民族的干部和群众互相信任，互相学习，互相帮助，互相尊重语言文字、风俗习惯和宗教信仰，共同维护国家的统一和各民族的团结。④ 这是对民族自治地方的自治机关提出的加强教育的要求。

---

① 1984年3月30日教育部、国家民委：《关于加强领导和进一步办好高等院校少数民族班的意见》，国家教委民族地区教育司：《少数民族教育工作文件选编（一）》，内蒙古教育出版社1991年2月版，第397页。

② 1988年10月9日国家教委、财政部、国务院西藏经济工作咨询小组、人事部：《印发〈关于内地西藏班（校）工作初步总结和今后意见〉的通知》，国家教委民族地区教育司：《少数民族教育工作文件选编（一）》，内蒙古教育出版社1991年2月版，第354页。

③ 1982年12月20日教育部：《印发〈全国牧区、山区寄宿制民族中小学经验交流会纪要〉》，国家教委民族地区教育司：《少数民族教育工作文件选编（一）》，内蒙古教育出版社1991年2月版，第171页。

④ 1984年5月31日第六届全国人民代表大会常务委员会第二次会议修订通过的《中华人民共和国民族区域自治法》，全国人民代表大会常务委员会办公厅：《中华人民共和国第六届全国人民代表大会第二次会议文件汇编》，人民出版社1984年7月版，第94页。

6. 从思想上抵制和消除宗教对民族学生的影响

要经常注意对民族学生进行科学教育，以抵制和消除宗教及封建迷信对新一代的影响。曾有一段时间，在一些地区不同程度地存在宗教干扰教育的问题，有些地区还出现了宗教狂热。社会上的宗教势力竭力与我们争夺教育阵地，争夺青少年一代。不少地区的寺院设立经文学校，向少年儿童灌输宗教思想，以致大批学生流动，有些学校甚至停办。

针对这些地区出现的宗教干预教育、冲击学校比较突出的问题，教育部重申了"必须坚持宗教与教育分离的原则"。新中国成立前藏、傣族中的佛教寺院既是宗教机关，又是封建社会的文化教育机关，宗教与教育是合一的。新中国成立后我们实行了教育与宗教分离的原则，这一原则应继续坚持，不能有丝毫动摇，"必须坚持宗教不得干预教育的原则"。[①] 少数民族地区应当继续贯彻宗教信仰自由政策，但要坚决反对宗教干扰学校教育。要在提高少数民族科学文化水平的同时，建设社会主义的精神文明。要坚持教育与宗教的分离，任何人和任何组织不得利用宗教进行妨碍国家教育制度的活动，不得利用宗教干预学校教育、社会公共教育和实施义务教育的活动，不得在学校向学生宣传宗教，灌输宗教思想；学校不得停课，集体进行宗教活动；不得强迫青少年信仰宗教，不得强迫他们当和尚、喇嘛或满拉等；不得以任何形式在学校开设或讲授宗教课；不得利用宗教干扰或破坏学校的正常教学秩序；不得以任何形式干扰或阻挠学校向学生进行马列主义、毛泽东思想教育以及科学文化教育和无神论教育。在群众普遍信教的民族地区，要注意发挥宗教界爱国人士关心和支持教育的积极性。

要加强学校的辩证唯物主义和无神论教育，加强科学知识教育，积极开展青少年喜爱的各种文体活动和课外活动，因势利导，使广大青少年从思想上抵制和消除宗教对他们的影响。[②] 要改革政治课教材，力求内容生动活泼。在充分地、耐心细致地做好信教群众的思想工作，做好爱

---

① 1982 年 8 月 30 日教育部：《关于全面贯彻党的宗教政策，正确处理少数民族地区宗教干扰学校教育问题的意见》，国家教委民族地区教育司：《少数民族教育工作文件选编（一）》，内蒙古教育出版社 1991 年 2 月版，第 162 页。

② 1981 年 8 月 11 日教育部、国家民委：《关于进一步加强民族教育工作的报告》，国家教委民族地区教育司：《少数民族教育工作文件选编（一）》，内蒙古教育出版社 1991 年 2 月版，第 105 页。

国宗教职业人员和宗教界上层人士工作的基础上，通过民主程序，制定必要行政性法规或地方性法规，认真加以解决。①

四　切实加强对民族教育工作的领导

党和政府十分重视民族教育工作，曾在多次会议上强调民族教育工作的重要性，要求各级领导要切实加强领导。

1. 深刻认识加强民族教育工作的战略意义

民族教育是实现各民族共同繁荣发展的重要基础，加强民族教育工作具有迫切、重要的战略意义。我国2.1万千米的陆地边防线上，大多是少数民族聚居区，有30多个民族跨境而居。此外，少数民族地区资源丰富、地大物博，我国搞四个现代化建设，非常需要少数民族的积极支持和参加。而少数民族地区，由于历史原因，经济文化相对落后，要加快这些地区经济文化建设，逐步消除历史上遗留下来的事实上的不平等，使之能够赶上或接近汉族的发展水平，这是一个非常伟大的历史任务。为了建设繁荣的边疆，巩固国防，必须高度重视民族地区的教育工作。②

不难看出，少数民族教育落后状况如果长期得不到改变，不仅是影响少数民族地区科学文化发展和经济发展的局部问题，而且是影响全局的问题。③"要高度重视少数民族地区的教育工作"，"认识到办好民族教育的重要战略意义"。④在进入社会主义现代化建设的新时期，党和国家对民族工作提出了新的任务，要加速边疆、少数民族地区的经济建设、文化建设和战备建设，建设繁荣的边疆、巩固的边防。现代化非常需要少数民族，少数民族也非常需要现代化，必须提到实现新时期总任务的

---

① 1983年2月17日中共中央办公厅、国务院办公厅《转发〈教育部关于正确处理少数民族地区宗教干扰学校教育问题的意见〉》，吴仕民主编：《中国民族教育》，长城出版社2000年4月版，第494页。

② 1979年8月7日张承先在全国第五次民族学院院长会议上的讲话，国家教委民族地区教育司：《少数民族教育工作文件选编（一）》，内蒙古教育出版社1991年2月版，第55页。

③ 1981年2月16日臧伯平在第三次全国民族教育工作会议上的讲话，国家教委民族地区教育司：《少数民族教育工作文件选编（一）》，内蒙古教育出版社1991年2月版，第115—116页。

④ 1981年2月25日方毅在第三次全国民族教育工作会议上的讲话，国家教委民族地区教育司：《少数民族教育工作文件选编（一）》，内蒙古教育出版社1991年2月版，第136页。

高度，提到我们民族政策的高度，来重视民族地区的教育工作。[①] 因为做好这件事是我们“四化”的需要，也是增强民族团结的需要，是建设边疆、巩固国防的需要。从这点来说，不仅是教育问题，而且也是很严肃的政治问题，必须严肃地对待。[②]

2. 切实加强党对民族教育的领导

“一定要加强党的领导。”[③] 这是民族教育工作得以顺利开展并实现快速发展的根本保证。因此，哪个民族学院得到所在地区各级党委的重视和大力支持，哪个学校就能取得显著成绩，得到迅速的发展；反之，民族教育工作就会遇到困难和挫折。有些省、市、自治区党委把民族学院的工作与整个民族工作联系起来，同民族政策再教育结合起来，与本地区其他学院作了明确的分工，把民族学院的方针任务、干部配备、基本建设都列入议事日程，积极支持，具体落实，使民族学院得到稳步发展，少走弯路。而有的上级党委在相当一段时间内忽视民族学院，从不讨论民族学院的工作，只把它委之于民族、教育工作部门，不作任何督促、检查，以致出现“几不管”的问题。[④]

因此，要“重视和注意加强党的领导”。各级党委要把教育工作列入议事日程，一年抓几次，尤其是民族地区的地县更应该多抓，各级党委要重视这件事情。[⑤] 我们要排除一切困难，把少数民族教育搞上去。在抓教育建设中，一定要把加强少数民族教育放在一个应有的地位，认真抓好。[⑥]

各地区的人大、民委也要抓好民族教育工作。“要抓文化，主要是教育。”一个经济，主要是生产；一个文化，主要是教育。这两件事情是我

---

① 1979 年 8 月 7 日张承先在全国第五次民族学院院长会议上的讲话，国家教委民族地区教育司：《少数民族教育工作文件选编（一）》，内蒙古教育出版社 1991 年 2 月版，第 56 页。

② 1981 年 2 月 25 日方毅在第三次全国民族教育工作会议上的讲话，国家教委民族地区教育司：《少数民族教育工作文件选编（一）》，内蒙古教育出版社 1991 年 2 月版，第 138 页。

③ 1979 年 10 月 6 日国家民委、教育部：《关于民族学院工作的基本总结和今后方针任务的报告》，国家教委民族地区教育司：《少数民族教育工作文件选编（一）》，内蒙古教育出版社 1991 年 2 月版，第 75 页。

④ 同上书，第 62 页。

⑤ 1981 年 2 月 25 日方毅在第三次全国民族教育工作会议上的讲话，国家教委民族地区教育司：《少数民族教育工作文件选编（一）》，内蒙古教育出版社 1991 年 2 月版，第 143 页。

⑥ 1981 年 2 月 16 日臧伯平在第三次全国民族教育工作会议上的讲话，国家教委民族地区教育司：《少数民族教育工作文件选编（一）》，内蒙古教育出版社 1991 年 2 月版，第 116 页。

们民委经常要抓紧的，也是少数民族地区都要抓紧的。当然，具体工作主要靠国家民族事务委员会和省、市、自治区去抓，人大、民委也要抓这方面的工作。①

加强党的领导也是做好杂居、散居少数民族工作的关键。做好杂居、散居少数民族工作的关键，在于加强党的领导。建议有关地区党委把这项工作列入议事日程，指定专人分管，定期研究检查，及时解决问题。②

在学校内部，既要切实加强党的领导，又要充分发挥行政领导和学者专家的办学积极性，加强党的领导同充分发挥行政领导和专家的作用是相辅相成的。应当注意避免党政不分和轻视专家的问题。

3. 建立健全民族教育行政机构

民族教育有其特殊性，为加强对民族教育工作的领导，“要建立和健全民族教育行政机构”。③ 1952 年政务院曾作出建立民族教育行政机构的决定，其后从教育部到各有关省、地、县都设立了机构或专人。1958 年以后，有些地区在取消民族学校的同时，削弱甚至取消了民族教育机构。“文化大革命”中，民族教育机构被全部撤销。

为了尽快恢复和发展民族教育，经国务院批准，教育部于 1981 年恢复了民族教育司，在第三次全国民族教育工作会议上重申了 1952 年中央人民政府政务院《关于建立民族教育机构的决定》，要求有关省、市、自治区依照这一决定的精神，结合各地实际情况，“恢复民族教育行政机构”。④

各民族自治地方的教育机构应把发展民族教育作为主要任务。少数民族人口较多的省、地、县，应在教育行政部门设置民族教育工作机构，配备热心为少数民族教育事业服务的人员专司其事。⑤ 自治区、自治州

---

① 1984 年 1 月 16 日彭真在全国人大民族委员会议上的讲话，国家民委教育司：《新时期民族教育工作手册》，中央民族学院出版社 1991 年 10 月版，第 4—5 页。

② 1979 年 7 月 9 日国家民委党组：《关于做好杂居、散居少数民族工作的报告》，杨侯弟、郭承康、黄凤祥、谭伟主编：《新时期民族工作概览》，华文出版社 1993 年 5 月版，第 320 页。

③ 1981 年 2 月 16 日臧伯平在第三次全国民族教育工作会议上的讲话，国家教委民族地区教育司：《少数民族教育工作文件选编（一）》，内蒙古教育出版社 1991 年 2 月版，第 123 页。

④ 1980 年 10 月 9 日教育部、国家民委：《关于加强民族教育工作的意见》，国家教委民族地区教育司：《少数民族教育工作文件选编（一）》，内蒙古教育出版社 1991 年 2 月版，第 96 页。

⑤ 同上。

（旗）等各级教育行政机构，其主要任务就是管理少数民族教育工作，一般不再设立民族教育机构，特殊情况需要设立的，由自治地方政府决定，所需人员在现有编制内调节解决。由于各地情况不同，应根据不同地区的少数民族和少数民族人口的多少（可根据实际情况确定比例），以及民族教育任务的具体情况，设立民族教育机构或指定专人负责。各级政府教育行政部门建立民族教育机构时，应配备一定数量的较年轻而又有一定专业知识的少数民族干部，并吸收热心民族教育工作的汉族干部参加。①

4. 应当高度重视民族教育立法工作

民族教育必须加强立法工作。现阶段我国教育立法与发达国家相比仍较薄弱，民族教育更是如此。这样，教育上的许多问题就无章可循、无法可依，由此便产生了一些弊端。“我们应当高度重视教育立法”。②

5. 加强民族学校党的领导

应当切实加强民族高等学校党的领导，建立民主、团结、有事业心和战斗力的领导核心。院校党委（支部）必须坚持四项基本原则，执行党的民族、教育和知识分子等各项方针政策，加强思想政治工作，运用批评与自我批评的方法，改变领导涣散软弱状态，纠正资产阶级自由化等各种错误倾向，坚持四项基本原则，继续清除“左”的影响，增强团结。要积极培养、提拔中青年干部，特别是少数民族干部。要加强党的建设，注意在少数民族中培养和发展党员。要充分发挥院校的党团组织、学生会组织的作用，坚持疏导方针，加强对学生的思想政治工作，解决好学生中存在的思想问题。③

针对有些地区出现的宗教干预教育、冲击学校比较突出的问题，教育部特别强调“处理好宗教冲击、干扰学校教育的问题，关键在于领

---

① 1981 年 1 月 23 日教育部：《关于继续贯彻执行〈中央人民政府政务院关于建立民族教育行政机构的决定〉，建立民族教育行政机构的请示报告》，国家教委民族地区教育司：《少数民族教育工作文件选编（一）》，内蒙古教育出版社 1991 年 2 月版，第 98 页。

② 1981 年 2 月 16 日臧伯平在第三次全国民族教育工作会议上的讲话，国家教委民族地区教育司：《少数民族教育工作文件选编（一）》，内蒙古教育出版社 1991 年 2 月版，第 124 页。

③ 1981 年 12 月 28 日文化部、国家民委、教育部：《关于印发〈关于加强民族艺术教育工作的意见〉的通知》，国家教委民族地区教育司：《少数民族教育工作文件选编（一）》，内蒙古教育出版社 1991 年 2 月版，第 151 页。

导”。[①] 各级党委和政府应当通盘考虑，动员各有关部门密切配合，共同做好这项工作。要认真贯彻中共中央《关于我国社会主义时期宗教问题的基本观点和基本政策》文件的精神，统一认识，统一政策，有关部门应切实负起责任，团结广大信教群众和爱国宗教职业人员，共同把学校教育办好。[②]

要切实加强内地与边远民族地区高等院校支援协作的领导。我国各地区、各民族之间经济文化发展很不平衡，这种不平衡还会长期存在，党中央、国务院在制订国民经济和社会发展第七个五年计划时指出，要“把东部地区的发展和中、西部地区的开发很好地结合起来，使它们能够互相支持、互相促进”。今后国家建设的重点将逐步转移到我国西部地区，在人才培养方面要早作准备。我国西部地区，既是少数民族集中居住的地区，又是国家边防要地，这些地区的文化教育、科技发展滞后，人才缺乏。加快开发西部地区，关系到民族的团结、祖国的繁荣、边境的稳定、国家的长治久安，意义十分重大。[③]

“要做好校际支援协作工作，关键在于加强领导。”[④] 要明确各级教育行政部门和高校的责任，分工负责。国家教委会同国家民委主要抓好全国性的校际支援协作规划，制定相应的方针政策，组织和协调全国校际协作工作；中央其他部委和地方教育部门负责抓好本部门、本地区的校际支援协作规划，制定有关补充规定，组织和协调本部门、本地区的校际支援协作；高等院校主要是通过相互协商、签订合同，确定对口支援协作关系，承担和履行各自的责任。根据国家和本地区各类人才的需求预测，各地要制定切实可行的中长期规划，做好支援协作的年度计划。要有归口机构或专人负责，有关部门要紧密配合，及时沟通，解决协作中的有关问题。要积极做好总结和推广工作，推动工作向纵深发展。[⑤]

---

① 1982 年 8 月 30 日教育部：《关于全面贯彻党的宗教政策，正确处理少数民族地区宗教干扰学校教育问题的意见》，国家教委民族地区教育司：《少数民族教育工作文件选编（一）》，内蒙古教育出版社 1991 年 2 月版，第 164 页。

② 同上。

③ 1987 年 11 月 3 日国家教委、国家民委：《印发〈关于内地与边远民族地区高等院校支援协作会议纪要〉的通知》，国家教委民族地区教育司：《少数民族教育工作文件选编（一）》，内蒙古教育出版社 1991 年 2 月版，第 205 页。

④ 同上书，第 208 页。

⑤ 同上书，第 208—209 页。

要切实加强对民族学院的领导。为了加强对民族学院的领导，体现民族学院不同于一般大专院校的特点，国家民委和教育部同意民族学院由国家民委和有关省区双重领导，以国家民委为主。[①] 国家民委负责民族学院的方针、政策、规划等，教育厅（局）负责民族学院的教学业务、师资培训等工作。[②]

要切实加强对西北少数民族师资培训中心工作的领导，“加强领导是办好培训中心的关键”，培训中心的性质相当于民族高等院校。教育部负责制订培训中心的方针、任务和事业发展规划，确定专业设置；甘肃省和西北师范学院负责日常行政管理、教学、人事和思想政治工作。[③]

还应当切实加强对西藏班的领导。“办好西藏班、校是内地各省市应尽的光荣政治任务，一定要高度重视，切实加强管理和领导。”各省市教育行政部门要指定负责人主管这项工作，明确下属分管单位的责任。西藏班、校所在省市或院校，要全面负责，加强经常性的管理和指导。举办西藏班的中学，要指定一名校级领导分管西藏班的工作，并可另配专人处理日常事务，以保证西藏班各项工作的正常开展。[④]

五　因地制宜举办民族教育

1. 发展民族教育要充分注意和照顾少数民族特点

民族教育客观上存在不平衡发展的问题，一部分少数民族文化教育同汉族的水平相当，而大多数少数民族，尤其是边境地区、牧区、高寒山区的少数民族，文化教育十分落后。不少民族地区的青少年中仍有大量“文盲”，有的地区青少年文盲率甚至高达80%—90%。有些少数民族地区的中小学教育虚假现象和形式主义十分严重，学生入学率不高，合格的更少；有的是无校舍、无桌椅、无公办教师的“三无”学校，升学

---

① 1979年2月20日国家民委、教育部：《关于改变西北、西南民族学院领导关系的通知》，国家民委教育司：《新时期民族教育工作手册》，中央民族学院出版社1991年10月版，第19页。

② 1981年6月26日国家民委、教育部：《关于民族学院的领导关系问题的意见》，吴仕民主编：《中国民族教育》，长城出版社2000年4月版，第474页。

③ 1985年9月6日国家教委：《关于印发〈教育部西北少数民族师资培训中心工作会议纪要〉的通知》，国家教委民族地区教育司：《少数民族教育工作文件选编（一）》，内蒙古教育出版社1991年2月版，第182—183页。

④ 1988年10月9日国家教委、财政部、国务院西藏经济工作咨询小组、人事部：《印发〈关于内地西藏班（校）工作初步总结和今后意见〉的通知》，国家教委民族地区教育司：《少数民族教育工作文件选编（一）》，内蒙古教育出版社1991年2月版，第352—353页。

率较低。因此，民族教育“一定要实事求是，从实际出发，充分照顾民族特点”。[①] 民族地区“不能照搬汉族地区的做法，不能搞‘一刀切’。”[②] 各级各类学校的发展规模和速度、办学体制、办学形式和课程设置等应有不同，一定要适合本民族的情况和特点。“要从少数民族地区的实际情况出发，重点办好基础教育和发展初、中级职业技术教育，培养当地急需的初、中级技术人才，同时，有计划地发展高等教育，培养中高级专业人才。”[③]

民族学院的发展是充分注意和照顾少数民族特点和需要的典范。民族学院没有实行一般高等院校只办大专和本科的办法，而是采取多种形式办学，既办干训和预科，又办本科；既办大专，又办中专，有的还招收研究生。有的学院对边疆文化教育基础薄弱的少数民族青少年，采取从小学、中学到大专“一条龙”的办法进行培养。有的为其他高等院校开办少数民族的大学预科班，帮助学生补习，提高学生的汉语文水平。那种看不起民族学院，讥笑其为“四不像”，甚至企图按一般综合大学的模式，抹杀民族学院的特点，使之一般化的做法，是完全错误的。民族学院系科专业的设置，应当根据少数民族地区的需要和学校的条件来决定。可以考虑在可能的条件下，在一个大地区的几个学院之间，把有关的专业适当调整、分工协作，以利于提高教学质量，充分发挥师资和教学设备的作用，做到人尽其才，物尽其用，为少数民族地区的“四化”建设多出人才，快出人才。[④] 民族学院办学“密切联系各少数民族地区的实际，采取多种形式办学这个方针是正确的，必须继续坚持”。实践证明，民族学院“必须切实照顾不同民族和不同地区的特点，在办学形式、系科设置、教学内容、教学方法、政治思想工作以及生活管理等方面，采取必要的不同于一般高等院校的办法和措施。”[⑤]

---

① 胡嘉宾在第五次民族学院院长会议的报告，国家教委民族地区教育司：《少数民族教育工作文件选编（一）》，内蒙古教育出版社 1991 年 2 月版，第 62 页。

② 1979 年 8 月 7 日张承先在全国第五次民族学院院长会议上的讲话，国家教委民族地区教育司：《少数民族教育工作文件选编（一）》，内蒙古教育出版社 1991 年 2 月版，第 56 页。

③ 1989 年 2 月 20 日司马义·艾买提在全国民委主任会议上的讲话，国家民委教育司：《新时期民族教育工作手册》，中央民族学院出版社 1991 年 10 月版，第 19 页。

④ 胡嘉宾在第五次民族学院院长会议上的报告，国家教委民族地区教育司：《少数民族教育工作文件选编（一）》，内蒙古教育出版社 1991 年 2 月版，第 63 页。

⑤ 同上书，第 77 页。

西藏教育也是我国民族教育最具特色的方面。西藏在社会历史发展、地理环境、民族、宗教、生产、生活方式以及文化传统等方面具有很大的特殊性，藏族牧区教育的特点十分明显。藏族牧区地广人稀，牧民居住分散，冬春定点放牧，夏秋逐水草游牧，牧区缺乏现代教育传统，大多数牧民通用藏语。在青海、新疆、四川、甘南等牧区和西藏农牧区，牧民中，小学读满5年的只有10%左右，云南、广西、贵州、湖南等少数民族山区，教育普及率只有20%—30%。普及教育的难点在牧区。在历史上，藏族传统教育在传播文化科学知识、继承民族文化传统方面曾起过积极作用。发展教育必须从西藏的实际出发，“因地制宜地采取符合西藏实际的特殊政策和措施”。[①] 在发展教育中，既要结合西藏实际，注意学习和借鉴内地的有益经验，又要防止脱离西藏实际盲目照搬内地的做法，搞“一刀切”；既要遵循共同的教育规律，又要充分考虑西藏自身的特点，走出一条符合西藏实际的办教育的路子。要积极探索符合牧区特点的教育发展之路，实事求是、因地制宜、量力而行，讲求实效。在教育发展速度上，不能搞“一刀切”；在办学形式上，要提倡多样化；在教学内容和要求上，要搞多层次，讲究实效。要狠抓师资队伍素质的提高，根据群众不同的觉悟程度，积极加以引导，使广大群众在提高认识、自觉自愿的基础上真心实意地支持教育事业的发展。我们既不能消极等待，也不能搞强迫命令。[②] 发展西藏民族教育事业，必须从西藏的实际出发，统筹规划、因地制宜。在教育管理体制、发展规划、学制年限、办学形式、教学内容等方面，都要充分考虑西藏的特点。[③]

根据西藏地区的实际情况，在西藏普及和发展民族教育时，必须要处理好现代学校教育同藏族传统教育的关系，要对藏族传统教育内容中的精华进行系统的整理和研究，并把它融合到现代学校教育中去，使现在的教育内容带有更多的地方特色和民族特色。同时，根据藏族几乎全

---

① 1987年9月10日何东昌在第二次援藏工作会议上的讲话，国家教委民族地区教育司：《少数民族教育工作文件选编（一）》，内蒙古教育出版社1991年2月版，第196页。

② 1984年5月4日教育部：《关于认真贯彻耀邦同志对〈青海玛多县发展民族教育的几项特殊措施〉一文批示的通知》，国家教委民族地区教育司：《少数民族教育工作文件选编（一）》，内蒙古教育出版社1991年2月版，第176页。

③ 1988年4月26日国家教委、中央统战部、国家民委、国务院西藏经济工作咨询小组：《关于印发“关于改革和发展西藏教育若干问题的意见”的通知》，国家教委民族地区教育司：《少数民族教育工作文件选编（一）》，内蒙古教育出版社1991年2月版，第341页。

民信教的特点，以及宗教对藏民族文化的形成和发展有重要影响的现状，要充分发挥爱国宗教人士办教育的积极性。①

发展西藏教育还要根据牧区特点，利用学校阵地，把系统文化科学知识的教学与当地生产、生活的实际结合起来，学习实用技术，把学校办成教育、文化、技术培训中心，促进牧区“两个文明”建设。努力做到教育为当地经济、社会发展，为广大藏族群众脱贫致富服务。②

2. 少数民族考生可根据自身和报考学校情况选择使用文字类型

考虑到少数民族学生掌握交际语言的实际情况，少数民族考生参加高等学校的入学考试时，可以使用本民族文字进行答卷和根据报考学校情况选择使用文字的类型，这是照顾民族特点促进民族教育发展的一项重要措施。

高等学校招生文件规定：民族自治区、州、县和少数民族聚居地方的少数民族考生可以用本民族文字答卷，但报考用汉语授课的院校，要具有一定的汉语听说能力。③ 边疆民族自治区用本民族语言授课的高等学校和专业，可不参加全国统一招生，由自治区单独命题、考试、录取。凡报考用汉语授课的高等院校的考生，仍须参加全国统一考试。④ 汉语文由教育部另行命题，不翻译，并用汉文答卷；其他各科（包括外语试题的汉语部分）翻译成少数民族文字，考生须用本民族文字答卷。在考汉语文的同时，由有关省、自治区决定也可以考少数民族语文，并负责命题；汉语文和少数民族语文的考试成绩分别按50%计入总分，但汉语文成绩必须达到及格水平方能录取。

3. 根据经济文化发展状况确定学制

国家一方面对各级各类教育规定了统一的学制，另一方面又针对各地区经济和文化发展的不同情况，特别是民族地区的特殊性，对确立不同学制作出了原则性的规定。根据我国经济文化发展不平衡和中等专业

---

① 1988年10月4日国家教委：《转发〈五省、自治区藏族教育研讨会纪要〉的通知》，国家教委民族地区教育司：《少数民族教育工作文件选编（一）》，内蒙古教育出版社1991年2月版，第371—372页。

② 同上书，第369页。

③ 1978年9月2日教育部：《关于1978年高等学校招生工作的意见》，国家教委民族地区教育司：《少数民族教育工作文件选编（一）》，内蒙古教育出版社1991年2月版，第221页。

④ 1979年4月11日教育部：《关于1979年高等学校招生工作的意见》，国家民委教育司：《新时期民族教育工作手册》，中央民族学院出版社1991年10月版，第203页。

门类多、要求不一的情况，中专学制可以多样化。招收初中毕业生，一般四年，个别五年，有的专业仍保持三年；招收高中毕业生，一般为两年，医科和工科等有些专业可为两年半或三年。少数民族地区可以从实际出发，提出不同的招生对象和学制。[①] 小学实行五年制的地区的学龄儿童指7—11周岁的儿童；小学实行六年制的地区的学龄儿童指7—12周岁的儿童（儿童在6周岁入学的地区可依此推算学龄儿童年龄）。对于居住分散、教育基础差的少数民族地区学龄儿童的入学年龄是否需要适当放宽，由有关省、自治区自行规定。[②]

4. 从实际出发采取灵活多样的办学形式

民族教育的改革和发展，必须坚持实事求是，一切从实际出发的原则，把贯彻党和国家统一的方针政策与贯彻党的民族政策相结合，把社会主义的内容与民族形式相结合，因地、因民族制宜。在教育的发展规划、改革步骤、目标要求、办学形式、教学用语、课程设置、学制、培养目标等方面，都要从各少数民族的特点和民族地区的实际出发来确定，不能搞“一刀切”，以完善适合民族地区特点和实际的灵活多样的办学形式。教育的结构、体制、模式、布局不能脱离当地的经济环境，一定要和人民群众的希望、前途、命运、富裕、幸福联系在一起，使人民感到教育是自己的事业，培养人才能为当地的经济发展服务。要改变过去那种单纯为了升学而办教育的旧体制，不能把教育作为跳“龙门”的跳板。[③] 学习和借鉴其他地区的经验，也必须从当地的实际出发，不能照搬照抄。

在少数民族牧区和山区举办寄宿制、半寄宿制民族中小学，是从实际出发采取灵活多样的办学形式的成功实践。实践证明，在经济文化不太发达、人口稀少、居住分散、交通不便的游牧区、山区举办寄宿制中小学是普及初等教育、发展民族教育的一种好的形式。它有利于提高学龄儿童入学率和巩固率；有利于集中师资加强教学，提高教学质量；有利于教师的进修提高；有利于集中力量改进办学条件，开展勤工俭学活

---

① 1980年10月8日国务院批转教育部：《全国中等专业教育工作会议纪要》，http://www.chinalawedu.com/falvfagui/fg22598/392.shtml。

② 1983年8月1日教育部：《关于普及初等教育基本要求的暂行规定》，吴仕民主编：《中国民族教育》，长城出版社2000年4月版，第511页。

③ 1988年7月4日至18日李铁映视察新疆、青海和甘肃时的讲话，国家民委教育司：《新时期民族教育工作手册》，中央民族学院出版社1991年10月版，第12页。

动，使学生在德、智、体三方面得到全面发展。兴办寄宿制学校，各地情况不同。具体做法也有不同，办学的方针应是以举办寄宿制学校和全日制固定学校为主，实行多种形式办学。即以全日制固定小学和寄宿制小学为主，以流动教学、巡回教学为辅；既可以有寄宿制，也可以有半寄宿制、季节寄宿制；既可以有全日制，也可以有半日制；既有固定的，也允许有流动的。总之，必须从实际出发，有计划、有步骤地进行。办寄宿制学校态度要积极，步骤要稳妥，量力而行，因地制宜。一定要避免一哄而起，搞形式主义。①

由于少数民族之间差异很大，实行义务教育制的时间应当允许有先有后，要讲究质量，不要片面追求入学率。②

办好西藏教育，必须有重点、有步骤、分层次地进行，重点是抓好中小学教育，特别是小学教育。普及九年义务教育的速度不宜过快，要求一定要切合实际，即要积极稳妥，分阶段实施不同年限的义务教育。此外，办学体制、学校布局、入学年龄等要适合西藏的特点。③ 为了保证中小学的教学质量，要努力办好寄宿制学校。现在西藏自治区 70 多个县、440 多个区，每个区先办好一所重点小学，有条件的县办好一所重点中学。所有这些重点中小学都不要追求学生的数量，而要在保证教学质量的前提下，实行寄宿制。④

5. *民族学校要继承和发扬民族优秀的文化传统*

民族学校的一项重大任务是继承和发扬民族优秀的文化传统。中小学的教学内容，要充分体现民族文化特点，以增进学生对本民族历史文化知识的学习和了解。中等专业学校和高等学校，也要进一步加强具有民族特色的专业和学科建设，根据建设需要，培养既懂得当代先进科学

---

① 1982 年 12 月 20 日教育部：《印发〈全国牧区、山区寄宿制民族中小学经验交流会纪要〉》，国家教委民族地区教育司：《少数民族教育工作文件选编（一）》，内蒙古教育出版社 1991 年 2 月版，第 169—170 页。

② 1987 年 1 月 23 日中共中央统战部、国家民委：《关于民族工作几个重要问题的报告》，杨侯弟、郭承康、黄凤祥、谭伟主编：《新时期民族工作概览》，华文出版社 1993 年 5 月版，第 328 页。

③ 1987 年 9 月 10 日何东昌在第二次援藏工作会议上的讲话，国家教委民族地区教育司：《少数民族教育工作文件选编（一）》，内蒙古教育出版社 1991 年 2 月版，第 196—197 页。

④ 1985 年 8 月 31 日李鹏在庆祝西藏自治区成立 20 周年干部大会上的讲话，国家民委教育司：《新时期民族教育工作手册》，中央民族学院出版社 1991 年 10 月版，第 4 页。

文化，又懂得少数民族语言文学、哲学、史学、艺术、医学、天文历算等专业知识的中、高级应用人才和研究人才。[①]

西藏中小学教育应当将继承和发扬藏族优秀的历史文化传统，作为西藏各级各类学校教育的一项重要任务，在学校教育内容上重视藏族的文化特点，并使之成为学校教育的特色和标志。

六　注重民族学生“双语”能力的培养

1. 搞好“双语”教学是民族学校的重要任务

重视民族语文教学是民族教育的主要特点，也是在教育领域执行民族政策的重要内容。必须坚决纠正对待民族语文问题上的各种错误倾向，特别是“左”倾错误的影响。实践证明，在有民族文字的少数民族学校中，使用本民族语文教学，学好本民族语文，有利于提高教育质量，也有利于在少数民族中普及科学文化知识。[②]

凡使用民族语文授课的学校，要搞好“双语”教学，推广全国通用的普通话，不断提高少数民族学生的汉语文水平，为少数民族学生积极适应国家现代化建设的需要创造条件。“少数民族地区脱贫致富，要发展商品经济，必须加强与内地和沿海地区的联系，不懂汉语，难以做到这一点。”因此，“民族地区要搞好‘双语’教学”。[③] 在有民族文字的少数民族中小学中，应尽快恢复民族语文教学，使学生首先学好本民族语文，并根据需要同时学好汉语文。[④] 凡有本民族语言文字的民族，应使用本民族的语文教学，学好本民族语文，同时兼学汉语汉文。[⑤] 没有本民族文字而有独特语言的民族，也应以本民族语言辅助教学。

---

① 1987年9月10日何东昌在第二次援藏工作会议上的讲话，国家教委民族地区教育司：《少数民族教育工作文件选编（一）》，内蒙古教育出版社1991年2月版，第193—194页。

② 1981年8月11日教育部、国家民委：《关于进一步加强民族教育工作的报告》，国家教委民族地区教育司：《少数民族教育工作文件选编（一）》，内蒙古教育出版社1991年2月版，第107页。

③ 1988年7月4日至18日李铁映视察新疆、青海和甘肃时的讲话，国家民委教育司：《新时期民族教育工作手册》，中央民族学院出版社1991年10月版，第13页。

④ 1982年8月30日教育部：《关于全面贯彻党的宗教政策，正确处理少数民族地区宗教干扰学校教育问题的意见》，国家教委民族地区教育司：《少数民族教育工作文件选编（一）》，内蒙古教育出版社1991年2月版，第164页。

⑤ 1980年10月9日教育部、国家民委：《关于加强民族教育工作的意见》，国家教委民族地区教育司：《少数民族教育工作文件选编（一）》，内蒙古教育出版社1991年2月版，第94页。

要下大力气学好民族语文，同时还要尽可能学好汉语文，达到兼通两种语文，有的还要学习外语，为进一步学习其他科学文化知识，升学深造打下基础。[①] 学好本民族语文，有利于普及小学教育，发展中学教育，有利于提高教育质量。学会本民族语文，也有助于学好汉语汉文。我们应积极提倡少数民族学生在小学和中学阶段首先学好本民族语文，同时要学好汉语汉文，在学好本民族语文和汉语文的前提下，有条件的中等和高等学校再学一门外国语。这对于民族学生在中学毕业后参加祖国社会主义建设，或继续升学深造，学习和掌握更多的科学文化知识是十分重要的。[②]

民族师范学校也应开设民族语文课，有条件的还应使用民族语文授课，应注意培养又“红”又“专”、兼通两种语文、热爱民族教育事业的中小学教师。[③]

要重视藏族学生对藏语文的学习和使用。在学校教育中要积极创造条件让藏族学生学好藏语文，加强藏语文教学。在学校教育中使用藏语文教学，既是继承和发扬藏族优良历史文化传统的需要，也是保证教学活动正常进行，提高教学质量的需要。同时，为便于学习和吸收其他民族先进的科学文化知识，加强民族间的交往和交流，促进藏族地区在经济、科学文化上的进步，拓宽藏族青少年就学成才的路子，在藏族学校中也要积极开展汉语文的教学工作，提高藏族学生的汉语文水平。对学习能力比较强的学生，在中学阶段还要创造条件学好一门外语。

在藏族地区，原则上可逐步实行两种教学体制：与西藏和西藏语言环境类似的地区，在基础教育阶段，应实行以藏语文教学为主，从小学高年级开始，单科开设汉语文的体制；其他地区的中小学，可以实行以汉语文教学为主，单科开设藏语文的体制，使藏族高中毕业生达到藏汉语兼通的要求。[④] 西藏地区基础教育阶段应以藏语文教学为主，在学好藏

---

① 1979 年 8 月 7 日张承先在全国第五次民族学院院长会议上的讲话，国家教委民族地区教育司：《少数民族教育工作文件选编（一）》，内蒙古教育出版社 1991 年 2 月版，第 57 页。

② 1981 年 2 月 16 日臧伯平在第三次全国民族教育工作会议上的讲话，国家教委民族地区教育司：《少数民族教育工作文件选编（一）》，内蒙古教育出版社 1991 年 2 月版，第 122 页。

③ 同上书，第 121 页。

④ 1988 年 10 月 4 日国家教委：《转发〈五省、自治区藏族教育研讨会纪要〉的通知》，国家教委民族地区教育司：《少数民族教育工作文件选编（一）》，内蒙古教育出版社 1991 年 2 月版，第 371 页。

语文的同时，注意打好汉语文的基础，逐步做到高中毕业生能够藏汉语兼通。在少数重点学校要积极创造条件学好一门外语。在中专和高等教育阶段，藏族学生要继续学好藏语文，努力提高藏语文水平。在内地创建的西藏学校要积极创造条件，初中逐步实行以藏语文教学为主，加授汉语文；高中以汉语文授课为主，加授藏语文，同时学习一门外国语。①

2. 使用当地民族通用的语言文字教学

要尊重少数民族使用本民族语言文字接受教育的权利。《中华人民共和国宪法》指出："各民族都有使用和发展自己的语言文字的自由。"②《中华人民共和国义务教育法》指出：招收少数民族学生为主的学校，可以用少数民族通用的语言文字教学。③《扫除文盲工作条例》指出，在少数民族地区可以使用本民族语言文字教学，也可以使用当地各民族通用的语言文字教学。④

民族师范学校原则上采用本民族语言、文字进行教学。⑤ 西北少数民族师资培训中心各科教学均采取汉语授课，同时积极创造条件逐步开设民族语文公共课，不断提高学生的民族语文和民族文化水平。⑥

发展西藏的文教卫生事业，首先要采取有效措施，逐步普及小学教育，扫除藏文文盲，藏汉各族学生都要学习藏文。⑦ 西藏学校教育中，要学好哪种语言文字，用什么语文进行教学，既要从西藏使用语言的实际

---

① 1984年12月11日教育部、国家计委：《关于落实中央关于在内地为西藏办学培养人才指示的通知》，国家教委民族地区教育司：《少数民族教育工作文件选编（一）》，内蒙古教育出版社1991年2月版，第295页。

② 1982年12月4日第五届全国人大第五次会议通过的《中华人民共和国宪法》，全国人民代表大会常务委员会办公厅：《中华人民共和国第五届全国人民代表大会第五次会议文件》，人民出版社1983年1月版，第35页。

③ 1986年4月12日第六届全国人民代表大会第四次会议通过的《中华人民共和国义务教育法》，吴仕民主编：《中国民族教育》，长城出版社2000年4月版，第550页。

④ 1988年2月5日国务院：《扫除文盲工作条例》，吴仕民主编：《中国民族教育》，长城出版社2000年4月版，第616页。

⑤ 1980年8月22日教育部：《中等师范学校教学计划（试行草案）》，吴仕民主编：《中国民族教育》，长城出版社2000年4月版，第464页。

⑥ 1985年9月6日国家教委：《关于印发〈教育部西北少数民族师资培训中心工作会议纪要〉的通知》，国家教委民族地区教育司：《少数民族教育工作文件选编（一）》，内蒙古教育出版社1991年2月版，第181—182页。

⑦ 1980年4月7日中共中央：《关于转发〈西藏工作座谈会纪要〉的通知》，国家民委教育司：《新时期民族教育工作手册》，中央民族学院出版社1991年10月版，第197页。

出发，又要有利于藏族长远的发展。“在学校教育中首先要创造条件学好藏语文”，“在基础教育阶段应以藏语文教学为主”。①

3. 民族学校是发展民族语言文字的重要阵地

民族学校对发展民族语言文字有特殊作用。民族自治地方的中等专业学校和大专院校，“应根据需要，增设民族语文授课的系科和专业”。②民族学校是发展民族语言文字的重要阵地。实践证明，凡有民族语言文字的少数民族学校中，使用本民族语文教学，学好本民族语文，有利于普及小学教育，发展中学教育，有利于提高教育质量。即便是对于只有民族语言而无民族文字的少数民族的学校教学来说，特别是在小学阶段，对汉语汉文无基础的学生，使用本民族语言辅助教学，比单纯用汉语授课，效果也好得多。

4. 多数群众意愿决定民族学校教学语言文字环境

民族学校的教学语言文字政策的具体实施，主要由各省区根据《中华人民共和国宪法》《中华人民共和国民族区域自治法》的有关规定，按照坚持开放、扩大交流和有利于发扬民族优秀文化传统、有利于民族间科学文化交流、有利于提高各民族教育质量的原则和当地的语言环境、教学条件以及多数群众的意愿决定。

要按照有利于各民族的长远发展、有利于提高教育质量、有利于少数民族优秀文化传统的继承和发扬、有利于各民族在科技文化上交流的要求，正确处理民族语文教学与双语教育的关系。

5. 教育和鼓励各民族干部互相学习语言文字

《中华人民共和国民族区域自治法》指出：“民族自治地方的自治机关教育和鼓励各民族的干部互相学习语言文字。汉族干部要学习当地少数民族的语言文字，少数民族干部在学习、使用本民族语言文字的同时，也要学习全国通用的普通话和汉文。”③

民族学校的教师应当在互相学习语言文字方面起示范作用。民族地

① 1987年9月10日何东昌在第二次援藏工作会议上的讲话，国家教委民族地区教育司：《少数民族教育工作文件选编（一）》，内蒙古教育出版社1991年2月版，第195页。

② 1981年2月16日臧伯平在第三次全国民族教育工作会议上的讲话，国家教委民族地区教育司：《少数民族教育工作文件选编（一）》，内蒙古教育出版社1991年2月版，第119页。

③ 1984年5月31日第六届全国人民代表大会常务委员会第二次会议修订通过的《中华人民共和国民族区域自治法》，全国人民代表大会常务委员会办公厅：《中华人民共和国第六届全国人民代表大会第二次会议文件汇编》，人民出版社1984年7月版，第93页。

区的教师要尽量懂得本地区的民族语言和汉语两种语言。汉族教师要懂点民族语言，少数民族教师要懂点汉语。这样既有利于教育学生，也有利于民族团结。[①] 师范院校的学生都要学本民族语和汉语两种语言。要把学生培养成为多才多艺的人。[②]

6. 学好汉语文是少数民族人民的共同愿望

学好汉语文既是少数民族人民的共同愿望，也是发展、繁荣民族经济文化的需要。在中小学阶段，学生既要学好本民族语言文字，又要学好汉语文。有民族语言文字的民族地区，先以学好本民族语言文字为主，逐步过渡到学习汉语文。有民族语言而无文字的，在小学阶段，以民族语言辅助教学，积累“汉语拼音学话、注音识字、提前读写”的经验，逐步学好汉语文。[③] 少数民族学习汉语文，对发展和繁荣少数民族地区的科学文化，为祖国“四化”培养有理想、有道德、有文化、有纪律的少数民族人才，加强各民族之间的交往有重要意义。使用民族语言文字教学的民族中小学，首先要学好民族语文，也应当学好汉语文。汉语文课开设和学习年限，可根据实际情况灵活安排。[④] 民族中小学汉语文课的教学目的，是要使少数民族学生具有初步运用现代汉语文的能力，为毕业后从事生产和工作，或升入高一级学校学习打下良好的基础。

7. 开展汉语水平考试试点工作

汉语水平考试（Hanyu Shuiping Kaoshi，HSK），是专为测量外国人等母语非汉语者的汉语水平而设立的一种标准化考试。1984 年 10 月在北京语言学院成立“汉语水平考试设计小组”，开始了汉语水平考试的设计、命题和试测工作。

在对外国人和华侨进行汉语水平考试取得阶段性重要成果后，根据国家教育委员会、国家对外汉语教学领导小组领导“要把对外汉语教学

---

① 1988 年 7 月 4 日至 18 日李铁映视察新疆、青海和甘肃时的讲话，国家民委教育司：《新时期民族教育工作手册》，中央民族学院出版社 1991 年 10 月版，第 13 页。

② 同上书，第 15 页。

③ 1987 年 2 月 23 日国家教委：《关于九省区教育体制改革进展情况的通报》，吴仕民主编：《中国民族教育》，长城出版社 2000 年 4 月版，第 575 页。

④ 1987 年 12 月 7 日国家教委：《关于发布〈全日制民族中小学汉语文教学大纲〉的通知》，国家教委民族地区教育司：《少数民族教育工作文件选编（一）》，内蒙古教育出版社 1991 年 2 月版，第 474 页。

的有关成果用于少数民族的汉语教学中”[1]的指示和1988年9月22日至25日召开的全国对外汉语教学工作会议精神，开展了“中国汉语水平考试”试点工作，用于测量“国内母语非汉语的少数民族中希望入高校学习或获取《汉语水平证书》的人员”[2]的实际汉语水平。1988年10月30日，在中央民族学院对49个民族1364名大学生（其中“民考民”学生500人，“民考汉”学生822人，汉族学生42人）进行了汉语水平考试。[3] 1988年12月和1990年11月，又先后在延边大学对近700名“民考民”学生进行了汉语水平测试。

在少数民族教育的实践中，长期存在少数民族“民考民”高校新生语文分数偏高，而实际汉语水平“分”不符实的问题。这一现象直接造成了少数民族“民考民”和“民考汉”学生升学比例的不平衡。甚至有部分少数民族“民考民”的学生因汉语文水平低而影响到学业的完成。在全国范围内实行汉语水平考试并统一颁发《汉语水平证书》，对提高我国汉语教学水平和少数民族学生的汉语素质有积极的意义。

8. 试行《全日制学校民族中小学汉语文教学大纲》

为了加强民族中小学的汉语文教学工作，教育部民族教育司先后于1980年10月和1981年9月召开了民族中小学汉语文教学大纲座谈会。经与内蒙古、新疆、四川、云南、甘肃、青海、辽宁、吉林、黑龙江、西藏等省、自治区的代表讨论研究，制定了《全日制学校民族中小学汉语文教学大纲（试行草案）》。《大纲》只适用于用本民族语文授课的全日制学校民族中小学。因各民族地区情况不同，在使用这个大纲时可以根据实际情况，对大纲作适当的补充。

各地应做好以下三项工作：第一，深入实际，调查研究。进一步研究民族中小学汉语文教学的性质、特点与规律，研究教学方法，积累经验，以便使汉语文教学不断有所改进。第二，有计划加强汉语文教师的培训工作。教学大纲的制定，对汉语文教学有了较具体的要求，对教师也就有了较高的要求。除民族师范院校开设汉语文专业培养教师外，亦应加强对现有教师的思想政治教育与专业训练。第三，积极编写汉语文

---

① 刘英林主编：《汉语水平考试研究》，现代出版社1989年11月版，第222页。

② 国家对外汉语教学领导小组办公室、汉语水平考试部：《汉语水平考试（HSK）考试大纲》，现代出版社1989年11月版，第9页。

③ 刘英林主编：《汉语水平考试研究》，现代出版社1989年11月版，第223页。

教材。虽然对中小学各阶段均作了统一篇目的选篇计划，但各省区不但应根据本省区实际编写乡土教材，而且也应根据本地区具体情况，对大纲规定的内容有所增减。①

在经过几年教学实践和总结教学经验的基础上，1987 年对教学大纲进行了修订。1982 年制定的《全日制学校民族中小学汉语文教学大纲》（试行草案），是根据当时民族中小学十年制学制制定的，这次修订是依据各地民族中小学普遍延长了学制以及普及九年制义务教育的要求进行的。为了使教材更加体现地区特点和民族特点，修订后的教学大纲对小学阶段没有规定统一篇目，初中及高中阶段的统一篇目比修订前的教学大纲相应减少，初中阶段 40 篇统一篇目，占讲读课文的 30%—40%；高中阶段 60 篇统一篇目，占讲读课文的 60% 左右，其目的在于各地在编写汉语文教材时，充分考虑当地和民族的实际情况。②

七　民族教育要为民族地区的经济建设和社会发展服务

1. 关键是把教育立足于经济建设

我们的教育事业的发展，必须同国民经济发展的要求相适应。③ 教育必须适应经济和社会发展，为经济服务，关键是把教育立足于经济建设。“少数民族地区办教育必须从当地实际出发，与少数民族地区的经济和社会发展相结合，为少数民族地区的繁荣富强和人民幸福服务”④，为本地区的经济和社会发展服务。“我们现在的两大任务是治愚治穷，治愚要发展教育，治穷要发展经济。”⑤ 哪个地区，哪个民族重视教育，抓好了教育，那个地区、那个民族就超前发展。现在谁对教育最热心，最能从当地群众的切身利益出发去抓教育，群众就欢迎。“教育是立国之本。教育

---

① 1982 年 3 月 2 日教育部：《关于试行〈全日制学校民族中小学汉语文教学大纲〉（试行草案）的通知》，国家教委民族地区教育司：《少数民族教育工作文件选编（一）》，内蒙古教育出版社 1991 年 2 月版，第 436 页。

② 1987 年 12 月 7 日国家教委：《关于发布〈全日制民族中小学汉语文教学大纲〉的通知》，国家教委民族地区教育司：《少数民族教育工作文件选编（一）》，内蒙古教育出版社 1991 年 2 月版，第 474 页。

③ 胡嘉宾在第五次民族学院院长会议上的报告，国家教委民族地区教育司：《少数民族教育工作文件选编（一）》，内蒙古教育出版社 1991 年 2 月版，第 63 页。

④ 1988 年 7 月 4 日至 18 日李铁映视察新疆、青海和甘肃时的讲话，国家民委教育司：《新时期民族教育工作手册》，中央民族学院出版社 1991 年 10 月版，第 12 页。

⑤ 1988 年 12 月 16 日至 22 日李铁映到云南视察工作时的讲话，国家民委教育司：《新时期民族教育工作手册》，中央民族学院出版社 1991 年 10 月版，第 9 页。

应放在我们社会经济发展、社会主义建设的战略重点首位”。[①] 边远地区的各级各类学校都要进一步端正教育为当地社会主义建设服务的办学指导思想，把立足点真正转移到为边远地区经济振兴服务上来。各级各类学校的当务之急是面向本地区经济建设，培养出多层次、多类型的人才，以适应经济发展的需要。

教育要与老、少、边、穷地区的实际结合。在这些地区不完全是普及义务教育问题，当务之急是扫盲。这些地区，在人群构成中青壮年文盲是多数，并还不断地产生着新文盲，这些文盲构成劳动力的主体。有统计表明，70%的农科技术现在无法推广，劳动生产率低成了经济发展、社会发展、人民致富的很大障碍。[②]

民族学院在教育思想、教材结构内容、教学方法以及学生培养等方面，都要结合本地区的特殊情况进行具体研究，要适应本地区各个民族的发展需要。

教育最重要的是教师和教材，过去我们是一个模式管几代，一本教材万人读，大家都围着升学的指挥棒转。“将来我们的考试制度要改革，把一套卷子分成几套，全国学生必须知道的知识要统一，其他的要有地方特色。”[③]

2. 从实际出发逐步建立适合当地特点的教育体系

西藏教育要从实际出发，逐步建立适合当地特点的教育体系。从西藏生产力发展水平和农牧业发展需要看，高层次专业人才数量需求有限，大量需要的仍然是初、中级各类人才。因此，教育发展必须与西藏不同人才的需求相适应，否则会造成人才的浪费，降低办教育的实际效益。现有中专和高等学校的教学内容、专业课程设置以及科学研究等要紧密结合西藏的实际，面向西藏经济和社会发展的需要。根据西藏建设所需人才门类较多、数量少的特点，除实行多规格、多层次办学之外，要拓宽专业面，以增强人才培养的适用性和地方性。[④]

---

① 1988年12月16日至22日李铁映到云南视察工作时的讲话，国家民委教育司：《新时期民族教育工作手册》，中央民族学院出版社1991年10月版，第7页。

② 同上书，第11页。

③ 同上书，第7页。

④ 1987年9月10日何东昌在第二次援藏工作会议上的讲话，国家教委民族地区教育司：《少数民族教育工作文件选编（一）》，内蒙古教育出版社1991年2月版，第198—199页。

全党工作重点的转移，是一个历史性转变。少数民族地区的工作重点要转到社会主义现代化建设上来，必须集中力量搞好民族地区的经济建设、文化建设。教育工作必须搞上去，否则就会影响整个建设任务的完成。民族教育要总结历史经验，分析新的情况，从实际出发，适应当地经济建设、文化建设的要求，逐步建立适合当地情况的教育体系。①

民族乡依照法律和有关规定，可以结合本地区的具体情况和民族特点，因地制宜地发展经济、文化、教育和卫生等事业。②

3. 民族教育要为党和国家的民族工作任务服务

民族教育工作要"为党和国家各个历史时期的民族工作任务服务"。③民族学院创建初期，根据党在少数民族地区推行区域自治和进行民主改革的需要，大批地培养了少数民族的普通政治干部和翻译人才；在实现农牧业合作化的过程中，又开办了相应的专业和班次，培训急需的财务人员和社干；随着少数民族地区经济、文化教育事业的发展，逐步增设了一些专业班次，培养师资、科学技术人才和文艺工作者等，为胜利完成不同时期党在少数民族地区的重大政治任务做出了贡献。

当前，民族教育应当力求改革，使教育等方面的工作适应民族地区的情况和"四化"建设的需要。要充分认识"四化"建设对我国社会主义事业发展和解决国内民族问题的划时代意义，牢固地树立民族教育为社会主义"四化"建设服务的思想。④

4. 职业技术教育是改变落后面貌、脱贫致富最直接有效的手段

"职业技术教育的产生，是工业化的产物，是培养人才的一种新的教育体系"，"是现在发达国家的一个重要特征"。"忽视职业教育是经济落后的一种表现。大力发展职业教育是现代工业发展的必然趋势和要求。"⑤

---

① 1979年8月7日张承先在全国第五次民族学院院长会议上的讲话，国家教委民族地区教育司：《少数民族教育工作文件选编（一）》，内蒙古教育出版社1991年2月版，第56页。

② 1983年12月29日国务院：《关于建立民族乡问题的通知》，杨侯弟、郭承康、黄凤祥、谭伟主编：《新时期民族工作概览》，华文出版社1993年5月版，第314页。

③ 1979年10月6日国家民委、教育部：《关于民族学院工作的基本总结和今后方针任务的报告》，国家教委民族地区教育司：《少数民族教育工作文件选编（一）》，内蒙古教育出版社1991年2月版，第76页。

④ 同上书，第77页。

⑤ 1988年12月16日至22日李铁映到云南视察工作时的讲话，国家民委教育司：《新时期民族教育工作手册》，中央民族学院出版社1991年10月版，第10页。

职业技术教育要因地制宜，要符合人民的利益，要符合当地经济的需要。职业教育培养的人才是能够在社会上致富的带头人，具有一定的竞争能力。教育若与人民利益、群众的幸福，与经济发展结合在一起，群众就与教育休戚相关，就把教育看成自己的事业。

成人教育的办学要求和形式要灵活多样，要大力发展以实用技术培训为主的成人教育，提高职工、农牧民的文化技术素质，这是改变广大农牧区经济落后面貌，脱贫致富的最直接、最有效的手段。要充分利用现有的中等专业学校以及县区农业畜牧兽医场站、农林牧工交等经济管理部门的技术力量，因地制宜地大量举办"一事一训"的短期班，针对当地发展生产的实际需要，从学习简易的、初级的、见效快的实用技术和管理知识做起，以便使生产上较快地见到效果，群众切实得到好处。

要"大力发展职业技术教育"。在牧区、山区寄宿制中小学毕业生中，能升入高一年级学校的是少数，绝大多数毕业后便参加生产劳动。他们是这个民族的主要劳动者，这个民族的经济发展和腾飞，关键要靠这批劳动者的素质，看他们有没有搞商品经济的能力。因此，在寄宿制学校中，除利用小农场、小牧场、林场、茶园等使学生参加一定劳动，学习一些生产知识和技能外，教学中还应增加有关牧业、农业生产的基础知识和操作能力的内容，使学生毕业后能解决一般性的农业、牧业等方面的技术性问题。这样既可以提高学生的学习兴趣，又可以为今后农、牧业生产发展打好培养人才的基础，还可以使社队干部和家长各方满意。[①] 初中毕业生能够再加一年职业技术教育。中学要成为致富的园地。我们办学的目的不能只面向能升学的3%，而要使学生掌握实用技术，使当地人民富裕起来。搞点实习基地，种橡胶、茶叶，办猪场，学校增加了收入，学生学会了本领，做到读书有用，一举多得。[②]

基础教育必须为培养新一代商品生产者服务。教育面向生产的最好结合点就是职业技术教育。在整个教育中，联系生产最密切的是中等教育，最有前途的是职业技术教育，关系到人口素质的提高。少数民族地

① 1982年12月20日教育部：《印发〈全国牧区、山区寄宿制民族中小学经验交流会纪要〉》，国家教委民族地区教育司：《少数民族教育工作文件选编（一）》，内蒙古教育出版社1991年2月版，第171页。

② 1988年12月16日至22日李铁映到云南视察工作时的讲话，国家民委教育司：《新时期民族教育工作手册》，中央民族学院出版社1991年10月版，第9页。

区尤其是其中的农村地区，学校一定要为当地的脱贫致富服务。可以以职业技术教育为依托，把办教育与当地的致富结合起来。学校要成为当地的教育中心、文化中心和技术中心。①

职业技术教育要与基础教育早期结合。有的农村可以在初中后或小学后就进行一定的职业技术培训，还要注意与勤工俭学、半工半读相结合。成人技术教育要带动学校职业技术教育，推动中小学基础教育，从而使教育真正对本地区的物质文明和精神文明建设起促进作用。②

八　要对民族文字教材建设给予足够的重视

1. 重视民族文字教材的编写工作

各级领导要对民族文字教材建设给予足够的重视。民族文字教材的建设，是少数民族教育一个重要特点和民族教育工作的一项基本建设，是发展民族教育事业的一个带战略性的问题，是在教育领域贯彻执行党的民族政策的重要内容。各级领导要高度重视，切实加强领导，从各个方面予以扶持。要使民族文字教材的编译、出版工作能够适应民族教育事业发展和四个现代化建设的需要。③

要“抓紧教材的编写工作”④，加强民族文字教材的编译出版工作。⑤社会主义各民族的繁荣发展，包含经济文化、语言文字的繁荣发展。语言平等是民族平等的重要内容和标志。我国少数民族有几十种民族语言和十几种民族文字。我们应当切实尊重少数民族的语言文字，在学校教育中认真恢复和加强民族语文教学，坚决克服在对待民族语文问题上的各种错误倾向。⑥

---

① 1988年7月4日至18日李铁映视察新疆、青海和甘肃时的讲话，国家民委教育司：《新时期民族教育工作手册》，中央民族学院出版社1991年10月版，第14页。

② 1987年2月23日国家教委：《关于九省区教育体制改革进展情况的通报》，吴仕民主编：《中国民族教育》，长城出版社2000年4月版，第574页。

③ 1980年6月10日教育部：《转发〈少数民族文字教材工作座谈会纪要〉的通知》，国家教委民族地区教育司：《少数民族教育工作文件选编（一）》，内蒙古教育出版社1991年2月版，第435页。

④ 胡嘉宾在第五次民族学院院长会议上的报告，国家教委民族地区教育司：《少数民族教育工作文件选编（一）》，内蒙古教育出版社1991年2月版，第69页。

⑤ 1980年10月9日教育部、国家民委：《关于加强民族教育工作的意见》，国家教委民族地区教育司：《少数民族教育工作文件选编（一）》，内蒙古教育出版社1991年2月版，第94页。

⑥ 1981年2月16日臧伯平在第三次全国民族教育工作会议上的讲话，国家教委民族地区教育司：《少数民族教育工作文件选编（一）》，内蒙古教育出版社1991年2月版，第121—122页。

藏族是一个古老的民族，其丰富的文化遗产，是藏族人民智慧的结晶，也是中华民族文化宝库的重要组成部分。做好藏文教材工作，对普及科学文化知识，培养少数民族干部和专业人才，增强民族团结，促进藏族地区经济建设和教育事业的发展有积极作用。

2. 民族文字教材要反映民族地区特点和民族文化的传统

斯大林没有专门论述民族教材建设问题，但他与安·日丹诺夫、谢·基洛夫一道对瓦纳格小组拟定的苏联历史教科书提纲的意见中，表述了要尊重历史，尤其是国内各少数民族发展历史进行教材建设的思想。他认为该提纲编的是“俄罗斯历史提纲，而不是苏联历史提纲”，因为提纲没有包括加入苏联的各民族的历史（没有照顾到乌克兰、白俄罗斯、芬兰和波罗的海沿岸各民族、北高加索和南高加索各民族，中亚细亚和远东各民族，以及伏尔加河流域和北部各民族——鞑靼人、巴什基里亚人、莫尔多瓦人、楚瓦什人等的历史材料）。提纲没有指出被沙皇政府所征服的俄国各民族人民的民族解放运动的条件和根源，将这些人民从民族压迫下解放出来的十月革命的理由也没有得到说明。编写苏联历史教科书总的要求应当是：“大俄罗斯的历史不脱离苏联其他各族人民的历史”，“苏联各族人民的历史不脱离整个欧洲历史”，“一般的也不脱离世界历史”。① 斯大林关于尊重多民族国家中各少数民族历史和历史教科书要体现多民族历史的思想，是民族教材建设工作必须坚持的重要原则。

民族文字教材内容一定要注意民族特点和地区特点，逐步做到多样化，适应多种形式办学的实际需要。② 各个民族都有自己独特的发展历史，文化发展水平、宗教信仰、民俗民情及语言文字差异很大，因此教材编译工作不能停留于编译统编教材。各民族地区政治、经济、文化的发展很不平衡，这些地区的办学形式和学制是多样和灵活的，为适应这一特点，民族地区编译的教材和辅导材料在内容上也应当多样化，不能

① 1934 年 8 月 8 日斯大林：《关于“苏联历史”教科书提纲的意见》，中国社会科学院民族研究所：《斯大林论民族问题》，民族出版社 1990 年 4 月，第 427 页。

② 1980 年 10 月 9 日教育部、国家民委：《关于加强民族教育工作的意见》，国家教委民族地区教育司：《少数民族教育工作文件选编（一）》，内蒙古教育出版社 1991 年 2 月版，第 94 页。

“一刀切”。[①] 注意在历史、地理、语文等教材中适当增加属于该少数民族及其所在地区的内容。

编译少数民族文字教材，既要注意教材的统一性，也要注意灵活性，把社会主义内容同民族形式正确地结合起来。[②]

民族文字教材体系的编排要符合各学科自身的科学性、系统性和循序渐进的要求，要注意学科的相互联系，要有利于对学生的全面训练，要适应教和学的需要。自编教材一定要准确、鲜明、生动，一定要注意思想性、科学性和实践性，教材既要有民族和地区特点，也要有时代特点。[③]

教学要求还要符合少数民族少年儿童知识水平、生理和心理发展的特点。[④]

3. 重视民族文字教材出版机构和人员建设

做好民族文字教材建设是一件繁重而又复杂的工作，单靠一个省区的力量是难以做好此项工作的。要通过加强与各省区之间协作的办法解决民族文字教材，切实保证教材质量、统一教材要求、加速教材建设进程。[⑤] 同时，要注意提高教材的编译质量，注意解决各科教学大纲、教材、教学参考书、工具书、课外读物的配套问题。

各地人民政府应当积极采取措施，恢复和建立民族语文的翻译出版机构，调配足够的懂行的业务人员充实编译队伍，培养一支又“红”又“专”、兼通汉语文和本民族语文的编译队伍。要减少亏损，恢复民族教

---

① 1980 年 6 月 10 日教育部：《转发〈少数民族文字教材工作座谈会纪要〉的通知》，国家教委民族地区教育司：《少数民族教育工作文件选编（一）》，内蒙古教育出版社 1991 年 2 月版，第 434 页。

② 1981 年 8 月 11 日教育部、国家民委：《关于进一步加强民族教育工作的报告》，国家教委民族地区教育司：《少数民族教育工作文件选编（一）》，内蒙古教育出版社 1991 年 2 月版，第 107 页。

③ 1982 年 5 月 27 日教育部、国家民委：《关于〈西藏、青海、甘肃、四川、云南五省、自治区藏文教材协作会议纪要〉的批复》，国家教委民族地区教育司：《少数民族教育工作文件选编（一）》，内蒙古教育出版社 1991 年 2 月版，第 442 页。

④ 1987 年 2 月 23 日国家教委：《关于九省区教育体制改革进展情况的通报》，吴仕民主编：《中国民族教育》，长城出版社 2000 年 4 月版，第 575—576 页。

⑤ 1982 年 5 月 27 日教育部、国家民委：《关于〈西藏、青海、甘肃、四川、云南五省、自治区藏文教材协作会议纪要〉的批复》，国家教委民族地区教育司：《少数民族教育工作文件选编（一）》，内蒙古教育出版社 1991 年 2 月版，第 440 页。

育补贴办法，并要改善民族教材编译人员的工作条件和生活条件。①

有关省区教育部门对少数民族文字教材编译出版工作要加强领导，成立全国中小学教材审定委员会藏文教材审查委员会、朝鲜文教材审查委员会、蒙古文教材审查委员会。蒙文教材由内蒙古自治区出版发行；藏文教材由西藏自治区和青海省出版发行；维文教材由新疆维吾尔自治区出版发行；朝鲜文教材由吉林省出版发行。所需经费由地方经费和民族事业费中统筹解决。②

九　建立数量足且质量合格的少数民族教师队伍

1. 师资队伍建设是发展民族教育的关键

由于受“文化大革命”的影响，少数民族教师队伍存在着数量不足、质量低、合格教师不多的问题。广大农牧山区的教师中不能胜任教学的占60%—70%。目前民族教育中最薄弱的环节就是缺少一支比较合格的民族教师队伍，这是民族教育质量有待提高的根本原因，有些地区已经形成恶性循环。③ 建立一支在数量上适应民族教育发展需要的，质量上合格的少数民族师资队伍，是发展和提高民族教育的关键，是当务之急。各民族学校对于师资要“有计划、有步骤地进行建设工作”④，要下大力量建立一支坚强的民族教师队伍。

教师在教学中起着主导作用，教学的基本形式是教师在课堂上讲授。其他各种教学环节，也都要在教师的指导下进行。我党历来注意教师的作用，尊重教师的劳动，赞誉教师是人类灵魂的工程师。“建立一支能够胜任本职工作的教师队伍，是提高教学质量，完成教育任务的关键。”⑤

---

① 1980年6月10日教育部：《转发〈少数民族文字教材工作座谈会纪要〉的通知》，国家教委民族地区教育司：《少数民族教育工作文件选编（一）》，内蒙古教育出版社1991年2月版，第434—435页。

② 1980年5月26日卫生部、国家民委、教育部：《印发〈关于加强少数民族地区医学教育工作的意见〉和〈关于内地省市对口支援少数民族地区发展医学教育施行方案〉的通知》，国家教委民族地区教育司：《少数民族教育工作文件选编（一）》，内蒙古教育出版社1991年2月版，第88页。

③ 1981年8月11日教育部、国家民委：《关于进一步加强民族教育工作的报告》，国家教委民族地区教育司：《少数民族教育工作文件选编（一）》，内蒙古教育出版社1991年2月版，第103页。

④ 1979年10月6日国家民委、教育部：《关于民族学院工作的基本总结和今后方针任务的报告》，国家教委民族地区教育司：《少数民族教育工作文件选编（一）》，内蒙古教育出版社1991年2月版，第80页。

⑤ 同上。

加强在职教师的培训提高工作，这是发展民族教育事业，提高教育质量的关键，也是教育事业调整的主要内容。① 要采取各种措施，提高现有教师水平。“必须认真加强教师队伍的整顿、培训和提高工作。”② 在教学中要充分发挥老教师的骨干作用，关心和扶持青年教师的成长。采取在职进修、以老带新等形式，提高现有教师的水平。党组织要关心教师的组织生活，积极做好在教师中发展党员的工作。党和行政领导要保证教师有六分之五的时间用于教学和科学研究工作。要建立教师的工作量制度、定期考核制度和晋升制度。

各级教育学院和教师进修学校要注意培训少数民族在职教师。③ 在发展民族师范教育的同时，必须采取多种形式大力培训，提高在职的少数民族教师的素质。内地有关省、市和高等学校要积极支援，并采取派专家、教授定期讲学，接受在职教师进修、代培等办法，为少数民族地区培养大专院校和中等专业学校的师资。

“加强少数民族师资队伍建设，是办好民族教育的急迫任务。”④ 要从我国社会主义初级阶段的基本国情和民族地区的实际出发，加速发展民族师范教育⑤，把发展师范教育和培训在职教师作为发展教育事业的战略措施，积极培养合格的民族教师队伍。⑥ 师范教育是教育工作的基础，同时，也要充分认识民族教育在我国社会主义建设中的重要地位和作用，把培养合格的民族师资作为发展民族教育的中心环节来抓。要根据民族

---

① 1981 年 8 月 11 日教育部、国家民委：《关于进一步加强民族教育工作的报告》，国家教委民族地区教育司：《少数民族教育工作文件选编（一）》，内蒙古教育出版社 1991 年 2 月版，第 106 页。

② 1982 年 12 月 20 日教育部：《印发〈全国牧区、山区寄宿制民族中小学经验交流会纪要〉》，国家教委民族地区教育司：《少数民族教育工作文件选编（一）》，内蒙古教育出版社 1991 年 2 月版，第 171 页。

③ 1981 年 2 月 16 日臧伯平在第三次全国民族教育工作会议上的讲话，国家教委民族地区教育司：《少数民族教育工作文件选编（一）》，内蒙古教育出版社 1991 年 2 月版，第 120 页。

④ 1985 年 9 月 6 日国家教委：《关于印发〈教育部西北少数民族师资培训中心工作会议纪要〉的通知》，国家教委民族地区教育司：《少数民族教育工作文件选编（一）》，内蒙古教育出版社 1991 年 2 月版，第 183 页。

⑤ 1988 年 6 月 7 日国家教委：《关于印发〈国家教委西北少数民族师资培训中心第二次工作会议纪要〉的通知》，国家教委民族地区教育司：《少数民族教育工作文件选编（一）》，内蒙古教育出版社 1991 年 2 月版，第 211 页。

⑥ 1985 年 5 月 27 日中共中央：《关于教育体制改革的决定》，国家教委民族地区教育司：《少数民族教育工作文件选编（一）》，内蒙古教育出版社 1991 年 2 月版，第 5 页。

地区经济建设、人才分布和社会发展的需要，合理地规划和确定少数民族师资培训教育发展的结构、层次、速度、规模和模式。

2. 建立师资培训机构，加速普及民族地区的基础教育

适当发展和大力办好民族师范学校。要建设好师资队伍，首先要恢复和发展民族师范教育。在办好现有民族师范院校的同时，还应根据需要与可能有计划地增建一批民族师范院校，各自治区和少数民族人口较多的省，都要逐步形成从中等师范到高等师范，布局合理，适应民族教育发展需要的民族师范教育体系。办好民族师范学校，是培养民族小学教师，发展少数民族地区小学教育事业，提高少数民族科学文化水平，加强边疆少数民族地区现代化建设的一项重要措施。"民族地区要重点办好师范院校"。① 对少数民族地区来说，要解决好师资，就要集中力量重点办好师范教育。

西北是我国少数民族分布较多的地区之一，随着国家建设战略重点向西北的转移，加速普及西北地区少数民族教育的基础教育，尽快培养少数民族建设人才，发展西北少数民族教育事业，具有重要意义。要改变西北少数民族经济、文化落后面貌，加速"四化"建设，首要的任务是必须大力提高人民群众的科学文化水平，为少数民族培养大批各类建设人才。培养人才，要靠教育，尤其要把师范教育摆到重要地位。为此，1985 年，教育部决定在西北师范学院内建立西北少数民族师资培训中心，这是贯彻执行《中共中央关于教育体制改革的决定》，加速少数民族高等教育发展的重要步骤，也是落实党的民族政策，增强民族团结的有力措施。培训中心面向西北五省，实行定向招生，定向分配。②

各地民族师范院校应以招收少数民族学生为主，特别要注意招收农、牧、山区学生入学，多培养当地土生土长的少数民族教师，以利于教师队伍的稳定和巩固。民族师范院校毕业生的分配，要优先考虑少数民族的广大农牧区和山区。③

---

① 1988 年 7 月 4 日至 18 日李铁映视察新疆、青海和甘肃时的讲话，国家民委教育司：《新时期民族教育工作手册》，中央民族学院出版社 1991 年 10 月版，第 15 页。

② 1985 年 9 月 6 日国家教委：《关于印发〈教育部西北少数民族师资培训中心工作会议纪要〉的通知》，国家教委民族地区教育司：《少数民族教育工作文件选编（一）》，内蒙古教育出版社 1991 年 2 月版，第 180 页。

③ 1981 年 2 月 16 日臧伯平在第三次全国民族教育工作会议上的讲话，国家教委民族地区教育司：《少数民族教育工作文件选编（一）》，内蒙古教育出版社 1991 年 2 月版，第 120 页。

3. 农村教师要尽量在当地少数民族回乡知识青年中选拔

由于大多数少数民族地区的师资数量缺乏、质量偏低，这对巩固边疆和建设边疆极其不利。为了加强民族地区师资队伍建设，增加民族教师的数量，民族师范院校毕业的学生要分配到少数民族地区，农村教师要尽量在当地少数民族回乡知识青年中选拔。① 今后师范院校的招生，应采取择优录取和地区照顾相结合的办法。“定向招生”，即注意招收牧区、山区的学生，毕业后仍回山区、牧区工作，逐步使教师地方化。② 逐步做到少数民族地区小学的多数教师，由合格的少数民族教师担任。③

十　为“四化”建设培养更多的少数民族干部

1. 培养更多的少数民族政治干部和专业技术干部

“文化大革命”对少数民族干部工作的影响是十分巨大的，以致少数民族干部在干部总数中的比例低于“文化大革命”前的水平。这种状况，不能适应民族地区各项事业发展的需要。少数民族地区的“四化”建设和繁荣发展，需要大批建设人才，需要更多的为“四化”建设服务的少数民族政治干部和专业技术干部，必须发展各类学校教育。因为贯彻实行新时期的总路线、总任务，实现少数民族地区的四个现代化，没有大批的有共产主义觉悟的少数民族的政治干部和专业技术干部，是不可能的。

新中国成立以来，我们成功地培养了一批少数民族出身的政治干部，但是，比较起来，我们培养的少数民族的科学技术人才和管理人才极少，远远不能适应建设各民族自治地方的需要，这是培养少数民族干部方面一个突出的问题。没有大批少数民族出身的，坚持社会主义道路和党的领导的，有专业知识和能力的干部，特别是大批的科学技术人才和管理人才，要逐步消除民族间事实上的不平等，彻底解决我国的民族问题，

① 1979 年 10 月 12 日中共中央、国务院批转国家民委党组：《关于做好杂居、散居少数民族工作的报告》，国家民委教育司：《新时期民族教育工作手册》，中央民族学院出版社 1991 年 10 月版，第 188 页。

② 1982 年 12 月 20 日教育部：《印发〈全国牧区、山区寄宿制民族中小学经验交流会纪要〉》，国家教委民族地区教育司：《少数民族教育工作文件选编（一）》，内蒙古教育出版社 1991 年 2 月版，第 172 页。

③ 1980 年 9 月 5 日教育部：《关于师范教育的几个问题的请示报告》，吴仕民主编：《中国民族教育》，长城出版社 2000 年 4 月版，第 465 页。

显然是不可能的。①

根据民族地区少数民族科学技术干部和政治干部都比较缺乏的现实，“既要尽可能多地培养少数民族专业技术人才，又要大力培养少数民族的政治干部，这是党和国家当前和今后解决我国民族问题的关键”。不认识尽可能多地培养专业技术干部的重要性、迫切性固然是不对的，但是看不到少数民族政治干部仍然很少的事实和民族学院继续大力培养政治干部的重要性，也是不正确的。② 从长远来讲，要造就一支主要以本地区少数民族和汉族组成的科技队伍，并逐步由他们承担起本地区经济文化建设的主要责任；从近期来说，要使科技队伍在数量水平及其结构方面同本地区国民经济的发展逐步适应。③

《中华人民共和国宪法》指出：“国家帮助民族自治地方从当地民族中大量培养各级干部、各种专业人才和技术工人。”④ 要努力培养和提拔少数民族干部。⑤

2. 高等学校肩负着培养少数民族干部培养的责任

在培养少数民族专业技术人才方面，全国各大专院校，特别是那些被指定的院校负有特别重要的责任，大部分高级专业技术人员要靠他们来培养，而具有干训性质的各民族学院，虽然只负担其中的一部分，也要高度重视，力求保质保量地完成任务。⑥

“民族学院主要是培养少数民族政治干部和专业技术干部的社会主义

---

① 1980年10月9日教育部、国家民委：《关于加强民族教育工作的意见》，国家教委民族地区教育司：《少数民族教育工作文件选编（一）》，内蒙古教育出版社1991年2月版，第92页。

② 胡嘉宾在第五次民族学院院长会议上的讲话，国家教委民族地区教育司：《少数民族教育工作文件选编（一）》，内蒙古教育出版社1991年2月版，第66页。

③ 1982年6月21日劳动人事部、国家民委、教育部、中央统战部：《关于加强边远地区科技队伍建设的意见》，国家教委民族地区教育司：《少数民族教育工作文件选编（一）》，内蒙古教育出版社1991年2月版，第157页。

④ 1982年12月4日第五届全国人大第五次会议通过的《中华人民共和国宪法》，全国人民代表大会常务委员会办公厅：《中华人民共和国第五届全国人民代表大会第五次会议文件》，人民出版社1983年1月版，第62页。

⑤ 1981年6月27日中国共产党第十一届中央委员会第六次全体会议通过的《关于建国以来党的若干历史问题的决议》，国家教委民族地区教育司：《少数民族教育工作文件选编（一）》，内蒙古教育出版社1991年2月版，第148页。

⑥ 胡嘉宾在第五次民族学院院长会议上的讲话，国家教委民族地区教育司：《少数民族教育工作文件选编（一）》，内蒙古教育出版社1991年2月版，第66页。

新型大学。"[①] 民族学院既有培训政治干部的培训班，又有培养各种专业技术人才的系、科。它既不同于一般的少数民族政治干部学校，又不同于一般的少数民族综合性大学，而是兼有这两个方面的少数民族高等学校。大力培养"四化"所需要的具有共产主义觉悟即无产阶级世界观的少数民族政治干部和各种专业技术人才的方针，是政务院 1950 年规定的民族学院的方针在新时期的继续和发展。它既继承了民族学院过去的优良传统和作风，又充分考虑了少数民族地区"四化"建设的需要。我国已经进入了新的历史时期，各民族学院必须把工作重点转移到社会主义现代化建设上来，坚决落实新时期党和国家对民族工作的任务，大力培养"四化"所需要的具有共产主义觉悟的政治干部和专业技术人才，为少数民族地区的社会主义现代化建设服务。[②]

3. 为开发和建设大西北做好人才准备

20 世纪末和 21 世纪初，着重开发和建设大西北是党和国家的重要战略决策。为了实现这一经济建设重点的转移，我们要积极做好各方面的准备，为开发我国大西北培养大批各类建设人才。[③]

4. 民族学院干部轮训要转向正规化培训

随着社会主义"四化"建设的发展，党和国家提出了干部队伍革命化、年轻化、知识化、专业化的要求。为此，要抓紧对各级少数民族干部的培训工作，采取多种办法，提高他们的思想道德素质和科学文化素质。[④] 积极培养、配备具备革命化、年轻化、知识化、专业化条件的少数民族干部和各类专业人才。

为了适应干部队伍"四化"建设的需要，各民族学院干部轮训要逐步过渡到正规培训，主要是提高少数民族干部的专业、知识水平。为此，除开办必要的短期政治、文化、专业轮训班外，还要积极挖掘潜力，创

---

① 胡嘉宾在第五次民族学院院长会议上的讲话，国家教委民族地区教育司：《少数民族教育工作文件选编（一）》，内蒙古教育出版社 1991 年 2 月版，第 64 页。

② 同上书，第 77 页。

③ 1986 年 5 月 30 日国家教委：《关于转发〈西北五省区第一次高教协作座谈会纪要〉的通知》，国家教委民族地区教育司：《少数民族教育工作文件选编（一）》，内蒙古教育出版社 1991 年 2 月版，第 184 页。

④ 1987 年 1 月 23 日中共中央统战部、国家民委：《关于民族工作几个重要问题的报告》，杨侯弟、郭承康、黄凤祥、谭伟主编：《新时期民族工作概览》，华文出版社 1993 年 5 月版，第 330 页。

造条件，举办正规学制为两年、三年的初中、高中班，中专和大专班。举办干部专修科、中专、初中、高中班或其他专业班，分别招收具有高中毕业或相当于高中毕业文化程度，年龄在40岁以下的县级和县级后备干部；具有初中毕业或相当于初中毕业文化程度，年龄在35岁以下的县级或县级后备干部，县科级和科级后备干部和具有高小或初中文化程度的县科级和区、社（乡）干部。为此，各民族学院应制定民族干部培训规划，特别是近三年的培训规划。①

十一　民族学校要把教学作为经常性的中心工作

1. 学校的其他一切工作都要围绕教学这个中心来进行

招收少数民族学生的高等学校，要大力加强教学工作，“切实把教学作为学校经常性的中心工作”，必须以教学为主，其他一切工作都要围绕着教学这个中心来进行，都要有利于教学，而不能妨碍教学。各院校要把讨论和检查教学工作，提高教学质量，作为经常性的主要任务。②

民族学校要采取多种方式，精心培养，尽力提高学生的业务水平。③加强基础知识和技能的教学，加强基本功的训练，努力提高教学质量。

民族院校的科学研究，除上级领导机关交给的任务外，一般应当为教学服务，结合教学，配合教学，以保证提高教育质量为前提，不能脱离教学实际。科研的计划必须搞扎实，定期检查执行情况，科研的成果应当及时应用到教学中去。研究室、研究所的负责同志要带头讲课，承担重要课题。讲课要和科研互相促进。④

2. 建立正常的教学秩序，防止学校机关化

民族学校的教学管理部门，要深入教学第一线，了解教师教学和学

---

① 1983年7月25日国家民委、教育部、财政部：《关于印发〈关于民族学院干部轮训转向正规培训的意见〉的通知》，吴仕民主编：《中国民族教育》，长城出版社2000年4月版，第507页。

② 1979年10月6日国家民委、教育部：《关于民族学院工作的基本总结和今后方针任务的报告》，国家教委民族地区教育司：《少数民族教育工作文件选编（一）》，内蒙古教育出版社1991年2月版，第79页。

③ 1983年6月19日卫生部、国家民委、教育部：《关于全国重点高等医学院校培养少数民族高级医学人才的意见》，国家教委民族地区教育司：《少数民族教育工作文件选编（一）》，内蒙古教育出版社1991年2月版，第285页。

④ 1979年10月6日国家民委、教育部：《关于民族学院工作的基本总结和今后方针任务的报告》，国家教委民族地区教育司：《少数民族教育工作文件选编（一）》，内蒙古教育出版社1991年2月版，第81页。

生学习情况，参与制订教学计划、教学方案，建立正常的教学秩序，防止学校机关化。要继承和发扬领导讲课、听课、参加和指导教研室活动的好传统和好作风。各系科的教学行政干部应努力成为组织管理教学工作的内行。①

3. 学校要采用现代化的教学手段

电化教学是采用现代化的教学手段，提高教师工作效率，提高教学质量的好措施之一。各民族学院应当积极创设条件，加强这方面的建设。②

4. 学校要将建立教学实习基地作为一项重要工作

少数民族地区高、中等医学院校普遍缺乏教学实习基地，这是影响教学质量的因素之一。鉴于医学是一门实践性很强的学科，高等医学院校除附属医院外，各民族地区卫生局应当确定较好的医院作为这些学校的教学基地，并要相对稳定。地、市、州、盟所属综合医院和医疗卫生机构，应该作为中等卫生学校的教学实习基地，在规定的医院编制外，建议增加12%—15%的教学编制，并授予承担教学任务的医药技术人员相应的教学职称。③

西北少数民族师资培训中心，可在一两个省区内选择一个县，协助建立基础教育、职业技术教育、成人教育相结合的教育改革试验基地，为办好中心和教育扶贫服务。④

5. 教学内容、教材、课程设置要注意反映本民族历史文化的特点

根据西藏的历史文化特点，中小学的教学内容、教材、课程设置等都要进行深入研究，进行改革，不能照搬内地的做法。要密切结合当地生产、生活的实际，不仅注意反映西藏历史文化的特点，也要注意研究藏族学生学习各门科学文化基础知识的难点和特点，使教学内容和水平

---

① 胡嘉宾在第五次民族学院院长会议上的报告，国家教委民族地区教育司：《少数民族教育工作文件选编（一）》，内蒙古教育出版社1991年2月版，第67页。

② 同上书，第72页。

③ 1980年5月26日卫生部、国家民委、教育部：《印发〈关于加强少数民族地区医学教育工作的意见〉和〈关于内地省市对口支援少数民族地区发展医学教育施行方案〉的通知》，国家教委民族地区教育司：《少数民族教育工作文件选编（一）》，内蒙古教育出版社1991年2月版，第88页。

④ 1988年6月7日国家教委：《关于印发〈国家教委西北少数民族师资培训中心第二次工作会议纪要〉的通知》，国家教委民族地区教育司：《少数民族教育工作文件选编（一）》，内蒙古教育出版社1991年2月版，第214页。

符合学生的心理特征和接受能力，做到既有利于提高他们的学习兴趣，又有利于他们掌握基础知识和技能。① 西藏班、校的教学要求和教学内容要符合西藏和西藏学生的特点。在课程安排上，除进一步重视和加强藏语文教学，努力提高学生藏语水平外，还要增加反映西藏民族文化特点的内容。针对西藏学生的特点，加强教学研究，及时总结教学经验，不断改进教学方法。②

西北少数民族师资培训中心要根据西北五省区民族教育和民族学生的特点，不断改革教学内容，改进教学方法。教学内容和教学方法的改革，要突出科学性、实用性和师范性特点，并以此为原则，调整教学计划，精简教学内容，改革课程设置；要争取开设一些既体现民族特色，又适合民族学生需要的民族理论与民族政策、民族传统体育和民族民间文学等新课程。③

根据朝鲜族聚居地区的历史文化特点、朝鲜族教育以及朝鲜族学生的特点，就朝鲜族中小学的美术教学活动，重点应放在唤起学生对美术的兴趣上。培养他们的审美能力、思维能力、想象能力和创造能力，美育应始终贯穿于美育教学的全过程；要认真传授基础知识，同时要注意艺术的内在规律，重视培养学生的艺术才能；在造型技能训练中要注意教好朝鲜传统的表现手法；密切联系学生的实际，灵活运用各种教学方法，因人制宜地指导程度各异的学生。在教学组织和教学方法上充分利用挂图、幻灯图片、示范等直观教学手段，积极创造条件，设美术室购置各种美术用具，保证顺利地进行美术教学；及时讲评学生的美术成绩，全面考察学生的知识和技能两方面的情况，要注意激发他们的进取心；要积极开展课外美术小组活动，使有才能的学生得到进一步发展。④

---

① 1987年9月10日何东昌在第二次援藏工作会议上的讲话，国家教委民族地区教育司：《少数民族教育工作文件选编（一）》，内蒙古教育出版社1991年2月版，第198页。

② 1988年10月9日国家教委、财政部、国务院西藏经济工作咨询小组、人事部：《印发〈关于内地西藏班（校）工作初步总结和今后意见〉的通知》，国家教委民族地区教育司：《少数民族教育工作文件选编（一）》，内蒙古教育出版社1991年2月版，第354页。

③ 1988年6月7日国家教委：《关于印发〈国家教委西北少数民族师资培训中心第二次工作会议纪要〉的通知》，国家教委民族地区教育司：《少数民族教育工作文件选编（一）》，内蒙古教育出版社1991年2月版，第212页。

④ 1987年1月15日国家教委：《关于颁布朝鲜族中小学美术教学大纲的通知》，国家教委民族地区教育司：《少数民族教育工作文件选编（一）》，内蒙古教育出版社1991年2月版，第474页。

十二 民族院校要开展民族学和民族问题的研究

1. 民族学和民族问题研究的对象和资料丰富多彩

每一所民族学院所面向的地区，都有十几个甚至几十个少数民族，他们的历史、社会经济、语言文字、风俗习惯、民族文化艺术、民族医学以及哲学、宗教等方面，都有各自不同的情况和特点，科学研究的对象和资料丰富多彩，是一批巨大的社会科学宝藏，在这些方面进行科学的调查研究，大有可为。①

2. 各民族院校要互相配合，要形成相关学科的研究中心

开展民族学和民族问题方面的科学研究要体现协作精神，各民族学院之间，民族学院同民族研究机构和其他院校之间，应当互相配合，协同作战，搞出成果来，为教学服务，为党和国家的民族工作服务。② 社会学、民族学、敦煌学、简牍学、藏学、蒙古学等要逐步形成研究中心。③

十三 对口支援民族地区的教育事业

1. 支援边疆民族地区高等院校是应尽的义务和责任

发展边疆民族地区的经济、文化建设事业是全国各族人民共同的光荣任务。我国沿海等发达地区的高等学校支援边疆民族地区高等院校，是应尽的义务和责任。④ 特别是地处东部发达地区的高等院校，应进一步做好对西部边远地区的各项支援协作工作，并视为自己义不容辞的、具有长远战略意义的光荣任务。⑤

2. 实施对口支援，促进民族教育发展

为了促进边远民族地区社会主义现代化建设和教育事业的发展，适

---

① 1979年10月6日国家民委、教育部：《关于民族学院工作的基本总结和今后方针任务的报告》，国家教委民族地区教育司：《少数民族教育工作文件选编（一）》，内蒙古教育出版社1991年2月版，第81页。

② 同上。

③ 1983年1月20日教育部：《关于加强高等院校哲学社会科学研究工作的意见》，吴仕民主编：《中国民族教育》，长城出版社2000年4月版，第494页。

④ 1983年10月15日教育部《转发〈上海支援新疆高等教育和为新疆培养高等专门人才的协商纪要〉的通知》，国家教委民族地区教育司：《少数民族教育工作文件选编（一）》，内蒙古教育出版社1991年2月版，第289页。

⑤ 1987年11月3日国家教委、国家民委：《印发〈关于内地与边远民族地区高等院校支援协作会议纪要〉的通知》，国家教委民族地区教育司：《少数民族教育工作文件选编（一）》，内蒙古教育出版社1991年2月版，第205页。

应开发和建设我国大西北、大西南的需要，内地与边远民族地区之间多种形式的支援协作关系要进一步发展。当前支援协作的有效形式和主要方法，是在校际之间建立比较稳定的对口支援协作关系，这种区域性的协作方式，可以减少层次，有利于提高工作效率，调动学校的积极性和主动性。① 内地通过培养高等专门人才、举办民族班、教师进修、聘请教师讲学、支援仪器设备和图书资料等方式，为民族地区提供服务，可以增强民族地区高等学校自身培养人才的能力和主动适应社会主义建设需要的活力，能够促使民族地区的高等学校更好地担负起为当地培养各类专门人才的任务，能够有力地推动边远民族地区的人才培养、教育发展和科技进步，促进当地的经济建设。

援助院校要定期选派骨干教师承担讲课和指导青年教师提高业务水平，起学科带头人的作用；帮助民族地区高等学校有关系科专业制订教学计划、发展规划、实验室建设和科研规划，扩大信息交流和图书资料交换；帮助西藏大学等高等学校培训在职教师、管理人员，承担本科生、研究生的培养等。②

由于边疆民族地区高等学校教学仪器数量很少，质量很差，不少院校不能按教学大纲的要求开出实验课，图书资料十分缺乏。这种状况严重影响了这些院校教学、科研工作的正常开展，教学质量也得不到保证。为了逐步改善这些院校的基本办学条件，需从教育部所属高等学校调拨多余的教学仪器设备和图书资料支援边疆民族地区高等学校，这是发展民族高等教育，增强民族团结，开展校际协作，充分发挥现有仪器设备和图书资料作用的重要措施。③

3. 有计划地切实做好对口支援工作

支援边远地区和经济、文化不发达地区的高等学校，是重点高等学

---

① 1987 年 11 月 3 日国家教委、国家民委：《印发〈关于内地与边远民族地区高等院校支援协作会议纪要〉的通知》，国家教委民族地区教育司：《少数民族教育工作文件选编（一）》，内蒙古教育出版社 1991 年 2 月版，第 206 页。

② 1988 年 5 月 10 日国家教委：《关于印发〈内地四校对口支援西藏大学协商会议纪要〉的通知》，国家教委民族地区教育司：《少数民族教育工作文件选编（一）》，内蒙古教育出版社 1991 年 2 月版，第 356 页。

③ 1982 年 10 月 12 日教育部：《关于支援边疆民族地区高等学校教学仪器设备和图书资料的通知》，国家教委民族地区教育司：《少数民族教育工作文件选编（一）》，内蒙古教育出版社 1991 年 2 月版，第 281 页。

校和老校应承担的一项光荣任务。为了有计划地切实做好这项工作，教育部所属各高等学校每年应有占教师总数 1%—3% 的教师支援边远地区和经济、文化不发达地区的高等学校。①

4. 对口支援的形式和办法要灵活多样

对口支援的形式和办法要灵活多样，采取派出去、请进来，业务挂钩，聘请专家兼职和咨询服务，组织讲学，专业技术协作，安排边远少数民族地区的技术干部到内地进修，举办各种短训班、提高班和指定高、中等校院开办民族班、边疆班多种方式。②

协作应在自愿的基础上，本着平等互惠、互相支持的原则，开展各项协作活动，包括师资培训、人才培养、科学研究、学术交流、情报资料交换、学校管理、教学改革、思想政治工作、外事工作、后勤服务工作等交流协作和研讨。③

5. 区内办学为主，区内外相结合培养西藏人才

加强教育事业建设是西藏各项建设事业成败的一个至关重要的问题。④ 智力援藏的重点，是帮助西藏发展教育事业和培养各种人才。要采取立足于区内办学为主、区内外相结合的办法，成批地培养当地藏族干部和各类专业人才，提高各级干部的管理水平。

还要针对西藏建设的实际需要，继续支援、输送人才，定期选派必要数量的，政治业务素质好，立志为西藏服务的教师和各类科技人员到西藏服务一定的年限。⑤

---

① 1981 年 5 月 6 日教育部：《关于教育部所属高等学校人员调整工作的几点意见》，吴仕民主编：《中国民族教育》，长城出版社 2000 年 4 月版，第 473 页。

② 1983 年 8 月 18 日卫生部、国家民委、劳动人事部：《关于印发〈关于经济发达省市对口支援边远少数民族地区卫生事业建设的实施方案〉的通知》，杨侯弟、郭承康、黄凤祥、谭伟主编：《新时期民族工作概览》，华文出版社 1993 年 5 月版，第 612 页。

③ 1986 年 5 月 30 日国家教委：《关于转发〈西北五省区第一次高教协作座谈会纪要〉的通知》，国家教委民族地区教育司：《少数民族教育工作文件选编（一）》，内蒙古教育出版社 1991 年 2 月版，第 187 页。

④ 1988 年 4 月 26 日国家教委、中央统战部、国家民委、国务院西藏经济工作咨询小组：《关于印发〈关于改革和发展西藏教育若干问题的意见〉的通知》，国家教委民族地区教育司：《少数民族教育工作文件选编（一）》，内蒙古教育出版社 1991 年 2 月版，第 340 页。

⑤ 同上书，第 346 页。

十四　采取有力措施切实抓好中小学教育

1. 必须认真办好民族中小学

“必须切实抓好中小学教育”。[①] 中小学教育，特别是小学教育，是国民教育的基础，是提高少数民族科学文化水平的起点。发展少数民族地区教育，一定要从中小学教育抓起，扎扎实实地打好基础，还要进一步加强多种形式的职业技术教育，以适应农牧区建设的需要。必须按照各民族的不同情况，切实抓好。

办好西藏教育，重点是抓好中小学教育，特别是小学教育。[②] 中小学教育要特别注意抓重点、抓质量。解决西藏教育发展的关键，是要采取有力措施，重点加强基础教育。加强基础教育要从小学教育抓起，首先办好现有学校，在注意提高入学率的同时，重点提高小学生的巩固率、毕业率和合格率，努力改变目前小学生流失严重的状况。[③]

2. 制定发展规划保证普及小学教育逐步实现

普及小学教育，是少数民族教育的一项艰巨的历史任务，要根据民族地区实际情况，采取有效措施，分期分批加以实现。少数民族的中小学教育应注意抓质量、抓重点，讲究实效，反对形式主义。“要抓文化，主要是教育”，首先是抓普及教育、基础教育、小学教育、中学教育、中等专业教育，用种种方法来解决这个问题。[④]

对于文化教育水平较高的民族地区，应继续普及小学教育，发展中学教育和技术、职业教育，力求早出人才，多出人才。对于大多数文化教育十分落后的民族，特别是对于边远地区、牧区、山区的民族，必须采取特殊的措施，在相当的时期内，集中力量，有计划、有步骤、有重点地开办寄宿制民族中学，采取由国家管住、管吃、管穿的办法。

对于这批民族中小学，在经费上要给予必要的照顾，调配较好的教师，校舍和教学设备也要好一些。把这批民族中小学办好，就可以确保

---

① 1981 年 2 月 16 日臧伯平在第三次全国民族教育工作会议上的讲话，国家教委民族地区教育司：《少数民族教育工作文件选编（一）》，内蒙古教育出版社 1991 年 2 月版，第 118 页。

② 1985 年 8 月 31 日李鹏在庆祝西藏自治区成立 20 周年干部大会上的讲话，国家民委教育司：《新时期民族教育工作手册》，中央民族学院出版社 1991 年 10 月版，第 3—4 页。

③ 1987 年 9 月 10 日何东昌在第二次援藏工作会议上的讲话，国家教委民族地区教育司：《少数民族教育工作文件选编（一）》，内蒙古教育出版社 1991 年 2 月版，第 197 页。

④ 1984 年 1 月 16 日彭真在全国人大民族委员会议上的讲话，国家民委教育司：《新时期民族教育工作手册》，中央民族学院出版社 1991 年 10 月版，第 4—5 页。

出一批人才，从而奠定进一步发展的基础。在中学发展数量不足的地区，应新建和发展一定数量的民族中学，增加少数民族在校生的人数。在中学教育已有一定基础的地区，要注意巩固、提高质量，适当发展职业教育、技术教育，发展各类技工教育，发展各类技工学校和农业学校，力求避免走中等教育结构单一化的老路。最贫困的地区可实行免费教育。要采取适合各地具体情况的特殊措施，使少数民族地区中小学教育得到更好的发展。

第三章　新中国民族教育理论的发展

从1989年6月党的十三届四中全会到2002年11月党的第十六次全国代表大会，是新中国民族教育理论的发展期。民族教育理论在这一时期的实践特点是教育整体水平得到提高，教育被摆在优先发展的战略地位，民族教育取得令人瞩目的巨大成就。

这期间，召开全国教育工作会议，全国基础教育工作会议，第四次、第五次全国民族教育工作会议等，印发了《中共中央关于加强社会主义精神文明建设若干重要问题的决议》《爱国主义教育实施纲要》《中国教育改革和发展纲要》《中共中央国务院关于深化教育改革，全面推进素质教育的决定》《国务院关于实施西部大开发若干政策措施》《中共中央关于进一步加强和改进学校德育工作的若干意见》《国务院关于深化改革加快民族教育发展的决定》等文件。

所有这些，对我国民族教育理论的发展起到了重要作用。正是这些重要会议和重要实践，才完成了新中国民族教育理论的发展过程，形成了新中国民族教育理论发展阶段的核心内容。

第一节　新中国民族教育理论发展阶段的实践条件

一　影响民族教育理论发展的社会条件

1. 理论发展期的政治经济环境

这期间以经济建设为中心，贯彻执行了党的“一个中心、两个基本点”的基本路线，坚持四项基本原则，坚持改革开放。抓住了有利时机，加快了改革开放的步伐，加快了社会主义商品经济发展。解放和发展生产力，成为这时期我们党领导人民建设社会主义的根本任务。

国民经济实现了持续、稳定、协调发展。1990 年 12 月召开的中共十三届七中全会和 1991 年 3 月召开的七届全国人大四次会议将 1991 年到 2000 年确定为我国社会主义现代化建设历史进程中非常关键的时期。要抓住历史机遇，迎接挑战，努力实现现代化建设的第二步战略目标，把国民经济的整体素质提高到一个新水平。这期间，国民经济和社会发展的主要奋斗目标是：到 2000 年，在我国人口将比 1980 年增长 3 亿左右的情况下，实现人均国民生产总值比 1980 年翻两番；基本消除贫困现象，使人民生活达到小康水平。

为了实现上述目标，1992 年 10 月召开的中共十四大确定我国经济体制改革的目标是建立社会主义市场经济体制。1993 年 11 月召开的中共十四届三中全会审议并通过《中共中央关于建立社会主义市场经济体制若干问题的决定》，第一次论述了社会主义市场经济体制同社会主义基本制度结合的一致性，建立社会主义市场经济体制，就是要使市场在国家宏观调控下对资源配置起基础性作用。

1994 年 2 月召开了全国扶贫开发工作会议，国务院决定开始实施《国家八七扶贫攻坚计划》，力争在 20 世纪末基本解决目前全国 8000 万贫困人口的温饱问题，即全国绝大多数贫困户年人均纯收入按 1990 年不变价格计算达到 500 元以上，扶持贫困户创造稳定的解决温饱问题的基础条件，减少返贫人口；加强基础设施建设，基本解决人畜饮水困难，使绝大多数贫困乡镇和有集贸市场、商品产地的地方通路、通电；改变文化、教育、卫生的落后状态，基本普及初等教育，积极扫除青壮年文盲，大力发展职业教育和技术教育；防治和减少地方病，把人口自然增长率控制在国家规定的范围内。

1997 年 9 月召开的党的十五次全国代表大会对社会主义初级阶段的社会主要矛盾进行了新的表述：社会主义的根本任务是发展社会生产力。在社会主义初级阶段，尤其要把集中力量发展社会生产力摆在首要地位。我国经济、政治、文化和社会生活各方面存在种种矛盾，阶级矛盾由于国际国内因素还将在一定范围内长期存在，但社会的主要矛盾是人民日益增长的物质文化需要同落后的社会生产之间的矛盾，这个主要矛盾贯穿我国社会主义初级阶段的整个过程和社会生活的各个方面。这就决定了我们必须把经济建设作为全党全国工作的中心，各项工作都要服从和服务于这个中心。只有牢牢抓住这个主要矛盾和工作中心，才能清醒地观察和把握社会矛盾的全局，有效地促进各种社会矛盾的解决。发展是硬道理，中国解决所有问题的关键在于依靠自己的发展。

20 世纪末，党中央对加快中西部地区发展，特别是实施西部地区大开发作出部署，认为加快西部地区的经济发展，既是保持国民经济持续快速健康发展的必然要求，也是实现我国现代化建设第三步战略目标的必然要求。2000 年 10 月 26 日国务院发出《关于实施西部大开发若干政策措施的通知》，标志着我国实施西部大开发战略迈出实质性的步伐。加快开发西部地区，是全国发展的一个大战略、大思路。加快西部地区的经济发展，既是保持国民经济持续快速健康发展的必然要求，也是实现我国现代化建设第三步战略目标的必然要求。西部地域广大，自然资源丰富，有巨大的发展潜力，也是一个巨大的潜在市场。加快发展西部地区可以促进各种资源的合理配置和流动，为国民经济的发展提供广阔的空间和巨大的推动力量。

2. 理论发展期的重要会议和重要文献

这期间，中央颁发两个重要文件。1994 年 8 月，中共中央印发《爱国主义教育实施纲要》，提出爱国主义历来是动员和鼓舞中国人民团结奋斗的一面旗帜，是推动我国社会历史前进的巨大力量，是全国各族人民共同的精神支柱。强调在新的历史条件下，加强爱国主义教育，继承和发扬爱国主义传统，对于振奋民族精神，增强民族凝聚力，团结全国各族人民自力更生，艰苦创业，为建设有中国特色社会主义的宏伟事业而奋斗，具有重要的现实意义和深远的历史意义。1996 年 10 月 7 日至 10 日召开的中共十四届六中全会审议并通过《中共中央关于加强社会主义精神文明建设若干重要问题的决议》，强调以科学的理论武装人，以正确的舆论引导人，以高尚的精神塑造人，以优秀的作品鼓舞人，培育有理想、有道德、有文化、有纪律的社会主义公民，提高全民族的思想道德素质和科学文化素质，团结和动员各族人民把我国建设成为富强、民主、文明的社会主义现代化国家。

我国教育工作和教育法制建设取得重要进展。1992 年 4 月 4 日发布施行《中华人民共和国义务教育法实施细则》。1993 年，中共中央、国务院印发《中国教育改革和发展纲要》，提出在 20 世纪末实现“基本普及九年义务教育和基本扫除青壮年文盲”的目标。1994 年 6 月召开的第二次全国教育工作会议，进一步落实教育优先发展的战略。1994 年 8 月中共中央发布《关于进一步加强和改进学校德育工作的若干意见》，要求必须站在历史的高度，以战略的眼光来认识新时期学校德育工作的重要性。自 1995 年 9 月 1 日起《中华人民共和国教育法》开始施行。1998 年 12 月 24 日，教育部《面向 21 世纪教育振兴行动计划》正式颁布，行动计划的主要目标是：到 2000 年，全国基本普及九年义务教育，基本扫除青壮年文盲，大力推进素质教育；完善职业教育培训和继续教育制度，城乡新增劳动力和在职人员能够普遍接受各种层次和形式的教育与培训；积极稳步发展高等教育，高等教育入学率达到 11% 左右；瞄准国家创新体系的目标，培养造就一批高水平的具有创新能力的人才；加强科学研究并使高校高新技术产业为培育经济发展新的增长点作贡献；深化改革，建立起教育新体制的基本框架，主动适应经济社会发展。到 2010 年，在全面实现“两基”目标的基础上，城市和经济发达地区有步骤地普及高中阶段教育，全国人口受教育年限达到发展中国家先进水平；高等教育规模有较大扩展，入学率接近 15%，若干所高校和一批重点学科进入或接近世界一流水平；基本建立起终身学习体系，为国家知识创新体系以及现代化建设提供充足的人才支持和知识贡献。1999 年 6 月 13 日，中共中央、国务院发布《关于深化教育改革，全面推进素质教育的决定》，强调要以培养学生的创新精神和实践能力为重点，造就“有理想、有道德、有文化、有纪律”，德、智、体、美等全面发展的社会主义事业建设者和接班人。2001 年 6 月 7 日教育部、财政部印发《关于对全国部分贫困地区农村中小学生试行免费提供教科书的意见》。

这期间，分别召开了两次中央民族工作会议、两次中央西藏工作座谈会和两次全国民族教育工作会议，发布了《城市民族工作条例》，对民族教育理论发展起到了重要作用。1992 年召开的中央民族工作会议，是首次以“中央民族工作会议”的形式召开的全国民族工作会议，会议主题是“加强各民族的大团结，为建设有中国特色的社会主义携手前进”，会议在肯定成就、总结经验的基础上分析了民族工作的形势，确定了 20 世纪 90 年代我国民族工作的大政方针和主要任务。1999 年召开的中央民族工作会议的主题是“加快少数民族和民族地区经济发展和社会进步”，会议提出：少数民族和民族地区的发展，不仅是一个重大的经济问题，也是一个重大的政治问题，没有少数民族和民族地区的发展，就没有全中国的现代化。1992 年 3 月国家教委、国家民委联合召开的第四次全国民族教育工作会议，总结交流了民族教育工作与改革的经验，进一步明确了20世纪前我国民族教育发展和改革的目标、任务、政策和措施。2002年7月教育部、国家民委联合召开的第五次全国民族教育工作会议，在认真总结第四次全国民族教育工作会议以来实践经验的基础上，根据我国社会主义市场经济改革进一步深化、对外开放进一步扩大、科教兴国和西部大开发战略的实施向纵深发展的新形势，进一步明确了民族教育改革发展的方针任务、政策措施和努力方向，强调了发展民族教育事业对促进各民族的团结进步与共同繁荣的重要意义。

二 影响民族教育理论发展的思想条件

1. 全面推进素质教育

全面推进素质教育，要面向现代化、面向世界、面向未来，使受教育者坚持学习科学文化与加强思想修养相统一，坚持学习书本知识与投身社会实践相统一，坚持实现自身价值与服务祖国人民相统一，坚持树立远大理想与进行艰苦奋斗相统一。

全面推进素质教育，要坚持面向全体学生，为学生的全面发展创造相应的条件，依法保障适龄儿童和青少年学习的基本权利，尊重学生身心发展特点和教育规律，使学生接受生动活泼的教育，身心得到健康的发展。

实施素质教育应当贯穿于幼儿教育、中小学教育、职业教育、成人教育、高等教育等各级各类教育，应当贯穿于学校教育、家庭教育和社会教育等各个方面，并在不同阶段和不同方面应当有不同的内容和重点。此外，在不同地区还应体现地区特点，尤其是少数民族地区的特点。

实施素质教育，必须把德育、智育、体育、美育等有机地统一在教育活动的各个环节中。学校教育不仅要抓好智育，更要重视德育，还要加强体育、美育、劳动技术教育和社会实践，使诸方面教育相互渗透、协调发展，促进学生的全面发展和健康成长。

2. "三个代表"重要思想

江泽民2000年2月在广东省考察工作期间，就如何加强新时期党建工作的调研时指出："总结我们党70多年的历史，可以得出一个重要结论，这就是：我们党所以赢得人民的拥护，是因为我们党在革命、建设、改革的各个历史时期，总是代表着中国先进社会生产力的发展要求，代表着中国先进文化的前进方向，代表着中国最广大人民的根本利益，并通过制定正确的路线方针政策，为实现国家和人民的根本利益而不懈奋斗。”[①] 5 月，江泽民在江苏、浙江、上海考察时，进一步将这一论断归纳为“三个代表”，指出我们党必须按照“三个代表”的要求，进一步提高执政水平和领导水平，这是“我们党的立党之本、执政之基、力量之源”[②]，坚持“三个代表”，是我们党的工人阶级先锋队性质、根本宗旨、根本任务的集中体现，是对党的各级组织和全体党员、干部提出的根本要求。全党同志特别是领导干部都要用“三个代表”来指导自己的思想和行动。党的各项工作，都要坚持、体现和贯彻“三个代表”要求。[③] 6 月，江泽民在宁夏、甘肃考察工作时，再次阐述了“三个代表”的思想，号召各级党组织和全党同志按照“三个代表”的要求，全面加强和改进党的建设，使我们党永远立于不败之地。“三个代表”思想是全面加强党的建设的伟大纲领，为新时期党的建设指明了方向。

“三个代表”重要思想是对马克思列宁主义、毛泽东思想、邓小平理论的继承和发展，反映了当代世界和中国的发展变化对党和国家工作的新要求，是加强和改进党的建设，推进我国社会主义自我完善和发展的强大理论武器，是中国共产党集体智慧的结晶，是党必须长期坚持的指导思想。

3. 加快少数民族和民族地区的经济社会发展

“新中国的民族工作主要有两大历史任务。一是通过进行社会制度的变革，引导翻身解放的各族人民走上社会主义道路；二是通过进行社会主义建设，加快各民族特别是少数民族和民族地区的经济社会发展，促进各民族的共同繁荣。”[④] 这里的两大历史任务，也就是当代中国民族问题的两大主题。第一个历史任务，我们已经胜利完成；第二个历史任务，我们即将完成。

“现阶段，我国的民族问题，比较集中地表现在少数民族和民族地区

---

① 2000 年 2 月 25 日江泽民：《在新的历史条件下更好地做到“三个代表”》，《江泽民文选》第三卷，人民出版社 2006 年 8 月版，第 2 页。

② 2000 年 5 月 14 日江泽民：《始终做到“三个代表”是我们党的立党之本、执政之基、力量之源》，《江泽民文选》第三卷，人民出版社 2006 年 8 月版，第 16 页。

③ 同上书，第 23 页。

④ 1999 年 9 月 29 日江泽民在中央民族工作会议暨国务院第三次全国民族团结进步表彰大会上的讲话，国家民委：《中国共产党关于民族问题的基本观点和政策》，民族出版社 2002 年 1 月版，第 303—304 页。

迫切要求加快经济文化发展。”“在新的历史时期，搞好民族工作，增强民族团结，核心问题就是要积极创造条件，加快发展少数民族和民族地区的经济文化等各项事业，促进各民族的共同繁荣。这既是少数民族和民族地区人民群众的迫切要求，也是我们社会主义民族政策的根本原则。”① 没有少数民族和民族地区的现代化，就没有全中国的现代化，少数民族和民族地区的利益是中华民族利益的一部分。

4. 民族、宗教无小事②

我们必须从振兴中华民族的高度，从巩固和发展我国社会主义事业的高度，充分认识民族工作的长期性、复杂性和重要性。要高度重视民族工作和宗教工作，对当前存在问题的潜在危险性，要十分警觉，切不可掉以轻心。民族特点、民族差异将长久存在。只要有民族存在，就有民族问题存在。民族问题既包括民族自身的发展，又包括民族之间，民族与阶级、国家之间等方面的关系。在社会历史发展的长河中，民族问题对过去、现在和未来社会，都具有重大影响。社会主义时期是各民族发展繁荣的时期，社会主义条件下的民族关系基本上是劳动人民之间的关系，但民族问题依然复杂，民族工作的任务依然繁重。③

第二节　新中国民族教育理论发展阶段的主要内容

一　加快少数民族教育事业的发展

1. 重视和发展少数民族教育事业

民族教育作为我国社会主义教育的重要组成部分，必须坚持党的领导，为民族地区社会主义现代化建设和社会全面进步服务，为不断增强民族团结和维护国家统一服务；必须同生产劳动相结合，培养德、智、

---

① 1992 年 1 月 14 日江泽民：《论民族工作》，《江泽民文选》第一卷，人民出版社 2006 年 8 月版，第 183 页。

② 1993 年 11 月 7 日江泽民与出席全国统战工作会议部分代表座谈时的讲话，国家民委：《中国共产党关于民族问题的基本观点和政策》，民族出版社 2002 年版，第 296 页。

③ 1992 年 1 月 14 日江泽民：《论民族工作》，《江泽民文选》第一卷，人民出版社 2006 年 8 月版，第 181 页。

体、美全面发展的建设者和接班人；必须坚持社会主义办学方向，从贯彻“三个代表”重要思想的高度，充分认识民族教育的重要战略地位和作用。

民族教育肩负着为民族地区和西部大开发提供强有力的人才支持和智力贡献的光荣使命，做好民族教育工作，对推动西部和民族地区社会、经济全面进步，促进各民族共同繁荣与发展，维护民族团结和国家统一具有十分重要的意义。实践证明，邓小平理论和“三个代表”重要思想是民族教育改革与发展的行动指南；实施科教兴国战略，确立教育优先发展的战略地位，是加快民族教育改革与发展的根本保证；抓住机遇，加快发展，是实现民族教育跨越式发展的关键；从实际出发，不断开拓进取，不断研究新情况，解决新问题，是做好新时期民族教育工作的根本要求。

要重视和发展少数民族教育事业。① 我国是统一的多民族的社会主义国家，除汉族外还有55个少数民族，少数民族人口1.06亿，占全国总人口的8.41%；全国有民族自治地方154个，其中自治区5个，自治州30个，自治县（旗）119个，还有民族乡1356个；民族自治地方占全国总面积的63.75%；我国有9个省、自治区与周边17个国家和地区接壤，有30多个民族是跨境民族。改革开放以来，民族地区经济社会虽有重大发展，但由于历史等原因，民族地区社会生产力总体水平较低，经济还较为落后，全国尚未脱贫的3000万人口主要分布在民族地区和西部地区。②

“目前大部分民族地区的经济文化还比较落后。为了促进各民族的共同繁荣，要积极扶持民族地区的经济文化发展。”③“继续实行对少数民族地区的各项优惠政策，促进他们经济和文化的较快地发展。”④ 要进一步发展少数民族地区的教育事业，努力普及初等义务教育，发展成人教育

---

① 1994年7月30日国务院：《关于中国教育改革和发展纲要的实施意见》，吴仕民主编：《中国民族教育》，长城出版社2000年4月版，第737页。

② 2002年7月26日陈至立在第五次全国民族教育工作会议上的讲话，教育部民族教育司、国家民委教育科技司：《走向辉煌的中国民族教育》，民族出版社2003年12月版，第26页。

③ 1991年3月25日李鹏在第七届全国人民代表大会第四次会议上的报告，杨侯弟、郭承康、黄凤祥、谭伟主编：《新时期民族工作概览》，华文出版社1993年5月版，第16页。

④ 同上书，第17页。

和职业教育，大力进行科学普及和运用科技的示范推广。① “大力发展少数民族和民族地区的社会事业，促进各民族全面进步。” “发展教育、科技、文化、卫生、体育等各项社会事业，努力提高少数民族的思想道德素质、科学文化素质和身体素质，抓好社会主义精神文明建设，是发展社会生产力的需要，是各民族共同繁荣的内在要求。”② “要努力提高少数民族的文化素质，文化素质提高了，就可以更快地把经济搞上去，一定要重视并解决这个根本性的问题。”③

由于经济发展水平的制约和教育投入的不足，民族教育发展相对缓慢，与民族地区的发展要求很不适应。加快民族教育的发展，是巩固和发展平等、团结、互助的社会主义民族关系的奠基性工程，对于确保西部大开发战略的顺利实施，增强民族地区综合竞争能力，有效抵御国内外民族分裂势力的渗透和破坏，具有重大的现实和历史意义。加快民族和西部地区的发展，人才、科技是关键，教育是基础。要全面贯彻“三个代表”重要思想，牢固确立“科学技术是第一生产力”“人才资源是第一资源”的观念，以科教兴国战略推进西部大开发战略，充分认识民族教育的重要战略地位和作用，把民族教育置于 21 世纪我国教育优先发展的重点位置，采取切实措施，加快民族教育事业的发展。④

“要积极发展民族教育”。⑤ “帮助少数民族地区更好地发展经济和文化，坚定不移地贯彻执行民族区域自治法，尽快制定具体实施细则，切实保障自治地方的自治权利，大力培养少数民族干部和科技管理人才。”⑥

---

① 1991 年 3 月 25 日李鹏在第七届全国人民代表大会第四次会议上的报告，杨侯弟、郭承康、黄凤祥、谭伟主编：《新时期民族工作概览》，华文出版社 1993 年 5 月版，第 18 页。

② 1992 年 1 月 14 日江泽民：《论民族工作》，《江泽民文选》第一卷，人民出版社 2006 年 8 月版，第 185 页。

③ 1989 年 9 月 20 日江泽民在全国少数民族地区扶贫工作会议上的讲话，国家民委教育司：《新时期民族教育工作手册》，中央民族学院出版社 1991 年 10 月版，第 196—197 页。

④ 2002 年 7 月 26 日陈至立在第五次全国民族教育工作会议上的讲话，教育部民族教育司、国家民委教育科技司：《走向辉煌的中国民族教育》，民族出版社 2003 年 12 月版，第 27 页。

⑤ 1992 年 1 月 14 日江泽民：《论民族工作》，《江泽民文选》第一卷，人民出版社 2006 年 8 月版，第 185 页。

⑥ 1989 年 3 月 20 日李鹏在第七届全国人民代表大会第二次会议上的政府工作报告，杨侯弟、郭承康、黄凤祥、谭伟主编：《新时期民族工作概览》，华文出版社 1993 年 5 月版，第 1—2 页。

要“积极发展各民族自治地区的经济和文化事业，促进各民族共同繁荣”。①

要从贯彻“三个代表”重要思想的高度，充分认识加快民族教育发展的重要性。我国少数民族和民族地区与全国，特别是与东部沿海地区相比，存在生产力发展水平、文化发展水平和群众生活水平的“三个落后”。实践“三个代表”，必须消灭“三个落后”。这“三个落后”，都与少数民族和民族地区的教育发展落后有着密切的关系。因此，不发展教育，就不能真正代表先进生产力的发展要求；不发展教育，就不能真正代表先进文化的前进方向；不发展教育，就不能真正代表人民的根本利益。一定要把加快发展民族教育事业作为学习“三个代表”、实践“三个代表”的具体行动，切实加快民族教育的发展。

发展民族教育是实现各民族共同繁荣的重要途径和基础条件，实现各民族共同繁荣是发展民族教育的方向和目标，要从加强民族团结和维护国家统一的高度提高认识，“必须高度重视教育在增强民族凝聚力方面的重大作用。”② 跟世界上一些多民族国家相比，我国民族理论研究得最好，民族政策制定得最好，民族关系处理得最好。“三个最好”的基础在于教育，与我们始终高度重视教育分不开。必须站在实现和维护各民族最高利益的高度，加快发展民族教育，增强民族团结，维护国家统一。进入21世纪，我国民族教育面临加快发展的重要历史机遇：一个是实施科教兴国战略的机遇，把教育摆在优先发展的战略地位；另一个是实施西部大开发战略的机遇。实施西部大开发，也就是要加快少数民族和民族地区发展。江泽民强调指出，加快少数民族和民族地区发展，是实施西部大开发战略的重要着眼点和出发点。加快发展民族教育，是西部大开发的一项重要任务。这两大战略，都是事关实现中华民族伟大复兴的重大部署，民族教育在这两大战略中占有十分重要的地位。③

---

① 1990年3月20日李鹏在第七届全国人民代表大会第三次会议上的政府工作报告，杨侯弟、郭承康、黄凤祥、谭伟主编：《新时期民族工作概览》，华文出版社1993年5月版，第16页。

② 2002年7月27日李德洙在全国第五次民族教育工作会议上总结的讲话，教育部民族教育司、国家民委教育科技司：《走向辉煌的中国民族教育》，民族出版社2003年12月版，第35页。

③ 同上书，第35—36页。

2. 国家采取各项措施支持民族地区发展文化等事业

我国民族教育还存在很多问题。一是民族自治地方教育的整体水平偏低。文化教育基础薄弱，普及义务教育举步维艰，还有近50%的地区未实现“两基”目标。普通高中和中等职业教育发展缓慢，高等教育规模偏小，教学科研水平亟待提高；教师队伍质量偏低，数量不足。二是教育投入不足。由于财政自给率低，一些较为贫困的民族自治地方的县、乡教育经费缺口较大，拖欠教师工资情况严重；学校办学条件较差，学生上学困难较为突出，严重制约着民族教育的发展。三是教育观念、教育思想相对滞后。一些民族地区落实教育优先发展的措施还没有完全到位，办学思路与指导思想还需要进一步转变，办学活力不足，学校教育环境相对闭塞。四是民族地区各级各类学校的德育、政治思想教育特别是爱国主义和党的民族、宗教政策的教育有待进一步加强。有必要进一步探索提高教育实际效果的途径、方式和方法。①

国家采取各项措施，支持民族地区发展文化等事业。② “要采取必要的措施，继续帮助和支持民族地区发展经济、教育、文化和其他事业，为逐步消除历史遗留的民族间在不同程度上存在的差距而进行长期不懈的努力。”③ “对已经采取的行之有效的政策措施，将继续贯彻执行，并在实践中不断完善和发展。”④ 2001年3月15日第九届全国人民代表大会第四次会议批准的《国民经济和社会发展第十个五年计划纲要》强调指出：加大支持力度，加快少数民族和民族地区经济与社会全面发展，重点支持民族教育和民族文化事业的发展。还“要促进各级各类教育的协调发展，重视和加强幼儿教育、职业教育、成人教育、特殊教育，使各类教育协调发展”。⑤

① 2002年7月26日陈至立在第五次全国民族教育工作会议上的讲话，教育部民族教育司、国家民委教育科技司：《走向辉煌的中国民族教育》，民族出版社2003年12月版，第25—26页。

② 1991年12月8日国务院：《关于进一步贯彻实施中华人民共和国民族区域自治法若干问题的通知》，杨侯弟、郭承康、黄凤祥、谭伟主编：《新时期民族工作概览》，华文出版社1993年5月版，第349页。

③ 1989年9月29日江泽民在庆祝中华人民共和国成立40周年大会上的讲话，杨侯弟、郭承康、黄凤祥、谭伟主编：《新时期民族工作概览》，华文出版社1993年5月版，第7页。

④ 1992年1月18日李鹏在中央民族工作会议闭幕会上的讲话，杨侯弟、郭承康、黄凤祥、谭伟主编：《新时期民族工作概览》，华文出版社1993年5月版，第31页。

⑤ 2002年7月7日国务院《关于深化改革加快发展民族教育的决定》，教育部民族教育司、国家民委教育科技司：《走向辉煌的中国民族教育》，民族出版社2003年12月版，第4页。

3. 加快改革开放，把民族教育提高到一个新的水平

当前我国大多数少数民族和民族地区教育事业发展的总体水平与内地相比仍然较为落后，特别是与加快改革开放的形势和当地社会主义建设事业的发展很不适应。大约占少数民族人口 2/3 的地区，教育发展水平明显低于内地，其中占少数民族人口近 1/3 的地区的教育尤为困难。《中华人民共和国教育法》指出：公民不分民族、种族、性别、职业、财产状况、宗教信仰等，依法享受有平等的受教育机会。① “加快少数民族地区经济发展和社会进步，对于增强民族团结，促进全国的现代化建设，具有极为重要的意义。”② “我们要不断加强各民族人民的平等、互助、团结、合作，促进共同繁荣。”③ 西部地区要优先发展教育、科技。西部大开发关键靠人才，人才培养关键靠教育。④

民族教育是实现各民族共同繁荣的重要基础。党和国家领导人和有关部门制定的相关文件中都特别提出要加快民族地区教育事业发展的思想。“加快发展”是第三代中央领导集体民族教育理论的核心内容，是对第一、第二代中央领导集体民族教育理论的继承和发展。要抓住有利时机，进一步解放思想，加快改革开放步伐，努力把我国民族教育提高到一个新的水平。⑤

要“继续贯彻执行党的民族政策，促进民族地区加快经济文化发展，实现各民族的共同繁荣进步。”⑥ “现阶段，我国的民族问题，比较集中地表现在少数民族和民族地区迫切要求加快经济文化发展。”“在新的历史时期，搞好民族工作，增强民族团结的核心问题，就是要积极创造条件，加快发展少数民族和民族地区的经济文化等各项事业，促进各民族的共同繁荣。这既是少数民族和民族地区人民群众的迫切要求，也是我们社

---

① 1995 年 3 月 18 日第八届全国人民代表大会第三次会议通过的《中华人民共和国教育法》，吴仕民主编：《中国民族教育》，长城出版社 2000 年 4 月版，第 762 页。

② 1993 年 11 月 7 日江泽民在全国统战工作会议上的讲话，国家民委：《中国共产党关于民族问题的基本观点和政策》，民族出版社 2002 年 1 月版，第 298 页。

③ 同上书，第 297 页。

④ 2000 年 3 月 6 日江泽民参加第九届全国人大三次会议青海代表团全体会议审议政府工作报告时的讲话，http：//www. pladaily. com. cn/html/2000/03/06/a20000306 02. htm。

⑤ 1992 年 10 月 20 日国家教委、国家民委：《关于加强民族教育工作若干问题的意见》，吴仕民主编：《中国民族教育》，长城出版社 2000 年 4 月版，第 708 页。

⑥ 1991 年 7 月 1 日江泽民：《当代中国共产党人的庄严使命》，《江泽民文选》第一卷，人民出版社 2006 年 8 月版，第 157 页。

会主义民族政策的根本原则。”① “全党同志必须把加强民族团结、促进各民族共同发展和共同繁荣，作为整个社会主义初级阶段民族工作的行动纲领”，“抓住历史机遇，加快少数民族和民族地区的发展。”这是我国社会主义事业的本质要求在民族工作上的体现，也是党的民族政策的基本出发点和归宿。

“加快少数民族和民族地区的发展，不仅是一个重大的经济问题，也是一个重大的政治问题。全党同志一定要充分认识做好这项工作的重要性和急迫性。”② 要努力缩小目前困难较大的民族地区同全国教育发展水平的差距，使民族教育的发展与全国教育发展相适应，与少数民族和民族地区的经济、社会发展相适应。③

“必须把加快发展少数民族的教育事业放在突出的战略地位，加强智力开发，努力提高少数民族人民的科学文化素质。”④

“加快民族地区经济和社会发展主要靠三条：一是国家的继续扶持；二是经济比较发达地区的对口支援；三是民族地区自身的奋斗。这三个方面要统筹规划，有机结合，形成合力，这样就能发挥更大的作用。但是，归根到底要依靠民族地区各族人民进一步发扬自力更生、艰苦奋斗的精神，不断增强自我发展的能力。”⑤

4. 大力培养创新型人才

创新是一个民族进步的灵魂，是一个国家兴旺发达的不竭动力。没有科技创新，总是步人后尘，经济就只能永远受制于人，更不可能缩短差距。当今世界的竞争，归根结底，是综合国力的竞争，实则是知识总量、人才素质和科技实力的竞争。中华民族是勤劳智慧的民族，也是富有创新精神的民族，我们更要十分重视创新。要树立全民族的创新意识，

---

① 1992 年 1 月 14 日江泽民：《论民族工作》，《江泽民文选》第一卷，人民出版社 2006 年 8 月版，第 183 页。

② 1999 年 9 月 29 日江泽民在中央民族工作会议暨国务院第三次全国民族团结进步表彰大会上的讲话，国家民委：《中国共产党关于民族问题的基本观点和政策》，民族出版社 2002 年 1 月版，第 304—305 页。

③ 1992 年 10 月 20 日国家教委、国家民委：《关于加强民族教育工作若干问题的意见》，吴仕民主编：《中国民族教育》，长城出版社 2000 年 4 月版，第 710 页。

④ 1989 年 2 月 20 日司马义·艾买提在全国民委主任会议上的讲话，国家民委教育司：《新时期民族教育工作手册》，中央民族学院出版社 1991 年 10 月版，第 19 页。

⑤ 1992 年 1 月 18 日李鹏在中央民族工作会议闭幕会上的讲话，杨侯弟、郭承康、黄凤祥、谭伟主编：《新时期民族工作概览》，华文出版社 1993 年 5 月版，第 31 页。

建立国家的创新体系，增强企业的创新能力，把科技进步和创新放在更加重要的战略位置，使经济建设真正转到依靠科技进步和提高劳动者素质的轨道上来。

5. 民族学院要逐步改革完全依靠国家包办教育的单一体制和模式

民族学院既面临民族地区加快经济建设速度所提供的良好发展机遇，也面临着在建立社会主义市场经济体制过程中亟待解决的不少问题和日益严峻的竞争与挑战。民族学院要以建设有中国特色的社会主义理论为指导，解放思想，实事求是，以高度的责任感和紧迫感，加快、加大改革的步伐和力度，努力开创民族学院改革和发展的新局面。

要逐步改革完全依靠国家包办教育的单一体制和模式，采取国家投资、社会集资、联合办学、委托培养、自费、收费等多形式发展的民族学院。① 要努力办好民族地区高等学校和民族高等学校，加快民族地区高等学校布局结构调整、专业结构调整、人事制度改革和后勤社会化改革步伐。②

6. 突出“两基”重中之重的地位

在1989年至2002年，农村义务教育实行“在国务院领导下，由地方政府负责、分级管理、以县为主”的管理体制。“两基”攻坚规划是党中央、国务院为加快西部地区教育尤其是农村教育发展的重要举措。要加快“两基”步伐，突出“两基”重中之重的地位，加大投入，集中社会各方面的力量，加快推进“两基”进程，努力实现“十五”期间的奋斗目标。

已实现“两基”的地区，要把巩固、提高“普九”成果作为工作重点，不断提高普及水平。未实现“两基”的地区，首先要加快普及小学阶段的教育，为实施“两基”创造条件，要把未“普九”的人口较少民族聚居地区优先列入“十五”贫困地区义务教育工程。要特别重视人口较少民族教育事业的发展。努力改善寄宿制中小学办学和生活条件。扶持少数民族和西部地区办好示范高中，发展高中教育。③

---

① 1993年7月9日国家民委：《关于加快所属民族学院改革和发展步伐的若干意见》，吴仕民主编：《中国民族教育》，长城出版社2000年4月版，第720—721页。

② 同上。

③ 2002年7月7日国务院：《关于深化改革加快发展民族教育的决定》，教育部民族教育司、国家民委教育科技司：《走向辉煌的中国民族教育》，民族出版社2003年12月版，第4页。

到2010年，民族地区要实现“两基”，形成具有中国特色，适应21世纪现代化建设需要，充满生机活力的较为完善的民族教育体系。

7. 加快职业教育发展步伐，提高职业教育水平

虽然中西部地区的职业教育工作取得了很大的成绩，但与东部发达地区相比还有较大的差距。必须大力发展职业教育，努力加快职业教育发展步伐，提高职业教育水平，为当地经济振兴和社会进步奠定基础。① 加快少数民族和民族地区经济和社会等各项事业的发展，维护中华民族的大团结，不仅关系到少数民族和民族地区的繁荣与稳定，而且事关我国现代化建设的全局。

8. 增加对民族教育的投入

为了加快民族教育的发展，必须增加对民族教育的投入。为此，从1990年起，国家设立了少数民族教育补助经费，每年2000万元，专门用于民族地区发展教育事业。为加快民族贫困地区普及义务教育的进程，以实现全国20世纪末基本“普九”的目标，国家于1995年设立了“国家贫困地区义务教育工程”专款，39亿元中有22亿元投向了西部及民族地区。1997年国家又设立了“国家贫困地区义务教育助学金”，4年共向民族地区投入了1.3亿元，用以资助因家庭经济困难而失学或辍学的儿童，特别是解决少数民族儿童和女童入学问题。第四批世界银行项目投入2亿美元，重点支持西部民族地区发展教育。国家通过扶持西部高校、中小学及内地西藏班和新疆班等项目，对民族教育投入的经费达50多亿元。

通过加大对民族教育的投入，民族教育的办学条件得到了极大改善。②

二 从少数民族地区实际出发发展民族教育

1. 民族教育改革和发展必须坚持实事求是

民族教育的改革和发展，必须坚持实事求是，从实际出发。要把贯彻党和国家统一的方针政策与贯彻党的民族政策相结合，把社会主义的内容与民族形式相结合，因地、因民族制宜，根据各少数民族的特点和

---

① 1998年12月11日国家教委：《关于加快中西部地区职业教育改革与发展的意见》，吴仕民主编：《中国民族教育》，长城出版社2000年4月版，第801页。

② 夏铸：《开创民族教育工作新局面》，http：//xibu. eol. cn/zong he news 465/20060323 64439. shtml。

民族地区的实际，确定教育发展规划、改革步骤、目标要求、办学形式、教学用语、课程设置、学制、培养目标等，不能搞“一刀切”。学习、借鉴其他地区的经验，也必须从当地的实际出发，不能照搬照抄。“民族教育是整个教育事业的组成部分，是民族工作的重要方面，应该在教育结构、专业设置、教学内容、学制、办学形式等方面，逐步走出一条适应少数民族和民族地区实际的路子。”①

发展民族教育必须坚持从实际出发，充分考虑民族特点和地区特点。各地要根据当地经济、教育发展的不同程度，合理确定和调整本地区各级各类民族教育事业发展的规模、速度以及教育结构和办学形式。② 民族地区的办学形式力求符合当地的实际与需要，灵活变通，既要考虑学校规模效益，又要适合当地自然环境和各民族生产生活的特点，以方便少数民族子女入学。人口稀少、居住分散的地方或经常流动的牧区，学校的布局要相对集中，从一定年级起举办寄宿制学校。在民族杂居地区，提倡不同民族学生合班或合校分班上课，风俗习惯不同的，可以分餐、分宿。对风俗习惯有特殊要求的少数民族，可以采取一些特殊措施，提高女童的入学率。对少数民族散杂居地区的少数民族教育，各级政府要给予足够重视，切实帮助解决办学中的实际困难。③ 各民族地区要积极探索适合当地实际的发展教育的路子。④ 民族学校的办学形式要适合当地民族生产、生活的特点。要因地制宜办好寄宿制学校和女童班。⑤

改革上要有新突破。党的十一届三中全会以来，我国社会最突出、最鲜明的特征就是改革开放。民族教育过去取得的成绩，靠的是改革；民族教育要实现大发展，也要靠改革。在办学体制、教育结构、办学形式、课程设置等方面都应进一步深化改革。在一些难点问题上应重点突

---

① 1992 年 1 月 14 日江泽民：《论民族工作》，《江泽民文选》第一卷，人民出版社 2006 年 8 月版，第 185 页。

② 1992 年 10 月 20 日国家教委、国家民委：《关于加强民族教育工作若干问题的意见》，吴仕民主编：《中国民族教育》，长城出版社 2000 年 4 月版，第 709—710 页。

③ 同上书，第 711—712 页。

④ 1993 年 2 月 13 日中共中央、国务院：《关于印发〈中国教育改革与发展纲要〉的通知》，吴仕民主编：《中国民族教育》，长城出版社 2000 年 4 月版，第 719 页。

⑤ 1991 年 12 月 8 日国务院：《关于进一步贯彻实施中华人民共和国民族区域自治法若干问题的通知》，杨侯弟、郭承康、黄凤祥、谭伟主编：《新时期民族工作概览》，华文出版社 1993 年 5 月版，第 348 页。

破。只要有利于发展先进生产力、有利于发展先进文化、有利于民族地区教育事业的发展、有利于实现和维护各民族人民的根本利益，都应当大胆地进行尝试，不断地深化改革。通过深化改革，进一步优化民族教育的资源配置，调动一切积极因素关心支持民族教育事业的发展。①

坚持实事求是，从实际出发，发展民族教育。我国少数民族不仅分布广泛，而且自然环境、语言文字、风俗习惯、宗教信仰都有很大的差异，加上历史的原因，各地区、各民族的社会、经济、文化、教育等发展很不平衡。少数民族教育，除遵循教育的一般规律外，还有其自身的特殊性。发展少数民族教育要从各少数民族和民族地区的实际和特点出发，采取灵活多样的办学形式，因地制宜，提出不同要求，不能搞“一刀切”。②

民族教育的改革与发展要坚持解放思想、实事求是，从实际出发，要以改革统揽全局，坚持与时俱进，坚持观念、体制和机制创新，使民族教育具有鲜明的时代特点。由于各民族在经济发展水平、生态环境、文化传统、语言文字、宗教信仰、风俗习惯等方面各具特点，因此，民族教育的发展规划、改革步骤、办学形式、教学用语、课程设置、学制安排等，都要从民族地区的实际出发，因地制宜。③

民族教育的改革与发展要坚持实事求是、从实际出发，在发展规划、改革步骤、目标要求、办学形式、教学用语、课程设置、学制安排等方面因民族、因地区制宜；要坚持观念创新、体制创新和机制创新，不断扩大民族间和地区间的开放和交流，大胆吸收和借鉴不同民族、不同地区和人类社会的优秀文明成果，使我国民族教育既保持自身特色，又具有鲜明的时代特点。④

坚持解放思想、实事求是，就要从实际出发，把一般性与特殊性结

---

① 2002 年 7 月 27 日李德洙在全国第五次民族教育工作会议上总结的讲话，教育部民族教育司、国家民委教育科技司：《走向辉煌的中国民族教育》，民族出版社 2003 年 12 月版，第 38—39 页。

② 2002 年 7 月 26 日陈至立在第五次全国民族教育工作会议上的讲话，教育部民族教育司、国家民委教育科技司：《走向辉煌的中国民族教育》，民族出版社 2003 年 12 月版，第 24—25 页。

③ 同上书，第 28 页。

④ 2002 年 7 月 7 日国务院：《关于深化改革加快发展民族教育的决定》，教育部民族教育司、国家民委教育科技司：《走向辉煌的中国民族教育》，民族出版社 2003 年 12 月版，第 2—3 页。

合起来，因地制宜，分类指导，反对“一刀切”、克服一般化、防止一阵风，做到有的放矢、实事求是。①

2. 发展西藏教育要坚持“两条腿”走路的方针

“发展西藏教育，要坚持两条腿走路的方针，首先要立足于区内，以加强基础教育为重点，努力办好区内各级各类学校，同时继续办好各类内地西藏班。”鉴于西藏中学师资满足不了教育事业发展需要的实际情况，在西北师范大学建立藏族师资培训中心。②

3. 努力探索职业技术教育发展的新路

发展少数民族与民族地区的职业技术教育，既要符合职业技术教育的基本特点和规律，又要注意切合这些地区的实际，不能简单照搬城市和发达地区的做法，要努力探索符合民族特点与地区特点的发展路子。③普通中小学在传授文化基础知识的同时，应在适当阶段引进职业教育因素，注意同职业教育的早期结合。按照“三教统筹”的原则，各类职业技术学校、农民文化技术学校及开展“三后”教育、分流教育的普通中学要密切配合，共同形成技术培训网络，提高教育的整体效益。④

各地在发展职业技术教育和实用技术培训时，要坚持从少数民族的实际需要出发，充分考虑民族特点和民族的传统技艺，注意为当地少数民族培养多种类型、多层次的初、中级实用技术人才。普通中小学的劳动技术课，可根据民族特点，对少数民族学生进行劳动技术训练，或组织其学习本民族的传统技艺。各类职业学校可附设民族职业培训班，形式灵活多样，学制可长可短。⑤

发展中西部地区的职业教育，要从中西部地区的实际出发，努力提高教育教学质量和效益，走有自己特色的职业教育发展的路子。在办学

---

① 2002年7月27日李德洙在全国第五次民族教育工作会议上总结的讲话，教育部民族教育司、国家民委教育科技司：《走向辉煌的中国民族教育》，民族出版社2003年12月版，第41页。

② 1990年5月5日国家教委：《关于西北师范大学藏族师资培训中心招生问题的通知》，吴仕民主编：《中国民族教育》，长城出版社2000年4月版，第685页。

③ 1992年4月8日国家教委：《关于加强少数民族与民族地区职业技术教育工作的意见》，吴仕民主编：《中国民族教育》，长城出版社2000年4月版，第697页。

④ 同上书，第699页。

⑤ 1992年11月2日国家教委：《关于加强民族散杂居地区少数民族教育工作的意见》，吴仕民主编：《中国民族教育》，长城出版社2000年4月版，第716页。

形式上，应当更加灵活，要坚持职前和职后沟通，学校教育和培训结合，全日制和部分时间制结合。特别是面向农村培养有创业精神的新型农民职业教育，应以适应当地需要为原则，在灵活办学上求生存、求发展。[①]

因地制宜，积极探索适应少数民族和民族地区发展需要的职业教育办学路子。围绕科教兴国战略在民族地区的实施，坚持“因地制宜、按需施教、灵活多样、注重实效”的原则，积极探索适应少数民族和民族地区发展需要的职业教育的办学模式。要加强职业教育与科技、经济的结合，从实际出发，因地制宜，分类指导，不同地区分别确定不同的发展规模、速度、目标和模式，使职业教育与科技、经济的发展互相协调、互相促进。在城市要加强教育与各行业、各部门之间的合作，加强校企合作。职业教育要积极开展转岗、转业培训，参与实施再就业工程，主动为促进劳动就业服务。要综合考虑各级各类教育的发展速度、规模、比例和结构，优化教育资源配置，合理调整学校的布局结构，提高办学的质量和效益。在专业设置上，要适应少数民族地区经济结构、产业结构的需要，重点保证资源开发及支柱产业发展的需求。在农村要进一步把职教和扶贫结合起来，使职业教育发展的目标与农村经济发展目标有机地衔接配合起来，使智力开发、经济开发、扶贫开发和“星火”“丰收”“燎原”计划项目的实施能统筹兼顾，相互促进。要坚持多层次、多规格、灵活多样的办学形式，建立健全职业教育的培训网络。

根据现阶段少数民族和民族地区经济和教育的发展水平，职业教育应以高中阶段职业教育为重点，积极发展多种形式的初中阶段的职业教育（“三加一”、初二分流、四年制初中等），广泛开展职前职后的各种职业培训，适当发展高等职业教育。在办学形式上，更灵活多样，要坚持学历教育与职业培训结合、学年制与学分制结合，允许学生分阶段完成学业。在教学内容和方法上，加强针对性和适用性，加强实践性教学环节和实用技术的训练，同时实施创业教育，培养学生的创业意识、创业精神、创业品质和创业能力，造就一大批“学得好、用得上、留得住”的，能在生产、服务、技术和管理方面起骨干作用的高素质劳动者和中等专门人才。

---

① 1998 年 12 月 11 日国家教委：《关于加快中西部地区职业教育改革与发展的意见》，吴仕民主编：《中国民族教育》，长城出版社 2000 年 4 月版，第 802 页。

加强与乡村农民文化技术学校、农技推广站的合作，形成职业教育培训网络，提高职业教育的办学效益。要充分利用广播、电视、录像、互联网等先进的现代化教学手段，大力发展民族地区的远程教育，逐步建立覆盖民族地区的信息、技术、教育一体化的综合性立体网络，使教育资源能直接有效地服务于民族地区的各项建设，有效地降低民族地区由于环境、交通等自然条件造成的教育上的高成本。

随着社会主义市场经济体制的建立和发展，少数民族和民族地区要充分调动行业、企业、集体、个人兴办和支持职业教育的积极性。按照《职业教育法》的要求，进一步把各方面的职责具体化，落实企业承担对本单位职工和准备录用人员实施职业教育的责任和义务。要积极鼓励和支持事业组织、社会团体和公民个人依法兴办和支持赞助职业教育，推进办学主体的多元化。提倡多种形式的联合办学，形成合力，营造促进职业教育在民族地区发展的良好氛围。要鼓励和支持民族地区职业学校根据当地的经济结构、资源结构，充分发挥职业学校在人才、技术、信息等方面的优势，贯彻产教结合的原则，大力发展与教学需要相适应的校办产业，促进学校与学校、学校与社会产业单位联姻，组建各类产业的生产经营联合体，走以产促教、以产养校的路子。根据少数民族和民族地区的实际，加强专业结构、课程结构的调整，制定并实施中等职业教育课程改革和教材建设规划，针对民族地区的经济类型、经济结构的现实需求及语言环境，组织并指导开设、编写具有当地特色的职业教育课程和相应的教材。

坚持主要为当地经济建设和社会发展服务的办学方向，培养素质较高的新型农（牧）民。在办学方向和培养目标上，应把培养有较高组织、文化和技术素质的新型农（牧）民和农（牧）业技术骨干作为主要任务；在专业设置上，要首先注重办好直接为农、牧、林业服务的专业。同时，根据当地经济建设和产业结构调整的需要，逐步发展为第二、第三产业服务的有关专业。①

4. 大力开展各类非学历教育

要大力开展民族地区各类非学历教育。各民族院校要根据民族地区

---

① 1992 年 4 月 8 日国家教委：《关于加强少数民族与民族地区职业技术教育工作的意见》，吴仕民主编：《中国民族教育》，长城出版社 2000 年 4 月版，第 698 页。

的需要，举办各级各类短期培训班、进修班、高考辅导班、高教自考班、研讨班等。①

三　培养民族地区需要的各级各类人才

1. 造就各民族干部和教育科技等各方面人才

“发展民族教育，提高劳动者素质，培养大批的专业人才，是加速发展民族地区经济的一项根本性措施。”②

民族教育要“为民族地区培养更多经济、技术、管理等方面的专业人才”。③“要继续大力发展少数民族的教育事业，培养数量更多、质量更好、门类更全，适应各项事业发展需要的人才。”④

必须根据党的一贯方针，培养造就一支德才兼备、密切联系群众的少数民族干部队伍。⑤“要进一步加强对少数民族干部的培养。”⑥“大力培养少数民族干部和各种专业人才”。⑦现阶段完善民族区域自治制度，全面贯彻落实民族区域自治法，关键在于大力培养少数民族干部，加强民族地区的干部队伍建设。⑧“为适应社会主义现代化建设和改革开放的需要，各级党委要以更大的力量，进一步加强对少数民族干部特别是中高级干部和各种科技、管理人才的培养。既要在数量上有计划地扩大，更要在提高素质、改善结构上下大功夫”。⑨“努力造就一支宏大的德才兼

---

① 1995年1月12日国家民委：《关于改革和发展委属民族院校成人高等教育的意见》，吴仕民主编：《中国民族教育》，长城出版社2000年4月版，第753页。

② 1992年1月18日李鹏在中央民族工作会议闭幕会上的讲话，杨侯弟、郭承康、黄凤祥、谭伟主编：《新时期民族工作概览》，华文出版社1993年5月版，第31页。

③ 1992年1月14日江泽民：《论民族工作》，《江泽民文选》第一卷，人民出版社2006年8月版，第185页。

④ 1990年2月15日李鹏在全国民委主任会议上的讲话，杨侯弟、郭承康、黄凤祥、谭伟主编：《新时期民族工作概览》，华文出版社1993年5月版，第14页。

⑤ 同上书，第15页。

⑥ 1999年9月29日江泽民在中央民族工作会议暨国务院第三次全国民族团结进步表彰大会上的讲话，国家民委：《中国共产党关于民族问题的基本观点和政策》，民族出版社2002年1月版，第307页。

⑦ 1989年9月29日江泽民在庆祝中华人民共和国成立40周年大会上的讲话，杨侯弟、郭承康、黄凤祥、谭伟主编：《新时期民族工作概览》，华文出版社1993年5月版，第7页。

⑧ 1992年1月14日江泽民：《论民族工作》，《江泽民文选》第一卷，人民出版社2006年8月版，第188页。

⑨ 同上。

备的少数民族干部队伍，是做好民族工作、解决民族问题的关键”。[①] “要继续注意扩大少数民族干部队伍的数量，更要注意改善结构，提高素质。”[②]

国家开发民族地区资源时，应为民族地区多办一些实事，尤其要注意培养少数民族的科技人员和工人。[③] 要注意培养少数民族干部和知识分子。[④]

要加速新疆的开发和建设，关键是要不断造就热爱祖国、热爱党、热爱社会主义、维护民族团结、具有艰苦创业精神的各民族干部和教育科技等各方面人才。[⑤]

认真办好高等学校的少数民族预科教育和本专科民族班教育。加强对少数民族干部的培训。[⑥] 重视民族地区县乡两级领导干部的培训，省对县级领导干部和州、地、县科协主席、副主席的培训，州对乡镇干部和科协干部的培训，提高他们的思想政治水平、业务水平和领导能力。[⑦]

民族教育要发展，必须培养本民族的教育行政管理干部。各地要加强民族教育行政管理队伍的建设，有计划地逐步培养一批有共产主义觉悟、坚持党的基本路线、维护祖国统一和民族团结、熟悉教育规律、善于从本地区本民族实际出发、能够创造性地发展民族教育事业的民族教育行政管理干部，这是加强民族教育工作的一项重要措施。要采取学习进修、挂职锻炼、干部交流、参观考察等形式，抓紧培养各级民族教育

---

① 1992 年 1 月 14 日江泽民：《论民族工作》，《江泽民文选》第一卷，人民出版社 2006 年 8 月版，第 192 页。

② 1992 年 1 月 18 日李鹏在中央民族工作会议闭幕会上的讲话，杨侯弟、郭承康、黄凤祥、谭伟主编：《新时期民族工作概览》，华文出版社 1993 年 5 月版，第 33 页。

③ 1990 年 2 月 15 日李鹏在全国民委主任会议上的讲话，杨侯弟、郭承康、黄凤祥、谭伟主编：《新时期民族工作概览》，华文出版社 1993 年 5 月版，第 13 页。

④ 1991 年 3 月 25 日李鹏在第七届全国人民代表大会第四次会议上的讲话，杨侯弟、郭承康、黄凤祥、谭伟主编：《新时期民族工作概览》，华文出版社 1993 年 5 月版，第 18 页。

⑤ 1990 年 2 月 20 日国家教委、国家民委：《印发〈关于内地与新疆维吾尔自治区高等教育支援协作规划会议纪要〉》，吴仕民主编：《中国民族教育》，长城出版社 2000 年 4 月版，第 677 页。

⑥ 1994 年 7 月 30 日国务院：《关于〈中国教育改革和发展纲要〉的实施意见》，吴仕民主编：《中国民族教育》，长城出版社 2000 年 4 月版，第 737 页。

⑦ 1991 年 4 月 27 日国家民委、中国科协《关于转发四川省民委、省科协〈关于加强少数民族地区科普工作的意见〉的通知》，吴仕民主编：《中国民族教育》，长城出版社 2000 年 4 月版，第 691 页。

干部，尽快提高他们的管理水平和决策能力，并把锐意改革、政绩突出的干部充实到各级教育部门的领导岗位上来，从中造就一批少数民族的教育家。①

要积极发展成人高等职业教育，继续办好成人预科和专业证书教育，适度发展多层次、多规格、多形式的学历教育。国家民委委属民族院校的成人高等学历教育以专科为主，以招收在职人员为主；根据少数民族地区的需要开办第二学历教育，试办以专科为起点的本科教育，并进行招收在职人员攻读硕士、博士学位的试点。②

2. 使岗位培训成为干部教育的重点

大力发展岗位培训，使其真正成为干部教育的重点，应制定相应的政策和措施，鼓励、促进其快速而有效地发展，并形成制度。③

3. 有计划地选送一些优秀青少年到内地读书

要“有计划地选送一些优秀青少年到内地读书”，“着力培养一大批坚定地维护祖国统一，反对民族分裂，密切联系群众，具有强烈革命事业心和业务能力的少数民族干部”。④

4. 大力办好新疆高中班

为加快新疆维吾尔自治区实施科教兴国战略步伐，培养和造就少数民族优秀人才，切实促进新疆经济发展和社会进步，应进一步组织内地发达城市加大教育支援新疆的力度，举办内地新疆高中班，学制四年（含预科一年），从当年参加全区中等学校招生统一考试的学生中择优录取。内地新疆班采取异地办班、寄宿制方式，实行定点、包干负责制。各办班城市要选择教学条件、质量好的一类普通高中内附设，也可安排在当地符合条件的高等学校附属中学。少数民族农牧民子女应占招生总数的80%以上，同时也可适当招收在新疆维吾尔自治区的汉族农牧民子女，但所占比例一般掌握在总数的10%左右；各少数民族的招生比例，

---

① 1992年10月20日国家教委、国家民委：《关于加强民族教育工作若干问题的意见》，吴仕民主编：《中国民族教育》，长城出版社2000年4月版，第714—715页。

② 1995年1月12日国家民委：《关于改革和发展委属民族院校成人高等教育的意见》，吴仕民主编：《中国民族教育》，长城出版社2000年4月版，第753—754页。

③ 同上书，第753页。

④ 2000年3月13日教育部、国家民委：《关于印发〈内地高等学校支援新疆第四次协作会议纪要〉和培养少数民族本专科生第四次协作五年招生计划的通知》，http：//www. 110. com/fagui/law_ 155615. html。

原则上在少数民族招生计划内按各少数民族人口比例确定。特别是对发展滞后地区的少数民族学生、女生，在同等条件下按标准优先录取。①

四 在通用民族语言文字地区的学校开展“双语”教学

1. 切实保障使用民族语言文字的平等权利

要切实保障使用少数民族语言文字的平等权利。② 要从实际出发，分类指导，切实做好少数民族文字的使用和推行工作。

对于沿用至今的通用民族文字，要继续做好学习、使用和发展的工作；对20世纪50年代创制和改进的民族文字，试行效果好的按规定程序上报批准推行，效果不好的，要改进完善，不要勉强试行；已选用汉文或其他民族文字的，应尊重本民族的意愿予以肯定；对1980年后各地自行设计的民族文字方案，应进一步调查研究和科学论证，按规定办理审批手续；对没有文字的民族是否创制文字问题，要尊重各民族使用和发展自己语言文字的自由和考虑有利于民族间交流等因素妥善处理。③

要尊重和保障少数民族使用本民族语文接受教育的权利，加强民族文字教材建设；编译具有当地特色的民族文字教材，不断提高教材的编译质量。要把民族文字教材建设所需经费列入教育经费预算，资助民族文字教材的编译、审定和出版，确保民族文字教材的足额供应。④

2. 民族学校应使用本民族通用的语言

《中华人民共和国教育法》指出：“少数民族学生为主的学校及其他教育机构，可以使用本民族或者当地民族通用的语言文字进行教学。”⑤

民族学校的教学语言文字政策的具体实施，主要根据有关规定和有利于民族的长远发展、有利于提高民族教育质量、有利于各民族的科学

---

① 2000年1月24日教育部：《关于印发〈关于内地有关城市开办新疆高中班的实施意见〉》，http://www.edu.cn/xie_zuo_826/20060323/t20060323_110911.shtml。

② 1989年9月20日江泽民在全国少数民族地区扶贫工作会议上的讲话，杨侯弟、郭承康、黄凤祥、谭伟主编：《新时期民族工作概览》，华文出版社1993年5月版，第6页。

③ 1991年4月30日国家民委：《关于进一步做好少数民族语言文字工作的报告》，杨侯弟、郭承康、黄凤祥、谭伟主编：《新时期民族工作概览》，华文出版社1993年5月版，第515页。

④ 2002年7月7日国务院：《关于深化改革加快发展民族教育的决定》，教育部民族教育司、国家民委教育科技司：《走向辉煌的中国民族教育》，民族出版社2003年12月版，第6—7页。

⑤ 1995年3月18日第八届全国人民代表大会第三次会议通过的《中华人民共和国教育法》，吴仕民主编：《中国民族教育》，长城出版社2000年4月版，第762页。

文化交流的原则和多数群众的意愿和当地的语言环境决定。①

国务院批准的《幼儿园管理条例》，要求幼儿园应当使用全国通用的普通话，招收少数民族为主的幼儿园，可以使用本民族通用的语言。②

3. 开设汉语文课程，实行“双语”教学

在通用本民族语言文字的地区，要在适当年级增设汉语文课程，实行“双语”教学，推广全国通用的普通话。③《中华人民共和国义务教育法实施细则》指出，用少数民族通用语言文字教学的学校，应当在小学高年级或中学开设汉语文课程，也可以根据实际情况适当提前开设。④ 在通用本民族语言文字的地区，要因地制宜地搞好“双语”教学，并大力推广普通话。⑤

要保持一个民族的兴旺发达，就必须打破封闭，向别的民族学习优秀的文化和先进的科学技术。对我国各少数民族来说，在学习使用本民族语言文字的同时，要按照有利于民族长远发展、有利于提高民族素质、有利于各民族科学文化交流的要求，大力加强汉语教学，积极推广普通话，有条件的民族中小学还要开设外语，以适应现代化建设的需要。建立并完善符合民族地区民族中小学实际的“双语”教学课程教材体系。⑥

必须大力推进民族中小学“双语”教学，在民族中小学逐步形成民族语和汉语教学的课程体系，正确处理使用少数民族语授课和汉语教学的关系，部署民族中小学“双语”教学工作。在民族中小学逐步形成少数民族语和汉语教学的课程体系，有条件的地区应开设一门外语课。要把“双语”教学教材建设列入当地教育发展规划，予以重点保障。按照

---

① 1992 年 10 月 20 日国家教委、国家民委：《关于加强民族教育工作若干问题的意见》，吴仕民主编：《中国民族教育》，长城出版社 2000 年 4 月版，第 713 页。

② 1989 年 9 月 11 日国家教委：《幼儿园管理条例》，吴仕民主编：《中国民族教育》，长城出版社 2000 年 4 月版，第 668 页。

③ 1991 年 4 月 30 日国家民委：《关于进一步做好少数民族语言文字工作的报告》，杨侯弟、郭承康、黄凤祥、谭伟主编：《新时期民族工作概览》，华文出版社 1993 年 5 月版，第 515 页。

④ 1992 年 3 月 14 日国家教委：《中华人民共和国义务教育法实施细则》，吴仕民主编：《中国民族教育》，长城出版社 2000 年 4 月版，第 696 页。

⑤ 1992 年 1 月 14 日江泽民：《论民族工作》，《江泽民文选》第一卷，人民出版社 2006 年 8 月版，第 185 页。

⑥ 2002 年 7 月 26 日陈至立在第五次全国民族教育工作会议上的讲话，教育部民族教育司、国家民委教育科技司：《走向辉煌的中国民族教育》，民族出版社 2003 年 12 月版，第 25 页。

新的《全日制民族中小学汉语教学大纲》，编写少数民族学生适用的汉语教材。要积极创造条件，在使用民族语授课的民族中小学逐步从小学一年级开设汉语课程。国家对“双语”教学的研究、教材开发和出版给予重点扶持。[①] 根据群众意愿，在使用汉语授课的民族中小学和班级中开设民族语文课，提倡各民族学生同校学习。为了保障少数民族使用本民族语文接受教育的权利，根据国家课程、教材改革的要求，编译具有当地特色的民族文字教材。当地政府要把民族文字教材建设列入教育经费预算以保证教材供应。[②]

对于少数民族学生来说，不仅要学好本民族语言，而且应当努力学好汉语，学好外语，要注意借鉴和吸收其他民族的优秀成果。兴旺发达的民族，一定是开放意识很强的民族。一个民族只有不断吸收其他民族的优秀文化，才能保持发展的活力。这是民族教育的一项重要任务。[③]

4. 各民族要互学语言

“学习现代化科学技术和文化知识，语言的作用十分重要。语言不通，就不能交流。为了加强学习和交流，各个民族都要克服相互之间的语言障碍。汉族要学习少数民族语言，少数民族也要学习汉语，有条件的还要学习外语，这样才能适应时代发展的要求。”[④]

要鼓励各民族互相学习语言文字。在民族地区工作的汉族干部要积极学习当地少数民族的语言文字；少数民族干部在学习和使用本民族语言文字的同时，也要积极学习全国通用的普通话和汉文。对于民族干部，“能够熟练使用两种以上当地通用的语言文字的，应当予以鼓励。”[⑤] 要提倡汉族青年学习少数民族的语言文字、文学艺术、历史、医学等，以利

---

① 2002年7月7日国务院：《关于深化改革加快发展民族教育的决定》，教育部民族教育司、国家民委教育科技司：《走向辉煌的中国民族教育》，民族出版社2003年12月版，第6页。

② 2002年7月26日陈至立在第五次全国民族教育工作会议上的讲话，教育部民族教育司、国家民委教育科技司：《走向辉煌的中国民族教育》，民族出版社2003年12月版，第30页。

③ 2002年7月27日李德洙在全国第五次民族教育工作会议上总结的讲话，教育部民族教育司、国家民委教育科技司：《走向辉煌的中国民族教育》，民族出版社2003年12月版，第39页。

④ 江泽民视察新疆时的讲话，1999年3月16日新疆维吾尔自治区人民政府：《转发自治区教委〈关于大力开展中小学教师继续教育和加强汉语教师队伍建设的意见〉的通知》，http://www.chinalawedu.com/falvfagui/fg22598/149291.shtml。

⑤ 1991年4月30日国家民委：《关于进一步做好少数民族语言文字工作报告》，杨侯弟、郭承康、黄凤祥、谭伟主编：《新时期民族工作概览》，华文出版社1993年5月版，第515页。

于各族学生增进了解、广交朋友、团结互助、共同进步。[①]

5. 试行中国少数民族汉语水平等级考试

在少数民族聚居地区实施“双语”教学，是发展少数民族教育的重要途径。长期以来，少数民族地区各级各类学校的汉语教学主要沿用普通学校汉语文教学的模式，虽然取得了一些成绩，但忽略了第二语言教学规律，效果不甚理想，少数民族学生实际运用汉语的能力较差。加快发展少数民族教育，改革少数民族学校汉语教学势在必行。

为满足少数民族地区汉语教学的需要，建立适合少数民族学习汉语的科学评价体系，全面推进汉语教学改革，包括教学目标、教学内容、教学方法、教学管理等方面的改革，以便提高少数民族实际运用汉语的能力，适应生活、学习、工作和社会交往的需要。在20世纪80年代后期汉语水平考试试点的基础上，教育部民教司于2001年4月26日至27日召开了中国少数民族汉语水平等级考试工作会议，正式启动“中国少数民族汉语水平等级考试”（简称民族汉考，缩写为MHK）的研究工作。

民族汉考是在第二语言教学理论的指导下，结合我国少数民族学习汉语的特点，专门测试母语非汉语少数民族汉语学习者汉语水平的国家级标准化考试。民族汉考是可靠、有效、具有权威性的汉语水平评价工具。考试的成绩可以比较客观、准确地反映应试者的实际汉语水平。通过考试获得的相应等级证书是一个人实际汉语水平的证明。

考试对象为在各级各类少数民族学校使用本民族语言文字进行教学并加授汉语，母语为非汉语的中国各少数民族学生。考试用途是评价应考者在不同汉语学习阶段中是否达到预期的学习目标，帮助他们了解自己在学习进程中的学习效果；作为有关部门在招生、招工、人员任用等决策过程中评价应考者汉语水平的依据；各类学校允许学生免修汉语课程的参考依据；以汉语授课的教师任职资格评审的参考依据；评价汉语教学机构汉语教学效果的参考依据。

民族汉考从低级到高级，共分为四个等级，互相衔接。即一级为评价小学毕业生汉语水平的依据；二级为评价考生能否适应全日制民族高级中学和中等专业学校学习汉语的依据；三级为评价汉语授课的普通高

---

① 1992年10月20日国家教委、国家民委：《关于加强民族教育工作若干问题的意见》，吴仕民主编：《中国民族教育》，长城出版社2000年4月版，第713页。

等学校招收少数民族应考者汉语水平的依据；四级为评价少数民族大学本科毕业生汉语水平的依据。

民族汉考的三级考试将主要满足汉语授课的普通高等学校，从使用本民族语言文字授课的少数民族考生中招收学生的汉语水平测试需要。①获得民族汉考三级证书的学生，可以不经过预科学习而直接进入大学接受汉语授课，或者参加以补习其他学科知识为主的预科课程学习，而不必参加以补习汉语为主的预科课程学习。②民族汉考三级为普通高等学校民族预科生预科结业的标准。③获得民族汉考三级证书的学生，可免于参加高考的汉语考试，其成绩经折算为汉语科目考试成绩后计入高考总分，两年有效。④为了使少数民族学生顺利地进入高等学校学习，在一段时间内，各地可根据当地的实际情况，采取双轨制，即凡未获得民族汉考三级证书的考生，可以参加高考汉语考试。

教育部成立中国少数民族汉语水平等级考试委员会。委员会下设办公室，在教育部民族教育司的具体指导下，负责民族汉考的组织管理工作。[①]

6. 修订民族中小学汉语教学大纲和颁布汉语课程标准

国家教委（教育部）分别于1992年10月和2002年4月两次颁布新修订后的《全日制民族中小学汉语文教学大纲》，正式更名为《全日制民族中小学汉语教学大纲（试行）》。同时，教育部于1999年3月颁布了《中国少数民族中小学汉语课程标准（试行草案）》，在民族地区与《全日制民族中小学汉语文教学大纲》并行使用。

1992年颁布的《全日制民族中小学汉语文教学大纲》中，在“教学中应注意的几个问题”时提出：要充分认识汉语文学科是民族中小学第二语言课的性质，遵循民族学生学习汉语文的规律，努力培养民族学生理解和运用现代汉语文的能力。

2002年修订后的《全日制民族中小学汉语文教学大纲》正式更名为《全日制民族中小学汉语教学大纲（试行）》。该大纲规定了教材编写采用自编和选编相结合的原则，改变了原大纲中照搬汉族学生学习母语的模式以及重知识、轻能力培养的问题，努力体现时代精神和现代意识，注

---

① 2002年10月24日教育部：《关于在有关省区试行中国少数民族汉语水平等级考试的通知》，http：//www. chinalawedu. com/falvfagui/fg22598/26750. shtml。

重素质教育，并充分体现了第二语言教学的特点和规律，重视实际运用现代汉语能力的培养。

五　发达地区对口支援民族地区发展教育事业

1. 对口支援是比较发达地区义不容辞的历史责任

要加强比较发达地区对不发达地区的对口支援，大力开展多层次、多渠道、多形式的横向联系，包括经济合作和教育、科技、文化等方面的智力支援。这是比较发达地区的义不容辞的历史责任。[①] “经济发达地区要加强对口支援，积极有效地帮助少数民族地区发展经济和文化。”[②]各部门、各系统、各行业，应当积极主动地采取多种办法和形式，对口帮助各部门民族地区培训各种专业人才，要把少数民族干部的培养教育与干部交流、挂职锻炼结合起来。[③] 认真组织和落实内地省、市对民族教育的对口支援。[④] 要继续认真落实内地省、市对民族地区教育的对口支援。[⑤]

加快贫困地区的发展步伐，不仅仅是经济问题，而且是关系国家长治久安的政治问题，是治国安邦的大事。贫困地区要尽快解决温饱问题，改变落后面貌，关键是要加大教育科技的扶贫力度，把扶贫开发转移到依靠科技进步、提高劳动者素质的轨道上来。各省、自治区、直辖市、有关计划单列市教育和民族工作部门，要提高认识，努力为我国贫困地区教育事业的发展做出应有的贡献。[⑥]

2. 内地帮助西藏培养人才要以中等专业技术人才为主

内地帮助西藏培养人才要以中等专业技术人才为主，这主要是根据

---

① 1992 年 1 月 14 日江泽民：《论民族工作》，《江泽民文选》第一卷，人民出版社 2006 年 8 月版，第 184 页。

② 1993 年 11 月 7 日江泽民在全国统战工作会议上的讲话，国家民委：《中国共产党关于民族问题的基本观点和政策》，民族出版社 2002 年 1 月版，第 299 页。

③ 1992 年 1 月 18 日李鹏在中央民族工作会议闭幕会上的讲话，杨侯弟、郭承康、黄凤祥、谭伟主编：《新时期民族工作概览》，华文出版社 1993 年 5 月版，第 33 页。

④ 1993 年 2 月 13 日中共中央、国务院：《关于印发中国教育改革与发展纲要的通知》，吴仕民主编：《中国民族教育》，长城出版社 2000 年 4 月版，第 718 页。

⑤ 1994 年 7 月 30 日国务院：《关于中国教育改革和发展纲要的实施意见》，吴仕民主编：《中国民族教育》，长城出版社 2000 年 4 月版，第 737 页。

⑥ 1997 年 4 月 22 日国家教委、国家民委：《关于认真贯彻中央扶贫工作会议精神，进一步加强对口支援民族和贫困地区发展教育事业的通知》，吴仕民主编：《中国民族教育》，长城出版社 2000 年 4 月版，第 787 页。

西藏的经济和社会发展的状况决定的。为了贯彻这一原则，要切实做好内地西藏班毕业生工作，因为此项工作关系西藏的安定和内地西藏班（校）的发展。

内地西藏班的毕业生，除少部分（20%左右）成绩优秀的学生升入高中外，大部分转入各有关省市中专或技工学校学习，毕业后回西藏参加各项建设工作。[①] 要充分发挥有关省市和部委所属中等专业学校现有办学条件和师资力量的优势，帮助西藏培养人才。[②]

3. 继续做好选派骨干教师对口支援西藏大学的工作

内地高等学校要继续做好选派骨干教师对口支援西藏大学的工作。本着“受援院校的需要和支援院校的可能”精神，采取“长短相结合”的办法，支援院校尽力定期选派骨干教师援藏。援藏教师除承担一定的教学任务外，主要是指导受援学校青年教师提高教学业务水平，帮助搞好学科建设，起到学科带头人的作用。

要进一步拓宽援藏面，采取多渠道、多形式援助西藏大学，帮助西藏大学购买教材和图书资料、加强学术交流、开展科研协作等活动。[③]

4. 适当调整专业，尽量为新疆培养急需人才

各级政府要动员本省（区）的力量，为经济落后、教育发展有特殊困难的少数民族和民族地区多培养一些质量较高的人才。[④]

为了适应新疆近期经济建设和社会发展的需要，并为20世纪和21世纪初新疆大规模开发建设准备人才，内地高等学校在新疆招生的专业要适当调整，尽量为新疆培养急需人才。为了达到此目的，内地高等学校及主管部门要根据新疆当前与长远需要，在认真协商的基础上制订一个近期的支援协作规划，使校际的支援协作工作有组织、有计划地进行。[⑤]

---

① 1989年2月13日国家教委办公厅：《关于印发〈全国教育援藏工作汇报会纪要〉的通知》，吴仕民主编：《中国民族教育》，长城出版社2000年4月版，第660页。

② 1989年5月20日国家教委、国家计委、国家民委、人事部：《关于内地西藏班1989年初中毕业生分流问题的通知》，吴仕民主编：《中国民族教育》，长城出版社2000年4月版，第664页。

③ 1989年9月8日国家教委办公厅：《关于印发〈内地五院校对口支援西藏大学第二次协商会议纪要〉的通知》，吴仕民主编：《中国民族教育》，长城出版社2000年4月版，第672页。

④ 1992年10月20日国家教委、国家民委：《关于加强民族教育工作若干问题的意见》，吴仕民主编：《中国民族教育》，长城出版社2000年4月版，第714页。

⑤ 1990年2月20日国家教委、国家民委：《关于内地与新疆维吾尔自治区高等教育支援协作规划会议纪要》，吴仕民主编：《中国民族教育》，长城出版社2000年4月版，第678页。

举办内地新疆高中班工作是党中央、国务院交给的一项政治任务，也是各地义不容辞的责任和义务。利用内地发达地区的经济、教育优势，组织内地发达地区加大对边疆民族地区教育支援的力度，举办内地新疆高中班，着力培养和造就一大批坚定地维护祖国统一，密切联系群众，具有强烈革命事业心和一定业务能力的少数民族优秀人才，促进新疆经济发展和社会进步，增进各民族的大团结和凝聚力，保障国家的安全和边防巩固，意义重大而深远。办好内地新疆高中班，事关大局，政治性强，涉及面广，责任重大。各有关教育部门在当地政府的领导下，要把内地新疆高中班办学工作作为政府行为，一要思想认识到位，二要政策措施到位，三要办学经费有保证，以确保此项工作落到实处。①

5. 对口支援西藏要长期坚持，通力合作

对口支援西藏要贯彻“长期坚持，努力搞好，不断完善”的方针，实行“对口、定点、包干责任制”，尽职尽责，把教育援藏工作落到实处。

对口支援西藏工作要有明确的分工：国家教委的主要任务是研究和制定教育援藏工作的政策；商定内地西藏班的中、长期发展规划；协调办学中出现的重大问题；对内地西藏班工作进行检查指导、调研和评估，总结交流经验，表彰先进等。西藏自治区人民政府的主要任务是组织学生到内地入学，分拨生活经费，选派藏文师资，确定内地西藏班招生和分流计划，安置返藏毕业生，配合内地办学单位处理好相关的问题，督促西藏各业务厅、局协助做好西藏班的管理工作。承办西藏班的有关省、直辖市政府和国务院有关部门的主要任务是确定管理负责人，负责本地区和本部门内地西藏班的管理和协调工作，落实办学所需经费，帮助学校解决办学中的问题。三方应密切配合，通力合作。②

支援方要根据可能与需要相结合的原则，从资金、物资、教学仪器设备和图书资料等方面支援贫困地区，特别是帮助贫困地区改善基础教育、职业教育、扫盲和成人技术培训的办学条件和管理手段，提高办学水平，救助失学儿童。为贫困地区做好县级教育的综合规划和各类教育

---

① 2000 年 1 月 24 日教育部：《关于印发〈关于内地有关城市开办新疆高中班的实施意见〉》，http：//www. edu. cn/xie_ zuo_ 826/20060323/t20060323_ 110911. shtml。

② 1993 年 10 月 15 日国务院办公厅《转发〈国家教委等部门关于进一步加强教育援藏工作的请示〉》，吴仕民主编：《中国民族教育》，长城出版社 2000 年 4 月版，第 731—732 页。

发展计划提供咨询和帮助，提高教育资源配置效益。可根据自身优势，为贫困地区培养和培训师资、教育行政管理干部、实用科技企业管理人员。还可根据优势互补、互利互惠、长期合作、共同发展的原则，与贫困地区合作兴办投资少、效益好、具有市场竞争力的校办产业，开展信息交流和技术转让，帮助贫困地区教育增强自我发展能力，对贫困地区经济发展起到引导和示范作用。

教育对口支援要落实到县，采取支援方较发达的几个市、县、区联合对口贫困地区一个县（旗）或“一对一”帮扶的方式进行。要把革命老区及边远、高寒山区和牧区贫困县（旗）作为重点加以扶持。对口支援的形式要因地制宜、灵活多样，并在实践中积极探索，不断创新。①

6. 开展与东部发达地区间多层次、多形式的职业教育交流与合作

要加快少数民族和民族地区职业教育改革和发展，积极开展与东部发达地区间多层次、多形式的职业教育交流与合作，促使经济扶贫与智力扶贫更有效地结合起来。

要进一步加大现有的省与省之间职业教育对口支援的力度。已建立合作关系的省、自治区，应鼓励双方地区与地区、学校与学校之间加强合作，结成对子，共同协商合作的内容、开发的项目，走智力扶贫、共同开发、互惠互利、良性互动的路子。②

六　加强对民族教育工作的领导和支持

1. 各级领导要加强对少数民族教育事业的领导和支持

地方各级政府和教育部门以及民族工作部门，要高度重视民族教育工作的重要战略地位和作用，充分认识加快发展民族教育事业的紧迫性和艰巨性，切实加强对少数民族教育事业的领导和支持。③

要加强民族教育的工作，各级党委和政府要高度重视民族教育工作，

---

① 1997 年 4 月 22 日国家教委、国家民委：《关于认真贯彻中央扶贫工作会议精神，进一步加强对口支援民族和贫困地区发展教育事业的通知》，吴仕民主编：《中国民族教育》，长城出版社 2000 年 4 月版，第 788 页。

② 2000 年 7 月 28 日国家民委、教育部：《关于印发〈关于加快少数民族和民族地区职业教育改革和发展的意见〉的通知》，http：//www. seac. gov. cn/art/2000/7/31/art_ 142_ 103762. html。

③ 1991 年 12 月 8 日国务院：《关于进一步贯彻实施中华人民共和国民族区域自治法若干问题的通知》，杨侯弟、郭承康、黄凤祥、谭伟主编：《新时期民族工作概览》，华文出版社 1993 年 5 月版，第 348 页。

进一步加强领导，这是搞好民族教育工作的根本保证。各地党委和政府的主要领导，特别是民族自治地方的主要领导要亲自过问民族教育工作，把民族教育纳入当地经济和社会发展的总体规划，摆在优先发展的战略地位。①

要加强对进一步做好少数民族语言文字工作的领导，各级政府要重视民族语文工作，加强对这项工作的领导，从各方面给予关心和支持，帮助解决工作中的具体困难和问题。②

要加强全国教育对口支援民族贫困地区的工作，由国家教委、国家民委负责宏观组织协调、经验交流和表彰等项工作；支援方有关省、市要把教育对口支援民族贫困地区的工作纳入议事日程，在政府扶贫机构的统一领导下，由教育部门牵头负责本省、市对贫困地区教育支援工作的计划制订、组织协调和支援项目的监督落实；受援省、自治区的教育部门予以配合。③

要加强党对民族院校成人教育工作的领导，要改革和发展民族院校成人高等教育，进一步提高各级领导特别是校级领导对民族院校成人教育的认识，尤其是要提高对干训工作的认识，把发展各类成人高等教育的任务列入学校总体规划及各级领导的重要议事日程，使成人教育成为学校整体工作的重要组成部分和学校的基本任务之一。搞好民族院校成人教育处、干训部、函授夜大等部门的领导班子建设。国家民委根据国家的有关方针政策，加强对委属民族院校成人高等教育的总体规划、宏观管理、指导服务和必要的监督检查。④

2. 发展民族地区职业技术教育要加强政府统筹

为了加快少数民族和民族地区职业教育改革和发展，要加强对少数民族和民族地区职业教育发展的宏观指导。

---

① 1992 年 10 月 20 日国家教委、国家民委：《关于加强民族教育工作若干问题的意见》，吴仕民主编：《中国民族教育》，长城出版社 2000 年 4 月版，第 715 页。

② 1991 年 4 月 30 日国家民委：《关于进一步做好少数民族语言文字工作报告》，杨侯弟、郭承康、黄凤祥、谭伟主编：《新时期民族工作概览》，华文出版社 1993 年 5 月版，第 515 页。

③ 1997 年 4 月 22 日国家教委、国家民委：《关于认真贯彻中央扶贫工作会议精神，进一步加强对口支援民族和贫困地区发展教育事业的通知》，吴仕民主编：《中国民族教育》，长城出版社 2000 年 4 月版，第 788 页。

④ 1995 年 1 月 12 日国家民委：《关于改革和发展委属民族院校成人高等教育的意见》，吴仕民主编：《中国民族教育》，长城出版社 2000 年 4 月版，第 752 页。

教育部、国家民委将适时研究制定民族职业教育发展的规划、政策、措施，并认真检查各地落实的情况，及时发现问题，给予指导、解决。

要加大政府对职业教育统筹领导的力度，民族地区各级地方政府要把职业教育纳入当地经济建设和社会发展的整体规划，制定促进职业教育发展的政策措施。在当地党委和政府的领导下，建立健全职业教育的协调领导机构，做到各有关部门职责分明、协调配合，形成合力，共同承担发展民族地区职业教育的重任。

要建立健全对少数民族和民族地区职业教育的督导评估制度。民族地区各级政府教育督导机构与各级民委要依据《职业教育法》《民族区域自治法》及各自治地方自治条例的规定，有计划地开展民族职业教育的督导评估工作。[①] 要加强政府统筹，搞好教育、计划、劳动、人事、财政等部门的分工协作，加强教育部门的具体指导。县一级政府应成立职业技术教育领导小组，或建立联席会议制度，定期研究制定发展职业技术教育的规划、政策、措施，并认真检查实施，及时解决职业技术教育工作中遇到的问题。调整、充实、配备好职业学校的领导班子，选拔既懂教育又懂经济、德才兼备、有开拓进取精神的人担任学校校长。要对学校校长和教育管理干部分期进行培训和加强学校内部管理，建立健全学校的规章制度，不断总结和推广先进经验。[②]

地方各级人民政府要把职业教育纳入当地经济建设和社会发展规划。鉴于职业教育的发展涉及教育、劳动、人事、计划、财政等诸多部门，建议地方人民政府根据当地的实际情况成立职业教育协调机构，研究制定推动当地职业教育发展的具体措施。[③]

3. 要把散杂居地区的民族教育列入议事日程

我国的绝大多数县、市都有两个以上的民族共居，约有 2000 万少数民族散居在全国各地，这是我国的基本国情之一。

对少数民族散杂居地区的民族教育要提高认识，切实加强领导。各

---

① 2000 年 7 月 28 日国家民委、教育部：《关于印发〈关于加快少数民族和民族地区职业教育改革和发展的意见〉的通知》，http：//www.seac.gov.cn/art/2000/7/31/art_ 142_ 103762.html。

② 1992 年 4 月 8 日国家教委：《关于加强少数民族与民族地区职业技术教育工作的意见》，吴仕民主编：《中国民族教育》，长城出版社 2000 年 4 月版，第 700—701 页。

③ 1998 年 12 月 11 日国家教委：《关于加快中西部地区职业教育改革与发展的意见》，吴仕民主编：《中国民族教育》，长城出版社 2000 年 4 月版，第 802—803 页。

地教育行政部门，要把散杂居地区的少数民族教育列入议事日程。要有计划、有措施、有专人负责，定期研究和解决工作中存在的实际问题，尽快缩小与当地其他民族在教育发展程度上的差距。①

4. 民族学院实行双重领导，以国家民委为主

要加快民族学院改革和发展的步伐，改革办学体制，理顺国家民委与学校、地方三者之间的关系。国家民委所属民族学院由国家民委主办，继续实行国家民委与学校所在地政府双重领导，以国家民委为主。②

国家民委要进一步明确与地方的管理权限，加强与地方政府的联系和协商，并逐步简政放权，扩大学院的办学自主权。③ 国家民委还要加强对所属民族学院改革的领导，学校重大改革方案的实施应取得所在地政府的支持，要有领导、有计划、有步骤地进行。改革要经过试点，总结经验后推广，避免出现大的失误和不安定因素。④

5. 加强对内地与新疆高教支援协作工作的领导

内地与新疆的高教支援协作是一项长期的战略任务，是党和国家加快新疆经济和社会发展，促进各民族共同繁荣的重要措施。做好这项工作，不仅关系到新疆的开发和发展，而且直接影响到边疆的巩固、民族团结、国家的长治久安和我国社会主义现代化建设事业的进程。

要切实加强对内地与新疆高教支援协作工作的领导，承担任务的有关部委及其所属高校以及有关部门，要高度重视这项具有重大现实作用和深远意义的工作，把它列入重要议事日程，不断总结经验。⑤

6. 重视和加强中小学民族团结教育

在中小学开展民族团结教育具有重要的意义，这项工作是落实党和国家领导关于加强在青少年中进行民族常识、民族政策教育指示精神的具体体现，是当前国际、国内形势的要求，是促进改革开放和社会主义市场经济发展的需要，是爱国主义教育的一个重要组成部分，是推动教

① 1992年11月2日国家教委：《关于加强民族散杂居地区少数民族教育工作的意见》，吴仕民主编：《中国民族教育》，长城出版社2000年4月版，第716页。

② 1993年7月9日国家民委：《关于加快所属民族学院改革和发展步伐的若干意见》，吴仕民主编：《中国民族教育》，长城出版社2000年4月版，第721页。

③ 同上书，第722页。

④ 同上书，第729—730页。

⑤ 1995年10月13日国家教委、国家民委：《印发关于内地高等学校支援新疆第三次协作会议纪要》，吴仕民主编：《中国民族教育》，长城出版社2000年4月版，第766页。

育教学改革及进行素质教育的需要。

要进一步提高对中小学各民族学生进行民族团结教育紧迫性和重要性的认识，把民族团结教育列入爱国主义的重要内容。要提高认识，加强领导，统筹规划，认真组织实施。①

7. 加强对新疆高中班的协调与管理

由于历史和自然、地理条件等方面的原因，新疆的教育基础还很薄弱，与内地相比还有相当大的差距，不能满足新疆社会、经济等各项建设事业发展的需要。智力支援新疆，开办内地新疆高中班是国家实施西部大开发战略，促进新疆经济发展和社会进步，贯彻党的民族政策，增强民族团结，维护祖国统一，保持国家长治久安和各民族共同繁荣的重大举措之一。

支援新疆发展教育事业，为新疆培养人才，是促进新疆经济发展和社会进步的关键。此项工作，事关大局，政治性强，涉及面广，责任重大，具有很强的政府行为性质。为此，必须思想认识到位，政策措施到位，管理工作到位，办学经费有保障。

各部门和高校要把内地高校支援新疆工作作为一项重要而紧迫的任务，认真加以落实，切实加强对内地高校支援新疆工作的领导。承担任务的国务院有关部委、有关省及其所属高校，要及时改善条件，尽职尽责，确保少数民族教育教学工作的顺利进行。

要明确各级教育行政部门的职责。教育部负责制定有关新疆班的方针、政策，对工作进行宏观指导、检查、评估，做好协调工作。设有新疆班的省、直辖市教育厅（教委）负责业务指导和毕业生升学计划工作。新疆班由所在市教委和新疆维吾尔自治区教委双重领导，以所在市教委领导为主。各市教委在市人民政府教育支援新疆工作协调领导小组的领导下，负责落实新疆班办学工作方针、政策，制定相关措施，会同有关部门做好协调工作，解决办学中的有关问题，确保新疆班办学工作健康发展。新疆维吾尔自治区教委负责新疆班的招生、进出新疆的组织、经费划拨、派遣新疆班管理教师等工作，并根据新疆的实际需要，提出新疆班升学分流的初步意见，配合教育部、内地承担办学任务的省（市）

---

① 1999年2月13日教育部办公厅、国家民委办公厅：《关于在全国中小学开展民族团结教育活动的通知》，吴仕民主编：《中国民族教育》，长城出版社2000年4月版，第773页。

教育厅（教委）解决办学中的有关问题，定期组织对内地办班情况的考察和调研。

8. 完善藏族教育协作领导小组的工作职能

为了加强对五省（区）藏族教育一些重大问题的协商、协作和研讨，总结交流藏族教育的经验，成立了五省（区）藏族教育协作领导小组和五省（区）藏族教育协调小组。

五省（区）藏族教育协作领导小组主要是对藏族教育的一些重大问题进行协商、协作和研讨的机构，而不是置于五省（区）政府或行政部门之上的行政领导机构。其主要任务包括对藏族教育改革、发展中具有共性的重大方针、政策和措施进行研究，并向国务院提出建议。具体领导藏族教育协调小组的工作，研究教育协作中的重大问题。

五省（区）藏族教育协调小组的主要任务是：在协作领导小组领导下，对藏族教育师资培养，藏文教材的编译出版，藏族地区中、高级人才的培养等方面进行协调；组织交流藏族教育改革、发展经验；提出和表彰藏族教育办得好的一些单位和个人；组织开展藏族教育的科学研究，研究和提出藏族教育协作的具体计划和对有关问题进行协调。①

9. 加强民族教育立法工作

民族教育的发展要求加强民族教育的立法工作，应根据《中华人民共和国宪法》《中华人民共和国民族区域自治法》《中华人民共和国义务教育法》等有关法律、法规，抓紧拟定《中华人民共和国民族教育工作暂行条例》，并在总结经验的基础上，制定《中华人民共和国民族教育法》，这是使我国民族教育工作逐步走上依法治教轨道的需要。②

“要加快民族教育立法工作，把民族教育工作纳入法制化轨道”③，必须“加快民族教育法制建设”，“加快民族教育依法治教进程”。④

---

① 1990 年 4 月 21 日国家教委、国家民委：《关于设立五省（区）藏族教育协作领导小组和协调小组的通知》，吴仕民主编：《中国民族教育》，长城出版社 2000 年 4 月版，第 682—683 页。

② 1992 年 10 月 20 日国家教委、国家民委：《关于加强民族教育工作若干问题的意见》，吴仕民主编：《中国民族教育》，长城出版社 2000 年 4 月版，第 715 页。

③ 2002 年 7 月 7 日国务院：《关于深化改革加快发展民族教育的决定》，教育部民族教育司、国家民委教育科技司：《走向辉煌的中国民族教育》，民族出版社 2003 年 12 月版，第 7 页。

④ 2002 年 7 月 26 日陈至立在第五次全国民族教育工作会议上的讲话，教育部民族教育司、国家民委教育科技司：《走向辉煌的中国民族教育》，民族出版社 2003 年 12 月版，第 33 页。

10. 把民族教育发展列入本地区经济、社会发展规划

要切实把民族教育列入政府工作的重要议事日程。① 各地要结合当地实际，通盘部署和安排民族教育工作，把民族教育的发展列入本地区经济、社会发展规划；将各级各类民族学校的建设纳入区域建设计划；在部署、总结年度工作时把民族教育工作作为一项重要内容。

各级政府、教育行政部门要把民族教育改革、发展情况每年向同级党委及人大、政协作出报告，接受监督。② 教育行政部门要指定专门机构和人员具体负责民族教育工作，将为民族教育办实事列入各级领导干部的任期目标责任制和考核政绩的重要内容。③

七　民族学校要加强对教学工作的管理

1. 地方政府和有关部门要帮助职业技术学校加强教学管理

为了加快少数民族和民族地区职业教育改革和发展，县（旗）每两年一次对职业学校的办学方向、办学条件、办学质量进行评估，促使学校办出特色、办出成效，真正为少数民族和民族地区的经济、社会发展服务。要深入改革学校内部管理体制，积极推行校长负责制、教职工聘任制、岗位责任制和后勤管理社会化改革，以改革促发展，充分发挥职业学校的整体功能和效益。④

地方政府和有关部门要帮助职业技术学校配备和建设好生产实习基地，兴建有关专业的实验室，建立相应的生产实习基地、校外实习工厂（场）。⑤

2. 民族学院要加强教学建设

为了加快所属民族学院改革和发展的步伐，各民族学院应根据社会

---

① 2002年7月7日国务院：《关于深化改革加快发展民族教育的决定》，教育部民族教育司、国家民委教育科技司：《走向辉煌的中国民族教育》，民族出版社2003年12月版，第7页。

② 2002年7月26日陈至立在第五次全国民族教育工作会议上的讲话，教育部民族教育司、国家民委教育科技司：《走向辉煌的中国民族教育》，民族出版社2003年12月版，第32页。

③ 2002年7月7日国务院：《关于深化改革加快发展民族教育的决定》，教育部民族教育司、国家民委教育科技司：《走向辉煌的中国民族教育》，民族出版社2003年12月版，第7—8页。

④ 2000年7月28日国家民委、教育部：《关于印发〈关于加快少数民族和民族地区职业教育改革和发展的意见〉的通知》，http://www.seac.gov.cn/art/2000/7/31/art_142_103762.html。

⑤ 1992年4月8日国家教委：《关于加强少数民族与民族地区职业技术教育工作的意见》，吴仕民主编：《中国民族教育》，长城出版社2000年4月版，第700页。

需要和生源情况，适当压缩长线专业，增加短线专业。一般本专科专业应逐步改造，转向培养应用型人才。大力发展直接服务于经济建设的学科专业，并在这些专业中逐步增加应用性学科专业的招生比重。加大教学内容和教学方法改革的力度，继续加强和改进马克思主义理论教育和思想政治教育。①

3. 教学计划、教学内容和课程设置可结合民族地区实际进行调整

可结合西藏实际情况，对内地西藏班的教学计划、教学内容和讲授课程进行调整，按照当地学校的计划、内容、课程设置进行，以达到学以致用的目的。②

民族院校成人高等教育的教学改革也要贯彻“按需施教、学以致用”的原则，紧密结合民族地区实际，按照不同专业和不同岗位需要确定教育的层次、规格、目标和内容。教学计划、大纲、教材要符合民族成人教育的要求，注重针对性、实用性和时代性，强化实际操作能力的培养。要根据民族干部教育的特点及规律，改革教学内容和教学方法，增加专业基础课比重，加强实践性教学环节。通过教学改革，建设一批有特色的重点专业和关键岗位的规范化培训制度。要进一步加强教学指导和监督，加强学籍管理和教务管理。③

4. 提高中小学民族团结教育课的教学质量

针对学生的年龄和认知特点，在小学阶段开设民族常识活动课，重点学习和了解我国各民族的基本状况；在初中阶段开设民族政策常识课，重点是通过对马克思主义民族、宗教理论和党的民族、宗教政策的学习，使学生在思想和行为上具备正确贯彻党的民族、宗教政策的基本素质。

中小学的民族团结教育采取课外活动的形式进行，利用团队、班会以及歌舞表演、民族知识演讲、绘画、民族团结故事会、讲座等形式开展，寓民族团结教育于丰富多彩的活动之中，同时与中小学的艺术教育

① 1993 年 7 月 9 日国家民委：《关于加快所属民族学院改革和发展步伐的若干意见》，吴仕民主编：《中国民族教育》，长城出版社 2000 年 4 月版，第 726 页。

② 1994 年 12 月 31 日国家教委：《内地中等专业学校西藏班管理的若干暂行规定》，吴仕民主编：《中国民族教育》，长城出版社 2000 年 4 月版，第 746 页。

③ 1995 年 1 月 12 日国家民委：《关于改革和发展委属民族院校成人高等教育的意见》，吴仕民主编：《中国民族教育》，长城出版社 2000 年 4 月版，第 755—756 页。

和素质教育紧密结合起来。①

5. 加强对内地新疆高中班办学特色的研究

举办内地新疆高中班，对于我们内地办班学校、教育管理干部和教师而言，是一项全新的工作。

要办好内地新疆高中班，确保办学质量和效益，首先要加强马克思主义民族观、宗教观和党的民族政策以及新疆少数民族历史、文化、风俗习惯等的学习，在此基础上注意加强对内地新疆高中班学生的文化背景、心理和认知特点以及行为习惯进行必要的研究，使教育教学方法更适应学生的实际。

要特别注重加强内地新疆高中班的教育教学管理工作，坚持“爱、严、细”的管理原则，做到教书育人、管理育人、服务育人和环境育人。

内地新疆高中班预科一年，重点补习汉语文、英语和数理化课程。由教育部统一组织编写教学计划和预科教材，高中三年的课程，统一教材，按当地高中教学计划要求执行。高中阶段的编班形式要有利于新疆班学生全面发展和综合素质的不断提高，具体由办班城市教育行政部门和学校根据新疆班学生的实际确定，不作统一要求。

办班学校应在当地政府和教育行政部门的领导下，全面贯彻党的教育方针，从实际出发，全面实施素质教育。在认真打好文化知识基础和不断提高学生综合素质的同时，要高度重视教育工作；要严格执行当地高中学校学籍管理规定和教育部内地新疆高中班管理办法以及校纪校规，统一要求，统一标准。②

6. 加强乡土教材、民族教材和预科教材建设与协作

要采取国家和地方相结合的办法，加强乡土教材、民族教材和预科教材建设。

各有关部门要根据当地需要，组织编写部分乡土教材，并在经费上给予支持。③

---

① 1999 年 2 月 13 日教育部办公厅、国家民委办公厅：《关于在全国中小学开展民族团结教育活动的通知》，吴仕民主编：《中国民族教育》，长城出版社 2000 年 4 月版，第 773 页。

② 2000 年 5 月 30 日教育部：《关于印发〈内地新疆高中班工作会议纪要〉的通知》，http://www.moe.edu.cn/s78/A09/mzs_left/moe_752/tnull_1010.html。

③ 1992 年 4 月 8 日国家教委：《关于加强少数民族与民族地区职业技术教育工作的意见》，吴仕民主编：《中国民族教育》，长城出版社 2000 年 4 月版，第 700 页。

由于民族学科的教材缺乏统一规划和指导，民族学科专业的教材建设，是摆在我们面前一项非常重要、紧迫的任务。在民族学院现设学科和专业中，重点抓好其中的民族学、民族理论和民族政策、少数民族语言文学、少数民族历史、少数民族文化艺术、少数民族经济、少数民族教育、少数民族宗教等学科或专业及预科、干训所需的教材建设。对其他有优势或特色学科的高质量教材的编写和出版，也酌情给予必要的资助。

民族类的教材，要体现无产阶级世界观、历史观、民族观和人生观。要弘扬各民族的优秀历史文化传统，弘扬爱国主义精神，维护祖国统一和民族团结。其他科类的教材，也要做到思想性、科学性和先进性的统一。要遵循教材建设客观规律，努力提高教材的教学水平和科学水平，做到符合教学大纲要求、结构合理、分量适当、理论联系实际，具有系统性、先进性和启发性，适合民族地区需要和少数民族学生的特点。①

民族预科教材一直是民族预科教育的一大难题。在修订预科教材的过程中，在教学内容和教学要求方面要加强针对性，既要按教学大纲以中等文化程度学生为主，也要照顾文化程度较高学生的教学需要。要注意教材的思想性、科学性和民族特色。教材结构也要根据教学需要作适当调整，并要注意课程关系和教学时间的分配。②

7. 实现民族地区教育手段的现代化

要积极推进民族教育手段现代化进程，重点支持现代远程教育网络建设，建立县级远程教育教学点和乡级电视、数据收视点，有条件的地区和学校应启动校园网络或局域网建设，培养培训教师和管理人员；成立专门机构，努力开发使用少数民族语言教学的数理化课程、学校管理及汉语教学课件库和素材库。要加强民族中小学语言教学室或计算机室的建设，加快普及信息技术教育的步伐。③

大力推进民族教育手段现代化，大力开发并推广使用适合民族地区

---

① 1992 年 7 月 23 日国家民委：《关于印发〈关于加强民族院校教材建设工作的意见〉的通知》，吴仕民主编：《中国民族教育》，长城出版社 2000 年 4 月版，第 702—704 页。

② 1994 年 12 月 31 日国家教委办公厅、国家民委办公厅：《关于印发〈全国高等学校少数民族预科基础课程教材修订会议纪要〉》，吴仕民主编：《中国民族教育》，长城出版社 2000 年 4 月版，第 742 页。

③ 2002 年 7 月 7 日国务院：《关于深化改革加快发展民族教育的决定》，教育部民族教育司、国家民委教育科技司：《走向辉煌的中国民族教育》，民族出版社 2003 年 12 月版，第 7 页。

教育需要的教学光盘。根据我国民族地区地广人稀的特点，采取政府扶持与引入市场竞争机制相结合的办法，有重点地发展以卫星视频系统为基础的现代远程教育。积极推进信息技术教育，提高民族地区对优质教育资源的共享能力。①

八　采取重点倾斜政策，加快民族教育改革

1. 加大对民族教育的经费投入

《中华人民共和国教育法》指出，国家根据各少数民族的特点和需要，帮助各少数民族地区发展教育事业。国家扶持边远贫困地区发展教育事业。国务院及县级以上地方各级人民政府应当设立教育专项资金，重点扶持边远贫困地区、少数民族地区实施义务教育。② 中央和地方政府在教育经费和师资培训以及世界银行贷款等方面要对少数民族教育采取特殊的倾斜政策③，设立用于贫困地区、民族地区、师范教育的专项补助基金，建立用于补助贫困地区、少数民族地区的专项资金，对县级财政教育事业费有困难的地区给予补贴。④ 各级人民政府要重视民族教育，确保民族教育投入。⑤

对于困难较多的一些省区的民族教育，中央和地方各级政府都要给予必要的扶持。有关省、自治区、直辖市要采取切实措施，帮助全国 143 个少数民族贫困县发展教育事业，国家教委和国家民委也要通过多种形式重点扶持这些地方的教育事业，使其逐步改变落后状况。⑥

要采取多种措施，扩大职业技术教育经费的来源渠道，使职业技术教育经费每年都有一定的增长。中央拨给各省、自治区的城乡职教补助费、民族教育专项补助费，要划出一定比例用于少数民族与民族地区发

---

① 2002 年 7 月 26 日陈至立在第五次全国民族教育工作会议上的讲话，教育部民族教育司、国家民委教育科技司：《走向辉煌的中国民族教育》，民族出版社 2003 年 12 月版，第 30 页。

② 1995 年 3 月 18 日第八届全国人民代表大会第三次会议通过的《中华人民共和国教育法》，吴仕民主编：《中国民族教育》，长城出版社 2000 年 4 月版，第 762 页。

③ 1994 年 7 月 30 日国务院：《关于中国教育改革和发展纲要的实施意见》，吴仕民主编：《中国民族教育》，长城出版社 2000 年 4 月版，第 737 页。

④ 同上书，第 738 页。

⑤ 2002 年 7 月 7 日国务院：《关于深化改革加快发展民族教育的决定》，教育部民族教育司、国家民委教育科技司：《走向辉煌的中国民族教育》，民族出版社 2003 年 12 月版，第 7 页。

⑥ 1992 年 10 月 20 日国家教委、国家民委：《关于加强民族教育工作若干问题的意见》，吴仕民主编：《中国民族教育》，长城出版社 2000 年 4 月版，第 714 页。

展职业技术教育。[①]

发展散杂居地区的少数民族教育，要贯彻多渠道集资的原则。要充分调动国家、集体和人民群众的积极性，多渠道筹措教育经费捐资助学，国家和各级地方政府要适当给予补助或对集资办学成绩突出的地方给予奖励。国家用于发展民族教育的经费必须专款专用，不准挪作他用。[②] 重视和扶持少数民族教育事业，中央和地方要逐步增加少数民族经费。对有特殊困难的少数民族地区，要采取倾斜政策和措施。在国家安排的少数民族地区各项补助费及其他扶贫费中，要划出一定比例用于发展民族教育。[③]

深化改革，增强学校的办学活力。进一步深化办学体制改革，改变民族教育办学主体单一、办学体制不活的局面。非义务教育阶段实行多元化投入新体制，形成以各级政府办学为主、多渠道办学的新格局。鼓励和支持社会力量办学，凡符合国家有关法律法规的办学形式都可以大胆实验。大力支持沿海和内地社会力量在民族地区办学，或在沿海和内地举办面向民族学生的学校，鼓励和支持民族地区公民以自费形式送子女到沿海和内地求学就读，沿海和发达地区在可能的情况下给予支持。调整教育布局，促进教育资源的优化配置，不断提高教育投入的规模效益。加快校内管理体制改革步伐，推进人事制度改革，提高学校管理水平。[④]

要统筹兼顾，突出重点。民族教育的改革发展，要坚持分类指导，分区规划，分步实施，积极推进的方针。[⑤] 为使民族地区教育与东、中部地区教育实现协调发展，今后一个时期内，在民族地区加强民族教育工作的同时，要把中央财政扶持教育的重点向民族工作的重点地区、边远农牧区、高寒山区、边境地区以及发展落后的人口较少民族聚居地区倾

---

① 1992 年 4 月 8 日国家教委：《关于加强少数民族与民族地区职业技术教育工作的意见》，吴仕民主编：《中国民族教育》，长城出版社 2000 年 4 月版，第 699—700 页。

② 1992 年 11 月 2 日国家教委：《关于加强民族散杂居地区少数民族教育工作的意见》，吴仕民主编：《中国民族教育》，长城出版社 2000 年 4 月版，第 717 页。

③ 1993 年 2 月 13 日中共中央、国务院：《关于印发〈中国教育改革与发展纲要〉的通知》，吴仕民主编：《中国民族教育》，长城出版社 2000 年 4 月版，第 718 页。

④ 2002 年 7 月 26 日陈至立在第五次全国民族教育工作会议上的讲话，教育部民族教育司、国家民委教育科技司：《走向辉煌的中国民族教育》，民族出版社 2003 年 12 月版，第 30—31 页。

⑤ 同上书，第 28 页。

斜。大力支持少数民族和西部地区发展现代远程教育，提高这些地区对优质教育资源的共享能力，实现民族教育的跨越式发展。①

加大对民族教育的投入。“十五”期间及至2010年，“国家贫困地区义务教育工程”“国家扶贫教育工程”“西部职业教育开发工程”“高等职业技术教育工程”“教育信息化工程”“全国中小学危房改造工程”、中小学贫困学生助学金专款、青少年校外活动场所建设项目等，要向少数民族和西部地区倾斜；对未普及初等义务教育的国家扶贫开发工作重点县，向农牧区中小学生免费提供教科书，推广使用经济适用型教材；采取减免杂费、书本费、寄宿费、生活费等特殊措施，确保家庭困难的学生就学；中央财政通过综合转移支付，对农牧区、山区和边疆地区寄宿制中小学校学生生活费给予一定资助；少数民族和西部地区各级财政也要相应设立寄宿制中小学校学生生活补助专项资金。在同等条件下，高等学校少数民族贫困生优先享受国家资助政策，确保每一个大学生不因经济困难而停止学业。少数民族散杂居地区的各级政府要设立民族教育专项资金，制定和落实有关优惠政策，扶持散杂居地区民族教育的发展；少数民族和西部地区地方本级财政教育经费的支出要切实做到“三个增长”；国际组织教育贷款、海外和港澳台教育捐款的分配，重点向少数民族和西部地区倾斜；鼓励社会力量办学，支持和调动社会力量参与教育“帮困济贫”行动，对纳税人向少数民族和西部地区农牧区义务教育的捐赠，在应纳税所得额中全额扣除；少数民族和西部地区新建、扩建学校，包括民办公益性学校，以划拨方式提供土地，并减免城乡建设等相关税费；对勤工俭学、校办产业以及为学校提供生活服务的相关产业，继续实行税收优惠政策；同时，适度运用财政、金融等手段支持少数民族和西部地区教育事业的发展。②

要坚持加大教育投入，深化教育改革，不断加快民族教育事业的发展。少数民族大多地处土地贫瘠、自然条件恶劣、经济基础薄弱的地区，农牧民生活困难，教育观念较淡薄。要加快发展这些地区的教育，必须加大各级政府教育经费投入的力度，并采取重点倾斜的政策。同时要有

① 2002年7月7日国务院：《关于深化改革加快发展民族教育的决定》，教育部民族教育司、国家民委教育科技司：《走向辉煌的中国民族教育》，民族出版社2003年12月版，第3页。

② 同上书，第4—5页。

规划、有步骤地加快教育改革的步伐，优化教育结构，调整学校布局，提高教育质量和办学效益，加快教育事业的发展，以促进各民族团结进步和共同繁荣。①

2. *民族类专业的学生可享受特殊照顾*

民族类专业招收的学生可按规定享受专业奖学金，免交学杂费，毕业后在本系统、本行业内择优录用。② 1993 年，为了解决民族学院来自边远少数民族地区学生的生活困难问题，提高了专业奖学金中民族专业奖学金的标准。③ 1995 年实行招生"并轨"改革时，民族专业按国家规定不向学生收取学杂费。④ 1996 年，民族专业等享受国家专业奖学金的高校学生免收学费。⑤

内地新疆高中班对于贫困农牧民和城镇职工子女要实行减免有关费用和补贴的办法，资助其完成学业。⑥ 凡各地方政府和新疆维吾尔自治区政府给新疆班学生的学习、生活补贴经费的发放，要实行困难补贴金、奖学金制度。可根据学生家庭经济状况和困难程度予以补贴，不搞平均主义。各地根据当地实际情况制定出学生生活补贴具体办法。⑦

3. *通过多种渠道适当增加民族教育投资*

民族地区对教育的支持非常有限，民族教育突出的问题是办学条件差，难以保证基本的教学需要，与内地差距不断扩大。财政体制改革后，原来中央财政专列的每年 7100 万元少数民族教育补助专项经费列入地方包干基数，用以顶替自治地方正常预算收入，省区地方政府所设的少数民族补助专项经费也照此办理，国家对民族教育的扶持受到一定程度的

---

① 2002 年 7 月 7 日国务院：《关于深化改革加快发展民族教育的决定》，教育部民族教育司、国家民委教育科技司：《走向辉煌的中国民族教育》，民族出版社 2003 年 12 月版，第 24 页。

② 1989 年 3 月 2 日国务院批转国家教委：《高等学校毕业生分配制度改革方案》，吴仕民主编：《中国民族教育》，长城出版社 2000 年 4 月版，第 662 页。

③ 1993 年 7 月 26 日国家教委、财政部：《关于对高等学校生活特别困难学生进行资助的通知》，吴仕民主编：《中国民族教育》，长城出版社 2000 年 4 月版，第 730 页。

④ 1995 年 3 月 28 日国家教委：《关于 1995 年深入进行普通高等学校招生和毕业生就业制度改革的意见》，吴仕民主编：《中国民族教育》，长城出版社 2000 年 4 月版，第 763 页。

⑤ 1996 年 12 月 16 日国家教委、国家计委、财政部：《高等学校收费管理暂行办法》，吴仕民主编：《中国民族教育》，长城出版社 2000 年 4 月版，第 786 页。

⑥ 2000 年 5 月 30 日教育部：《关于印发〈内地新疆高中班工作会议纪要〉的通知》，http：//www. moe. edu. cn/s78/A09/mzs_ left/moe_ 752/tnull_ 1010. html。

⑦ 2000 年 6 月 5 日教育部：《关于印发〈内地新疆高中班管理办法（试行）〉的通知》，http：//old. moe. gov. cn//publicfiles/business/htmlfiles/moe/moe_ 752/200407/1009. html。

削弱。为此，从1990年起到实行财政新体制之前，由中央财政每年安排2000万元专款，用于支持少数民族地区发展教育的补助专款。① 该项补助经费只用于少数民族聚居的普及初等教育确有困难的地区（含牧区寄宿制学校）危险校舍的修缮、改造，购置课桌凳、图书设备。使用中实行项目管理，专款专用。②

省、自治区、直辖市人民政府根据地方实际情况，每年酌情安排民族教育补助费。国家每年拨给少数民族地区的少数民族地区补助费、边境建设事业补助费、支援不发达地区发展基金以及扶贫资金，各地要安排一部分用于发展少数民族教育事业。③

4. 中央和地方财政对民族地区义务教育给予适当补助

1992年4月4日发布的《中华人民共和国义务教育法实施细则》指出，享受助学金的贫困学生包括：初级中等学校、特殊教育学校的家庭经济困难的学生，少数民族聚居地区、经济困难地区、边远地区的小学及其他寄宿小学的家庭经济困难的学生。实行助学金制度的具体办法由省级人民政府制定。④

中央和地方财政视具体情况，对经济困难地区和少数民族聚居地区实施义务教育给予适当补助。⑤

5. 为少数民族子女入学创造有利条件

要采取积极有效措施，为少数民族子女入学创造有利条件。凡是少数民族居住相对集中的地方，有条件的可办以招收少数民族学生为主的学校，同时招收当地汉族子女入学，实行混合编班，以利于互相学习，增进各民族的友谊和团结。

各类学校招生，凡属义务教育阶段，要认真组织少数民族子女入学，对生活有特殊困难的学生可减、免杂费；中等以上学校可根据当地情况，

---

① 1990年5月4日财政部：《对〈关于申请民族教育专项补助经费的请示〉的复函》，吴仕民主编：《中国民族教育》，长城出版社2000年4月版，第684页。

② 1990年12月5日国家教委、财政部：《关于下达民族教育专项补助经费的通知》，吴仕民主编：《中国民族教育》，长城出版社2000年4月版，第686页。

③ 1990年5月4日财政部：《对〈关于申请民族教育专项补助经费的请示〉的复函》，吴仕民主编：《中国民族教育》，长城出版社2000年4月版，第684页。

④ 1992年3月14日国家教委：《中华人民共和国义务教育法实施细则》，吴仕民主编：《中国民族教育》，长城出版社2000年4月版，第695页。

⑤ 同上书，第696页。

必要时对少数民族子女可适当降低分数线。①

6. 继续增加对民族学院的投入

民族学院的办学经费坚持以国家拨款为主。国家民委要按照"两个增长"的原则，充分照顾民族特点，继续争取增加对所属民族学院的投入，以满足教育事业发展的基本需要。

民族学院要改变单纯依赖财政拨款的观念，努力探索多渠道筹措教育经费的路子。积极争取国内外团体和个人的捐款助学，大力兴办校办产业，增加教育投入。②

7. 进一步制定完善发展民族地区职业教育的有关政策和措施

要进一步制定、完善发展少数民族和民族地区职业教育的有关政策和措施，推进招生制度、职业教育证书制度和毕业生就业制度的改革，积极推行劳动预备制度和就业准入制度。

对中等职业学校农、林、牧等类专业实行"宽进严出"的政策，凡取得初中毕业文凭者，可不限年龄免试入学，学习期满，考试合格者发给中等职业学校毕业证书。

建立健全地（盟）、县（旗）、校多层次、多渠道、多形式的职业学校毕业就业指导服务机构，对毕业生提供就业信息、咨询、指导和推荐服务。实行学历证书、职业资格证书并重的制度，并优先聘用获得双证的职业学校毕业生。继续健全职业技能考核鉴定机构和完善职业技能考核鉴定办法，明确对各类劳动者的岗位要求，坚持实行"先培训后上岗"的就业准入制度。

要采取多种措施，建立健全少数民族和民族地区职业教育发展的经费投入机制和保障机制。各地在保持与普通学校同样拨款水平的基础上要逐年增加投入，中央拨给各省、自治区的城乡职教补助费，要划出适当比例用于少数民族和民族地区的职业教育；民族地区各级地方政府用于职业教育的经费在地方财力中所占的比例要逐年提高，并在职业教育征地、基建、购置设备、毕业生就业等方面给予必要照顾；各级民委要安排一定经费支持职业技术教育；要多渠道筹措职业教育的办学经费，

---

① 1992年11月2日国家教委：《关于加强民族散杂居地区少数民族教育工作的意见》，吴仕民主编：《中国民族教育》，长城出版社2000年4月版，第716页。

② 1993年7月9日国家民委：《关于加快所属民族学院改革和发展步伐的若干意见》，吴仕民主编：《中国民族教育》，长城出版社2000年4月版，第722页。

对某些办学成本高的专业可适当提高学生的收费标准，也可通过合适的途径，争取社会力量捐资助学或部门支持办学等；在教育经费的使用管理上，要严格制度，加强管理，建立健全民族职业教育经费的使用监督机制。[①]

九 切实加强各民族师生的政治思想教育

1. 要对西藏中等以上学校学生进行西藏革命与建设史教育

针对西藏的实际情况，为改变历史课教育缺乏民族和地区特色的状况，应对中等以上学校学生普遍进行有关西藏革命与建设史的教育。通过这种教育，使学生切实了解历史上藏汉和睦和文化交流的历史，西藏封建农奴制度的黑暗；了解在中国共产党领导下经过民主改革使西藏走上社会主义道路以及西藏社会主义建设的曲折历程；了解西藏民主改革以来，特别是党的十一届三中全会以来，在政治、经济、文化、教育等各个领域发生的历史性变化；了解在西藏的特殊条件下进行现代化建设的复杂性和艰巨性，提高珍惜民族团结尤其是加强汉藏团结，维护祖国统一，拥护中国共产党领导，坚持走社会主义道路的思想觉悟。

要将此内容作为对学生进行历史和思想政治教育的必修内容，纳入中等以上学校的教学计划，纳入中等专业学校和高等学校入学考试科目。开设这门课程的范围包括西藏的普通中学、中等专业学校（包括师范）和西藏所属高等学校，还包括在内地各省、市举办的西藏初中班和西藏中学。[②] 内地中等专业学校的西藏班学生应当热爱社会主义祖国、热爱人民、拥护中国共产党的领导，勤奋学习、文化礼貌、团结同学、关心集体、遵纪守法、爱护公物、讲究卫生、热爱劳动、尊敬师长。[③]

2. 反对损害民族团结的行为

要维护各民族的平等、团结、互助关系，尊重不同民族的风俗习惯

---

① 2000 年 7 月 28 日国家民委、教育部：《关于印发〈关于加快少数民族和民族地区职业教育改革和发展的意见〉的通知》，http：//www. seac. gov. cn/art/2000/7/31/art_ 142_ 103762. html。

② 1989 年 5 月 11 日国家教委：《关于在西藏对中等以上学校学生进行西藏革命与建设史教育的建议》，吴仕民主编：《中国民族教育》，长城出版社 2000 年 4 月版，第 662—663 页。

③ 1994 年 12 月 31 日国家教委：《内地中等专业学校西藏班管理的若干暂行规定》，吴仕民主编：《中国民族教育》，长城出版社 2000 年 4 月版，第 748 页。

和宗教信仰，反对损害民族团结的行为。①

3. 进行爱国主义、集体主义、社会主义思想和共产主义理想教育

要坚持进行爱国主义、集体主义、社会主义思想和共产主义理想的教育，进行近代史、现代史教育和国情教育，增强民族自尊、自信、自强的精神，巩固和发展人民内部平等、团结、友爱、互助的社会主义新型关系，移风易俗，使社会主义思想道德蔚然成风。②

4. 加强民族政策和民族团结的教育

"在各民族干部群众中，要大力加强马克思主义民族观和党的民族政策的教育。"③ "为不断增强民族团结和坚决维护祖国统一，必须在全国人民中进行马克思列宁主义、毛泽东思想民族观的教育，进行党的民族政策的教育。""五十年代，曾在全国进行过民族政策的教育，收到了良好的效果。今天，我们要根据新的情况，采取行之有效的方式，加强民族政策和民族团结的教育。"④ 各级人民政府要经常、广泛地进行马克思主义民族观和爱国主义、社会主义教育。各级各类学校要适当开设民族常识和民族政策课程。⑤

全国中等和中等以上的各类学校，要根据学生年龄特点，采取多种形式，结合学校教学实际，充实马克思主义民族理论和党的民族政策的教学内容，加强民族平等、团结、互助和反对民族歧视的教育，进行无神论和科学世界观的教育，引导学生逐步树立马克思主义的民族观和宗教观。要有针对性地对学生进行反对国内外敌对势力挑动民族矛盾、制造民族分裂的教育，提高学生抵制民族分裂活动的自觉性。⑥

---

① 1989年11月7日国家教委：《关于颁发〈高等学校学生行为准则（试行）〉的通知》，吴仕民主编：《中国民族教育》，长城出版社2000年4月版，第674页。

② 1991年7月1日江泽民：《当代中国共产党人的庄严使命》，《江泽民文选》第一卷，人民出版社2006年8月版，第159页。

③ 1992年1月14日江泽民：《论民族工作》，《江泽民文选》第一卷，人民出版社2006年8月版，第185页。

④ 1990年2月15日李鹏在全国民委主任会议上的讲话，杨侯弟、郭承康、黄凤祥、谭伟主编：《新时期民族工作概览》，华文出版社1993年5月版，第11页。

⑤ 1991年12月8日国务院：《关于进一步贯彻实施中华人民共和国民族区域自治法若干问题的通知》，杨侯弟、郭承康、黄凤祥、谭伟主编：《新时期民族工作概览》，华文出版社1993年5月版，第350页。

⑥ 1992年10月20日国家教委、国家民委：《关于加强民族教育工作若干问题的意见》，吴仕民主编：《中国民族教育》，长城出版社2000年4月版，第709页。

民族散杂居地区同样要加强民族政策和民族团结的教育。散杂居地区的各级各类学校，要通过多种形式向学生进行马克思主义民族观和民族翻身史的教育，特别是在多民族杂居地区，要教育师生相互尊重民族风俗习惯，树立各民族平等、团结、互助的社会主义民族关系观念。同时，还要正确宣传党的宗教信仰自由政策，坚持宗教不得干预教育的原则，并要坚持对学生进行唯物论和无神论教育，使学生树立科学的世界观和宗教观。①

民族政策和民族团结教育要从中小学开始。要在中小学加强马克思主义民族理论和党的民族政策的宣传教育，使广大青少年从小就树立起正确的民族观，养成自觉维护民族团结的意识和良好的行为习惯，对在加速改革开放的形势下，促进民族团结、保持国家的长治久安、建设有中国特色的社会主义，具有重要的现实意义。② 通过开展民族团结教育，使中小学各民族学生对我国 56 个民族的历史、文化、宗教、风俗习惯等有初步的了解，对马克思主义关于民族、宗教问题的基本理论和党的民族、宗教政策有一定的认识和理解，从而为在社会交往中，正确贯彻党的民族、宗教政策打下较好的思想基础，具备正确对待和处理涉及民族、宗教问题的基本素质，提高增强民族团结、维护祖国统一的自觉性，增进我国各民族平等、团结、互助的社会主义民族观意识的形成。③ 青少年时期是人生观、世界观、价值观形成的重要时期，对广大青少年学生加强民族团结教育，事关中华民族的前途和命运，事关国家的长治久安。要注意在各族青少年中开展这方面的教育工作，让我国各民族大团结的优良传统代代相传。

要大力加强民族团结教育工作。我国是由多民族组成的社会主义国家，增强民族团结、维护祖国统一、反对民族分裂，是我国各族人民的共同责任。要高举民族团结进步的伟大旗帜，在各级各类学校教育中，有重点、分层次、有针对性地加强民族团结教育。要把维护发展平等、

---

① 1992 年 11 月 2 日国家教委：《关于加强民族散杂居地区少数民族教育工作的意见》，吴仕民主编：《中国民族教育》，长城出版社 2000 年 4 月版，第 717 页。

② 1994 年 2 月 17 日国家教委办公厅、国家民委办公厅：《关于在天津市中小学开展民族常识教育试点的通知》，吴仕民主编：《中国民族教育》，长城出版社 2000 年 4 月版，第 739 页。

③ 1999 年 2 月 13 日教育部办公厅、国家民委办公厅：《关于在全国中小学开展民族团结教育活动的通知》，吴仕民主编：《中国民族教育》，长城出版社 2000 年 4 月版，第 773 页。

团结、互助的新型社会主义民族关系的教育作为爱国主义教育、公民道德教育和素质教育的重要内容，加强我国各族人民为中华民族统一多民族国家的形成而浴血奋斗的历史的教育，加强各族人民在中国共产党领导下建立和建设社会主义伟大祖国历史的教育。进一步增强各族师生“三个离不开”（汉族离不开少数民族；少数民族离不开汉族；少数民族之间也互相离不开）的观念，使各族师生牢固树立自觉维护国家统一、反对民族分裂的思想意识。增强学生的社会主义法制观念、道德观念，提高学生的科学、文化素质，为确保我国各民族的团结进步和国家的长治久安做出贡献。①

民族学校要坚持德育为首，始终把牢办学的社会主义方向。当前，国际形势剧烈变化，作为地处边疆的民族地区，更应切实加强对学生进行坚持党的基本路线的教育、国情教育和近现代史教育，提高学生的爱国主义、社会主义、集体主义思想，增强抵制西方敌对势力“和平演变”和资产阶级自由化影响的能力。

5. 要加强职业自豪感、职业道德和职业纪律的教育

民族学校要对学生加强职业自豪感、职业道德和职业纪律的教育，使学生养成良好的行为习惯，促进社会主义文明风尚的形成，热爱家乡，立志为改变家乡的落后面貌贡献青春。②

6. 着力培养具有强烈事业心和业务能力的少数民族干部

内地新疆高中班在指导思想上，要以党的民族政策为指导，坚持社会主义的办学方向，全面贯彻党的教育方针，全面实施素质教育，始终贯彻教育工作的“三个面向”和“四个统一”的要求，使德育、智育、体育、美育、劳动技术教育和社会实践诸方面相互渗透，促进学生的全面发展和健康成长。

对培养目标的要求是：以全面提高学生的综合素质为根本宗旨，以培养学生创新精神和实践能力为重点，培养“有理想、有道德、有文化、有纪律”，维护国家统一、献身西部建设的德、智、体、美等全面发展的综合素质较高的高中毕业生。尤其要把加强马克思主义民族、宗教观和

---

① 2002 年 7 月 7 日国务院：《关于深化改革加快发展民族教育的决定》，教育部民族教育司、国家民委教育科技司：《走向辉煌的中国民族教育》，民族出版社 2003 年 12 月版，第 7 页。

② 1992 年 4 月 8 日国家教委：《关于加强少数民族与民族地区职业技术教育工作的意见》，吴仕民主编：《中国民族教育》，长城出版社 2000 年 4 月版，第 697—698 页。

党的民族宗教政策的教育放在突出位置，使学生树立坚定的社会主义信念。

7. 加强马克思主义民族、宗教观及党的民族、宗教政策教育

对各民族师生加强马克思主义民族、宗教观及党的民族、宗教政策教育，培养学生的科学精神、创新意识和实践能力。要贯彻宗教与国民教育相分离的原则，任何组织和个人不得利用宗教干预国民教育，任何人不得以任何形式在学校宣扬宗教。

对各民族师生加强无神论和唯物主义的教育，弘扬科学精神，传播科学思想，倡导科学方法，普及科学知识，树立科学世界观。①

坚持宗教与国民教育相分离的原则。任何组织和个人不得利用宗教干预国民教育，不得以任何形式在学校宣扬宗教；鼓励宗教界爱国人士在信教群众中宣传党的教育方针和科教兴国战略；动员适龄儿童入学，调动信教群众支持办好国民教育方面的积极性。②

现阶段出现影响团结问题事件的原因主要在“三个缺乏”上，即缺乏民族宗教基本常识的教育；缺乏党的民族宗教基本政策的教育；缺乏马克思主义民族宗教基本理论的教育。因此，必须搞好四个教育：一是搞好民族、宗教基本常识的教育；二是搞好党的民族、宗教基本政策的教育；三是搞好马克思主义民族、宗教基本理论的教育；四是搞好“四个维护”的教育，即维护人民利益、维护法律尊严、维护民族团结、维护国家统一。要逐步做到在小学进行民族、宗教基本常识的教育；在中学进行党的民族宗教基本政策的教育；在大学进行马克思主义民族宗教基本理论的教育。③

8. 民族教育要坚持社会主义办学方向

民族教育工作要坚持社会主义办学方向。作为我国教育的重要组成部分，民族教育必须始终坚持社会主义办学方向，根据党在社会主义建设时期的基本任务，结合民族地区实际，对各民族师生加强邓小平理论、

---

① 2002 年 7 月 26 日陈至立在第五次全国民族教育工作会议上的讲话，教育部民族教育司、国家民委教育科技司：《走向辉煌的中国民族教育》，民族出版社 2003 年 12 月版，第 28 页。

② 2002 年 7 月 7 日国务院：《关于深化改革加快发展民族教育的决定》，教育部民族教育司、国家民委教育科技司：《走向辉煌的中国民族教育》，民族出版社 2003 年 12 月版，第 3 页。

③ 2002 年 7 月 27 日李德洙在全国第五次民族教育工作会议上总结的讲话，教育部民族教育司、国家民委教育科技司：《走向辉煌的中国民族教育》，民族出版社 2003 年 12 月版，第 40 页。

"三个代表"重要思想和党的基本路线的教育，加强党的民族政策、增强民族团结、维护国家统一以及爱国主义教育，培养德、智、体、美全面发展的社会主义事业的建设者和接班人。要高度重视和发挥民族教育工作在巩固和发展"平等、团结、互助"的社会主义民族关系上的重要作用。①

坚持党在社会主义初级阶段的基本路线，对于做好民族教育工作意义十分重大。我国社会主义初级阶段的民族问题，具有普遍性、长期性、复杂性、国际性和重要性五个方面的基本特征。在民族教育中坚持党的基本路线，就是要充分认识民族问题的基本特征，尊重和把握民族问题的基本规律；充分认识民族教育的长期性、特殊性和重要性，把握社会主义初级阶段民族教育的发展规律。②

要坚持党的教育方针和贯彻党的民族政策相统一。民族教育是整个国家教育工作的一部分，必须牢牢坚持党的教育方针；民族教育又是民族工作的一部分，必须贯彻党的民族政策，把贯彻党的教育方针同贯彻执行党的民族政策有机地结合起来。这样，才能坚持社会主义办学方向，培养德、智、体、美全面发展的，有中国特色社会主义事业的建设者和接班人；才能不断巩固和发展平等、团结、互助的社会主义民族关系；才能不断增强各民族的凝聚力，实现中华民族的伟大复兴。③

十　推动少数民族和民族地区职业教育改革

1. 充分重视民族地区职业技术教育和成人教育

由于历史、社会和自然条件等方面的原因，民族地区对职业技术教育在社会主义建设中的地位和作用还缺乏应有的认识，职业技术教育与经济建设和社会发展的要求仍然有较大差距，教育结构不尽合理，教育的着眼点还往往只放在少数学生身上，致使占同龄人中90%以上的回乡中小学毕业生既缺乏必要的建设家乡的思想准备，又不具备致富的技术和技能。有的地方即使办了职业技术学校，也未能摆脱普通教育的模式，

① 2002年7月26日陈至立在第五次全国民族教育工作会议上的讲话，教育部民族教育司、国家民委教育科技司：《走向辉煌的中国民族教育》，民族出版社2003年12月版，第24页。

② 2002年7月27日李德洙在全国第五次民族教育工作会议上总结的讲话，教育部民族教育司、国家民委教育科技司：《走向辉煌的中国民族教育》，民族出版社2003年12月版，第40页。

③ 同上书，第41页。

不能培养大批合格的技术人才和劳动大军，严重地制约了这些地区经济建设和社会发展的步伐。

现阶段民族地区的教育工作是在发展基础教育的同时要特别注意发展职业技术教育，做好基层干部和技术人员的培训。[①] 为加快少数民族与民族地区的经济开发，必须在提高劳动者素质，增强其吸收运用科学技术能力上下功夫。在努力提高基础教育普及程度的同时，大力发展职业技术教育。这是直接关系到这些地区经济振兴、社会安定和民族团结的重大问题。各级领导一定要进一步提高对发展少数民族与民族地区职业技术教育战略地位和作用的认识。

要加快少数民族和民族地区职业教育的发展。发展职业教育是少数民族和民族地区实现两个根本性转变、提高劳动者素质的必要而有效的手段。由于各种原因，民族职业教育不能适应民族地区经济社会发展的需要，与东部发达地区相比差距很大。其办学规模、办学条件、教育质量、办学效益需要进一步提高。我国正在实施西部大开发战略，西部是众多民族聚居的地区，要顺利地进行西部开发，必须培养各类人才，提高广大劳动者素质，这也要求加快发展民族职业教育。

要充分认识职业教育在少数民族和民族地区经济建设和社会发展中所具有的重要地位和作用，大力发展职业技术教育和成人教育，着重培养初中级技术人才。[②] 中西部地区要逐步缩小与东部经济发达省市的差距，要实现经济增长方式从粗放型向集约型的转变，必须大力发展职业教育。要把改革和发展职业教育作为实现经济增长的重要战略措施，努力加快职业教育发展步伐，提高职业教育水平，为当地经济振兴和社会进步奠定基础。[③]

2. 制定可行规划，采取有力措施，加大改革力度，加快改革步伐

少数民族与民族地区的职业技术教育，要在强调大力发展的基础上

---

① 1992 年 1 月 18 日李鹏在中央民族工作会议闭幕会上的讲话，杨侯弟、郭承康、黄凤祥、谭伟主编：《新时期民族工作概览》，华文出版社 1993 年 5 月版，第 32 页。

② 1991 年 12 月 8 日国务院：《关于进一步贯彻实施中华人民共和国民族区域自治法若干问题的通知》，杨侯弟、郭承康、黄凤祥、谭伟主编：《新时期民族工作概览》，华文出版社 1993 年 5 月版，第 348 页。

③ 1998 年 12 月 11 日国家教委：《关于加快中西部地区职业教育改革与发展的意见》，吴仕民主编：《中国民族教育》，长城出版社 2000 年 4 月版，第 801 页。

逐步改善办学条件，提高办学水平。[①] 要制定可行规划，采取有力措施，加大改革力度，加快改革步伐，使少数民族与民族地区的职业技术教育得到更加迅速、健康的发展。根据条件和需要，职业技术教育应采取更为灵活的办学形式。在教育层次上，多数地区目前应以中等职业技术教育为骨干，以初等职业技术教育为主体，广泛开展各种实用技术短期培训；在学制上，可长可短；在招生上，既可招职前的，也可招职后的，可采取定向及推荐与考试相结合的招生办法；在教学内容和方法上，要加强针对性和适用性，加强实践性教学环节和职业技能的训练，并适当拓宽专业知识面，以适应农（牧）区的需要。[②]

在一些经济教育发展水平较低的民族地区，除要从小学高年级开始引入职业技术教育因素，把学文化和学技术早期结合起来，还可以对学生进行家庭经营、家庭理财以及改变落后习俗所需要的教育。民族地区的县、乡两级政府，要积极实行“农、科、教结合”，实施“燎原计划”，通过多种形式的实用技术培训，大面积提高劳动者的科学文化技术素质，增强他们吸收运用科学技术的能力，落实“科教兴农”战略，充分发挥科技、教育在推动民族地区社会主义“两个文明”建设中的作用。[③] 民族散杂居地区也要重视和加强少数民族的职业技术教育和实用技术培训。[④]

3. 大力发展民族院校的成人高等教育

目前，民族地区越来越多的在职人员迫切要求接受各种类型的高等教育，要大力发展民族院校的成人高等教育。成人教育是使社会成员不断获得新的文化技术知识，促进社会进步的最重要的教育手段之一，是当代社会发展和科技进步的必要条件。民族院校的成人高等教育是我国民族高等教育的重要组成部分，担负着对民族地区在职民族干部和职工进行教育、培训和培养高级专门人才的重要任务。加速深化改革和发展

---

① 1992 年 4 月 8 日国家教委：《关于加强少数民族与民族地区职业技术教育工作的意见》，吴仕民主编：《中国民族教育》，长城出版社 2000 年 4 月版，第 699 页。

② 同上书，第 698 页。

③ 1992 年 10 月 20 日国家教委、国家民委：《关于加强民族教育工作若干问题的意见》，吴仕民主编：《中国民族教育》，长城出版社 2000 年 4 月版，第 711 页。

④ 1992 年 11 月 2 日国家教委：《关于加强民族散杂居地区少数民族教育工作的意见》，吴仕民主编：《中国民族教育》，长城出版社 2000 年 4 月版，第 716 页。

民族成人高等教育，是关系到民族地区改革和发展的大问题。①

十一　民族教育要为当地人民群众的富裕文明服务

1. 依托学校注重民族地区的智力开发

要注重民族地区的智力开发，提高民族地区人民群众的科学文化素质。要把民族地区的资源开发和智力开发结合起来，在当地的统筹规划下，充分依托农民文化技术学校和本地职业中学、农牧校、农广校等各种教育基地，开展多类型、多层次的科技培训。贯彻实际、实用、实效的原则，采取进修、培训、参观、学习等方法，重点培训在乡知识青年和青壮年农牧民，帮助他们掌握一两门实用技术和生产致富的门路。②

要在现有乡镇文化技术学校和农村实用技术推广站的基础上建立职业教育培训网络，逐步做到每一个乡镇的教学点都有卫星接收设备和完整的电教设备，在经济比较落后的地区使初中阶段的毕业学生普遍掌握一两项脱贫致富的实用生产技术。县级以上各级人民政府应集中力量兴办骨干示范性中等职业学校，在人才培养、科技推广、生产示范、信息服务、促进农民脱贫致富等方面发挥多功能作用，在当地职业教育发展中发挥示范和辐射作用。③

2. 坚持教育为当地经济建设和社会发展服务

民族地区的职业技术教育要坚持为当地经济建设和社会发展服务的办学方向，培养素质较高的新型农（牧）民。要改革和发展少数民族和民族地区的职业教育，既要认真学习借鉴其他国家和国内发达地区的先进经验，更要从我国社会主义初级阶段的基本国情出发，从现阶段少数民族和民族地区的实际情况出发，充分尊重职业教育的规律和特点，努力探索符合民族特点和民族区域特点的发展路子。从少数民族和民族地区生产力发展水平和经济结构、产业结构的需求出发，因地制宜、分类指导，以提高质量和效益为核心，逐步建立起能适应民族地区经济、社会发展需要，重点突出、结构优化、层次完善、布局合理的民族职业教

---

① 1995 年 1 月 12 日国家民委：《关于改革和发展委属民族院校成人高等教育的意见》，吴仕民主编：《中国民族教育》，长城出版社 2000 年 4 月版，第 751 页。

② 1991 年 4 月 27 日国家民委、中国科协：《关于转发四川省民委、省科协〈关于加强少数民族地区科普工作的意见〉的通知》，吴仕民主编：《中国民族教育》，长城出版社 2000 年 4 月版，第 691 页。

③ 1998 年 12 月 11 日国家教委：《关于加快中西部地区职业教育改革与发展的意见》，吴仕民主编：《中国民族教育》，长城出版社 2000 年 4 月版，第 802 页。

育体系；建立能够主动适应民族地区社会主义市场经济体制需要，地方负责、分级管理，具有自我发展、自我约束，充满生机活力的民族职业教育的办学体制、管理体制和运行机制。

目前，少数民族与民族地区的生产力发展水平还比较低，经济结构一般仍以农（牧）业为主，职业技术教育的发展必须面向农（牧）业生产、面向农村经济建设和社会发展、面向农（牧）民脱贫致富的需要。努力使职业教育在推动当地支柱产业的发展，推动产业结构的调整和经济效益的提高，促进劳动就业和农民脱贫致富方面发挥应有的作用。职业技术学校应积极向周围农村和农户推广科学技术，积极参与农村社会生活的变革，为科教兴农贡献力量。县办职业技术学校要坚持人才培养、科技实验、生产示范、技术推广和经营服务相结合，发挥“上挂横联下辐射”的作用。[①] 在满足当地人才需求的前提下，也可发挥自身劳动力资源丰富的优势，根据劳动力有序流动的需要，适当发展劳务输出型职业教育。

3. 提高劳动者素质，培养初、中级技术人才为主

提高劳动者素质，培养初、中级技术人才，全面提高教育质量，增强办学效益，为当地的经济和社会发展服务，是现阶段民族教育改革与发展的重点。要坚持改革开放，进一步明确办学的路子，使民族教育更好地为当地经济建设和人民群众的富裕文明服务。[②]

民族院校的成人教育要以教学改革为中心，提高质量。非学历教育的办学内容应适应民族地区经济、社会发展的需要。[③] 在经济相对较好地区使农村初、高中阶段的毕业学生普遍掌握适应农村产业化需要的生产技术，使之获得“绿色证书”，适应由传统农业向现代化农业转变和由粗放经营向集约化经营转变的需要；高中阶段的职业教育要继续完善学历证书、培训证书与职业资格证书并举的制度，逐步实行劳动预备制度和

---

① 1992 年 4 月 8 日国家教委：《关于加强少数民族与民族地区职业技术教育工作的意见》，吴仕民主编：《中国民族教育》，长城出版社 2000 年 4 月版，第 698 页。

② 1992 年 10 月 20 日国家教委、国家民委：《关于加强民族教育工作若干问题的意见》，吴仕民主编：《中国民族教育》，长城出版社 2000 年 4 月版，第 710 页。

③ 1995 年 1 月 12 日国家民委：《关于改革和发展委属民族院校成人高等教育的意见》，吴仕民主编：《中国民族教育》，长城出版社 2000 年 4 月版，第 753 页。

就业准入制度，使城镇劳动力先培训后就业。①

根据目前经济和教育发展水平，西部地区特别是农村地区和边远贫困地区，职业教育的层次结构设置不能急于追求高层次，应以中等职业教育为重点，积极发展多种形式的初中阶段的职业教育，广泛开展职前和职后的各种职业培训。同时，根据科技进步和经济发展的需求，积极稳妥地发展高等职业教育。在专业设置上应重点保证资源开发等支柱产业的需要。②

4. 提高直接为民族地区服务的积极性

为了体现为民族地区服务的宗旨，民族院校可以根据民族地区人才需求情况和生源情况，确定本校各专业之间和在职研究生、定向研究生、定向本专科的招生比例。③

民族院校的毕业生就业工作，也要注意提高毕业生就业的竞争能力和直接到民族地区服务的积极性。④

十二　多渠道、多层次培养民族地区教师队伍

1. 采取积极措施为民族地区培养、培训教师

《中华人民共和国教师法》指出，各级人民政府应当采取措施，为少数民族地区和边远贫困地区培养、培训教师，⑤ 建设一支在数量和质量上适应民族地区教育发展需要的教师队伍。⑥

针对散杂居地区的少数民族师资力量比较薄弱的状况，各级师范院校招生时，可划出一定指标定向招收散杂地区少数民族学生入学。各级教师进修院校培训在职教师时，要把培训散杂居地区少数民族教师作为一项重要任务。师范院校毕业的少数民族学生，要优先分配到以民族学

---

① 2000 年 7 月 28 日，国家民委、教育部：《关于印发〈关于加快少数民族和民族地区职业教育改革和发展的意见〉的通知》，http：//www. seac. gov. cn/art/2000/7/31/art_ 142_ 103762. html。

② 1998 年 12 月 11 日国家教委：《关于加快中西部地区职业教育改革与发展的意见》，吴仕民主编：《中国民族教育》，长城出版社 2000 年 4 月版，第 801—802 页。

③ 1993 年 7 月 9 日国家民委：《关于加快所属民族学院改革和发展步伐的若干意见》，吴仕民主编：《中国民族教育》，长城出版社 2000 年 4 月版，第 724 页。

④ 同上书，第 723 页。

⑤ 1993 年 10 月 31 日第八届全国人民代表大会常务委员会第四次会议通过的《中华人民共和国教师法》，吴仕民主编：《中国民族教育》，长城出版社 2000 年 4 月版，第 734—735 页。

⑥ 2002 年 7 月 26 日陈至立在第五次全国民族教育工作会议上的讲话，教育部民族教育司、国家民委教育科技司：《走向辉煌的中国民族教育》，民族出版社 2003 年 12 月版，第 28 页。

生为主的学校或少数民族学生较多的学校任教，各地还可采取一些措施，鼓励教学水平较高的汉族教师到民族学校任教。①

实施西部大开发战略，加快中西部地区发展，是我国迈向现代化建设第三步战略目标的重要部署。积极发展西部地区高等师范教育，加快基础教育师资的培养是实施西部人力资源开发的重要措施。教育对口支援工作要帮助西藏、新疆加强“双语”师资特别是汉语教师的培养和支教工作。②

要把教师队伍建设作为民族教育发展的重点，教育投入要保证教师队伍建设的需要。少数民族和西部地区教师队伍建设要把培养“双语”教师作为重点，建设一支合格的“双语型”教师队伍。进一步深化教师教育制度改革，提高师范院校教师队伍的教学和科研水平，加强县级教师培训基地的建设。同时，采用远程教育等现代化手段，提高继续教育的质量和效益。加强校长培训，提高民族地区学校的管理水平。拓宽教师来源渠道，鼓励非师范院校毕业生和东部、中部地区高校毕业生到少数民族和西部地区任教。采取定向招生等特殊措施，加强培养在农牧区、高寒地区、山区和边疆地区能“下得去，留得住”的各级各类学校教师。加强教师培训，鼓励教师参加各类业务学习，提高教师学历学位层次。要在全社会营造尊师重教的良好风尚，切实保证和不断提高教师的待遇。③

2. 通过对口支援改善民族地区师资素质

建设一支具有一定数量和质量的以本民族为主的师资队伍，是办好民族地区高等学校的关键。要采取多种渠道来解决这一问题：一是内地对口支援院校应当积极给予支援和帮助，为民族地区的高等学校代培研究生、本科生、进修生和管理人员，并根据需要，帮助民族地区高等学校扩大研究生专业和学科点，提高培养研究生的能力；二是以优惠条件多接受民族地区高等学校进修教师，或举办各类师资培训班，提高教师的政治、业务素质；三是派出专家教授到民族地区高等学校讲学或在民

---

① 1992 年 11 月 2 日国家教委：《关于加强民族散杂居地区少数民族教育工作的意见》，吴仕民主编：《中国民族教育》，长城出版社 2000 年 4 月版，第 717 页。

② 2002 年 7 月 7 日国务院：《关于深化改革加快发展民族教育的决定》，教育部民族教育司、国家民委教育科技司：《走向辉煌的中国民族教育》，民族出版社 2003 年 12 月版，第 6 页。

③ 同上。

族地区高等学校短期任教，以帮助民族地区高等学校提高师资质量和学术水平。[①] 这是帮助民族地区高等学校从根本上解决师资问题的重要措施。

进一步加强对民族教育的支援工作。认真组织实施“东部地区学校对口支援西部贫困地区学校工程”和“西部地区大中城市学校对口支援本省（自治区、直辖市）贫困地区学校工程”，使少数民族和西部贫困地区在资金、设备、师资、教学经验等方面得到帮助。教育对口支援实行目标责任制，确保目标如期实现，提高对口支援的效益。[②]

3. 采取有效措施，多渠道、多层次培养民族语文和双语文教师

为解决民族学校民族语文和双语文教师缺乏的问题，要采取有效措施，多渠道、多层次培养民族语文和双语文教师。[③]

民族地区的各级政府和教育行政部门要把“双语”师资培养和教材建设列入当地教育发展规划，予以重点保障。[④]

4. 有关高等学校要为职业技术学校培养专业课师资

要加强民族地区职业教育师资队伍和职业教育管理干部队伍建设。充分利用国家重点建设的50个职教师资培训基地和部委、地方所属的高等院校或职业技术师范学院，更多地承担为民族地区培训职教师资和管理干部的任务。要制定优惠的政策，吸引和留住更多高水平的教师从事职业教育的教学和管理工作，使中等职业学校的师资基本达到任职资格标准，逐步建立一支专兼结合、数量足够、素质优良、结构合理、相对稳定的“双师型”职教师资队伍和职业教育管理干部队伍。

国家在制订高等教育招生计划时，要安排一定的名额对口招收职业学校毕业生，鼓励优秀高中毕业生定向报考职业技术师范学院。制定具

---

① 1990年2月20日国家教委、国家民委：《印发〈关于内地与新疆维吾尔自治区高等教育支援协作规划会议纪要〉》，吴仕民主编：《中国民族教育》，长城出版社2000年4月版，第679页。

② 2002年7月7日国务院：《关于深化改革加快发展民族教育的决定》，教育部民族教育司、国家民委教育科技司：《走向辉煌的中国民族教育》，民族出版社2003年12月版，第5页。

③ 1991年6月19日国务院批转国家民委：《关于进一步做好少数民族语言文字工作报告的通知》，杨侯弟、郭承康、黄凤祥、谭伟主编：《新时期民族工作概览》，华文出版社1993年5月版，第515页。

④ 2002年7月26日陈至立在第五次全国民族教育工作会议上的讲话，教育部民族教育司、国家民委教育科技司：《走向辉煌的中国民族教育》，民族出版社2003年12月版，第30页。

体措施，吸引更多普通高校的本科毕业生到中等职业学校任教。①

地方各级政府和教育等有关部门要下大力气，通过多种渠道，培养一批有志于职业教育的教师。加强委属和地方职教师资培训基地建设，国家设立职教师资培训基地中央补助项目，扩大委属职教师资培训基地的服务功能和培训能力，更多地承担为西部地区培训职教师资和管理干部的任务。②

要规划、解决好职业技术教育的师资问题。有关高等院校要在地方有关部门的统筹安排下，承担起为职业技术学校培养专业课师资的任务；在大中专毕业生分配时要对少数民族与民族地区适当照顾；对一些急需的专业课师资，还可聘请能工巧匠担任。各地还可从职业教育专项补助经费中划拨适当比例，用于专业课教师的培训。要加强电教设备建设，充分发挥现代化教育手段在职业技术教育和专业课师资培训中的作用。③

十三　加强民族学校的科学研究工作

1. 认真研究智力援藏的微观和宏观问题

智力援藏，内地帮助西藏办学培养人才，是一项崭新的工作，时间紧、规模大、分布广、任务重，许多问题还有待进一步研究，政策、措施尚未配套，要靠在实践中探索。随着时间的推移，这项工作的规模还将逐步扩大，人才培养层次还在增加，问题也更趋于复杂。

要把这一工作搞好，必须加强研究，探索规律，从一个班级、一所学校，初中、高中、中专阶段，乃至整个智力援藏工作，做好微观和宏观方面的探讨。要把主要精力从改善办学条件逐步转移到加强管理、改进教学、提高质量、探讨规律方面来。④

---

① 2000 年 7 月 28 日国家民委、教育部：《关于印发〈关于加快少数民族和民族地区职业教育改革和发展的意见〉的通知》，http：//www. seac. gov. cn/art/2000/7/31/art_ 142_ 103762. html。

② 1998 年 12 月 11 日国家教委：《关于加快中西部地区职业教育改革与发展的意见》，吴仕民主编：《中国民族教育》，长城出版社 2000 年 4 月版，第 804 页。

③ 1992 年 4 月 8 日国家教委：《关于加强少数民族与民族地区职业技术教育工作的意见》，吴仕民主编：《中国民族教育》，长城出版社 2000 年 4 月版，第 700 页。

④ 1989 年 2 月 13 日国家教委办公厅：《关于印发〈全国教育援藏工作汇报会纪要〉的通知》，吴仕民主编：《中国民族教育》，长城出版社 2000 年 4 月版，第 661 页。

2. 积极探讨和努力实践民族教育理论

要加强民族教育的理论研究，不断扩大同国内外的学术交流。[①] 有关领导要及时研究民族教育中的新情况、新问题，努力探索教育与经济相互促进的发展新路子。[②]

要抓好调研工作，完善相应政策。我国民族众多，地域辽阔，各地情况千差万别，要把中央关于民族教育的大政方针落实好，必须加强调查研究，通过调查研究，出思想、出理论、出思路、出政策，真正做到从实际出发，使政策及时反映不断变化的客观实际。云南边境沿线行政村小学实行“三免费”政策，就是在调研基础上出台的政策。[③] 要深入基层调查研究，认真总结经验，及时研究解决民族教育面临的新情况、新问题。各级教育行政部门要有相应机构和人员负责民族教育工作。[④]

政策措施上要有新突破。要根据少数民族和民族地区的特殊情况，研究政策措施。民族教育有自身的特殊性，不同于普通国民教育。有区别，就要有政策；有差距，就要有政策；有特点，就要有政策。没有政策，就是“一刀切”，就是一般化。所以，我们必须研究差异、研究差距、研究特点，从而研究新的政策，该特殊的一定要特殊，该帮助的一定要帮助。当前，特别是要结合贯彻新修改的民族区域自治法，把加快民族教育发展作为一个重要方面，加紧制定有关的政策措施。[⑤]

3. 社会科学和自然科学研究都要面向民族地区

社会科学要坚持以马克思主义为指导，继续发挥民族学科的优势，在抓好基础理论研究的同时，注意面向实际。要加强对民族地区经济和社会发展及改革开放中重大问题的研究，加强对国外民族学科发展的研究。

---

① 1992 年 10 月 20 日国家教委、国家民委：《关于加强民族教育工作若干问题的意见》，吴仕民主编：《中国民族教育》，长城出版社 2000 年 4 月版，第 713 页。

② 同上书，第 715 页。

③ 2002 年 7 月 27 日李德洙在全国第五次民族教育工作会议上总结的讲话，教育部民族教育司、国家民委教育科技司：《走向辉煌的中国民族教育》，民族出版社 2003 年 12 月版，第 38 页。

④ 2002 年 7 月 26 日陈至立在第五次全国民族教育工作会议上的讲话，教育部民族教育司、国家民委教育科技司：《走向辉煌的中国民族教育》，民族出版社 2003 年 12 月版，第 33 页。

⑤ 2002 年 7 月 27 日李德洙在全国第五次民族教育工作会议上总结的讲话，教育部民族教育司、国家民委教育科技司：《走向辉煌的中国民族教育》，民族出版社 2003 年 12 月版，第 39 页。

自然科学的研究也要面向民族地区经济建设，大力开展技术开发、推广应用和咨询服务，参与科技兴农、科技扶贫工作。有条件的专业要积极开展高新技术研究。①

4. 努力探索少数民族成人教育的特殊规律

为了改革和发展民族院校成人高等教育，要加强民族成人教育的理论研究。少数民族成人教育有其特殊的规律，应当加强对这方面的理论研究和业务探讨。

要切实发挥少数民族成人教育委员会等团体组织的作用，定期召开研讨会，总结和交流各民族院校成人教育的经验，以探讨带有普遍性的问题。②

---

① 1993 年 7 月 9 日国家民委：《关于加快所属民族学院改革和发展步伐的若干意见》，吴仕民主编：《中国民族教育》，长城出版社 2000 年 4 月版，第 727—728 页。

② 1995 年 1 月 12 日国家民委：《关于改革和发展委属民族院校成人高等教育的意见》，吴仕民主编：《中国民族教育》，长城出版社 2000 年 4 月版，第 756—757 页。

第四章　新中国民族教育理论的创新

从2002年11月党的第十六次全国代表大会到2012年11月党的第十八次全国代表大会，是新中国民族教育理论的创新期。民族教育理论在这一时期的实践特点是与时俱进，开拓创新，为全面建成小康社会、构建社会主义和谐社会、实现各民族的共同繁荣发展服务。

这期间，召开了全国农村教育工作会议、中央民族工作会议，通过了重新修订的《中华人民共和国义务教育法》，制定和颁布了《国务院关于印发中国妇女发展纲要和中国儿童发展纲要的通知》《国务院关于进一步加强农村教育工作的决定》《教育部国家发展改革委国家民委财政部人事部关于大力培养少数民族高层次骨干人才的意见》《教育部国家民委关于进一步做好民族地区寄宿制中小学管理工作若干问题的意见》《普通高等学校少数民族预科班、民族班管理办法（试行）》《普通高等学校少数民族预科班、民族班招生工作管理规定》《普通高等学校招收内地西藏班、新疆高中班学生工作管理规定》《全日制民族中小学汉语课程标准（试行）》等重要文件。

所有这些，对我国民族教育理论创新起到了重要作用。正是这些重要会议和重要实践，才完成了新中国民族教育理论的创新过程，形成了新中国民族教育理论创新阶段的核心内容。

第一节　新中国民族教育理论创新阶段的实践条件

一　影响民族教育理论创新的社会条件

1. 理论创新期的政治经济环境

2002年11月召开的中国共产党第十六次全国代表大会对现阶段社会

主要矛盾进行了分析：我国正处于并将长期处于社会主义初级阶段，现在达到的小康还是低水平的、不全面的、发展很不平衡的小康，人民日益增长的物质文化需要同落后的社会生产之间的矛盾仍然是我国社会的主要矛盾。我国生产力和科技、教育还比较落后，实现工业化和现代化还有很长的路要走；城乡二元经济结构还没有改变，地区差距扩大的趋势尚未扭转，贫困人口还为数不少；人口总量继续增加，老龄人口比重上升，就业和社会保障压力增大；生态环境、自然资源和经济社会发展的矛盾日益突出；我们仍然面临发达国家在经济科技等方面占优势的压力；经济体制和其他方面的管理体制还不完善；民主法制建设和思想道德建设等方面还存在一些不容忽视的问题。巩固和提高目前达到的小康水平，还需要进行长时期的艰苦奋斗。

经过全国各族人民的共同努力，我国已经顺利实现了现代化建设“三步走”战略的第一步和第二步目标，人民生活总体上达到小康水平。进入 21 世纪，我国开始实施社会主义现代化建设第三步的战略部署。2010 年的主要奋斗目标是：实现国民生产总值比 2000 年翻一番，使人民的小康生活更加富裕，形成比较完善的社会主义市场经济体制。实现这一奋斗目标的关键是完成两个具有全局意义的根本性转变：一是经济体制从传统的计划经济体制向社会主义市场经济体制转变；二是经济增长方式从粗放型向集约型转变。

为了服务于现代化建设第三步的战略目标，经济工作要以发展为主题，以结构调整为主线，以改革开放和科技进步为动力，以提高人民生活水平为根本目的，强调保持经济稳定增长和完善社会主义市场经济体制。2003 年 10 月，中国共产党十六届三中全会审议通过了《中共中央关于完善社会主义市场经济体制若干问题的决定》，提出推动和进一步完善社会主义市场经济体制的要求：要完善以公有制为主体、多种所有制经济共同发展的基本经济制度；建立有利于逐步改变城乡二元经济结构的体制；形成促进区域经济协调发展的机制；建设统一开放、竞争有序的现代市场体系；完善宏观调控体系、行政管理体制和经济法律制度；健全就业、收入分配和社会保障制度；建立促进经济社会可持续发展的机制。要统筹城乡发展，统筹区域发展，统筹经济社会发展，统筹人与自然和谐发展，统筹国内发展和对外开放。

2005 年 10 月中国共产党第十六届中央委员会第五次全体会议审议通

过了《中共中央关于制定国民经济和社会发展第十一个五年规划的建议》，制定描绘了我国在21世纪第二个五年经济社会发展的宏伟蓝图，这是动员全党和全国各族人民全面建设小康社会、加快推进社会主义现代化的纲领性文件。“十一五”时期经济社会发展的主要任务是：建设社会主义新农村；推进经济结构调整和经济增长方式转变；促进区域协调发展；增强自主创新能力和加快科技教育发展；深化体制改革和提高对外开放水平；加强和谐社会建设。

为了实现上述目标，在机遇和挑战并存的国内外条件下，实现全面建设小康社会，继续推进现代化建设、完成祖国统一、维护世界和平与促进共同发展的历史任务，必须大力加强党的执政能力建设，最广泛最充分地调动一切积极因素，提高党构建社会主义和谐社会的能力，全面贯彻尊重劳动、尊重知识、尊重人才、尊重创造的方针，不断增强全社会的创造活力。

2001年1月1日，中华人民共和国向全世界庄严宣布：中国实现了基本普及九年义务教育和基本扫除青壮年文盲的战略目标。在人类社会迈进21世纪第二个10年的历史时刻，2011年11月，中华人民共和国用事实向世界宣告：中国全面完成普及九年义务教育和扫除青壮年文盲的战略任务。

2. 理论创新期的重要会议和重要文献

这期间，我国教育工作和教育法制建设都取得了重要成果。

2003年9月召开的全国农村教育工作会议，是新中国成立以来第一次农村教育工作会议，国务院于2003年9月17日颁布《关于进一步加强农村教育工作的决定》，进一步明确了农村教育“重中之重”的战略地位。① 2005年3月25日，教育部发布新修订的《普通高等学校学生管理规定》。2006年6月全国人大常委会又通过了重新修订的《中华人民共和国义务教育法》，从法律上保障了义务教育的健康发展，是我国义务教育发展的新的里程碑。2003年3月4日国务院办公厅转发教育部等部门（单位）《关于幼儿教育改革与发展的指导意见》，对幼儿教育改革与发展的目标及管理体制与机制等问题做出规定。2010年5月5日国务院召开

---

① 《在西部大地书写千秋伟业——看西部如何决胜“两基”》，《中国教育报》2006年11月26日。

常务会议，审议并通过了《国家中长期教育改革和发展规划纲要(2010—2020年)》，是保障我国教育健康发展的重要指导性文件。2011年7月1日教育部、财政部颁发《关于“十二五”期间实施“高等学校本科教学质量与教学改革工程”的意见》，对建设目标、建设内容、建设管理等提出意见。2012年3月13日教育部印发《教育信息化十年发展规划（2011—2020年)》，要求建设覆盖城乡各级各类学校的教育信息化体系，促进优质教育资源普及共享，推进信息技术与教育教学深度融合，实现教育思想、理念、方法和手段全方位创新。2012年3月16日教育部颁布《关于全面提高高等教育质量的若干意见》，对全面提高我国的高等教育质量提出具体意见。2012年8月20日国务院颁发《关于加强教师队伍建设的意见》，要求到2020年，形成一支师德高尚、业务精湛、结构合理、充满活力的高素质专业化教师队伍。2012年9月7日国务院颁发《关于深入推进义务教育均衡发展的意见》，提出推进义务教育均衡发展的指导思想是全面贯彻党的教育方针，全面实施素质教育，遵循教育规律和人才成长规律，积极推进义务教育学校标准化建设，均衡合理配置教师、设备、图书、校舍等资源，努力提高办学水平和教育质量。

这期间，召开了中央民族工作会议、中央西藏工作座谈会、中央新疆工作座谈会，发布了《宗教事务条例》，有关部委连续制定了若干个对民族教育理论创新起重要作用的文件。

2004年7月8日教育部、国家发展改革委、国家民委、财政部、人事部联合颁布《关于大力培养少数民族高层次骨干人才的意见》，要求努力培养造就一大批坚定地拥护党的领导和社会主义制度、坚定地维护民族团结和国家统一、为西部大开发和民族地区的发展乐于奉献、具有较高科学人文素质和创新能力的少数民族高层次骨干人才。2005年5月11日教育部、国家民委印发了《关于进一步做好民族地区寄宿制中小学管理工作若干问题的意见》，要求民族地区寄宿制中小学的管理工作要制度化、规范化、科学化。2005年3月30日教育部印发《普通高等学校少数民族预科班、民族班招生工作管理规定》《普通高等学校招收非西藏生源定向西藏就业学生工作管理规定》《普通高等学校招收内地西藏班、新疆高中班学生工作管理规定》，2005年6月3日教育部印发《普通高等学校少数民族预科班、民族班管理办法（试行)》等文件，对各类办学行为进一步做出规范。2006年10月10日教育部印发《全日制民族中小学汉语课程标准（试行）》，体现出国家对全日制民族中小学汉语课程的基本规范和基本要求。

二　影响民族教育理论创新的思想条件

1. 始终把教育摆在优先发展的战略地位

我国未来发展、中华民族伟大复兴，关键靠人才，基础在教育。“优先发展教育是党和国家长期坚持的一项重大方针”①，也是发挥我国人力资源优势、建设创新型国家、加快推进社会主义现代化的必然选择。要不断满足人民日益增长的物质文化需要，实现国家现代化的目标，必须全面提高全体人民的科学文化素质和思想道德素质，大力推进教育普及和发展，着力培养和造就大批高素质人才，努力把我国建设成为人力资源强国，为全面建成小康社会、实现中华民族的伟大复兴提供强有力的人才和人力资源保证。

要坚持党的教育方针，坚持以科学发展观统领我国教育事业发展全局，坚持教育为社会主义现代化建设服务、为人民服务，全面实施素质教育，深化教育体制改革，统筹城乡、区域教育，统筹各级各类教育，统筹教育发展的规模、结构、质量、效益，努力办好让人民群众满意的教育。②

2. 树立和落实科学发展观

科学发展观是坚持以人为本，全面发展、协调发展、可持续发展的科学发展观。以人为本，就是要把人民的利益作为一切工作的出发点和落脚点，不断满足人们的多方面需求和促进人的全面发展。全面发展，就是要在不断完善社会主义市场经济体制，保持经济持续、快速、协调、健康发展的同时，加快政治文明、精神文明的建设，形成物质文明、政治文明、精神文明相互促进、共同发展的格局；协调发展，就是要统筹城乡协调发展、区域协调发展、经济社会协调发展、国内发展和对外开放；可持续发展，就是要统筹人与自然和谐发展，处理好经济建设、人口增长与资源利用、生态环境保护的关系，推动整个社会走上生产发展、生活富裕、生态良好的文明发展道路。

---

① 2010 年 7 月 13 日胡锦涛：《推动教育事业科学发展》，《胡锦涛文选》第三卷，人民出版社 2016 年 9 月版，第 419 页。

② 2006 年 8 月 29 日胡锦涛在中共中央政治局第三十四次集体学习时的讲话，《法制日报》2006 年 8 月 31 日。

树立和落实科学发展观，这是20多年改革开放实践的经验总结，也是推动全面建成小康社会的迫切要求①，是妥善应对我国经济社会发展关键时期可能遇到的各种风险和挑战的正确选择，也是提高党的执政能力和执政水平的迫切需要。②

3. 全面建设小康社会

全面建设小康社会是21世纪新阶段党和国家的奋斗目标和行动纲领。

2002年11月的中共十六大，是中国共产党在开始实施社会主义现代化建设第三步战略部署的新形势下召开的一次十分重要的代表大会。大会把“三个代表”重要思想同马克思列宁主义、毛泽东思想、邓小平理论一道确立为党的指导思想，提出了“全面建设小康社会”这一新世纪新阶段党和国家的奋斗目标和行动纲领。

目前人民生活虽然总体上达到小康水平，但是，现在达到的小康还是低水平的、不全面的、发展很不平衡的小康。我们要在21世纪头20年，集中力量，全面建设惠及十几亿人口的更高水平的小康社会，“使经济更加发展，民主更加健全，科教更加进步，文化更加繁荣，社会更加和谐，人民生活更加殷实”。③

4. 构建社会主义和谐社会

我们构建社会主义和谐社会，“应该是民主法治、公平正义、诚信友爱、充满活力、安定有序、人与自然和谐相处的社会”。④

构建社会主义和谐社会，必须坚持以邓小平理论和“三个代表”重要思想为指导，坚持社会主义的基本制度，坚持走中国特色社会主义道路；必须树立和落实科学发展观，坚持以经济建设为中心，坚持“五个统筹”，促进社会主义物质文明、政治文明、精神文明建设与和谐社会建设全面发展；必须坚持以人为本，始终把最广大人民的根本利益作为党和国家工作的根本出发点和落脚点，在经济发展的基础上不断满足人民

① 2003年10月14日胡锦涛：《树立和落实科学发展观》，《胡锦涛文选》第二卷，人民出版社2016年9月版，第104页。

② 《科学发展观之认识篇：中央为何提出科学发展观》，《半月谈》2004年第4期。

③ 2003年10月14日胡锦涛：《树立和落实科学发展观》，《胡锦涛文选》第二卷，人民出版社2016年9月版，第104页。

④ 2005年2月19日胡锦涛：《构建社会主义和谐社会》，《胡锦涛文选》第二卷，人民出版社2016年9月版，第285页。

群众日益增长的物质文化需要，促进人的全面发展；必须尊重人民群众的创造精神，通过深化改革、创新体制，调动一切积极因素，激发全社会的创造活力；必须注重社会公平，正确反映和兼顾不同方面群众的利益，正确处理人民内部矛盾和其他社会矛盾，妥善协调各方面的利益关系；必须正确处理改革发展稳定的关系，坚持把改革的力度、发展的速度、社会可承受的程度统一起来，使改革发展稳定相互协调、相互促进，确保人民群众安居乐业，确保社会政治稳定和国家长治久安。为此，要切实保持经济持续快速协调健康发展、切实发展社会主义民主、切实落实依法治国的基本方略、切实加强思想道德建设、切实维护和实现社会公平和正义、切实增强全社会创造活力、切实加强社会建设和管理、切实处理好新形势下的人民内部矛盾、切实加强生态环境建设和治理工作、切实做好保持社会稳定的工作。

社会和谐是中国特色社会主义的本质属性，是国家富强、民族振兴、人民幸福的重要保证。

5. 把握新世纪新阶段民族工作重点

21 世纪头 20 年，是我国发展的重要战略机遇期，也是加快少数民族和民族地区经济社会发展、实现各民族共同繁荣发展的重要战略机遇期。

新世纪新阶段的民族工作必须把各民族共同团结奋斗、共同繁荣发展作为主题。共同团结奋斗，就是要把全国各族人民智慧和力量凝聚到全面建设小康社会上来，凝聚到建设中国特色社会主义上来，凝聚到实现中华民族的伟大复兴上来。共同繁荣发展，就是要牢固树立和全面落实科学发展观，切实抓好发展这个党执政兴国的第一要务，千方百计加快少数民族和民族地区经济社会发展，不断提高各族群众的生活水平。只有各民族共同团结奋斗，各民族共同繁荣发展才能具有强大动力。只有各民族共同繁荣发展，各民族共同团结奋斗才能具有坚实基础。抓住了共同团结奋斗、共同繁荣发展这个主题，就抓住了新形势下正确处理民族问题、切实做好民族工作的根本，就能在全面建成小康社会的历史进程中不断开创民族工作的新局面。

现阶段民族工作的主要任务是：坚持以邓小平理论和“三个代表”重要思想为指导，以科学发展观统领经济社会发展全局，围绕全面建成小康社会的宏伟目标，牢牢把握各民族共同团结奋斗、共同繁荣发展的主题，全面贯彻执行党和国家的民族政策和民族法律法规，坚持和完善民族区域自治制度，巩固和发展社会主义民族关系，大力培养少数民族干部和各类人才，加快少数民族和民族地区经济社会发展，为我国社会主义物质文明、政治文明、精神文明与和谐社会建设全面发展做出贡献。①

第二节　新中国民族教育理论创新阶段的主要内容

一　大力培养少数民族高层次骨干人才

1. 高层次骨干人才匮乏制约民族地区经济和社会发展

党中央、国务院一直十分关心和重视少数民族人才的培养和使用工作，采取一系列特殊措施培养了一大批少数民族党政干部和各类专业人才。但由于社会、历史、自然等原因，与沿海和内地发达地区相比，少数民族地区的社会经济、科技教育和文化等各项事业的发展还有较大的差距，社会发展仍然比较缓慢，生产力发展水平还比较低，劳动者素质亟待提高，特别是博士、硕士毕业的高层次骨干人才严重匮乏，这成为制约当地经济建设和社会发展的重要因素。据统计，西部地区各类专业人才仅占全国总量的20.4%，高级专业技术人才只占13.6%，两院院士仅占8.3%，特别是少数民族院士更是凤毛麟角；少数民族地区专业技术人员中，工程技术人员和科学研究人员仅占15.4%和8.8%。采取特殊措施大力培养少数民族高层次骨干人才已成为关乎我国各民族共同繁荣发展、维护国家长远稳定统一的一项迫切的政治任务。②

2. 加快高层次骨干人才培养是紧迫的现实任务和长期的战略任务

新中国成立以来特别是改革开放以来，我国整个民族教育事业和西部地区的教育得到了较快发展，取得了很大成就，奠定了进一步发展的良好基础。但是，由于众所周知的原因，少数民族和西部地区教育质量

---

① 2005年5月27日胡锦涛：《新形势下做好民族工作的指导原则和主要任务》，《胡锦涛文选》第二卷，人民出版社2016年9月版，第314—316页。

② 2004年7月8日教育部、国家发展改革委、国家民委、财政部、人事部：《关于大力培养少数民族高层次骨干人才的意见》，http://old.moe.gov.cn/publicfiles/business/htmlfiles/moe/moe_155/201001/77777.html。

较低，现有人才的层次、结构不合理，特别是高层次人才的培养能力十分有限；而且在市场经济以及利益机制的影响下，民族地区素质较高的优秀人才不断向沿海和经济发展水平较高的内地流失，处于优秀人才入不敷出，培养难以为继的状况。总体上说，少数民族和西部地区教育发展程度和人才存量状况，很不适应西部大开发和全面建成小康社会的迫切需要。

根据党的十六大和党中央关于加快实施西部大开发战略的精神，以及《国务院关于深化改革加快发展民族教育的决定》要求，要结合少数民族和西部地区人才现状和人才需求的实际，通盘规划民族教育事业的改革和发展。要大力加快“两基”步伐，积极推进“三教统筹”和“农（牧）、科教”结合，不断增强教育为“三农”服务的功能，改革和发展少数民族地区职业教育和高等教育，大力培养适应当地需要的各类建设人才。同时，迫切需要依托内地高校和科研院（所）的硕士、博士点等优质教育资源，培养一大批少数民族的高层次骨干人才。通过相当一个时期的努力，逐步缓解和根本扭转少数民族高层次骨干人才匮乏状况，改善人才层次结构，逐步形成一支涵盖少数民族地区经济和社会发展各重点领域、以取得国内学历、学位为主体的少数民族高层次骨干人才队伍。① 提升少数民族人才存量的综合水平，为我国民族团结进步事业和全面建成小康社会伟大目标的实现，加速西部少数民族地区发展提供强有力的人才和智力支撑。②

大力培养少数民族高层次骨干人才是贯彻落实国家西部大开发战略和全面建成小康社会的迫切需要，是贯彻党的民族政策、增强民族团结、维护祖国统一的现实需要。加快培养少数民族高层次骨干人才，不仅是一项紧迫的现实任务，也是一项长期的战略任务。

3. 培养具有较高科学人文素质和创新能力的高层次骨干人才

通过少数民族高层次骨干人才培养计划，要大力培养造就一大批坚

① 2004 年 7 月 8 日教育部、国家发展改革委、国家民委、财政部、人事部：《关于大力培养少数民族高层次骨干人才的意见》，http：//old. moe. gov. cn/publicfiles/business/htmlfiles/moe/moe_ 155/201001/77777. html。

② 2005 年 6 月 10 日教育部、国家发展改革委、国家民委、财政部、人事部：《培养少数民族高层次骨干人才计划的实施方案》，http：//www. seac. gov. cn/art/2015/7/15/art_ 142_ 231708. html。

定地拥护党的领导和社会主义制度，坚定地维护民族团结和国家统一，为西部大开发和民族地区的发展乐于奉献，具有较高科学人文素质和创新能力的少数民族高层次骨干人才，为我国民族团结进步事业和少数民族地区全面建成小康社会目标的实现提供强有力的人才和智力支撑。重点加强教育、科技和经济等领域高层次骨干人才的培养，保证我国民族工作的重点地区，以及国家重点建设和重点工程对高层次少数民族骨干人才的需要。①

报考博士研究生考试必须符合以下条件：拥护中国共产党的领导，拥护社会主义制度，维护国家统一和民族团结，立志为西部大开发和民族地区的发展服务。保证毕业后按定向协议到定向单位或地区就业。往届或应届硕士毕业生（最迟须在入学前取得硕士学位）和满足招生单位规定条件的同等学力人员。②

报考硕士研究生必须符合以下条件：拥护中国共产党的领导，拥护社会主义制度，维护国家统一和民族团结，立志为西部大开发和民族地区发展服务。毕业后保证到定向地区或单位就业。其中，在职考生回原单位；非在职考生（含应届本科毕业生），全部回定向省、自治区、直辖市就业。考生应参加全国招收攻读硕士学位研究生的报名和统一入学考试，并在复试时进行汉语水平测试。③

4. 要明确工作职责，各部门协作配合

生源地区要根据当地国民经济和社会发展需要，制订少数民族高层次骨干人才需求规划和年度培养计划，将招生建议计划、专业安排等报教育部。由教育部牵头有关培养单位落实招生任务，编制招生计划方案，商国家发改委和财政部，纳入年度中央级部属高校研究生招生计划，单独下达管理。各有关学校和单位应根据国家下达的招生计划做好年度招生工作，将招生计划的落实和招生录取的情况报教育部。

各相关部门要积极配合，按职责分工组织实施和管理。

---

① 2004 年 7 月 8 日教育部、国家发展改革委、国家民委、财政部、人事部：《关于大力培养少数民族高层次骨干人才的意见》，http：//old. moe. gov. cn/publicfiles/business/htmlfiles/moe/moe_ 155/201001/77777. html。

② 2005 年 9 月 28 日教育部办公厅：《2006 年“少数民族高层次骨干人才计划”招生管理办法》，http：//www. fawuzaixian. com/wenku/view/id/62270。

③ 同上。

教育部负责培养计划的协调和制定招生、教学、管理以及有关政策措施，并检查督促执行情况；协调解决办学中出现的重大问题；组织评估办学情况，总结交流经验，表彰先进等。

国家民委负责提出有关政策性建议；督促检查党的民族政策的贯彻落实情况；协调和协助解决涉及民族宗教等方面的特殊性问题。

生源省、自治区、直辖市教育行政部门负责制定人才需求规划和提出年度培养需求计划；加强与当地组织人事部门、用人单位以及教育部的联系与协调等有关工作；协调学校和有关单位做好本地区生源管理等方面的特殊性工作；落实按规定由生源地区财政对学生的资助经费；负责组织和协调签订定向培养协议等工作；配合中央部委所属院校做好招生、录取等工作；对招生、培养工作提出建议。

人事部负责少数民族科技骨干特殊培养工作的政策制定和计划协调工作。

承担培养任务的中央部委所属院校在主管部门的领导下，根据国家下达的年度招生计划，负责考生报名、考试和招生录取工作；负责博士、硕士阶段的常规管理、教学和毕业生派遣工作；对基础强化培训基地教学、管理等提出建议。

基础强化培训基地负责基础强化培训阶段的管理、教学和结业考核等项工作。① 学生的学籍、后勤、生活等管理和其他工作要严格执行教育部关于研究生管理工作的有关规定和学校各项规章制度，做到统一管理，统一要求。②

5. 培养计划纳入年度研究生招生计划，单独下达管理

少数民族高层次骨干人才培养计划纳入年度中央级高校研究生招生计划，单独下达管理。招生计划属于国家定向培养计划，纳入招生单位总规模。根据少数民族和西部地区对人才的需求，教育部单独下达指导性定向培养专项招生计划。招生计划的投放，按各省、自治区、直辖市

---

① 2004年7月8日教育部、国家发展改革委、国家民委、财政部、人事部：《关于大力培养少数民族高层次骨干人才的意见》，http：//old.moe.gov.cn/publicfiles/business/htmlfiles/moe/moe_155/201001/77777.html。

② 2005年6月10日教育部、国家发展改革委、国家民委、财政部、人事部：《培养少数民族高层次骨干人才计划的实施方案》，http：//www.seac.gov.cn/art/2015/7/15/art_142_231708.html。

少数民族人口总数确定招生计划的投放比例，同时兼顾国家重点扶持的民族地区的特殊需要。在考生综合素质达到基本要求的前提下，各有关招生单位按各少数民族在当地民族总人口中的比例安排复试和录取。① 非在职人员的招生比例要占招生计划总数的50%以上。

招生生源范围是西部12省、自治区、直辖市，东北三省以及河北、海南省、湖南湘西自治州、湖北恩施自治州，新疆生产建设兵团；内地西藏班、内地新疆高中班、民族院校、高校少数民族预科培养基地和民族硕士基础培训基地的教师和管理人员。重点招收教育、科技、医学和特色文化艺术、信息技术以及经济、公共事业管理等领域从业人员。

招生工作采取"自愿报考、统一考试、适当降分、单独统一划线"等特殊措施。录取工作必须坚持德智体全面衡量，公平、公正、公开的原则，并充分考虑各生源省区的人才需求。在考生综合素质达到基本要求的前提下，招生单位按各少数民族在当地民族总人口中的比例进行录取。各招生单位所录取的在职考生所占比例不得超过50%，汉族考生所占比例不得超过10%，博士考生中西部民族地区少数民族考生所占比例不低于80%。②

6. 实施定向招生、培养和就业

少数民族高层次骨干人才按照"定向招生、定向培养、定向就业"的要求。招生对象以少数民族考生为主，同时安排一定比例招收长期在少数民族地区工作的汉族考生。

培养任务主要由中央部委所属高等学校和中国科学院、中国社会科学院、中国农业科学院承担及组织实施。③ 要根据少数民族地区经济社会发展和产业结构调整对人才的实际需求，重点向理工类及应用型专业倾斜，且招生比例不低于招生总数的50%。同时，为贯彻落实中央有关精神，推动西藏、新疆及四省藏区加快发展，招生单位在招生计划安排中

---

① 2005年6月10日教育部、国家发展改革委、国家民委、财政部、人事部：《培养少数民族高层次骨干人才计划的实施方案》，http：//www. seac. gov. cn/art/2015/7/15/art_ 142_ 231708. html。

② 2005年9月28日教育部办公厅：《2006年"少数民族高层次骨干人才计划"招生管理办法》，http：//www. fawuzaixian. com/wenku/view/id/62270。

③ 2004年7月8日教育部、国家发展改革委、国家民委、财政部、人事部《关于大力培养少数民族高层次骨干人才的意见》，http：//old. moe. gov. cn/publicfiles/business/htmlfiles/moe/moe_ 155/201001/77777. html。

予以适当倾斜和重点支持。[①]

少数民族高层次骨干人才计划属于国家定向计划。研究生毕业后，在职人员回定向单位工作；非在职人员按定向协议回定向地区就业，也可以由生源地区在本地区调剂就业。硕士服务期为5年，博士服务期为8年（内地西藏班、内地新疆高中班、高校少数民族预科培养基地和民族硕士基础培训基地的教师和管理人员参加本计划学习毕业的，硕士服务期为8年，博士服务期为12年）。[②]

西部和各民族地区党政部门要高度重视人才培养工作和十分珍惜人力资源，按学以致用的要求，为高层次骨干人才在当地充分发挥作用创造必要的生活、工作条件，力求避免人才浪费和闲置。对违约拒绝接受和安排毕业生就业的地区和单位要相应核减招生计划。[③] 各地要积极扩大就业领域，努力营造“下得去，留得住，用得上”的制度化环境，加强指导，引导毕业生面向基层、面向经济建设主战场，鼓励自主创业，为西部和民族地区全面建成小康社会贡献才华。[④]

7. 国家财政核拨实施经费

通过少数民族高层次骨干人才培养计划招收的研究生（含基础培训），享受中央级高校研究生的拨款政策。硕士研究生（四年）和博士研究生的经费按国家统一标准由国家财政核拨，其中硕士基础培训阶段的经费核拨到承担基础培训任务的高校和单位；硕士、博士生攻读学位阶段的经费按标准核拨到培养学校；中国科学院、中国社会科学院和中国农业科学院承担培养任务所需经费，按标准从现行财政渠道解决。[⑤]

8. 对家庭经济困难学生给予适当的学习和生活费补助

各招生单位要对家庭经济贫困学生按国家有关政策予以资助，确保

---

① 2012年10月12日教育部办公厅：《关于下达2013年少数民族高层次骨干人才研究生招生计划的通知》，http://www.moe.edu.cn/srcsite/A09/moe_763/201210/t20121016_143327.html。

② 同上。

③ 2004年7月8日教育部、国家发展改革委、国家民委、财政部、人事部：《关于大力培养少数民族高层次骨干人才的意见》，http://old.moe.gov.cn/publicfiles/business/htmlfiles/moe/moe_155/201001/77777.html。

④ 2008年12月10日教育部办公厅：《关于做好“少数民族高层次骨干人才”研究生就业工作的意见》，http://www.moe.edu.cn/srcsite/A09/moe_763/200812/t20081210_77773.html。

⑤ 同上。

其完成学业。生源地区和定向单位对家庭经济困难学生给予适当的学习和生活费补助。①

二　把发展学前教育摆在更加重要的位置

1. 幼儿教育是基础教育的重要组成部分

儿童时期是人生发展的关键时期。为儿童提供必要的生存、发展、受保护和参与的机会和条件，最大限度地满足儿童的发展需要，发挥儿童潜能，将为儿童一生的发展奠定重要基础。儿童是人类的未来，是社会可持续发展的重要资源。儿童发展是国家经济社会发展与文明进步的重要组成部分，促进儿童发展，对于全面提高中华民族素质，建设人力资源强国具有重要的战略意义。2011—2020 年，儿童发展面临前所未有的机遇。我们要为儿童健康成长创造更加有利的社会环境。制定和实施新一轮儿童发展纲要，将为促进人的全面发展，提高中华民族整体素质奠定更加坚实的基础。② 幼儿教育是基础教育的重要组成部分，发展幼儿教育对于促进儿童身心全面健康发展，普及义务教育，提高国民整体素质，实现全面建成小康社会的奋斗目标具有重要意义。

2. 形成公办与民办、正规与非正规教育相结合的发展格局

我国幼儿教育 2003—2007 年改革的总目标，是形成以公办幼儿园为骨干和示范，以社会力量兴办幼儿园为主体，公办与民办、正规与非正规教育相结合的发展格局。根据城乡的不同特点，逐步建立以社区为基础，以示范性幼儿园为中心，灵活多样的幼儿教育形式相结合的幼儿教育服务网络。为 0—6 岁儿童和家长提供早期保育和教育服务。已经普及九年义务教育的县（市、区），学前三年儿童受教育率达到 50%，学前一年儿童受教育率达到 80%。90% 的 0—6 岁儿童家长及看护人员受到科学育儿的指导。尚未实现普及九年义务教育的县（市、区），学前三年儿童受教育率达到 35%，学前一年儿童受教育率达到 60%。大多数 0—6 岁儿

---

① 2005 年 6 月 10 日教育部、国家发展改革委、国家民委、财政部、人事部：《培养少数民族高层次骨干人才计划的实施方案》，http://www.seac.gov.cn/art/2015/7/15/art_142_231708.html。

② 2011 年 7 月 30 日国务院：《中国儿童发展纲要（2011—2020 年）》，http://www.gov.cn/zwgk/2011-08/08/content_1920457.htm。

童的家长及看护人员受到科学育儿的指导。①

3. 构建覆盖城乡、布局合理的学前教育公共服务体系

要积极发展学前教育，着力解决当前存在的“入园难”问题，满足适龄儿童入园需求。要把发展学前教育摆在更加重要的位置。学前教育是终身学习的开端，是国民教育体系的重要组成部分，是重要的社会公益事业。改革开放特别是21世纪以来，我国学前教育取得长足发展，普及程度逐步提高。但总体上看，学前教育仍是各级各类教育中的薄弱环节，主要表现为教育资源短缺、投入不足，师资队伍不健全，体制机制不完善，城乡区域发展不平衡，一些地方“入园难”问题突出。办好学前教育，关系到亿万儿童的健康成长，关系到千家万户的切身利益，关系到国家和民族的未来。

发展学前教育，必须坚持公益性和普惠性，努力构建覆盖城乡、布局合理的学前教育公共服务体系，保障适龄儿童接受基本的、有质量的学前教育；必须坚持政府主导，社会参与，公办民办并举，落实各级政府责任，充分调动各方面积极性；必须坚持改革创新，着力破除制约学前教育科学发展的体制机制障碍；必须坚持因地制宜，从实际出发，为幼儿和家长提供方便就近、灵活多样、多种层次的学前教育服务；必须坚持科学育儿，遵循幼儿身心发展规律，促进幼儿健康快乐成长。②

确保受人口流动影响儿童平等接受义务教育。坚持以流入地政府管理为主、以全日制公办中小学为主解决流动儿童就学问题。制定实施流动儿童义务教育后在流入地参加升学考试的办法。加快农村寄宿制学校建设，优先满足留守儿童住宿需求。③

学前教育的主要目标是：促进0—3岁儿童早期综合发展。基本普及学前教育。学前三年毛入园率达到70%，学前一年毛入园率达到95%；增加城市公办幼儿园数量，农村每个乡镇建立并办好公办中心幼儿园和村幼儿园。九年义务教育巩固率达到95%。确保流动儿童平等接受义务

---

① 2003年1月27日教育部、中央编办、国家计委、民政部、财政部、劳动保障部、建设部、卫生部、国务院妇儿工委、全国妇联：《关于幼儿教育改革与发展指导意见的通知》，http：//www.fjzzjy.gov.cn/newsInfo.aspx？pkId=4133。

② 2010年11月21日国务院：《关于当前发展学前教育的若干意见》，http：//www.gov.cn/zwgk/2010-11/24/content_1752377.htm。

③ 2011年7月30日国务院：《中国儿童发展纲要（2011—2020年）》，http：//www.gov.cn/zwgk/2011-08/08/content_1920457.htm。

教育，保障残疾儿童接受义务教育。普及高中阶段教育，毛入学率达到90%。中等职业教育规模扩大，办学质量提高。保障所有儿童享有公平教育，均衡配置教育资源，缩小城乡差距、区域差距、校际差距。学校标准化建设水平提高，薄弱学校数量减少。教育质量和效益不断提高，学生综合素质和能力全面提升。①

要将家庭教育指导服务纳入城乡公共服务体系。要普遍建立各级家庭教育指导机构，90%的城市社区和80%的行政村建立家长学校或家庭教育指导服务点。建立家庭教育从业人员培训和指导服务机构准入等制度，培养合格的专兼职家庭教育工作队伍。加大公共财政对家庭教育指导服务体系建设的投入，鼓励和支持社会力量参与家庭教育工作。②

4. 充分认识发展学前教育的重要性和紧迫性

各级政府要充分认识发展学前教育的重要性和紧迫性，将大力发展学前教育作为贯彻落实教育规划纲要的突破口，作为推动教育事业科学发展的重要任务，作为建设社会主义和谐社会的重大民生工程，纳入政府工作重要议事日程，切实抓紧抓好。

统筹规划，实施学前教育三年行动计划。各省（区、市）政府要深入调查，准确掌握当地学前教育基本状况和存在的突出问题，结合本区域经济社会发展状况和适龄人口分布、变化趋势，科学测算入园需求和供需缺口，确定发展目标，分解年度任务，落实经费，以县为单位编制学前教育三年行动计划，有效缓解“入园难”。③

教育部2012年9月发布《3—6岁儿童学习与发展指南》。从健康、语言、社会、科学、艺术五个领域分别对3—4岁、4—5岁、5—6岁三个年龄段末期幼儿发展水平进行了描述。每个领域按照幼儿学习与发展最基本、最重要的内容划分为若干方面。每个方面由学习与发展目标和教育建议两部分组成。④

① 2011年7月30日国务院：《中国儿童发展纲要（2011—2020年）》，http：//www.gov.cn/zwgk/2011－08/08/content_ 1920457.htm。

② 同上。

③ 2010年11月21日国务院：《关于当前发展学前教育的若干意见》，http：//www.gov.cn/zwgk/2010－11/24/content_ 1752377.htm。

④ 2012年10月9日教育部：《3—6岁儿童学习与发展指南》，http：//www.edu.cn/xue_ qian_ 779/20121016/t20121016_ 856526.shtml。

5. 优先将农牧区幼儿园纳入学前教育项目支持范围

要缩小儿童发展的城乡区域差距。[①] 优先将农牧区幼儿园纳入学前教育项目支持范围。支持民族地区大力发展公办幼儿园，积极扶持普惠性民办幼儿园发展，优先将农牧区幼儿园纳入学前教育项目支持范围，构建“广覆盖，保基本”的学前教育公共服务体系。支持现有的乡镇和村幼儿园改善办学条件。优先在具备条件的农牧区小学增设附属幼儿园，在边远贫困地区开展学前教育巡回支教。积极扶持民办幼儿园发展。[②]

加快发展少数民族和民族地区儿童教育事业。加大对民族教育的支持力度，积极推进民族地区、农村牧区、偏远山区、边境地区改善中小学办学条件，巩固提高九年义务教育水平，促进女童接受学前和高中阶段教育。大力推进双语教学，全面推广国家通用语言文字，尊重和保障少数民族儿童使用本民族语言接受教育的权利，重视加强学前双语教育。加大民族地区师资培养培训力度。进一步完善发达地区、大中城市对民族地区的教育支援工作。加大对农村地区儿童活动设施和场所建设和运行的扶持力度。[③]

6. 加快发展儿童学前教育

积极开展0—3岁儿童科学育儿指导。积极发展公益性普惠性的儿童综合发展指导机构，以幼儿园和社区为依托，为0—3岁儿童及其家庭提供早期保育和教育指导。加快培养0—3岁儿童早期教育专业化人才。

加快发展3—6岁儿童学前教育。落实各级政府发展学前教育的责任，将学前教育发展纳入城镇建设规划和社会主义新农村建设规划；建立政府主导、社会参与、公办民办并举的办园体制，大力发展公办幼儿园，提供“广覆盖，保基本”的学前教育公共服务；鼓励社会力量以多种形式举办幼儿园，引导和支持民办幼儿园提供普惠性服务。重点发展农村学前教育。每个乡镇至少办好一所公办中心幼儿园，大村独立建园，小村设分园或联合办园，人口分散地区提供灵活多样的学前教育服务，

---

① 2012年10月9日教育部：《3—6岁儿童学习与发展指南》，http：//www. edu. cn/xue_ qian_ 779/20121016/t20121016_ 856526. shtml。

② 2012年7月12日国务院办公厅：《少数民族事业“十二五”规划》，http：//www. gov. cn/zwgk/2012 -07/20/content_ 2187830. htm。

③ 2011年7月30日国务院：《中国儿童发展纲要（2011—2020年）》，http：//www. gov. cn/zwgk/2011 -08/08/content_ 1920457. htm。

配备专职巡回指导教师，逐步完善县、乡、村三级学前教育网络。采取有效措施，努力解决流动儿童入园问题。建立学前教育资助制度，资助家庭经济困难儿童、孤儿和残疾儿童接受普惠性学前教育。因地制宜发展残疾儿童学前教育，鼓励特殊教育学校、残疾人康复机构举办接收残疾儿童的幼儿园。加强学前教育监督和管理。①

7. 保障特殊困难儿童接受义务教育权利

要落实孤儿、残疾儿童、贫困儿童就学资助政策。加快发展特殊教育，基本实现市（地）和30万人口以上、残疾儿童较多的县（市）建立1所特殊教育学校；扩大残疾儿童随班就读、普通学校特教班和寄宿制残疾学生的规模，提高残疾儿童受教育水平。为流浪儿童、有严重不良行为和违法犯罪行为的儿童平等接受义务教育创造条件。

三　切实做好少数民族人才的培养工作

1. 加强民族地区人才资源开发

民族地区人才资源开发是一项战略任务，要大力培养民族地区现代化建设需要的各级各类人才。② 要突出抓好人力资源的开发和少数民族干部队伍的建设。要把培养各级各类人才、提高劳动者素质作为重要的战略任务来抓，培养造就一大批适应民族地区发展需要的专门人才。要制定周密规划，认真组织实施，真正把少数民族优秀干部特别是优秀年轻干部选拔到各级领导岗位上来。③

要突出抓好民族地区人才资源开发。人才是加快少数民族和民族地区经济社会发展的关键性因素。坚持贯彻科教兴国战略和人才强国战略，树立培养人才优先的观念，把培养各级各类人才、提高劳动者素质摆在重要位置，作为加快少数民族和民族地区经济社会发展的重大战略任务来落实。加大对民族地区人才工作的支持，根据少数民族和民族地区经济社会发展的实际需要，制定和实施民族地区人才发展专项规划，建立健全人才管理工作机制，采取多种手段和方式帮助民族地区更多地培养

---

①　2011年7月30日国务院：《中国儿童发展纲要（2011—2020年）》，http：//www. gov. cn/zwgk/2011－08/08/content_ 1920457. htm。

②　2005年5月31日中共中央政治局会议审议的中共中央、国务院：《关于进一步加强民族工作加快少数民族和民族地区经济社会发展的决定》，http：//www. seac. gov. cn/art/2012/8/31/art_ 6081_ 164887. html。

③　胡锦涛在全国政协十届一次会议少数民族界委员联组会上的讲话，《人民日报》2003年3月5日。

经济社会发展急需的企业经营管理人才、专业技术人才和技能人才，不断提高人才素质、优化人才结构。[①]

要进一步确立少数民族和民族地区经济社会发展中人才优先发展的战略。积极推进民族地区企业经营管理人才、专业技术人才、高技能人才、农牧区实用人才、社会工作专业人才等各类人才队伍建设。大力开发民族地区经济社会发展急需紧缺的专门人才，积极引进海外高层次人才。实施边疆民族地区人才支持计划。进一步加大对艰苦边远民族地区人才的扶持力度，鼓励民族地区各类人才的成长和创业，支持和吸引各类人才到民族地区发展创业。加强和改进干部和各类人才援藏援疆援青、博士服务团、"西部之光"访问学者、少数民族科技骨干特殊培养等工作。健全和完善人才培养、评价、选拔、激励、保障的体制和机制。[②]

2. 培养民族干部和各类人才是做好民族工作的关键性因素

大力培养少数民族干部和各类人才是做好民族工作的关键性因素，是管根本、管长远的大事。要制定周密规划，完善政策机制，加大培养力度，拓宽培养渠道，不断壮大少数民族干部队伍，加强民族地区人才资源开发。[③] 着力加大少数民族干部和各类人才培养力度，努力建设高素质的少数民族干部和各类人才队伍。[④]

少数民族干部是党和国家干部队伍的重要组成部分，是党和政府联系少数民族群众的重要桥梁和纽带，是做好民族工作的重要骨干力量。努力建设一支数量充足、结构合理，坚定地同党中央保持高度一致，坚决维护民族团结和祖国统一，善于领导改革开放和社会主义现代化建设，深受各族群众拥护的高素质的少数民族干部队伍。要努力造就一支宏大

---

① 2005年5月31日中共中央政治局会议审议的中共中央、国务院：《关于进一步加强民族工作加快少数民族和民族地区经济社会发展的决定》，http://www.seac.gov.cn/art/2012/8/31/art_6081_164887.html。

② 2012年7月12日国务院办公厅：《少数民族事业"十二五"规划》http://www.gov.cn/zwgk/2012-07/20/content_2187830.htm。

③ 中共中央政治局召开民族工作会议胡锦涛主持，2005年5月31日，http://politics.people.com.cn/GB/1024/3431641.html。

④ 2012年7月12日国务院办公厅：《少数民族事业"十二五"规划》，http://www.gov.cn/zwgk/2012-07/20/content_2187830.htm。

的德才兼备的少数民族干部队伍。①

要制订和实施少数民族人才队伍建设规划，加大少数民族党政干部人才队伍、专业技术人才队伍和企业经营管理人才队伍建设力度。实施少数民族人才队伍培养工程，加强教育培训工作，进一步扩大数量、改善结构、提高素质。

国家有关部门继续办好各种形式的少数民族干部培训班，重点做好民族自治地方和边境地区、人口较少民族、少数民族妇女的干部培训工作。加大各级行政学院和国家重点大学培训少数民族干部力度。整合培训资源，拓宽培训渠道，扩大培训规模，改进培训方式，提高培训质量。

加强少数民族干部培训基地配套设施建设，编写干部培训教材，建立干部培训课程体系，培养一支长期稳定、高素质的教师队伍。对地、县级少数民族干部进行轮训，对民族工作系统的干部进行现代管理知识和综合能力培训。实施少数民族高层次骨干人才培养计划，选拔县（市、旗、区）、乡镇少数民族中青年干部接受各种形式的大专以上学历教育。选派少数民族优秀中青年专业技术人员到国内外著名高等院校、科研院所及医疗、卫生、环保等系统进行培训，培养造就一批少数民族专家学者、经营管理人才、科技骨干。大力培养少数民族农村实用人才和高技能人才。②

3. 预科班、民族班要重点培养民族地区师资和社会经济发展急需人才

在普通高等学校举办少数民族预科班、民族班，是党和国家为少数民族地区培养专门人才而采取的一项有效措施，各地、各部门和高等学校要从加快实施西部大开发战略步伐，促进民族地区的社会经济发展和维护祖国统一、民族团结的大局出发，加大扶持力度，做好少数民族预科班、民族班招生、培养和管理工作。③

民族预科班是指对当年参加普通高等学校招生全国统一考试、适当

---

① 2005 年 5 月 31 日中共中央政治局会议审议的中共中央、国务院：《关于进一步加强民族工作加快少数民族和民族地区经济社会发展的决定》，http：//www. seac. gov. cn/art/2012/8/31/art_ 6081_ 164887. html。

② 2007 年 2 月 27 日国务院办公厅：《少数民族事业“十一五”规划》，http：//news. sina. com. cn/c/2007 －03 －29/040212639645. shtml。

③ 2003 年 2 月 8 日教育部办公厅：《关于全国普通高等学校民族预科班、民族班招生、管理等有关问题的通知》，http：//www. chinalawedu. com/falvfagui/fg22598/26372. shtml。

降分、择优录取的少数民族学生，实施高等学校本、专科（高职）预备性教育的一种办学形式。民族班是指对当年参加普通高等学校招生全国统一考试、适当降分、择优录取的少数民族学生，实施高等学校本、专科（高职）教育的一种办学形式。

民族预科班、民族班招生计划为国家指令性定向就业招生计划，重点招收边远农村、高寒地区、山区、牧区的少数民族考生，也可适量招收散杂居的少数民族考生。民族预科班、民族班招生和培养任务，根据国家的有关政策和民族地区经济社会发展的需要确定。① 招生计划要重点投放在培养民族地区师资和社会经济发展急需人才领域。②

民族预科班、民族班要根据本、专科（高职）培养目标的要求，加强学生道德素质教育，强化文化基础知识和基本技能，使学生在德、智、体、美等方面得到进一步的发展，为进入本、专科（高职）学习打下良好基础。③

4. 扩大内地新疆高中班规模，推行与当地学生混合编班

为了进一步做好新疆干部与人才队伍的建设工作，从 2005 年起，扩大北京、天津、长春、哈尔滨、上海、扬州、盐城、镇江、泰州、杭州、宁波、温州、嘉兴、厦门、青岛、烟台、威海、武汉、广州、珠海、东莞、江门、肇庆、深圳 24 个城市的内地新疆高中班招生规模。扩大内地新疆高中班招生规模要统筹规划、分步实施、逐年扩招。以 2004 年 1540 名为基数，分 3 年扩招，至 2007 年达到年招生 5000 名规模，其中包括面向新疆生产建设兵团招收一定比例的少数民族和汉族农牧民子女。

承担任务的内地城市要统筹规划，选择当地教学条件、教学质量好的省级一类的非民族普通高中或符合条件的高校附属中学举办内地新疆高中班，除预科一年外，高中三年实行合校混班办学。④

---

① 2005 年 6 月 3 日教育部：《普通高等学校少数民族预科班、民族班管理办法（试行）》，http：//www. moe. edu. cn/srcsite/A09/moe_ 751/200506/t20050603_ 77872. html。

② 2003 年 2 月 8 日教育部办公厅：《关于全国普通高等学校民族预科班、民族班招生、管理等有关问题的通知》，http：//www. chinalawedu. com/falvfagui/fg22598/26372. shtml。

③ 2005 年 6 月 3 日教育部：《普通高等学校少数民族预科班、民族班管理办法（试行）》，http：//www. moe. edu. cn/srcsite/A09/moe_ 751/200506/t20050603_ 77872. html。

④ 2005 年 5 月 17 日教育部、国家发展改革委、财政部：《关于扩大内地新疆高中班招生规模的意见》，http：//www. edu. cn/jyzy_ 10735/20100906/t20100906_ 518643. shtml。

西藏班、新疆班实行与当地学生合校混班教学。①

5. 使贫困家庭学生顺利接受职业教育

支持民族地区高等职业教育的发展，在国家职业教育实训基地建设、专业设置等方面突出民族及区域特色；要大力推进中等职业教育管理体制改革，推进学校内部运行机制改革和教学模式的创新；采取措施，支持民族地区建设好起骨干示范作用的职教中心或职业学校，承担起为农村劳动力转移培训服务和为建设社会主义新农村服务两大历史性任务，当好农科教结合的载体，为民族地区经济发展做出贡献。要积极推动建立民族地区少数民族贫困学生接受中等职业教育的助学制度，使贫困家庭学生顺利接受职业教育，掌握脱贫致富本领。②

大力发展职业教育。以服务为宗旨，以就业为导向，以提高质量为重点，深化职业教育改革，促进职业教育规模、专业设置与经济社会发展需求相适应。增强职业教育吸引力，逐步推行中等职业教育免费政策。③

6. 各类干部学校切实承担起培训少数民族干部的任务

各级党校、行政学院和干部学院等要切实承担起培训少数民族干部的任务。中央和国家机关有关部门要继续办好各种形式的少数民族干部培训班。进一步做好选派西部地区和其他少数民族地区干部到中央和国家机关及经济相对发达地区挂职锻炼工作。④

加强对少数民族和民族地区干部的教育培训。发挥各级党校、行政学院、干部学院、高校和社会培训机构的作用，建立健全分工明确、优势互补的民族干部教育培训体系。⑤

---

① 2010 年 8 月 17 日教育部办公厅：《内地西藏班、内地新疆高中班管理办法》，http://www.moe.edu.cn/srcsite/A09/moe_752/201008/t20100817_189453.html。

② 2005 年 10 月 28 日教育部：《关于贯彻落实〈中共中央国务院关于进一步加强民族工作加快少数民族和民族地区经济社会发展的决定〉做好民族教育工作的通知》，http://www.moe.edu.cn/s78/A09/s7046/201006/t20100609_171611.html。

③ 2011 年 7 月 30 日国务院：《中国儿童发展纲要（2011—2020 年）》，http://www.gov.cn/zwgk/2011-08/08/content_1920457.htm。

④ 2005 年 5 月 31 日中共中央政治局会议审议的中共中央、国务院：《关于进一步加强民族工作加快少数民族和民族地区经济社会发展的决定》，http://www.seac.gov.cn/art/2012/8/31/art_6081_164887.html。

⑤ 2012 年 7 月 12 日国务院办公厅：《少数民族事业“十二五”规划》，http://www.gov.cn/zwgk/2012-07/20/content_2187830.htm。

7. 培养西藏急需的中高级人才

为了帮助西藏对具有大专以上学历的干部进行知识更新、学历升级和加大西藏自治区在职干部教育培训力度，改善在职干部队伍的文化结构、专业知识结构，培养西藏急需的中高级人才，从2003年至2007年，在中国人民大学等8所高校的成（继）教院建立西藏在职干部教育培训基地，为西藏培养成人高等教育专科起点升本科在职干部1550人。

加大西藏自治区在职干部教育培训力度，改善在职干部队伍的文化结构、专业知识结构，培养西藏急需的中高教人才，是一项重要的政治任务。各有关单位要高度重视，提高认识，加强沟通，积极做好为对西藏在职干部进行成人高等教育的工作。此项援藏计划纳入上述8所高校成人高等学历教育年度招生总规模。[①]

8. 加大新疆少数民族人才培养工作力度

1989年以来，内地高校累计招收新疆少数民族学生12000人，已毕业近8000人。这批学生经过内地高校的培养，不仅在专业技能、综合素质等方面得到了全面的提高，而且在思想政治素质、明辨是非的能力方面也有很大提高，反对民族分裂、维护祖国统一的意识得到增强，逐步成长为各条战线上的骨干，有的还走上了领导岗位，在新疆经济和各项社会事业的建设和发展中发挥着越来越重要的作用。内地高校支援新疆协作计划的实施，不仅为新疆的经济发展和社会进步做出了积极的贡献，也为边疆的社会稳定，增强民族团结，维护祖国统一做出了贡献。

对新疆加强智力支援，加大培养少数民族人才工作力度，是贯彻落实党的民族政策、实现我国全面建成小康社会目标、落实西部大开发战略和人才强国战略的重要措施。支援新疆培养一批能够担当重任，经得起风浪考验的高素质的少数民族干部与人才队伍。这是提高党的领导水平和执政能力的必然要求，是加强民族团结和维护祖国统一的重要保证，是新疆长治久安和加快发展的根本大计。[②]

---

① 2003年5月9日教育部办公厅：《关于做好内地高校成人高等教育为西藏培养在职干部工作的通知》，http：//www. moe. edu. cn/srcsite/A09/s3082/200305/t20030509_ 77955. html。

② 2004年3月11日教育部、国家民委：《关于印发〈内地高等学校支援新疆第五次协作会议纪要〉及有关本科生五年招生规划的通知》，http：//www. moe. edu. cn/srcsite/A09/s3082/200403/t20040311_ 77953. html。

四　制定特殊倾斜政策促进民族教育的发展

1. 按“民考民”“民考汉”和汉族考生分别划定录取控制线

普通高等学校招收内地新疆高中班的工作，实行“统一试卷、统一阅卷、单独划线、单独招生”的办法。招生计划生源范围为内地中学计划内招收的新疆高中班应届毕业生。教育部内地西藏班、新疆班招生工作领导小组办公室将按“民考民”“民考汉”和汉族考生分别划定高校招生最低录取控制线和有关科目（如数学、英语等）最低录取控制线。①

2. 民族预科班办学经费由中央或地方财政核拨，专款专用

根据民族预科教育的特殊性和教学管理任务的繁重程度，民族预科班教师和管理人员的编制适当放宽。民族预科班所需的基础设施、教学仪器设备、图书资料等，应当纳入学校整体建设规划和计划，予以落实，确保良好的预科教育教学条件。民族预科班的办学经费，按本、专科生的标准和当年实际招生数，由中央或地方财政核拨，专款专用。②

3. 在政策上对民族地区寄宿制中小学给予扶持和照顾

民族地区寄宿制中小学的布局规划，由学校所在地县级教育行政部门会同有关部门综合人口密度、居住分布、生产生活、地理环境、交通状况等各方面因素统筹安排。对于道路偏远、交通不便，居住相对分散，不具备建立寄宿制中小学的地区，必须保留必要的教学点，避免因学校布局调整造成适龄的少数民族学生失学。本着规模和效益协调发展的原则合理设置寄宿制中小学教学班。

大力提倡多民族走读生与寄宿生合校合班或合校分班。大力发展民族地区寄宿制中小学的信息技术教育、多媒体教育、网络远程教育等，促进民族地区寄宿制中小学跨越式发展。地方各级教育行政和民族工作部门，要大力支持民族地区寄宿制中小学信息网络和电化教学远程教育的发展，要充分利用中央和省级政府共同组织实施的“农村中小学现代远程教育工程”，积极推进民族地区寄宿制中小学教育设施现代化进程，实现优质教育资源共享，提高教育质量。

适当增加民族地区寄宿制中小学附加编制，保证学校正常运转。民

---

① 2003 年 10 月 15 日教育部：《关于做好 2004 年内地新疆高中班高考招生工作有关问题的通知》，http：//old. moe. gov. cn//publicfiles/business/htmlfiles/moe/moe_ 40/200410/4123. html。

② 2005 年 6 月 3 日教育部：《普通高等学校少数民族预科班、民族班管理办法（试行）》，http：//www. moe. edu. cn/srcsite/A09/moe_ 751/200506/t20050603_ 77872. html。

族地区寄宿制中小学以公办为主，各地根据自身情况，公办寄宿制中小学的学生可以享受助学金，贫困家庭学生还可享受相应的补助或减免杂费、书本费等。

按照“西部地区农村寄宿制中小学建设工程”方案，民族地区寄宿制中小学建设经费由中央财政支持，地方各级财政对教职工工资、学校公用经费、贫困家庭学生的资助负责，地方各级教育行政和民族工作部门要配合并监督落实好相关资金的管理和使用。

地方教育行政和民族工作部门要监督和检查民族地区寄宿制中小学对贫困学生生活补助费的发放和使用情况；要指导和帮助民族地区寄宿制中小学广泛开展勤工俭学活动，加强对寄宿制中小学农场、牧场、林场、果园等的管理，因地制宜地为学校开展勤工俭学活动提供条件，帮助改善师生生活。

对民族地区寄宿制中小学的勤工俭学，要争取地方政府从政策上给予扶持和照顾，协助解决生产基地和必要的资金扶持。上级教育行政和民族工作部门对民族地区寄宿制中小学教师的评优、晋级、工资待遇等方面给予倾斜，并根据民族地区寄宿制中小学管理工作的成效对相应管理人员进行奖罚。①

4. 深化农村义务教育经费保障机制改革

农村义务教育在全面建成小康社会、构建社会主义和谐社会中具有基础性、先导性和全局性的重要作用。要实现民族教育的发展，必须加大对民族教育的经费投入。在确立“在国务院领导下，由地方政府负责，分级管理，以县为主”的农村义务教育管理体制的基础上，逐步将农村义务教育纳入公共财政保障范围。

深化农村义务教育经费保障机制改革，要按照“明确各级责任、中央地方共担、加大财政投入、提高保障水平、分步组织实施”的基本原则，逐步将农村义务教育全面纳入公共财政保障范围，建立中央和地方分项目、按比例分担的农村义务教育经费保障机制。中央重点支持中西部地区，适当兼顾东部部分困难地区。

具体内容包括四个方面：一是全部免除农村义务教育阶段学生学杂

① 2005年4月25日教育部、国家民委：《关于进一步做好民族地区寄宿制中小学管理工作若干问题的意见》，http：//www. moe. edu. cn/s78/A09/moe_ 754/tnull_ 8362. html。

费，对贫困家庭学生免费提供教科书并补助寄宿生生活费。二是提高农村义务教育阶段中小学公用经费保障水平。三是建立农村义务教育阶段中小学校舍维修改造长效机制。四是巩固和完善农村中小学教师工资保障机制。

农村义务教育经费保障机制改革，从2006年农村中小学春季学期开学起，分年度、分地区逐步实施。①

5. 外地少数民族学生在京参加高考和录取

随着中学素质教育的开展，高考制度改革的深化，一些地区中学的课程教材体系和高考命题均有不同程度的区别，中央民族大学附属中学少数民族学生高中毕业后，很难回原籍参加高考。作为特殊情况，教育部办公厅在给北京市教委的复函中同意中央民族大学附属中学面向少数民族和西部地区招收的少数民族学生毕业后在北京市参加高考和录取。并要求北京市教委把办好中央民族大学附属中学民族班作为支持西部地区人才培养、加速西部地区发展的具体举措，予以高度重视和积极支持，将其高中毕业生升学纳入本市统一考试，统一录取，统一管理，未录取学生退回原籍。②

2007年1月5日教育部办公厅复函国家民委教育科技司，同意河北省廊坊市大厂回族自治县高级实验中学“西部民族班”的应届高中毕业生（该校2004年起成为国家民委教育科技司的基础教育示范学校，面向西部地区9个省区招收少数民族初中毕业生到该校就读高中）在河北省就地参加全国普通高等学校招生统一考试和统一录取。不能升学的，返回原籍。并要求河北省把办好廊坊市大厂回族自治县高级实验中学“西部民族班”作为支持西部人才培养、加速西部地区发展的具体举措，予以高度重视和积极支持，做好“西部民族班”教育教学管理和高中毕业生升学工作。③

---

① 2005年12月24日国务院：《关于深化农村义务教育经费保障机制改革的通知》，http://www.gov.cn/zwgk/2006-02/07/content_181267.htm。

② 2003年1月28日教育部办公厅：《关于拟同意中央民族大学附属中学少数民族学生在北京市参加高考和录取的意见》，http://www.moe.edu.cn/srcsite/A09/s7046/200301/t20030128_63541.html。

③ 2007年1月5日教育部办公厅：《关于同意河北省大厂回族自治县高级实验中学西部民族班学生在河北参加高考和录取的函》，http://www.moe.edu.cn/srcsite/A09/s7046/200701/t20070110_62317.html。

6. 推进民族地区义务教育学校标准化建设

推进民族地区义务教育学校标准化建设，改善办学条件，巩固义务教育普及成果。支持边境县和民族自治地方扶贫开发工作重点县义务教育学校校舍、体育场地、教学仪器设备、图书达到国家基本标准。①

西藏班、新疆班要设在内地办学条件达到国家办学标准、管理科学规范、教育教学质量好的标准化初中、省级示范性高中或符合条件的高校附属中学。②

要制定中小学校和中等职业学校数字校园建设基本标准。采用政府推动、示范引领、重点支持、分步实施的方式，推动中小学校、幼儿园、中等职业学校实现基础设施、教学资源、软件工具、应用能力等信息化建设与应用水平全面提升。利用网络技术，实现丰富的教学资源和智力资源的共享与传播，使每所学校实现教育教学、教育管理和服务信息化，促进教育公平，提高教育质量和效益。③

普通高等学校举办预科班、硕士基础强化班应具备下列条件：办学规模达到400 人以上；具备教学所需的校舍、设备、图书资料；与办学规模相适应的师资队伍和管理队伍；完善的教育教学管理制度；应配备专职的政治思想教育教师，强化学生爱党爱国爱社会主义教育和民族团结教育。国家部委所属高校和地方高校举办预科班、硕士基础强化班，须向上级主管部门提出申请报告，经主管部门审核后报国务院教育行政部门审批。④

7. 缩小数字鸿沟，促进优质教育资源共享

人类社会进入21 世纪，信息技术已渗透到经济发展和社会生活的各个方面，人们的生产方式、生活方式以及学习方式正在发生深刻的变化，全民教育、优质教育、个性化学习和终身学习已成为信息时代教育发展

---

① 2012 年7 月12 日国务院办公厅：《少数民族事业“十二五”规划》，http：//www. gov. cn/zwgk/2012 -07/20/content_ 2187830. htm。

② 2010 年8 月17 日教育部办公厅：《内地西藏班、内地新疆高中班管理办法》，http：//www. moe. edu. cn/srcsite/A09/moe_ 752/201008/t20100817_ 189453. html。

③ 2012 年3 月13 日教育部：《教育信息化十年发展规划（2011—2020 年）》，https：//baike. so. com/doc/24826736 -25758704. html。

④ 2010 年7 月12 日教育部：《普通高等学校少数民族预科班、高层次骨干人才硕士研究生基础强化班管理办法》，http：//old. moe. gov. cn//publicfiles/business/htmlfiles/moe/moe_ 751/201009/xxgk_ 108628. html。

的重要特征。教育信息化充分发挥现代信息技术优势，注重信息技术与教育的全面深度融合，在促进教育公平和实现优质教育资源广泛共享、提高教育质量和建设学习型社会、推动教育理念变革和培养具有国际竞争力的创新人才等方面具有独特的重要作用，是实现我国教育现代化宏伟目标不可或缺的动力与支撑。

到2020年，要形成与国家教育现代化发展目标相适应的教育信息化体系，基本建成人人可享有优质教育资源的信息化学习环境，基本形成学习型社会的信息化支撑服务体系，基本实现所有地区和各级各类学校宽带网络的全面覆盖，教育管理信息化水平显著提高，信息技术与教育融合发展的水平显著提升。教育信息化整体上接近国际先进水平，对教育改革和发展的支撑与引领作用充分显现。要通过优质数字教育资源共建共享、信息技术与教育全面深度融合、促进教育教学和管理创新，助力破解教育改革和发展的难点问题，促进教育公平、提高教育质量、建设学习型社会；通过建设信息化公共支撑环境、增强队伍能力、创新体制机制，解决教育信息化发展的重点问题，实现教育信息化可持续发展。

要缩小基础教育数字鸿沟，促进优质教育资源共享。以促进义务教育均衡发展为重点，以建设、应用和共享优质数字教育资源为手段，促进每一所学校享有优质数字教育资源，提高教育教学质量；帮助所有适龄儿童和青少年平等、有效、健康地使用信息技术，培养自主学习、终身学习能力。加快职业教育信息化建设，支撑高素质技能型人才培养，推动信息技术与高等教育深度融合，创新人才培养模式；构建继续教育公共服务平台，完善终身教育体系；整合信息资源，提高教育管理现代化水平；建设信息化公共支撑环境，提升公共服务能力和水平；加强队伍建设，增强信息化应用与服务能力；创新体制机制，实现教育信息化可持续发展。

以促进教育公平为重点，提高教育质量为核心，选择不同经济社会和教育发展水平的区域、不同类型和层次的学校，开展教育信息化建设与应用试点，建设一批教育信息化创新与改革试点校及一批教育信息化创新与改革试验区，探索信息化对教育改革和发展产生革命性影响的新思路、新方法与新机制。①

8. 内地新疆高中班要特事特办

举办内地新疆高中班并适当扩大规模，是党中央、国务院交给地方人民政府的一项长期的政治任务，是支援新疆加快培养一大批坚定地维护祖国统一、反对民族分裂、密切联系群众、具有强烈革命事业心和业务能力的少数民族干部，确保新疆经济繁荣、社会稳定、民族团结、边防巩固和各项事业全面发展的重要措施。支援新疆举办内地新疆高中班，是内地发达城市人民政府应尽的义务和义不容辞的责任。

扩大内地新疆高中班招生规模，涉及多方面，任务重、时间紧，各有关城市的人民政府应以“特事特办”的要求高度重视，对必要的基本建设、资金投入、干部教师配备等给予优先考虑，保证近期完成扩招任务，办好内地新疆高中班。②

五　加强民族学校的教学管理工作

1. 民族预科的课程要突出重点、加强基础、兼顾专业

民族预科教育的课程设置，按照“突出重点、加强基础、兼顾专业”的原则，开设汉语文、数学、外语、计算机和马克思主义理论、思想政治教育课程。根据文、理科学科特点，也可以开设必要的专业基础知识讲座，实行统一教学计划、统一教材、统一教学标准。

汉语文、数学、外语、计算机、马克思主义民族理论和思想政治等基础课程的教学计划、教学大纲由国务院教育行政部门统一制定，使用由国务院教育行政部门组织编写的民族预科班统编教材。其他课程教材由预科培养学校自行确定。

根据民族学生多元文化的特点和民族预科班教育教学以及管理的特殊要求，应当配备一定数量符合条件的少数民族教师和管理人员从事教学、管理工作。建立正式在编专职教师为主，专、兼职相结合的教师队伍负责民族预科班的教育教学和管理工作。

高等学校应当根据各民族多元文化的需要，配备反映我国少数民族

---

① 2012 年 3 月 13 日教育部：《教育信息化十年发展规划（2011—2020 年）》，https://baike.so.com/doc/24826736-25758704.html。

② 2005 年 5 月 17 日教育部、国家发展改革委、财政部：《关于扩大内地新疆高中班招生规模的意见》，http://www.edu.cn/jyzy_10735/20100906/t20100906_518643.shtml。

文化艺术的图书及音像资料。①

民族预科班教学统一使用原国家教委1996年颁布的普通高校少数民族预科教学大纲和统编少数民族预科教材组织教学，重点上好汉语文、数学、英语三门主要基础课。预科结业考核和结业证由各预科培养学校组织和印发。②

2. 寄宿制中小学要根据民族地区实际办学

民族地区寄宿制中小学招生以农村、牧区、边远山区的少数民族学生为主要生源对象，各地要结合本地实际，按照小学就近入学、初中相对集中的原则研究制定具体招生办法。高寒山区、牧区可根据当地气候等客观条件，适当调整教学时节。③

民族地区寄宿制中小学要积极组织学生开展丰富多彩的综合实践活动，增强学生适应社会生活的能力，培养学生创新精神，积极推进农、科、教相结合的机制，统筹基础教育、职业教育和成人教育的协调发展。④

3. 切实做好内地新疆中职班教学工作

各办班省（市）教育行政部门和办班学校要根据培养目标，切实做好内地中职班教学工作。一要加强基础理论知识教学，不断提高学生的科学和人文素养；对汉语水平仍较低的学生，可适当增加汉语文授课课时。二要适应新疆产业结构调整和优势特色产业发展的实际需要，着重加强学生的实践能力培养，积极创造实践教学条件，保证学生有不低于1学年的上岗实习时间。

内地中职班要坚持“爱、严、细”的管理原则，在校纪校规面前一视同仁，做到统一教学大纲、统一教学、统一管理、统一要求，积极推行内地中职班学生与当地学生混班教学。要尊重少数民族饮食习惯，办好清真食堂。新生入校后一律安排军训一个月。在每年的秋季学期开展为期一个月的民族团结教育月活动。内地中职班学生入学后可根据新疆

---

① 2005年6月3日教育部：《普通高等学校少数民族预科班、民族班管理办法（试行）》，http：//www. moe. edu. cn/srcsite/A09/moe_ 751/200506/t20050603_ 77872. html。

② 2003年2月8日教育部办公厅《关于全国普通高等学校民族预科班、民族班招生、管理等有关问题的通知》，http：//www. chinalawedu. com/falvfagui/fg22598/26372. shtml。

③ 2005年4月25日教育部、国家民委：《关于进一步做好民族地区寄宿制中小学管理工作若干问题的意见》，http：//www. moe. edu. cn/s78/A09/moe_ 754/tnull_ 8362. html。

④ 同上。

需求、学校规定和个人要求调换学习专业。[①]

4. 加强民族院校和民族地区高校建设

要重点改善民族高等院校办学条件。加强民族高等院校学科建设，打造优势特色学科，创办生态环境保护、民族文化保护、民族医药等新兴学科，建设好重点研究和实验基地。推动民族高等院校与国际著名大学、研究机构开展学术交流与合作，支持利用国外教育资源合作办学。[②]

进行民族院校和民族地区高校教育质量提升工程，中央财政支持地方高校发展的专项资金、工程和项目向民族院校和民族地区高校倾斜。推进学科专业调整和课程改革，重点加强应用型学科、特色学科建设。加大民族医药人才、民族文化人才及“双语”师资等民族地区急需人才的培养力度。支持民族院校和民族地区高校硕士点、博士点建设，建设一批重点学科，在审批新增硕士点、博士点和重点学科时，给予政策倾斜。支持建设一批重点实验室和人文社科研究基地，构建一批优势互补、资源共享的科研平台。加强师资队伍建设的校际联合和对外交流，鼓励和支持培养引进一批教育教学骨干、学术骨干和学科带头人，建设一批高水平教学和科研团队。拓展民族院校和民族地区高校对外交流渠道，开展与国外著名大学、研究机构学术交流与合作，引进国外教育资源合作办学。开展对周边国家民族领域的研究、交流和相关人员的培训。[③]

实现高等教育工作重心的转移，在规模持续发展的同时，把提高质量放在更加突出的位置，培养数以千万计德、智、体、美全面发展的高素质专门人才和一大批拔尖创新人才。[④]

人才培养是学校的根本任务，质量是学校的生命线，教学是学校的中心工作。教育行政部门和高等学校要高度重视教学工作，加大教学投入，强化教学管理，深化教学改革，采用各种措施确保教学工作的中心地位，把提高教学质量工作落到实处。正确处理规模、结构、质量和效

---

① 2011年7月12日教育部、国家发展改革委、财政部：《关于举办内地新疆中职班的意见》，http://www.moe.edu.cn/srcsite/A09/s7046/201107/t20110712_171608.html。

② 2007年2月27日国务院办公厅：《少数民族事业“十一五”规划》，http://news.sina.com.cn/c/2007-03-29/040212639645.shtml。

③ 2012年7月12日国务院办公厅：《少数民族事业“十二五”规划》，http://www.gov.cn/zwgk/2012-07/20/content_2187830.htm。

④ 2005年1月7日教育部：《关于进一步加强高等学校本科教学工作的若干意见》，http://old.moe.gov.cn//publicfiles/business/htmlfiles/moe/moe_1615/200708/25595.html。

益之间的关系，进一步加强和推动各项教学管理制度建设。高等学校要根据经济社会发展需要，科学定位，办出水平，办出特色。①

5. 做好预科班、民族班、寄宿制中小学教育教学评估工作

要对普通高等学校少数民族教育教学工作进行评估。办学条件符合要求、教学质量优秀、办学成绩突出、办学效果好的高等学校应给予通报表扬和表彰；办学条件达不到要求、教育教学质量等部分评估指标达不到评估标准的高等学校，分别应给予通报、限期整改；全部或绝大多数评估指标达不到评估标准而又无条件改进的高等学校，应终止其举办民族预科班资格。②

加强对下级教育行政部门寄宿制中小学管理工作的督导检查，组织开展督导评估工作。地方教育行政部门要对民族地区寄宿制中小学教学计划的实施进行指导并适时进行评估。学校领导班子对学校教师教学计划的实施、教案的编写以及备、讲、辅、批、改等教学环节进行指导和评估。教育部、国家民委对民族地区寄宿制中小学管理建立评估制度，定期对民族地区寄宿制中小学进行评估检查，对评估不合格的学校进行通报批评。地方各级教育行政和民族工作部门也要制定相应的奖惩细则，加大对民族地区寄宿制中小学的奖罚力度，确保民族地区寄宿制中小学健康有序地开展好各项工作。③

6. 全面提高儿童科学素养水平

提高儿童科学素养水平。开展多种形式的科普和社会实践活动，增强儿童对科学技术的兴趣和爱好，培养儿童科学探究能力和综合运用知识解决问题的能力。利用科技类博物馆、科研院所等科普教育基地和青少年科技教育基地等资源，为儿童提供科学实践的场所和机会。建立校外科学实践活动与学校课程相衔接的机制。加强校内外结合的儿童科普网络建设，建立和巩固一支专兼职相结合的儿童科普队伍。

加快推进教育教学改革。积极推进课程体系、教学内容、教学方法、

---

① 2007 年 2 月 17 日教育部：《关于进一步深化本科教学改革全面提高教学质量的若干意见》，http：//www. edu. cn/zcxx_ 5800/20070420/t20070420_ 229410. shtml。

② 2005 年 6 月 3 日教育部：《普通高等学校少数民族预科班、民族班管理办法（试行）》，http：//www. moe. edu. cn/srcsite/A09/moe_ 751/200506/t20050603_ 77872. html。

③ 2005 年 4 月 25 日教育部、国家民委：《关于进一步做好民族地区寄宿制中小学管理工作若干问题的意见》，http：//www. moe. edu. cn/s78/A09/moe_ 754/tnull_ 8362. html。

考试招生制度改革，建立教育质量标准和监测评价制度体系，完善学生综合素质和学业评价体系。完善和全面实施义务教育就近免试入学制度，解决学生择校问题。建立学生课业负担监测和公告制度，减少作业量和考试次数，减轻学生课业负担。

全面推进素质教育。树立科学的教育观，全面贯彻教育方针，坚持面向全体学生、促进学生德智体美全面发展，提高学生的学习能力、实践能力、创新能力、社会适应能力和思想道德素质、科学文化素质、健康素质。①

7. 选派管理干部到内地高等学校协助工作

随着内地高等学校支援新疆协作计划、内地新疆高中班等项工作的持续开展，内地高等学校新疆少数民族学生人数增多，学生管理工作强度和难度日益加大。为了进一步加强内地高等学校对新疆少数民族学生的教育和管理工作，从新疆区内选派优秀管理干部到内地部分高等学校，配合学校做好新疆少数民族学生的管理工作。此项工作有利于促进新疆与内地之间的相互沟通与交流，同时，也是培养锻炼新疆管理干部和后备干部的有效途径。

新疆区内选派管理干部的主要职责和任务是配合内地高等学校加强对新疆少数民族学生的教育和管理，协助做好突发事件的处置工作，及时处理学生之间的各种矛盾纠纷；开展对学生的思想政治教育，了解和掌握学生思想动态，协助内地高等学校做好学生的思想政治工作；学习内地高等学校先进的管理经验、教育教学理念和专业知识；协助预科培养基地加强对新疆少数民族学生数学、英语、汉语等课程进行辅导；协助内地高等学校做好学生清真食堂的管理及食堂工作人员的管理工作，新疆少数民族困难学生的甄别、资助工作和毕业生的就业指导工作以及“少数民族高层次骨干人才”培养计划的宣传、组织报名工作；除在所派高校做好工作外，同时须兼顾和协助所在城市其他高校做好新疆少数民族学生的管理工作；及时向新疆教育厅反馈有关情况，并做好其他相关工作。②

---

① 2011 年 7 月 30 日国务院：《中国儿童发展纲要（2011—2020 年）》，http：//www. gov. cn/zwgk/2011 -08/08/content_ 1920457. htm。

② 2007 年 10 月 11 日教育部：《关于选派新疆管理干部到内地高等学校协助工作的函》，http：//www. moe. edu. cn/srcsite/A09/s3082/200710/t20071026_ 77950. html。

西藏、新疆教育厅要按照政治强、业务精、纪律严、作风正的要求，把好派出管理教师的质量关。管理教师派出前要进行集中培训教育。西藏、新疆派出的教师服从办班学校的领导和管理，积极工作，认真负责地做好学生的生活管理、德育和思想政治教育工作。办班学校负责对西藏、新疆选派教师的工作考核。工作表现突出的教师，由西藏、新疆自治区教育厅给予表彰奖励。[①]

8. 培养政治合格、业务过硬的骨干人才

少数民族高层次骨干人才培养过程中，要全面贯彻党和国家的教育方针和民族政策，按培养目标的要求，严格执行教学计划，培养出政治上合格，业务上过硬的各民族人才。[②]

博士、硕士研究生课程教学阶段，在大力加强专业理论教学的同时，要高度重视和重点加强学生的实践能力、科研能力和创新能力的培养。培养学校和单位要多为学生创造实践教学和课题研究的机会和条件，选配优秀的专家、教授担任导师和授课，确保教育、教学质量。[③]

硕士基础强化班是国家为加快培养少数民族人才而采取的特殊办学形式。重点是强基固本，强化规定课程的教学和培养，使学生的基础综合水平接近或者达到攻读硕士研究生课程的基本要求。课程应遵循“突出重点、加强基础、兼顾专业”的原则。实行统一教学计划、统一教材、统一教学标准。[④]

六　做好民族学校学生的思想教育工作

1. 民族预科班、民族班要把德育工作放在首位

举办和管理民族预科班、民族班，应当把德育工作放在首位，以马克思主义民族理论和国家的民族政策为主要内容，教育学生热爱社会主义祖国，拥护中国共产党的领导，学习马列主义、毛泽东思想、邓小平

---

① 2010 年 8 月 17 日教育部办公厅：《内地西藏班、内地新疆高中班管理办法》，http://www.moe.edu.cn/srcsite/A09/moe_752/201008/t20100817_189453.html。

② 2005 年 6 月 10 日教育部、国家发展改革委、国家民委、财政部、人事部：《培养少数民族高层次骨干人才计划的实施方案》，http://www.seac.gov.cn/art/2015/7/15/art_142_231708.html。

③ 同上。

④ 2010 年 7 月 12 日教育部：《普通高等学校少数民族预科班、高层次骨干人才硕士研究生基础强化班管理办法》，http://old.moe.gov.cn//publicfiles/business/htmlfiles/moe/moe_751/201009/xxgk_108628.html。

理论和“三个代表”的重要思想，树立爱国主义、集体主义和社会主义思想，树立正确的马克思主义民族观、宗教观、世界观、人生观、价值观；培养学生树立有利于国家统一、民族团结、经济发展、社会进步的思想品德和文明风尚；鼓励学生勤奋学习，勇于创新，掌握现代科学文化知识。

民族预科班、民族班学生的教育管理应当遵循生活上关心爱护、校纪校规上严格要求、教学上耐心细致的原则。加强民族团结教育，使各民族学生互相学习、互相帮助、互相尊重各民族的风俗习惯，禁止破坏民族团结和制造民族分裂的行为。①

2. 改进民族地区寄宿制中小学的德育工作

加强民族团结教育和爱国主义教育，切实改进民族地区寄宿制中小学的德育工作。民族地区寄宿制中小学要按照上级教育和民族工作主管部门的要求，认真抓好对师生的马克思主义民族观、宗教观和党的民族、宗教政策的教育，加强我国各民族团结、奋发向上的光荣传统和优秀文化传统的教育，进一步增强“汉族离不开少数民族、少数民族离不开汉族、各少数民族之间也互相离不开”的“三个离不开”观念，牢固树立自觉维护国家统一、反对民族分裂的思想意识，坚持宗教与国民教育相分离的原则。

民族地区寄宿制中小学要在信教师生中大力宣传科教兴国战略，加强对各民族师生进行唯物主义和无神论的教育，引导各民族师生弘扬科学精神，树立科学世界观，增强自觉抵御封建迷信和邪教侵蚀的能力。②

3. 加强对骨干人才民族宗教理论与政策教育

要对学生加强政治思想和马克思主义民族、宗教理论以及党的民族、宗教政策的教育③，各民族学生要有高度的使命感和责任感，发愤图强，刻苦研读，完成规定的学习任务。弘扬爱国主义精神，始终维护民族团结和国家统一，提高道德和人文修养，遵纪守法，诚信待人、处事，为

---

① 2005 年 6 月 3 日教育部：《普通高等学校少数民族预科班、民族班管理办法（试行）》，http：//www. moe. edu. cn/srcsite/A09/moe_ 751/200506/t20050603_ 77872. html。

② 2005 年 4 月 25 日教育部、国家民委：《关于进一步做好民族地区寄宿制中小学管理工作若干问题的意见》，http：//www. moe、edu. cn/s78/A09/moe_ 754/tnull_ 8362. html。

③ 2004 年 7 月 8 日教育部、国家发展改革委、国家民委、财政部、人事部：《关于大力培养少数民族高层次骨干人才的意见》，http：//old. moe. gov. cn/publicfiles/business/htmlfiles/moe/moe_ 155/201001/77777. html。

西部大开发和民族地区繁荣发展做出自己应有的贡献。①

在基础强化培训阶段和硕士、博士课程学习阶段，都要对学生加强政治思想和马克思主义民族宗教理论政策的教育。培养学校和单位要采取有效措施防止宗教和邪教对培养工作的干扰，学生不得从事任何宗教活动。②

4. 西藏班和新疆班要坚持育人为本，德育为先

西藏班、新疆班要坚持社会主义办学方向，贯彻落实科学发展观，执行党的教育方针和民族政策，全面实施素质教育，坚持育人为本，德育为先，把西藏班、新疆班办成宣传党的民族政策和西藏、新疆工作的窗口，办成增强民族团结、维护祖国统一，反对民族分裂，促进西藏、新疆跨越式发展和长治久安的坚强阵地。要培养坚决拥护中国共产党的领导，热爱祖国，热爱社会主义，坚定维护祖国统一、民族团结和政治可靠，有理想、有道德、有文化、有纪律的德、智、体、美全面发展的社会主义事业可靠接班人和合格建设者。

办班学校要切实加强西藏班、新疆班德育和学生思想政治教育工作，开好思想政治课和民族团结教育课。加强学生对伟大祖国、中华民族、中华文化、中国特色社会主义道路的认同教育；加强马克思主义祖国观、民族观、宗教观、历史观、文化观和唯物论、无神论的教育；加强拥护中国共产党领导、热爱社会主义、维护祖国统一和民族团结、反对民族分裂教育，引导学生树立正确的世界观、人生观、价值观，牢固树立西藏、新疆是祖国不可分割的一部分和“三个离不开”的思想。加强革命传统教育和法制教育，引导学生养成高尚的品德和良好的行为习惯。新生入学后安排1—2周的军训和入学教育。每学年新学期开展为期一个月的民族团结教育月活动。承担办学任务的省（市）设立西藏班、新疆班思想政治教育专项经费，保障办班学校开展爱国主义和民族团结教育工作。加强巡回宣讲工作。教育部会同西藏、新疆教育厅，组织有关专家，每年对西藏班、新疆班办班学校进行巡回宣讲。加强办班学校德育室建设。办班学校要建立学校德育活动室。通过图片、模型、音像资料等图

---

① 2005年6月10日教育部、国家发展改革委、国家民委、财政部、人事部：《培养少数民族高层次骨干人才计划的实施方案》，http：//www. seac. gov. cn/art/2015/7/15/art _ 142 _ 231708. html。

② 同上。

文并茂的形式，展示西藏、新疆的历史发展、党和国家的亲切关怀、全国人民的大力支援以及改革开放新成就，对学生进行经常性的思想政治教育。

西藏班、新疆班学生必须认真学习政治理论和科学文化知识，积极参加体育锻炼和学校组织的各项活动；服从学校的统一管理，严格遵守中学生守则和校纪校规，遵守社会公共秩序；尊老爱幼，团结互助，诚实守信，关心集体，爱护公物。严禁学生参加任何形式的宗教活动，自觉遵守学校的规章制度。①

5. 将德育贯穿儿童教育的各个方面

学校要加强和改进学校思想道德教育，坚持育人为本、德育为先，把社会主义核心价值体系融入国民教育全过程。把德育渗透于教育教学各个环节，贯穿于学校教育、家庭教育和社会教育各个方面。创新德育形式，丰富德育内容，不断提高德育工作吸引力和感染力，增强德育工作的针对性和实效性。充分发挥共青团和少先队在学校德育工作中的作用。②

6. 加强基础强化班的德育教育

预科班、硕士基础强化班坚持教育与宗教相分离原则，任何组织和个人不得利用宗教妨碍学校正常教育教学秩序，不得以任何形式进行宗教活动和宣扬宗教。

培养学校要坚持把德育工作放在首位，以马克思主义民族理论、国家的民族政策、民族团结为主要内容，教育学生热爱社会主义祖国，拥护中国共产党的领导，树立马克思主义国家观、民族观、宗教观、历史观、文化观，树立汉族离不开少数民族，少数民族离不开汉族，各少数民族之间也相互离不开的思想；培养学生对伟大祖国的认同，对中华民族的认同，对中华文化的认同，对中国特色社会主义道路的认同；把学生培养成为政治可靠，有理想、有道德、有文化、有纪律，德智体美全面发展的社会主义建设者和可靠接班人；鼓励学生勤奋学习，勇于创新，掌握现代科学文化知识。

---

① 2010 年 8 月 17 日教育部办公厅：《内地西藏班、内地新疆高中班管理办法》，http：//www. moe. edu. cn/srcsite/A09/moe_ 752/201008/t20100817_ 189453. html。

② 2011 年 7 月 30 日国务院：《中国儿童发展纲要（2011—2020 年）》，http：//www. gov. cn/zwgk/2011 –08/08/content_ 1920457. htm。

预科班、硕士基础强化班学生的教育管理应当遵循生活上关心爱护、校纪校规上严格要求、教学上耐心细致的原则。

加强民族团结教育，使各民族学生相互学习、相互帮助，互相尊重各民族的风俗习惯。禁止破坏民族团结和制造民族分裂的行为，树立良好的校风、学风。

学生在校学习期间，应当遵守法律、法规，遵守学校的校纪校规。培养学校对违反校纪校规的学生，可视其违纪情形按照《普通高等学校学生管理规定》和学校有关规定给予相应的处理并报招生学校备案。

培养学校应当严格执行学生考勤制度，教育引导学生不旷课、不迟到、不早退。无故旷课累计超过某门课程教学时数1/3者，不得参加该课程的考试或考核，不予发放结业证书和办理转录手续。

培养学校应贯彻执行国家有关硕士基础强化班的政策。制定加强硕士基础强化班管理的具体办法，实施硕士基础强化班的教育教学工作，加强对学生进行政治思想教育，民族团结教育，思想品德教育、法律法规教育。①

7. 在内地新疆中职班开设民族团结教育课程

要在加强内地新疆中职班思想政治教育的基础上，开设民族团结教育课并列入相关课程考试内容，加强对学生的祖国观、民族观、宗教观、文化观、历史观教育和“三个离不开”为主要内容的民族团结教育，进一步增强各族学生对祖国、对中华民族、对中华文化、对中国特色社会主义道路的认同，使学生牢固树立自觉维护国家统一、增强民族团结、反对民族分裂的思想意识。②

8. 将核心价值体系融入大学教育过程

本科教育要全面贯彻党的教育方针，坚持育人为本，德育为先，深入实施素质教育，培养适应经济社会发展需要的数以千万计的专门人才和一大批拔尖创新人才。要切实加强大学生的思想政治教育，把社会主义核心价值体系融入大学教育全过程。要深化教育改革，提高教育质量，

---

① 2010年7月12日教育部：《普通高等学校少数民族预科班、高层次骨干人才硕士研究生基础强化班管理办法》，http://old.moe.gov.cn//publicfiles/business/htmlfiles/moe/moe_751/201009/xxgk_108628.html。

② 2011年7月12日教育部、国家发展改革委、财政部：《关于举办内地新疆中职班的意见》，http://www.moe.edu.cn/srcsite/A09/s7046/201107/t20110712_171608.html。

着力培养有理想、有道德、有文化、有纪律的大学生，要努力提高大学生的学习能力、创新能力、实践能力、交流能力和社会适应能力。

大力推进文化素质教育，营造良好的育人环境。要把人文教育和科学教育融入人才培养的全过程，把德育、智育、体育、美育有机结合起来，落实到教育教学的各环节，通过文理交叉、学科融合，实现课程的有机结合，促进大学生综合素质的全面提高。寓教育于文化活动之中，积极支持高校学生组织开展丰富多彩、积极向上的学术、科技、体育、艺术和娱乐活动。要在师生中广泛开展践行社会主义荣辱观教育。[①]

七　加快发展现代农村职业教育体系

1. *农村职业教育要为推动县域经济社会发展服务*

农村职业教育要以推动县域经济社会发展为目标，坚持学校教育与技能培训并举、全日制与非全日制并重，大力开发农村人力资源，逐步形成适应县域经济社会发展要求，体现终身教育理念的现代农村职业教育体系。

进一步完善基础教育课程体系。以“三个面向”为指导，构建体现先进教育思想理念的、开放兼容的基础教育课程体系，全面提升学生的科学、人文素养。在总结课程改革经验的基础上，进一步完善课程设置方案，给学生留有更多自由支配的活动时间，切实减轻学生过重的课业负担。修订各学科课程标准和教材，把社会主义核心价值体系有机融入课程教材中，进一步精选对学生终身发展有重要价值的课程内容，更加强化课程教材与社会发展、科技进步和学生经验的紧密联系，更加突出时代性，增强适宜性，提升课程教材的现代化水平，突出对学生社会责任感、创新精神和实践能力的培养。进一步加强中小学各学段、各学科课程内容的有机衔接。建立基础教育课程教材周期修订制度，既保持课程教材的相对稳定性，又随着社会科技发展而与时俱进。

严格落实综合实践活动、技术、音乐、美术、体育等课程。指导学校结合实际制定普通高中选修课程建设规划，开设丰富多彩、高质量的选修课，保障学生有更多选择课程的机会。加强对学生选课的指导，引导学生选择适合个人兴趣爱好和未来发展需要的课程。在达到国家规定

---

① 2007 年 2 月 17 日教育部：《关于进一步深化本科教学改革全面提高教学质量的若干意见》，http://www.edu.cn/zcxx_5800/20070420/t20070420_229410.shtml。

的基础教育基本质量要求的前提下，有条件的地区和学校可逐步提高地方课程和学校课程的设置比例。各地要因地制宜地做好地方课程和学校课程的规范管理和分类指导。

大力推进农村地区课程改革。要把农村地区的课程改革作为深化基础教育课程改革的重中之重，加强组织领导和统筹规划。要加大对农村地区课程改革的经费投入，提供必要的办学条件保障，保证农村学校开齐开足国家课程，达到国家规定的基本质量要求。充分发挥“农村中小学现代远程教育工程”的作用，为农村学校提供更多的优质资源、网上培训、教研、专业咨询等服务。教研部门要充分发挥组织协调作用，促进农村学校建立多种形式的教研共同体和教学合作组织。积极支持开发符合农村实际的地方课程和学校课程。①

2. 改革农村职业教育办学模式

要紧密结合县域经济社会发展需求，深化农村职业教育改革创新。改革农村职业教育办学模式，推动“政府主导、行业指导、企业参与”办学。改革农村职业教育培养模式，根据县域主导产业、特色产业和现代农业发展需求，加强优势专业、特色专业和涉农专业建设，使农村职业教育深度融入当地产业链；推进学分制等弹性学习制度，允许学生通过送教下乡、工学交替等多种形式完成学业；改革农村职业教育教学模式，大力推进具有县域特色的工学结合、校企合作和顶岗实习；围绕农村生产实践，推进项目教学、生产一线教学；充分利用现代教育技术手段，不断提升教学质量。改革农村职业教育评价制度，建立健全以学生为中心、以能力为本位，多元主体参与的教育质量评价体系。②

3. 重点办好一批农业职业学校和涉农专业

探索有关部门通过合作共建加快发展农业职业教育的工作机制，以农村实用人才带头人和农村生产经营型人才为重点，每年培养农村实用人才100万人，实现2020年农村实用人才总量达到1800万人的目标。③

---

① 2010年4月27日教育部：《关于深化基础教育课程改革进一步推进素质教育的意见》，http：//www.gov.cn/zwgk/2010-06/02/content_1619006.htm。

② 2011年10月25日教育部、国家发展和改革委员会、科学技术部、财政部、人力资源和社会保障部、水利部、农业部、国家林业局、国家粮食局：《关于加快发展面向农村的职业教育的意见》，http：//www.moe.edu.cn/srcsite/A07/s7055/201110/t20111025_171559.html。

③ 同上。

加快发展民族地区职业教育，办好一批适应当地经济发展方式转变和产业结构调整要求的职业院校，加大符合当地产业发展需求的优势特色专业建设支持力度，中等职业教育改革发展示范校建设项目、职业教育实训基地建设项目等国家实施的项目向民族地区倾斜。① 提升高职学校服务产业发展能力，探索高端技能型人才系统培养模式。②

4. 加强“三教”统筹，推进“农科教”结合

农村基础教育、职业教育、成人教育要分工协作，形成合力，共同培育“有文化、懂技术、会经营”的新型农民。农村中小学在巩固提高九年义务教育水平的同时，要充分利用师资、设备、场所支持开展农民教育培训；农村职业教育要大力培养现代农业专业人才、经营人才、创业人才和新型农民，扩大农村实用人才规模，提升队伍整体素质；农村成人教育要积极开展农村实用技术培训、农村劳动力转移培训和农民学历继续教育，提升农村主要劳动年龄人口就业创业能力。在城市确定一批职业学校、成人学校、社区学校和培训机构作为农民工培训基地，开展农民工职业教育与技能培训。每年开展各类农民和农民工培训 8000 万人次。③

5. 健全县域职业教育培训网络，加强农民教育培训

办好县级中等职业学校，使其成为指导县域新型农民培养培训、农村人力资源开发、农村劳动力转移培训、新技术培训与推广、扶贫开发和普及高中阶段教育的重要基地。推动乡镇人民政府办好已有的乡村成人文化技术学校和农业科技推广站，使其成为乡村农民教育培训的重要阵地；没有举办成人文化技术学校的乡镇，要依托乡镇初中、中心小学的师资和远程教育设施以及乡镇文化站、村文化室等开展农民教育培训，依托农村中小学校布局调整后闲置的学校资源发展农村成人教育。各级农村职业教育培训机构要配备专兼职管理人员，组织引导农民参加教育培训。要充分利用现代远程教育网络，切实发挥现代教育手段在农民教

① 2012 年 7 月 12 日国务院办公厅：《少数民族事业“十二五”规划》，http：//www. gov. cn/zwgk/2012 -07/20/content_2187830. htm。

② 2012 年 3 月 16 日教育部：《关于全面提高高等教育质量的若干意见》，http：//www. moe. edu. cn/publicfiles/business/htmlfiles/moe/s6342/201301/xxgk_146673. html。

③ 2011 年 10 月 25 日教育部、国家发展和改革委员会、科学技术部、财政部、人力资源和社会保障部、水利部、农业部、国家林业局、国家粮食局：《关于加快发展面向农村的职业教育的意见》，http：//www. moe. edu. cn/srcsite/A07/s7055/201110/t20111025_171559. html。

育培训中的作用。

加强农村、农业职业学校师资队伍建设。各省（区、市）主管部门要采取积极措施，吸引优秀人才和高等学校优秀毕业生到农村、农业职业学校任教。支持农业技术推广部门、农业企业等组织中具有一定理论水平和丰富实践经验的技术骨干、带头人补充到职业学校涉农专业师资队伍。农村、农业职业学校专业教师和实习指导教师占专任教师的比例应不低于70%，兼职教师承担的专业教学任务原则上不少于工作总量的30%，建立一支结构合理、素质优良、相对稳定、专兼结合的教师队伍，使农业职业学校和职业学校涉农专业点教师配备生师比逐步达到20∶1。[①]

6. 推进民族地区职业教育的改革与发展

支持民族地区高等职业教育的发展，在国家职业教育实训基地建设、专业设置等方面突出民族及区域特色；要大力推进中等职业教育管理体制改革，推进学校内部运行机制改革和教学模式的创新；采取措施，支持民族地区建设好起骨干示范作用的职教中心或职业学校，承担起为农村劳动力转移培训服务和为建设社会主义新农村服务两大历史性任务，当好农科教结合的载体，为民族地区经济发展做出贡献。要积极推动建立民族地区少数民族贫困学生接受中等职业教育的助学制度，使贫困家庭学生顺利接受职业教育，掌握脱贫致富本领。[②]

7. 办好内地新疆中等职业教育班

为了帮助新疆发展中等职业教育，加快普及高中阶段教育，建立有利于推动新疆职业教育发展和技能型人才培养的灵活开放的职业教育机制，培养一大批技能型人才和高素质劳动者，内地部分省（市）的国家重点中等职业学校（含高等学校中专部）举办了内地新疆中等职业教育班。举办内地新疆中职班，是党中央、国务院统筹新疆经济社会发展、促进新疆加快转变经济发展方式、切实解决新疆缺乏技能型人才等实际困难的重大战略决策，是维护祖国统一、民族团结，实现各民族共同团

---

① 2011年10月25日教育部、国家发展和改革委员会、科学技术部、财政部、人力资源和社会保障部、水利部、农业部、国家林业局、国家粮食局：《关于加快发展面向农村的职业教育的意见》，http://www.moe.edu.cn/srcsite/A07/s7055/201110/t20111025_171559.html。

② 2005年10月28日教育部：《关于贯彻落实〈中共中央国务院关于进一步加强民族工作加快少数民族和民族地区经济社会发展的决定〉做好民族教育工作的通知》，http://www.moe.edu.cn/s78/A09/s7046/201006/t20100609_171611.html。

结奋斗、共同繁荣发展的重要举措，是进一步推动新疆职业教育发展、带动广大农牧民脱贫致富的有效途径。

通过在内地省（市）的国家重点中等职业学校举办内地中职班，把内地中职班办成宣传党的民族政策、增进民族团结、维护新疆发展稳定的坚强阵地；培养一批坚决拥护中国共产党的领导、热爱伟大祖国、坚持社会主义制度、维护祖国统一的有理想、有道德、有文化、有纪律、德智体全面发展的具有较强就业能力的高素质劳动者和技能型人才。

从2011年起，在天津、辽宁、上海、江苏、浙江、安徽、江西、山东、广东9个东中部省（市）国家重点中等职业学校举办内地中职班，每年招生规模为3300人（其中，新疆生产建设兵团300人），重点培养油气生产加工和储备、煤化工、矿产资源开发和加工、电子信息、生物制药、现代化农牧业种植与加工、畜产品养殖与加工、纺织与服装加工、特色农产品生产和精加工等新疆经济社会发展急需的专业人才。

内地中职班招收具有新疆维吾尔自治区户籍、符合报考条件的应届初中毕业，主要招收南疆四地州（喀什地区、和田地区、克州和阿克苏地区）少数民族初中毕业生，学制为3年。内地中职班学生毕业后，鼓励回新疆就业。毕业生就业实行市场引导，双向选择，自主择业。新疆维吾尔自治区要制定内地中职班毕业生就业管理办法，在财政、税收和金融等方面制定优惠政策，鼓励内地中职班毕业生回乡就业创业。①

八　建设一支数量充足、结构合理、质量较高的教师队伍

1. 加强农村、农业职业学校教师培养和培训

国家级职业教育师资基地在年度培养培训计划安排上向民族地区倾斜并在收费上予以优惠，支持民族地区职业教育师资队伍建设。②“职业学校教师素质提高计划”要向农村、农业职业学校倾斜。各省（自治区、直辖市）要加快组织对农村、农业职业学校专业教师的轮训。建立教师到高等学校、科研院所、企业和生产合作组织实践的基地，完善教师到企业和生产一线实践制度，促进农村、农业职业学校“双师型”教师队

① 2011年7月12日教育部、国家发展改革委、财政部：《关于举办内地新疆中职班的意见》，http://www.moe.edu.cn/srcsite/A09/s7046/201107/t20110712_171608.html。

② 2005年12月6日教育部：《关于贯彻落实〈国务院实施“中华人民共和国民族区域自治法”若干规定〉的通知》，http://www.moe.edu.cn/s78/A09/s7046/201006/t20100609_171610.html。

伍建设。

各职业学校要积极开展校本培训。建立和完善教师考评奖励制度，把师德师风、专业发展、服务学生作为教师考核、职务聘任、选派进修和评优奖励的重要依据。鼓励教师通过“送教下乡”、技能竞赛、在职攻读相关硕士学位等方式，提升专业水平和实践能力。各级教育行政部门要积极创造条件，有计划、有组织地选派农村、农业职业学校教师到国内外高等学校、科研院所和企业进修学习，造就一批农村、农业职业教育专业带头人和骨干教师。①

2. 开展民族基础教育师资帮扶工程

各民族地区要通过“民族贫困地区中小学综合素质培训项目”“农村中学教育硕士师资培养计划”“中英西南基础教育项目”“联合国儿基会师资培训项目”等项目，积极培养“下得去，留得住，用得上”的少数民族师资，尤其是“双语”师资。要采取鼓励和优惠政策，吸引师范院校毕业生到民族地区基层学校任教，充实民族地区教师力量。鼓励和支持大中城市教师、高校毕业生到民族地区基层支教和任教。要进一步采取措施加强教育对口支援。②

开展以民族自治地方中小学教师为重点的培训、轮训工作，选送骨干教师进修学习。按照农村义务教育阶段中小学公用经费总额的5%统筹安排农村中小学教师培训经费，切实加强管理，把民族自治地方农村中小学教师培训纳入规范化管理的轨道。利用“农村现代远程教育工程”的资源，做好民族自治地方贫困县教师的培训工作。加强民族自治地方“双师型”教师培养。强化民族自治地方“双语”教师队伍建设。加强教育扶贫工作，组织发达地区优秀教师赴民族自治地方农村牧区巡回讲学。有条件的少数民族聚居地区，要积极探索异地办学的有效形式。大力发展民族自治地方农村牧区寄宿制教育，帮助贫困家庭学生完成义务教育

---

① 2011年10月25日教育部、国家发展和改革委员会、科学技术部、财政部、人力资源和社会保障部、水利部、农业部、国家林业局、国家粮食局：《关于加快发展面向农村的职业教育的意见》，http://www.moe.edu.cn/srcsite/A07/s7055/201110/t20111025_171559.html。

② 2005年10月28日教育部：《关于贯彻落实〈中共中央国务院关于进一步加强民族工作加快少数民族和民族地区经济社会发展的决定〉做好民族教育工作的通知》，http://www.moe.edu.cn/s78/A09/s7046/201006/t20100609_171611.html。

阶段学习。[①] 实施卓越教师教育培养计划，探索中小学特别是农村中小学骨干教师培养模式。[②] 加强中小学师资队伍建设，鼓励支持高校毕业生到民族地区基层任教。[③]

3. 实施农村义务教育阶段教师特岗计划

针对西部农村教师缺乏和素质有待提高的现状，从2006年起用5年的时间实施农村义务教育阶段教师特岗计划，通过公开招募高校毕业生到西部“两基”攻坚县县以下农村义务教育阶段学校任教，引导和鼓励高校毕业生从事农村教育工作，逐步解决农村师资总量不足和结构不合理等问题，提高农村教师队伍的整体素质。

特岗计划的实施原则和步骤是：一是事权不变，创新机制。“计划”是中央对西部农村贫困和边远地区解决教师问题的支持，不改变事权划分。纳入“计划”的县（市），必须是教师总体缺编、结构性矛盾突出，财力比较困难，但工作基础好、积极性高的县（市），“计划”实施期内不得再以其他方式补充新教师。各相关省（自治区、直辖市）要在核定的编制总额内招聘特设岗位教师。二是中央统筹，地方实施。教育部、财政部牵头制订总体规划和年度计划，提出特设岗位教师总量指导性意见。相关省（自治区、直辖市）要研究制定实施“计划”的具体政策和落实办法，并精心组织实施。受援县（市）负责教师的日常管理和考核，并向省级有关部门报告。三是相对集中，成组配置。特设岗位教师的安排应注意结合当地实际需求，按照学科结构，科学搭配。岗位的设置要相对集中，避免过于分散。一般在1个县（市）安排100个左右，1所学校安排3—5人。四是侧重初中，兼顾小学。特设岗位教师原则上安排在县以下农村初中，适当兼顾乡镇中心学校。人口较少的边境县、少数民族自治县和少小民族县可安排在农村生源占60%左右的县城学校。五是先行试点，逐步扩大。“计划”的实施采取先试点，后推开的办法。2006年拟安排2万—3万个特设岗位教师。相关省（自治区、直辖市）要精心

---

① 2007年2月27日国务院办公厅：《少数民族事业“十一五”规划》，http：//news.sina.com.cn/c/2007－03－29/040212639645.shtml。

② 2012年3月16日教育部：《关于全面提高高等教育质量的若干意见》，http：//www.moe.edu.cn/publicfiles/business/htmlfiles/moe/s6342/201301/xxgk_146673.html。

③ 2012年7月12日国务院办公厅：《少数民族事业“十二五”规划》，http：//www.gov.cn/zwgk/2012－07/20/content_2187830.htm。

选择部分教师紧缺、工作基础好的"两基"攻坚县作为试点县，并认真抓好试点工作。

实施农村义务教育阶段教师特岗计划，是创新教师补充机制，吸引高学历人才从事农村义务教育的重要改革；是扩大高校毕业生就业渠道，促进青年人才健康成长的有效途径；是巩固"两基"攻坚成果，完善农村义务教育保障机制的必然要求；是提高农村教育质量，促进社会主义新农村建设的有效措施。[①] 要加大对民族地区实施农村义务教育阶段学校教师特设岗位计划的倾斜力度。[②]

4. 实施新一轮中小学教师综合素质暨新课程培训

在实施2000—2003年"教育部民族、贫困地区中小学教师综合素质培训项目"的工作基础上，启动新一轮民族贫困地区中小学教师综合素质培训项目暨新课程师资培训工作。"新一轮民族、贫困地区中小学教师综合素质培训计划暨新课程师资培训计划（2004—2008）"是加强民族、贫困地区教师队伍建设，提高民族、贫困地区教师队伍素质的重要举措之一。各地要从民族、贫困地区现有教育基础出发，从中小学教师素质现状出发，把本培训计划的实施与西部地区"两基攻坚计划"相结合，并纳入省、自治区、直辖市新一轮教师培训工作的总体规划之中，因地制宜地制定符合本地实际的培训计划和目标，并采取切实有效的措施，周密组织、精心操作，扎扎实实搞好新一轮民族、贫困地区中小学教师综合素质培训项目工作。

此轮培训的重点是：开展以"新理念、新课程、新技术"和师德教育，积极探索和努力开展教师学习型组织的创建工作。努力造就一支具有较高素质的学习型教师队伍，为全面推进素质教育和促进农村教育的改革和发展提供人力资源保障。

此轮培训的基本原则是：坚持积极进取，实事求是，分区规划，分类指导，分步推进，促进综合素质培训项目的均衡发展；坚持以教师发展为本，面向全员，突出骨干，倾斜农村，促进综合素质培训项目的协

---

① 2006年5月15日教育部、财政部、人事部、中央编办：《农村义务教育阶段学校教师特设岗位计划实施方案》，http：//old. moe. gov. cn//publicfiles/business/htmlfiles/moe/s3312/201001/xxgk_81624. html。

② 2012年7月12日国务院办公厅：《少数民族事业"十二五"规划》，http：//www. gov. cn/zwgk/2012－07/20/content_2187830. htm。

调发展；坚持开展校本研修，自学为主，指导为辅，强调反思，促进综合素质培训项目的可持续发展。

此轮培训的工作思路是：围绕一个主线。即构建终身教育体系，促进教师专业发展，创建教师学习型组织。突出两个加强，即加强以校为本的教师研修和加强运用信息技术、远程网络教育的教师培训。强调三项原则，即统筹规划，科学论证；面向全员，突出骨干，倾斜民族、贫困地区和广大农村；扎实工作，稳步推进。抓好五个重点，即加强中小学教师师德教育，增强教师职业道德意识，增强教师的光荣感和使命感，促进教师职业道德水平显著提高；加强全体教师新理念培训，转变教育观念，增强实施素质教育的自觉性和主动性，提高实施素质教育的能力和水平；加强全体教师新课程培训，坚持通识培训与具体学科培训相结合，加强实施新课程的自觉性和责任感；加强全体教师新技术培训，使教师能够运用现代教育技术等与课程教学整合，提高教育教学质量；加强改革创新力度。实施新一轮综合素质培训项目，必须研究适应新形势的新思路、新方法、新机制，特别是要采取一些有效政策措施，加快民族地区、贫困地区教师培训的步伐。

此轮培训的主要目标是：以教师发展为本，以促进教师专业化为导向，以构建终身学习体系为重点，以新课程培训为切入点，以提高教师教育教学质量水平为中心，以校本研修为基础，建立教师学习型组织，充分运用教育信息技术为手段，有效开展教师培训工作。

此轮培训的主要任务及培训内容是：坚持从实际出发，分区规划、分类指导、分步实施、分阶段推进。第一阶段：师德教育和新理念培训。第二阶段：新课程通识培训。第三阶段：新课程学科培训。第四阶段：新技术培训。

此轮培训的保障机制是：建立以教师自评为主的培训管理方式；开展创建综合素质培训项目特色示范区评估工作；对各地贯彻落实培训计划情况进行督导检查。①

5. 加强西藏班、新疆班教师队伍建设

要配齐、配好、配强西藏班、新疆班教师，使班师比达到1∶8。教师

---

① 2004年11月12日教育部：《关于启动新一轮民族、贫困地区中小学教师综合素质培训项目暨新课程师资培训计划（2004—2008年）的通知》，http://www.moe.edu.cn/s78/A09/s7046/201410/t20141021_178093.html。

实行“定编不定人”、定期轮换制度，不适应从事西藏班、新疆班管理与教育教学工作的要及时调换，确保质量。提高教职工待遇，在职称评定、选拔使用上优先安排，帮助解决后顾之忧，充分调动教职工工作积极性。承担办学任务的省（市）设立西藏班、新疆班教职工特殊岗位津贴，每人每月补助标准为基本工资与绩效工资之和的25%。①

各办班省（市）教育行政部门和办班学校要切实加强内地新疆中职班教师队伍建设，安排政治思想素质高、业务能力强、经验丰富、有奉献精神的教师到内地中职班担任班主任、任课教师和管理人员，以保证教育教学质量。各办班省（市）和新疆维吾尔自治区教育行政部门要制定相关政策，可以从生源来自内地新疆高中班的高校毕业生中选录优秀人员充实到内地中职班进行教学和管理工作。对需要调入或录用的优秀教师和管理人员，办班省（市）教育行政部门要优先予以解决。新疆维吾尔自治区教育行政部门要负责定期选派政治素质好、业务能力强、双语兼通的管理教师到内地中职班学校任职，在学校统一领导下参与学生管理工作。②

6. 严格寄宿制中小学师资队伍的管理

严格实行教师资格制度，积极推进竞争上岗和全员聘用制，建立科学合理的考核制度和激励机制，建设一支数量充足、结构合理、质量较高的教师队伍。要强化民族地区寄宿制中小学教职员工的职业道德和行为规范教育，加强师资培训和教学研究，适时进行国际交流与国际合作，切实提高教师的综合素质，坚决清退不合格教师。

鼓励和支持发达地区和城镇教师到边远民族地区寄宿制中小学任教或支教。要通过多种途径加强民族地区寄宿制中小学教师培训，促进教师师德水平和业务素质显著提高。③

7. 建设质量合格的研究生基础强化班师资队伍

培养学校要建立正式在编专职教师为主，专、兼职相结合的教师队

---

① 2010年8月17日教育部办公厅：《内地西藏班、内地新疆高中班管理办法》，http：//www. moe. edu. cn/srcsite/A09/moe_752/201008/t20100817_189453. html。

② 2011年7月12日教育部、国家发展改革委、财政部：《关于举办内地新疆中职班的意见》，http：//www. moe. edu. cn/srcsite/A09/s7046/201107/t20110712_171608. html。

③ 2005年4月25日教育部、国家民委：《关于进一步做好民族地区寄宿制中小学管理工作若干问题的意见》，http：//www. moe. edu. cn/s78/A09/moe_754/tnull_8362. html。

伍，负责预科班、硕士基础强化班的教育教学和管理工作。根据民族学生多元文化的特点和预科班、硕士基础强化班教育教学以及管理的特殊要求，应当配备一定数量符合条件的少数民族教师和管理人员，从事教学、管理工作。

预科班、硕士基础强化班的教师，应当取得高等学校教师资格，实行高等学校教师职务制度。预科班、硕士基础强化班教师享受与本校本科、专科、硕士研究生教师同等待遇。专职教学管理人员的聘任与本校其他专职教学管理人员相同。

预科班、硕士基础强化班教师连续三年完成工作任务的，要有计划地安排进修、培训，提高教师的综合素质和教学水平。培养学校应当保障教师参加进修、培训、开展学术研究和学术交流的时间和经费。①

九　继续做好教育援助工作

1. 进一步提高认识，统一思想，高度重视

西藏是我国重要的边疆民族地区，在维护国家统一、民族团结、保持边疆稳定方面具有十分重要的战略地位。由于历史、自然条件等方面的制约，西藏的经济社会发展在全国还处于较低的发展水平，属于我国范围较大的连片贫困地区。没有西藏的充分发展，就难以实现我国全面建设小康社会的宏伟目标，没有西藏的文明、富裕和团结稳定，就难以建成全国的和谐社会。加快西藏发展面临的困难表现在经济社会的诸多方面，但西藏各族人民的整体素质不适应新时期社会发展的需要，教育发展严重滞后是主要因素之一。因此，在国家大力扶持西藏经济社会和教育事业发展的同时，还迫切需要内地较发达地区伸出援手帮助西藏加快发展教育事业。

承担教育援藏任务的各有关省、直辖市要自觉地把对教育援藏工作的认识统一到党中央、国务院的要求上来，从全局和政治的高度充分重视教育援藏工作，积极发扬中华民族“济贫扶弱”的光荣传统和社会主义大协作精神，进一步加强和完善教育援藏的政策措施，加大工作和投入力度，按国家要求努力完成教育援藏的各项任务，为把西藏建设成为

---

① 2010年7月12日教育部：《普通高等学校少数民族预科班、高层次骨干人才硕士研究生基础强化班管理办法》，http：//old. moe. gov. cn//publicfiles/business/htmlfiles/moe/moe _ 751/201009/xxgk_108628. html。

维护民族团结和国家统一的坚强阵地做出应有的贡献。①

2. 加快西藏教育的快速、协调、健康发展

要全面贯彻党的教育方针和民族政策，大力推进西部大开发战略，认真实施“科技兴藏”和“人才强藏”基本方略；高度重视教育援藏工作在促进西藏政治稳定、经济发展、社会进步，增强民族团结、维护国家统一中的重要作用；坚持自力更生与国家扶持、内地大力支援相结合，加快西藏各级各类教育的快速、协调、健康发展，大力培养各类急需人才，不断增强西藏自力更生和可持续发展能力。

“十一五”期间，要进一步加大国家和内地对西藏教育的扶持和支援力度，使西藏九年义务教育阶段学校骨干教师和教育管理干部得到有效培训；普通高中、中等职业学校的办学条件得到明显改善，培养能力得到显著增强，高中教育阶段贫困学生得到有效资助；普通高等院校的教学、科研和管理水平得到显著提高，重点学科的建设取得明显进展；西藏建设需要的各类人才得到有效充实。通过努力，西藏教育的自我发展能力得到进一步增强。②

3. 加强教育援藏工作的政策支持

加强对西藏普通高中和中等职业教育的支援。采取“分片负责，对口支援”和“定点、包干”办法，对口支援西藏的发展普通高中和中等职业教育。重点帮助西藏改扩建15所普通高中学校和7所中等职业学校，加强受援学校的基础设施改扩建和教学仪器设备更新补充，培训教师队伍等，使其整体办学条件和综合能力达到国家标准。

大力加强教师和教育行政管理干部的培养、培训工作。承担对口教育援藏任务的省、直辖市从2006年至2010年，每年为对口支援地（市）培训100名中小学骨干教师、50名教育行政管理骨干人员。培训经费由支援省、直辖市政府统筹解决，培训方式与受援地（市）协商确定。根据受援地（市）的需要可选派教师和教育行政管理人员援藏。设立专项经费，资助对口地区家庭贫困高中阶段学生完成学业。

“十一五”期间，继续组织实施内地高等学校对口支援西藏高等学校

① 2006年12月20日教育部、中央统战部、国家民委：《关于进一步加强教育对口支援西藏工作的意见》，http://www.moe.edu.cn/srcsite/A09/s3082/200612/t20061220_77791.html。

② 同上。

的工作。采取内地多所高等学校对口支援西藏一所高校的方式，加大对西藏高等学校的支援力度。由内地28所高等学校分别对口支援西藏大学、西藏藏医学院、西藏民族学院和西藏警官高等专科学校。承担支援任务的高校，重点帮助受援学校制定整体发展规划，加强院（系）的学科和教师队伍建设，帮助提高教学、科研和管理水平，加强资源库建设，使受援学校的综合办学和科研能力得到显著增强。

大力加强为西藏培养各类建设人才的工作。在中国人民大学等8所高等学校建立西藏在职干部教育培训基地。内地高校为西藏招收非西藏生源培养人才的工作，根据西藏对人才的需要组织实施；继续执行中央财政资助学费的优惠政策。进藏服务期为5年。

加强教育部有关直属单位对西藏相关单位的对口支援。教育部直属的人民教育出版社、高等教育出版社、中国教育报刊社、中央教育科学研究所、教育部考试中心、中央电化教育馆、中央广播电视大学、中国教育电视台、学生体协联合秘书处、科技发展中心、学位与研究生发展中心11个单位负责对口支援西藏教育厅所属的有关单位。①

4. 进一步办好内地西藏班

进一步办好内地西藏班，切实提高人才培养工作的质量和水平。要继续把办好内地西藏班作为一项政治任务，毫不动摇地坚持下去。

在办学过程中，要突出把内地西藏班办成增强民族团结、维护祖国统一、促进西藏发展的坚强阵地，办成宣传我国民族政策和西藏工作的窗口，把学生培养成为政治可靠、有真才实学的合格人才。要坚持优先加强爱国主义和民族团结教育，加强党的民族、宗教政策教育，使学生牢固树立科学的世界观和“汉族离不开少数民族、少数民族离不开汉族、各少数民族之间也相互离不开”的思想观念；坚持优先加强教师队伍建设，优化结构，重点培训，提高质量，加强激励机制和管理制度建设，完善教职工待遇和子女升学等方面的优惠政策。要积极推进办学布局、结构的调整和改革，适度扩大办学规模，使内地办学规模、层次和结构等更好地适应西藏建设的需要；积极推进培养方式的改革，进一步加强素质教育，重视学生实践能力和创新素质的培养；积极推进教学改革，

---

① 2006年12月20日教育部、中央统战部、国家民委：《关于进一步加强教育对口支援西藏工作的意见》，http://www.moe.edu.cn/srcsite/A09/s3082/200612/t20061220_77791.html。

认真探索西藏班教学模式、教学方法的创新，组织开展按文化程度分层施教和开展探究性学习的试验；积极推进办学管理制度的改革，进一步改革和完善学校常规管理和办学工作评价等方面的政策措施。要认真落实示范性学校建设计划，使内地西藏班综合办学水平达到示范性窗口学校办学要求；认真落实教职工编制，根据教学和管理工作的实际需要，由地方政府足额充实教职工队伍，确保班师比达到 1∶8 的配备标准；认真落实办学经费，地方财政要按规定足额到位。同时，国家要对示范性学校建设、强化学生思想政治教育和促进德育智育发展、校园维护、科研及宣传等方面的特殊需要给予支持。①

5. 把教育援藏工作抓紧抓好

要充分发挥各部门的特点和优势，统筹兼顾，突出重点，把教育援藏工作抓紧抓好，务求取得实效。

承担教育援藏任务的有关省、直辖市要采取“分片、分校负责，定点对口支援，包干落实对口任务”的办法，由北京、广东等 18 个省、直辖市对口支援拉萨、阿里等地、市发展普通高中和中等职业教育，设立专项经费，资助对口地区高中阶段家庭贫困学生完成学业，落实教师和管理人员的培训任务，提高教学和管理水平。承担教育援藏任务的内地 24 所高校要继续做好对口支援西藏 6 所高等学校的工作，使受援学校的综合办学和科研能力得到显著增强，上一届对口支援项目任务未完成的要继续完成。要加强对口培养人才的工作，继续积极承担为西藏培养急需人才和培训干部的任务，扩大面向西藏和内地西藏班的本科和研究生招生计划，多渠道为西藏培养人才。教育部 12 个直属单位要加强对西藏教育厅 11 个单位的对口支援工作，支持西藏教育事业单位改善工作条件。对口支援项目所需经费，纳入自有资金支出项目予以保障。②

6. 形成教育援藏工作的合力

进一步加强组织领导机构建设，切实形成内地西藏班办学和教育援藏工作的合力。经过 20 多年的积极努力，全国内地西藏班办学和教育援藏工作形成了党中央、国务院决策，内地省、直辖市承担办学和教育援

---

① 2007 年 5 月 24 日中央统战部办公厅、教育部办公厅、西藏自治区人民政府办公厅：《关于印发〈全国内地西藏班和教育援藏工作会议纪要〉的通知》，http：//www. moe. edu. cn/srcsite/A09/s7046/200705/t20070524_62393. html。

② 同上。

藏任务，经费投入以地方为主、中央财政资助、教育部门主抓、相关部门积极参与、西藏积极配合的有效管理体制。

有关省、直辖市党委、政府要认真贯彻会议精神，进一步健全和加强工作领导机构，明确相关部门的责任，形成有效的组织领导制度和协调管理机制，并制定和完善相关的政策措施。要定期研究并及时解决工作中的突出问题，确保党和国家关于内地西藏班办学和教育援藏有关方针政策和经费投入落到实处。

国家有关部委要认真履行职责，积极支持内地西藏班办学和教育援藏工作；中央统战部、教育部、国家发展改革委、国家民委、财政部等部门要加强对这项工作的宏观协调和指导，定期检查工作落实情况，协调解决重大问题，确保内地西藏班办学和教育援藏工作有序、有效开展，按期完成任务，实现预期目标。①

7. 加强教育援藏规律性的研究

内地西藏班办学和教育援藏工作，是一项长期、艰巨的政治任务，又是较为复杂的系统工程。为了进一步提高内地西藏班办学和教育援藏工作的针对性及实际效果，有必要加强理论研究工作。

要认真开展内地西藏班办学工作的科学研究。由于西藏特殊的文化、历史背景，西藏的学生在语言、思维方式、性格、交往行为、文化基础等方面，与内地学生相比有许多差异和不同的特点；同时，这些学生从西藏社会、教育环境整体转入内地社会和教育环境，会产生诸多方面的不适应，这就对教育教学和管理工作提出了新的要求。要在认真总结20多年来办学工作经验的基础上，认真组织开展西藏文化历史、学生心理和认知规律、行为特点和交往方式、德育和教师队伍建设、教学和教学组织模式、母语学习和开展双语教学等方面的科学研究，为全面提高内地西藏班的教育教学和管理水平，提供有效的理论支持。

要加强教育援藏工作的研究。要结合本地区、本部门教育援藏工作，重点突出西藏经济、社会状况和教育事业发展面临的实际困难、需要采取的实际措施等方面的研究，为本地区本部门正确制定教育援藏工作的

① 2007年5月24日中央统战部办公厅、教育部办公厅、西藏自治区人民政府办公厅：《关于印发〈全国内地西藏班和教育援藏工作会议纪要〉的通知》，http：//www. moe. edu. cn/srcsite/A09/s7046/200705/t20070524_62393. html。

政策措施、提高教育援藏工作的针对性和实际效果服务。要大力加强内地西藏班办学和教育援藏工作的成绩、经验、典型事迹的广泛交流和宣传。同时要积极组织国际宣传，为内地西藏班办学和教育援藏工作营造良好的社会舆论氛围。①

8. 将对口支援西部高校列入议事日程

加强对内地高校支援新疆工作的领导。支援新疆发展教育事业，为新疆培养人才，对维护祖国统一、增强民族团结、保持国家的长治久安和各民族的共同繁荣具有重大意义，是内地高校义不容辞的责任和义务。承担任务的国务院有关部门、有关省市及其所属高校要高度重视这项工作，把它列入重要议事日程，加强领导，求真务实，及时改善条件，确保高校支援新疆工作顺利进行。②

推进对口支援西部高校工作，促进东部和西部高等教育的协调发展。重点资助受援高校教师到支援高校进行半年以上的进修提高。在对口支援高校中实行干部交流制度，资助一批受援高校教学管理干部到对口支援高校学习锻炼，交流管理经验，提高受援高校的教学管理水平。③

9. 预科教育是培养新疆合格人才的重要环节

预科教育是高校支援新疆培养合格人才的一个重要环节。

内地高校招收新疆少数民族学生，继续实行“戴帽”招生，即预科招生时就确定本科学校和专业。招生对象为新疆少数民族高中毕业生，在当年参加全国普通高等学校统一考试的考生中择优选拔。预科新生进入相应的预科培养学校进行预科阶段学习，预科学习期满，经考核合格后，转入本科学习。如出现名额空缺，则从当年参加普通高考的新疆少数民族学生中择优递补。各有关部委和教育部直属高校要把预科转入计划纳入本部门当年招生总计划内。学生毕业后原则上回新疆工作。除北

---

① 2007 年 5 月 24 日中央统战部办公厅、教育部办公厅、西藏自治区人民政府办公厅：《关于印发〈全国内地西藏班和教育援藏工作会议纪要〉的通知》，http://www.moe.edu.cn/srcsite/A09/s7046/200705/t20070524_62393.html。

② 2004 年 3 月 11 日教育部、国家民委：《关于印发〈内地高等学校支援新疆第五次协作会议纪要〉及有关本科生五年招生规划的通知》，http://www.moe.edu.cn/srcsite/A09/s3082/200403/t20040311_77953.html。

③ 2007 年 1 月 22 日教育部、财政部：《关于实施“高等学校本科教学质量与教学改革工程”的意见》，http://old.moe.gov.cn//publicfiles/business/htmlfiles/moe/moe_1623/201001/xxgk_79761.html。

京大学、清华大学、中国人民大学以及长沙理工大学、黄河科技学院等院校根据特殊需要可从统招中选拔优秀少数民族学生直接进入本科学习外，其他各类高校招收的新疆少数民族学生，先在预科学习。其中民考汉学生、双语实验班学生和艺术类院校的预科学习时间为一年，民考民学生预科学习时间为两年。①

十 加强中小学的民族团结教育

1. 要进一步提高认识，统一思想

我国是多民族的社会主义国家。为了巩固和发展“平等、团结、互助”的社会主义民族关系，维护各民族的紧密团结和国家的统一，党和国家历来高度重视在各民族干部群众特别是在各级各类学校的各民族学生中开展以马克思主义民族观、宗教观和党的民族、宗教政策为重点内容的民族团结教育工作。

1990 年以来，根据教育部（原国家教委）和国家民委的要求，逐步在中小学开展了民族团结教育活动，丰富了中小学爱国主义、国情教育和素质教育的内容，促进了 56 个民族优秀文化传统的相互交流、继承和发扬，增进了学生对我国各民族共同缔造社会主义伟大祖国历史的认识，增强了各民族学生自觉维护民族团结、维护国家统一，反对分裂的思想意识，在各界引起了积极的社会反响，取得了良好的教育和社会效果。

在新世纪、新时期，要进一步明确在各级各类学校加强民族团结教育的必要性和重要性，进一步大力推进中小学民族团结教育工作。中华民族是一个多民族的大家庭，不论是在内地还是在边疆，不论是在汉族地区还是在少数民族地区，都要加强马克思主义的民族观、宗教观和党的民族政策、宗教政策的教育，都要进行民族团结教育。这需要各级教育、民族（宗教）部门把思想和认识自觉地统一到党和国家的要求上来，并在工作中认真贯彻落实。②

2. 我国民族关系面临着新的形势

当前我国民族关系的主流是好的，民族团结、社会稳定，社会主义

---

① 2004 年 3 月 11 日教育部、国家民委《关于印发〈内地高等学校支援新疆第五次协作会议纪要〉及有关本科生五年招生规划的通知》，http：//www. moe. edu. cn/srcsite/A09/s3082/200403/t20040311_77953. html。

② 2004 年 6 月 14 日教育部办公厅、国家民委办公厅：《关于在中小学进一步大力推进民族团结教育工作的通知》，http：//www. moe. edu. cn/srcsite/A09/s3081/200406/t20040614_77789. html。

的各项改革和建设事业正在顺利进行，但也不能忽视危害民族团结的潜在因素和国内极少数分裂主义分子以及国际反华势力加紧“分化”的现实危险性的存在。

1990 年以来，随着苏联的解体和东欧的分化以及巴尔干地区的动荡，国际上民族独立思潮和各宗教势力的蔓延，“西化”与“分化”相呼应，对我国的负面影响有所增加。国际上“泛伊斯兰主义、泛蒙古主义、泛突厥主义”思想活跃，以制造西藏独立、新疆独立为目的的境内外分裂主义分子的活动在不断加剧，这些势力与台独势力相勾结，寻机制造事端破坏民族团结，企图分裂祖国。近些年来，在民族地区、内地城乡以及各类学校民族纠纷时有发生，其中一些是由于没有处理好经济利益矛盾引起的，还有一些是由于不了解或不尊重少数民族的风俗习惯和宗教信仰，甚至违背党和国家的民族、宗教政策，伤害少数民族的感情引起的。如在文艺作品、新闻报道以及刊物中此类事件时有发生，引起了民族地区的不稳定，对我国的民族团结产生了严重的负面影响。我国民族关系面临的新的形势应当引起我们高度重视。①

3. 加强民族团结教育意义极为重要

在中小学加强民族团结教育对于增强民族团结、维护祖国统一、保持国家的长远稳定具有极为重要的现实意义和历史意义。我国是 56 个民族组成的统一国家。改革开放以来，根据国际国内新形势和我国民族关系面临的新情况，党和国家依据马克思主义民族理论并结合我国各民族的实际和特点，制定和实施了具有我国特色的关于正确处理民族矛盾、民族关系的一系列方针政策。党的民族政策在团结各族人民、共同完成各时期社会主义建设的历史任务中发挥了巨大的作用，经受了当今世界风云变幻的考验，为整个中华民族的团结进步作出了历史性贡献。

实践证明，没有各民族的紧密团结，就没有各民族的共同进步，就难以建设繁荣昌盛的社会主义祖国。民族团结关系到国家长远稳定和统一，民族团结关系到各民族共同进步和整个中华民族的振兴，民族团结关系到我国社会主义伟大事业的前途和命运。而加强中小学民族团结教

---

① 2004 年 6 月 14 日教育部办公厅、国家民委办公厅：《关于在中小学进一步大力推进民族团结教育工作的通知》，http：//www. moe. edu. cn/srcsite/A09/s3081/200406/t20040614_77789. html。

育是实现各民族团结、和睦的重要基础。社会主义时期是各民族团结进步、共同繁荣发展的时期，民族问题作为我国社会主义建设总问题的基本组成部分也将长期存在，尤其在改革开放、建立社会主义市场经济体制的新时期更是如此。这就要求把民族团结教育作为战略任务加以高度重视，把党的民族政策作为形成爱国主义思想、社会主义价值观和社会主义道德规范的基本内容。①

4. 民族团结教育只能加强，不能削弱

由于中小学民族团结教育工作对增强中华民族的向心力、凝聚力、维护各民族的团结统一具有特殊的重要意义，在新形势下中小学民族团结教育工作只能加强，不能削弱，更不能中断。

要根据党和国家关于此项工作的有关精神，毫不动摇地把中小学民族团结教育工作进一步抓好、抓实、抓出成效来。同时要从当地的实际出发，做好工作计划，加强师资培训，认真总结经验，不断提高此项教育活动的质量和效果。要把小学低年级“中华大家庭”、小学高年级“民族常识”、初中“民族政策常识”等列入地方课程，按规定的课时组织教学活动。鉴于此项教育活动内容的政治敏感性较强，同时按照少而精的要求，各地在中小学开展民族团结教育、教学活动中，仍继续统一使用由教育部、国家民委、中央统战部、国家宗教局审定的小学低年级《中华大家庭》、小学高年级《民族常识》、初中《民族政策常识》等学习材料和教学参考资料。②

5. 做好民族团结教育推进工程和宣传教育

在全国各级各类学校广泛深入开展爱国主义和民族团结教育，推动党的民族理论政策、民族法律法规进教材、进课堂、进头脑，把民族团结教育贯穿到课堂教学、社会实践、校园文化建设全过程。在学生中广泛组织开展民族团结交流活动，组织举办各民族师生文化交流艺术节，开展东中部学校和民族地区学校“结对子”、学生“手拉手”等活动。加强民族团结教师培训和教材资源建设。支持中国教育电视台等单位开播民族团结教育专题节目。

---

① 2004 年 6 月 14 日教育部办公厅、国家民委办公厅：《关于在中小学进一步大力推进民族团结教育工作的通知》，http：//www. moe. edu. cn/srcsite/A09/s3081/200406/t20040614_77789. html。

② 同上。

广泛开展民族团结宣传教育，引导各族干部群众牢固树立汉族离不开少数民族、少数民族离不开汉族、各少数民族之间也相互离不开的思想，增强对伟大祖国的认同、对中华民族的认同、对中华文化的认同、对中国特色社会主义道路的认同，增强维护祖国统一和民族团结、反对民族分裂的自觉性、主动性和坚定性。大力弘扬以爱国主义为核心的民族精神，把民族团结教育纳入社会主义精神文明建设和公民意识教育、道德教育的全过程，推进民族理论政策、民族法律法规和民族基本知识宣传教育进机关、进企事业单位、进社区、进乡村、进学校、进部队。继续开展民族团结宣传月、宣传周和民族自治地方逢十周年庆典等传统活动。充分利用大众媒体和网络等新兴媒体开展宣传教育，建设网上民族团结宣传教育舆论阵地。①

6. 深入开展民族团结进步创建活动

深入开展民族团结进步创建活动，推动各级各类民族团结进步示范单位建设，按照国家有关规定表彰民族团结进步先进集体和个人，充分发挥各类先进典型的模范带头作用。增进各民族互相了解、互相学习、互相交流，继续组织全国少数民族参观团，广泛开展青少年民族团结交流活动。继续推进民族团结进步教育基地建设。加强对民族关系状况的分析研判，建立和完善涉及民族因素的矛盾纠纷调处机制，完善应急处置预案。不断巩固和发展民族团结进步事业，营造各民族和谐发展的社会环境。②

7. 民族团结教育要进学校、进教材、进课堂

要进一步加强青少年民族团结教育及思想道德建设，加大对民族教育的宣传力度。要按照《中共中央国务院关于进一步加强民族工作加快少数民族和民族地区经济社会发展的决定》有关要求，高度重视和加强对青少年的民族团结教育和思想道德建设工作，做到有关内容“进学校、进教材、进课堂”。要进一步加大对民族教育的宣传力度，要充分利用舆论阵地向国内外宣传我国民族教育取得的辉煌成就，广泛深入地加强马克思主义民族观、宗教观和党的民族、宗教政策的宣传教育，巩固和发

---

① 2012 年 7 月 12 日国务院办公厅：《少数民族事业“十二五”规划》，http：//www. gov. cn/zwgk/2012 - 07/20/content_2187830. htm。

② 同上。

展平等、团结、互助、和谐的社会主义民族关系。①

8. 自觉维护民族团结与校园安全稳定

各地教育行政部门和学校要认真做好师生的教育疏导工作，防止受境外分裂势力反动宣传和别有用心人的挑拨煽动，制造事端。各级领导机关和学校领导要靠前指挥，要深入师生了解掌握情况，做到心中有数，将影响学校安全稳定的苗头消灭在萌芽状态，问题解决在校内。要广泛宣传党的民族政策，教育引导师生不传谣、不信谣，不受挑拨煽动、不参与违法活动。在遇到突发事件时做到不参与、不围观、不起哄，自觉维护民族团结与校园安全稳定。②

十一　因地制宜搞好“双语”教学及科研开发

1. 实施民族地区双语教育推进工程

进一步做好语言文字工作，因地制宜搞好“双语”教学，积极推广全国通用的普通话。各地要进一步宣传贯彻《中华人民共和国国家通用语言文字法》，并按照要求出台相应的语言文字法规、规章，在坚持各民族语言文字平等的原则、保障各民族使用和发展本民族语言文字自由的同时，为少数民族群众学习、使用普通话和规范汉字的语言权利以及国家通用语言文字在民族地区的推广与普及提供法律保障。

国家鼓励民族自治地方逐步推选少数民族语文和汉语文授课的“双语”教学，扶持少数民族语文和汉语文教材的研究、开发、编译和出版，支持建立和健全少数民族教材的编译和审查机构，拟订并实施“少数民族汉语教师国家通用语言培训计划”，帮助培养通晓少数民族语文和汉语文的教师。各级教育行政部门要加强对“双语”教学及科研工作的指导，促进“双语”教学的发展。要大力宣传、广泛推广全国通用的普通话。③科学稳妥推进双语教育，加大双语人才培养力度。支持高校定向培养双

---

① 2005年10月28日教育部：《关于贯彻落实〈中共中央国务院关于进一步加强民族工作加快少数民族和民族地区经济社会发展的决定〉做好民族教育工作的通知》，http://www.moe.edu.cn/s78/A09/s7046/201006/t20100609_171611.html。

② 2010年7月12日教育部：《普通高等学校少数民族预科班、高层次骨干人才硕士研究生基础强化班管理办法》，http://old.moe.gov.cn//publicfiles/business/htmlfiles/moe/moe_751/201009/xxgk_108628.html。

③ 2005年12月6日教育部：《关于贯彻落实〈国务院实施“中华人民共和国民族区域自治法”若干规定〉的通知》，http://www.moe.edu.cn/s78/A09/s7046/201006/t20100609_171610.html。

语教师，建设双语教师培养培训基地。组织编译和开发优质双语教材、教辅、课外读物、课件和音像制品。①

各级教育行政部门要加强对“双语”教学及科研工作的指导，促进“双语”教学的发展。要大力宣传、广泛推广全国通用的普通话，建立健全省级少数民族汉语水平考试（MHK）机构，配合搞好少数民族汉语水平考试的各项工作。继续做好民族文字教材建设工作。② 增加双语教育经费。③

2010 年 3 月 31 日教育部办公厅在《关于授权内蒙古自治区教育厅发布蒙古族中小学〈语文课程标准〉和〈蒙古语文课程标准〉的通知》中，授权内蒙古自治区教育厅发布经全国蒙古文教材审查委员会审查通过的蒙古族中小学《语文课程标准》和《蒙古语文课程标准》。④

2. 调整少数民族汉语水平等级考试有关规定

按照《教育部关于在有关省区试行中国少数民族汉语水平等级考试的通知》要求，从 2003 年开始，在新疆、吉林、青海、四川等省、自治区进行了中国少数民族汉语水平等级考试的试点工作。根据几年来试点的情况，为更好地推进中国少数民族汉语水平等级考试工作的开展，维护高考工作的严肃性，对有关事项做如下适当调整：

义务教育和高中教育阶段用民族语言授课，单科加授汉语的少数民族学生参加中考、高考时，参加汉语文考试还是参加以中国少数民族汉语水平等级考试题型模式命题的考试，由各地教育行政部门根据本地实际确定。考试时间即为中考、高考汉语科目考试的时间，成绩当次有效。

参加中国少数民族汉语水平等级考试的在校学生（参加中考、高考的考生除外）以及其他社会人员，继续按照原文件的有关规定执行。

---

① 2012 年 7 月 12 日国务院办公厅：《少数民族事业“十二五”规划》，http：//www. gov. cn/zwgk/2012 - 07/20/content_2187830. htm。

② 2005 年 10 月 28 日教育部：《关于贯彻落实〈中共中央国务院关于进一步加强民族工作加快少数民族和民族地区经济社会发展的决定〉做好民族教育工作的通知》，http：//www. moe. edu. cn/s78/A09/s7046/201006/t20100609_171611. html。

③ 2012 年 7 月 12 日国务院办公厅：《少数民族事业“十二五”规划》，http：//www. gov. cn/zwgk/2012 - 07/20/content_2187830. htm。

④ 2010 年 3 月 31 日教育部办公厅：《关于授权内蒙古自治区教育厅发布蒙古族中小学〈语文课程标准〉和〈蒙古语文课程标准〉的通知》，http：//www. moe. edu. cn/srcsite/A09/moe_750/201004/t20100426_91852. html。

要继续做好中国少数民族汉语水平等级考试的试行工作，推进少数民族学校汉语教学的改革。[①]

3. 试行《全日制民族中小学汉语课程标准》

普通话和规范汉字是国家通用语言文字，现代社会要求少数民族公民学习和使用普通话，掌握基本的规范汉字，具备汉语基本素养。少数民族学生应该重视学习和使用民族语言文字，也应该加强对国家通用语言文字的学习和使用，以具备包括表达交流与识字阅读在内的多方面的基本能力。汉语教学要为培养民汉兼通的少数民族一代新人发挥重要作用。为适应社会进步与学生自身发展的需要，汉语教学必须在课程目标和内容、教学观念和学习方式、评价目的和方法等方面进行系统的改革。

为适应形势发展和推进素质教育的要求，加强和改进少数民族汉语教学，提高少数民族学生的汉语水平，2005 年开始，教育部根据第八次全国基础教育课程改革的精神，结合民族中小学汉语教学的实际，着手研制新的民族中小学汉语课程标准，并于 2006 年 10 月颁布了新的《全日制民族中小学汉语课程标准（试行)》。

新的课程标准总结了多年来少数民族汉语教学的实践经验和“中国少数民族汉语水平等级考试”（MSK）的试点经验，借鉴了相关课程改革的改革经验，直接推动了民族中小学汉语课程改革，标志着新课程背景下对民族中小学汉语教学具有了统一规范的新的课程标准。[②]

4. 西藏班、新疆班使用国家通用语言文字授课

西藏班、新疆班一律使用当地统一教材，统一使用国家通用语言文字授课。西藏班要开好藏语文课，教师由西藏教育厅统一选派。新疆班学生也要学好本民族语言。新疆班办班学校要购置一定数量的民族语言文字书刊，供学生在课余时间阅读。高中预科重点补习初中的汉语文、英语和数、理、化课程，以达到当地初中毕业水平。预科统一使用教育部组织编写的教材。[③]

---

① 2006 年 10 月 10 日教育部：《关于调整试行中国少数民族汉语水平等级考试有关规定的通知》，http：//www. moe. edu. cn/srcsite/A09/moe_750/200610/t20061010_77840. html。

② 2006 年 10 月 10 日教育部：《全日制民族中小学汉语课程标准（试行)》，http：//www. moe. edu. cn/srcsite/A09/moe_750/200610/t20061010_77841. html。

③ 2010 年 8 月 17 日教育部办公厅：《内地西藏班、内地新疆高中班管理办法》，http：//www. moe. edu. cn/srcsite/A09/moe_752/201008/t20100817_189453. html。

5. 做好新疆汉语教师培训工作

为认真贯彻落实《国务院办公厅转发教育部等部门支援新疆汉语教师工作方案的通知》的精神，结合新疆维吾尔自治区人民政府的建议，教育部决定采取对口、定点、包干负责的方式和定项目、定任务的办法落实支援新疆汉语教师工作项目任务。

通过实施支援新疆培养培训中小学汉语教师项目，使新疆基础教育教师队伍在思想政治与职业道德、专业知识与学术水平、教育教学能力与教育科研能力等方面的综合素质有显著提高，具有终身学习能力和教育创新能力，在教育改革中发挥示范作用。树立正确的政治方向，热爱人民教育事业，具有创新精神和改革意识，能自觉全面贯彻党的教育方针，教书育人，为人师表。更新教育观念、树立科学的教学观、学习观；了解本学科发展动态和与本学科相关的中小学课程发展动态；熟悉国内外教育教学理论与实践的最新成果。领会当前基础教育课程改革的精神。掌握现代教育技术，能适应计算机辅助教学和现代远程教育的要求。

实施支援新疆汉语教师项目包括省、直辖市对口支援新疆项目，高校对口支援新疆项目，利用现代远程教育手段培训教师。培训教师的教学内容：要围绕基础教育课程改革对教师的要求设计，由三个板块组成：理论与技能、实践与考察、课题研究。教育理论与教学技能，着眼于提高中小学教师的理论文化素养，开拓视野，更新知识结构，提高职业成熟度，增强学术能力和自我提高能力。教育教学实践与考察，着眼于提高培训对象在工作中实施素质教育的能力，加强理论指导教学实践的能力。课题研究，着眼于提高培训对象的科研意识和研究能力，善于发现和掌握教育教学规律，善于反思性地总结教学经验。培训形式：采取理论学习、教育教学实践与考察和教育教学专题研究相结合等具体形式。①

6. 支持中西部省区双语教师培训工作

积极稳妥、科学有序推进双语教育，是党和国家的一项重大战略任务。当前，少数民族双语教师普遍存在数量不足、国家通用语言水平低、教学能力欠缺的问题，直接影响双语教育教学质量，成为制约双语教育发展的“瓶颈”。加强双语教师培训，提高双语教师教育教学能力，建设

---

① 2003 年 7 月 10 日教育部：《关于落实支援新疆汉语教师工作的通知》，http：//www.moe. edu. cn/srcsite/A09/s3082/200307/t20030710_77954. html。

一支合格的双语教师队伍，是贯彻落实教育规划纲要、提高双语教师整体素质的重要举措，对提高双语教育教学质量具有重要的意义。“十二五”期间中央财政要加大扶持力度，支持中西部省区进一步加强少数民族双语教师培训工作。各地教育行政部门要加强领导，统筹规划，认真做好双语教师培训工作。

有关省区要将双语教师培训纳入教师培训总体规划，进一步充实和完善2011—2015年双语教师培训计划，并制订年度实施方案，优先保证培训经费。从本地区实际出发，以农牧区双语学校教师为重点，分层次、分学科组织双语教师培训，进一步增强培训的针对性、实效性，力争在“十二五”期间，将本地区双语教师轮训一遍，使双语教师整体素质和教学能力显著提高。中小学教师培训属地方事权，双语教育地域性较强，双语教师培训计划的实施以地方为主。教育部组织实施国家级培训，主要内容是新修订的《民族中小学汉语课程标准》和跨省区使用的民族语言；各省区、地州和县市组织地方培训，主要内容是语言教学和学科教学能力。各地要选择符合条件的高校或机构承担培训任务，根据培训对象的规模、水平和需求，研究制订培训方案，确保培训效果。要通过此轮培训，逐步建立起本省区双语教师培训基地和培训专家队伍。各地要依托中小学校舍信息管理系统等平台，尽快建立双语教育学生和教师实名制管理系统。要加强双语教师培训绩效评价制度建设，建立双语教师培训档案，制定相应的考核办法，通过考核评价，及时总结经验，分析问题，改进培训工作。

要逐步探索双语教师培训的有效模式。除了语言教学能力培训外，还应包括紧缺薄弱学科教师培训、教育技术能力培训、学校管理培训和学前双语教师培训等。学科培训要结合本省区国培计划的实施，充分利用内地与本省区发达地区的教育优势，整合利用培训设施、专家团队、教师培训团队和资源库等现有资源，积极探索集中培训、脱产研修、跟岗学习和远程培训等多种形式。要建立双语教师培训的学习交流平台和长效机制，做到面授与远程相结合、短期和中长期相结合、脱产研修与跟岗学习相结合、理论讲授与案例研究相结合，增强培训的针对性和可操作性，以满足双语教师多样化的培训需求，着力解决基层教师在教育教学中面临的实际问题，提高教师的教学能力和专业水平。

要切实加强双语教师培训经费的使用管理。严格执行义务教育经费保障机制关于教师培训的规定，划拨相应的经费用于双语教师培训，保证培训经费到位。中央财政根据双语教师培训需求，对中西部省区给予必要的经费补助。①

为了为新疆中等教育培养汉语教师，北京师范大学等6所部属师范院校2004—2007年定向新疆和田、阿克苏、喀什、克孜勒苏四地州培养中学汉语教师，每年招收100名内地新疆高中班应届毕业生。学生毕业后，全部到上述四地州中学工作。②

十二　加强党和政府对民族教育工作的领导

1. 促进民族教育优先快速发展

少数民族教育是我国教育体系中的重要组成部分，民族教育的发展事关重大，直接关系到少数民族地区经济发展和社会进步。对民族教育重要性的认识需要进一步提高，再怎么强调也不过分。民族教育工作如何推进，应当站在落实科学发展观、建设小康社会、促进中华民族和平崛起的高度来对待，它对于56个民族的全面发展无疑是一项基础性工作。要把这种重视落到实处，必须制定切实的策略，包括政策的倾斜，人力、物力的倾斜和制订科学的发展规划等。

要着力加快民族地区经济社会的发展。支持民族地区发展是中央的既定方针，随着经济的发展和财力的增强，还将不断加大支持的力度。③当前应充分利用党中央对农村教育特别是少数民族教育高度重视的时机，提出建设性意见，做好支持配套工作，促进民族教育的优先快速发展。④

民族教育对于民族地区经济社会发展具有基础性、先导性和全局性作用，要充分认识加强民族教育对于提高少数民族人口素质、促进民族地区发展、维护祖国统一的重大意义。要进一步统一思想，从各民族地区实际和民族特点出发，坚决执行党和国家的教育方针和民族政策，做

---

① 2011年9月14日教育部办公厅：《关于做好少数民族双语教师培训工作的意见》，http：//www.moe.edu.cn/srcsite/A09/moe_750/201109/t20110914_125561.html。

② 2004年10月8日教育部办公厅：《关于北京师范大学等6所师范院校定向为新疆培养中学师资免收部分学费、住宿费的通知》，http：//www.moe.edu.cn/srcsite/A09/s3082/200410/t20041008_77951.html。

③ 胡锦涛在全国政协十届一次会议少数民族界委员联组会上的讲话，《人民日报》2003年3月5日。

④ 赵沁平在全国民族教育年度工作会议上的讲话，《中国教育报》2005年4月20日。

好新时期新阶段的民族教育工作，不断推动民族教育发展。①

2. 推动民族教育工作的健康发展

各级党委和政府要切实加强和改善对民族工作的领导，深刻把握我国民族问题、民族工作的发展规律和时代特点，创新工作思路，改进工作方法，不断开创我国民族工作的新局面。②

要进一步加快少数民族教育立法工作。③ 2006 年 6 月 29 日第十届全国人大常委会通过重新修订的《义务教育法》，强调了各级政府在实施义务教育中的责任。义务教育经费投入实行国务院和地方各级人民政府根据职责共同负担，省、自治区、直辖市人民政府负责统筹落实的体制。农村义务教育所需经费，由各级人民政府根据国务院的规定分项目、按比例分担。④ 以法律的形式将义务教育全面纳入公共财政保障的范畴。

大力培养少数民族高层次骨干人才，是党和国家为适应 21 世纪需要而采取的发展民族教育事业，培养少数民族人才的重大特殊措施，是民族教育理论实现创新的重要内容。各级教育行政部门和招生单位要从战略高度认真做好招收少数民族高层次骨干人才工作，将此项工作作为当前一项意义深远的政治任务保质保量地完成。招生工作由教育部统一部署，各相关省、自治区、直辖市教育行政部门负责本地区的统筹与协调工作，各招生单位负责具体组织实施。⑤

民族教育是民族团结进步事业和教育事业的交会点和结合部。实践表明，民族教育事业的发展，离不开教育部门和民族工作部门的密切配合。各级民族工作部门有责任、有义务支持与配合各地教育部门的工作。要通过加强调查研究，积极提出政策建议，切实做好服务工作，当好参谋助手。在加快发展民族教育上，教育部门和民族工作部门有共同的目

---

① 2005 年 10 月 28 日教育部：《关于贯彻落实〈中共中央国务院关于进一步加强民族工作加快少数民族和民族地区经济社会发展的决定〉做好民族教育工作的通知》，http：//www. moe. edu. cn/s78/A09/s7046/201006/t20100609_171611. html。

② 政治局第 22 次学习胡锦涛：全面提高对外开放水平，http：//politics. people. com. cn/GB/30178/3435351. html。

③ 教育部：做好配套工作促进民族教育发展，http：//www. doc88. com/p－7836383725516. html。

④ 2006 年 6 月 29 日《中华人民共和国义务教育法》，http：//www. edu. cn/ywjy_7555/20080821/t20080821_319448. shtml。

⑤ 2005 年 9 月 28 日教育部办公厅：《2006 年“少数民族高层次骨干人才计划”招生管理办法》，http：//www. fawuzaixian. com/wenku/view/id/62270。

标，有共同的责任。

3. 将性别意识纳入法律体系和公共政策

实行男女平等是国家的基本国策，男女平等的实现程度是衡量社会文明进步的重要标志。保障妇女权益、促进妇女发展、推动男女平等，对国家经济社会发展和中华民族文明进步具有重要意义。要将社会性别意识纳入法律体系和公共政策，促进妇女全面发展，促进两性和谐发展，促进妇女与经济社会同步发展。

教育工作要全面贯彻性别平等原则。学前三年毛入园率达到70%，女童平等接受学前教育。九年义务教育巩固率达到95%，女童平等接受九年义务教育，消除女童辍学现象。高中阶段教育毛入学率达到90%，女性平等接受高中阶段教育。高等教育毛入学率达到40%，女性平等接受高等教育，高等学校在校生中男女比例保持均衡。高等学校女性学课程普及程度提高。提高女性接受职业学校教育和职业培训的比例。主要劳动年龄人口中女性平均受教育年限达到11.2年。女性青壮年文盲率控制在2%以下。性别平等原则和理念在各级各类教育课程标准及教学过程中得到充分体现。

为此，在教育法规、政策和规划的制定、修订、执行和评估中，增加性别视角，落实性别平等原则。切实保障女童平等接受学前教育；确保适龄女童平等接受义务教育；保障女性平等接受高中阶段教育；提高女性接受高等教育的水平；满足妇女接受职业教育的需求；提高妇女终身教育水平；促进妇女参与社区教育；继续扫除妇女文盲；加大女性技术技能人才培养力度；加强妇女理论研究和高等学校女性学学科建设；实施教育内容和教育过程性别评估；提高教育工作者的社会性别意识；均衡中、高等教育学科领域学生的性别结构。①

4. 凸显民族教育的管理特色

要进一步加强少数民族预科班、民族班的管理工作。做好少数民族人才的培养工作，对促进民族地区稳定和可持续发展、增强民族团结、维护国家统一具有重要意义。普通高等学校举办少数民族预科班、民族班，是党和国家加快培养少数民族地区人才的特殊政策措施，是高等学

① 2011年7月30日国务院：《关于印发中国妇女发展纲要和中国儿童发展纲要的通知》，http：//www. gov. cn/zwgk/2011－08/08/content_1920457. htm。

校应尽的责任和义务。为进一步加强普通高等学校少数民族预科班、民族班的管理工作，民族预科班、民族班教育必须贯彻国家的教育方针和民族政策，依法办学、加强管理、保证质量，为社会主义现代化建设服务。①

要进一步做好民族地区寄宿制中小学管理工作。要建立健全合理、规范、科学的民族地区寄宿制中小学管理制度，确保学校各项工作有序、有效地开展，保证民族地区基本普及九年义务教育和基本扫除青壮年文盲目标的实现和基础教育的健康、持续发展。民族地区寄宿制中小学的建设由地方政府负责，地方教育行政部门对寄宿制中小学的管理具体负责，民族工作部门配合教育部门对寄宿制中小学的规划、布局、招生和管理工作提出有关政策性建议，督促检查国家的民族政策的贯彻落实情况，协调和协助解决寄宿制中小学办学中的困难，包括涉及民族宗教等方面的特殊性问题。省级教育行政部门按照本地农村义务教育发展规划，在省级人民政府领导下建立统筹发展民族地区寄宿制中小学管理工作的责任制，加大对民族地区寄宿制中小学投入的监管力度。民族地区地（州、市）级教育行政部门按照本地义务教育发展规划，在地（州、市）级人民政府领导下统筹协调所辖县（市）寄宿制中小学建设的管理工作。②

要进一步加强对预科和硕士生基础培训强化班的管理。普通高等学校少数民族预科班和高层次骨干人才硕士研究生基础培训强化班，是指部分普通高校为当年参加普通高等学校招生全国统一考试和全国硕士研究生统一考试，并被普通高等学校、科研机构适当降分、择优录取的少数民族学生，在其进入本、专科（高职）和硕士研究生学习前举办的旨在通过阶段性强化培训巩固提高其基础理论水平的一种特殊办学形式。国务院教育行政部门主管少数民族预科教育和高层次骨干人才培养工作，负责协调预科班、硕士基础强化班的规模发展和布局调整；制定预科班、硕士基础强化班招生、教学、管理等政策措施；指导检查招生学校的招生录取工作；确定承担预科班、硕士基础强化班办学任务的高等学校；

① 2005 年 6 月 3 日教育部：《普通高等学校少数民族预科班、民族班管理办法（试行）》，http：//www. moe. edu. cn/srcsite/A09/moe_751/200506/t20050603_77872. html。

② 2005 年 4 月 25 日教育部、国家民委：《关于进一步做好民族地区寄宿制中小学管理工作若干问题的意见》，http：//www. moe. edu. cn/s78/A09/moe_754/tnull_8362. html。

编制预科班、硕士基础强化班发展规划；下达少数民族预科、高层次骨干人才年度招生计划；评估、研究、协调预科班、硕士基础强化班有关工作。国务院有关部委和有关省（区、市）的教育行政部门，根据有关规定制定本部门、本地区预科教育、高层次骨干人才培养发展规划；拟订年度招生计划建议；管理和协调本部门、本地区所属高等学校的预科班、硕士基础强化班工作。培养学校应贯彻执行国家教育方针和有关政策，办好预科班、硕士基础强化班；落实预科班、硕士基础强化班发展规划；制订预科班、硕士基础强化班实施方案和学生管理规定；管理本校预科班、硕士基础强化班学生的学籍以及预科生、硕士基础强化班的考评等工作。①

加强对内地西藏班、新疆班工作的管理。教育部负责制定西藏班、新疆班的办学工作方针、政策，对西藏班、新疆班的工作进行宏观指导。承担办学任务的省（市）教育厅（教委）成立由厅长（主任）任组长，基础、规划、财务、德育、维稳等部门参加的“西藏班、新疆班管理协调领导小组”，认真落实国家的方针政策，制定相应的实施意见和具体措施；将西藏班、新疆班的发展纳入本省（市）基础教育发展总体规划。西藏班、新疆班管理实行办学学校校长负责制，接受所在承担办学任务的省（市）教育厅（教委）和西藏、新疆教育厅的双重领导，以承担办学任务的省（市）教育厅（教委）管理为主。办班学校要成立由校长任组长，教务、政教、团委、后勤等部门参加的“西藏班、新疆班管理协调领导小组”，负责西藏班、新疆班管理，选配好班主任，并建立健全管理责任制。② 办班学校要坚持“爱、严、细”的管理原则，加强对学生的管理。对西藏班、新疆班学生与当地学生统一要求、统一标准、统一管理，实行与当地学生合校混班教学，同时，要尊重少数民族风俗习惯。西藏班、新疆班学生管理实行班主任跟班负责制，班主任是班级管理的第一责任人，负责学生在校学习期间的日常教育和管理，负责与学生家长的联系与沟通。要选派政治立场坚定、思想素质好、业务水平高、具

---

① 2010 年 7 月 12 日教育部：《普通高等学校少数民族预科班、高层次骨干人才硕士研究生基础强化班管理办法》，http：//old. moe. gov. cn//publicfiles/business/htmlfiles/moe/moe _ 751/201009/xxgk_108628. html。

② 2010 年 8 月 17 日教育部办公厅：《内地西藏班、内地新疆高中班管理办法》，http：//www. moe. edu. cn/srcsite/A09/moe_752/201008/t20100817_189453. html。

有奉献精神的优秀教师担任班主任。办班学校的教育教学和管理等各项工作都要充分体现以人为本。做到教书育人、管理育人、服务育人、环境育人；办班学校要建立健全西藏班、新疆班各项管理规章制度，规范管理行为。①

5. 完善民族文字教材工作的组织领导

中小学少数民族文字教材是指民族中小学用于课堂教学的教科书（含电子音像教材、图书），以及必要的教学辅助资料。民族文字教材审查，实行教育部和省、自治区教育行政部门两级管理。教育部成立跨省、自治区使用的全国中小学民族文字教材审查委员会，负责跨省、自治区使用课程教材的审查。有关省、自治区教育行政部门成立本省、自治区中小学民族文字教材审查委员会，负责本省、自治区使用课程教材的审查。教材审定原则是符合国家有关法律、法规和政策，贯彻国家的教育方针，体现教育面向现代化、面向世界、面向未来的要求；体现基础教育的性质、任务和培养目标，符合国家颁布的中小学课程方案和学科课程标准的各项要求；符合学生身心发展的规律，联系学生的生活经验，反映社会、科技发展的趋势，具有自己的风格和特色；符合国家颁发的有关技术质量标准。②

为进一步加强中小学藏文、朝鲜文教材建设，规范中小学藏文、朝鲜文教材审查工作，提高教材审查质量，结合藏文、朝鲜文教材审查工作实际，全国藏文、朝鲜文教材审查委员会分别对委员会章程进行了修订。内容包括组织机构和职责、审查原则和审查标准、审查程序、工作纪律、审查经费等。③④

6. 规范普通高等学校的招生工作

预科、民族班招生计划作为国家指令性定向就业培养计划，由教育

---

① 2010 年 8 月 17 日教育部办公厅：《内地西藏班、内地新疆高中班管理办法》，http：//www. moe. edu. cn/srcsite/A09/moe_752/201008/t20100817_189453. html。

② 2004 年 6 月 17 日教育部办公厅：《关于印发〈中小学少数民族文字教材编写审定管理暂行办法〉的通知》，https：//baike. so. com/doc/4500756 – 4710252. html。

③ 2004 年 10 月 12 日教育部：《关于批转重新修订的〈全国中小学教材审定委员会藏文教材审查委员会章程〉的通知》，http：//www. moe. edu. cn/srcsite/A09/moe _ 750/200410/t20041012_77843. html。

④ 2006 年 2 月 9 日教育部：《关于批转重新修订的〈全国中小学教材审定委员会朝鲜文教材审查委员会工作章程〉的通知》，https：//baike. so. com/doc/8172347 – 8489335. html。

部单独下达执行；学生毕业后回生源地区就业。生源限定为当年参加普通高等学校招生全国统一考试的少数民族考生。重点招收边远农村、高寒地区、山区、牧区的考生，并适量招收散杂居地区的少数民族考生。本科预科班录取分数线不得低于在有关省、自治区、直辖市本科相应批次各有关高校提档分数线以下 80 分。专科预科班录取分数线不得低于在有关省、自治区、直辖市专科相应批次各有关高校提档分数线以下 60 分。民族班录取分数线不得低于在有关省、自治区、直辖市本、专科相应批次各有关高校提档分数线以下 40 分。预科班、民族班录取工作应安排在各有关高校本、专科统招相应录取批次内进行。其中报考民族班的符合投档条件的考生应与相应本、专科统招考生同时投档；报考预科班的符合投档条件的考生，按预科计划顺序投档，对同一层次专业涉及不同批次的学校，预科投档条件应按高一级批次要求执行。预科班分学校招生计划，由教育部和国家发展改革委员会统一下达；民族班招生计划包含在当年国家下达给各有关学校的招生总规模之内。预科、民族班招生来源计划由教育部单独下达。

普通高等学校招收非西藏生源学生计划为国家定向就业招生计划，其招生计划包含在当年国家下达给有关招生学校总规模之内。学生毕业后全部到西藏就业。报考条件为符合普通高等学校招生全国统一考试报名资格的应届高中毕业生（不限民族）。录取工作要坚持德智体全面衡量、择优录取的原则，根据考生志愿、从高分到低分顺序录取，其最低录取分数线不得低于在有关省、自治区、直辖市本科相应批次各有关高校提档分数线以下 40 分。被录取的考生需签订定向就业协议书。非西藏生源招生需求计划由西藏自治区教育厅负责提出建议，经西藏自治区人民政府审核后，报教育部。由教育部将建议方案分送有关高等学校。非西藏生源招生来源计划由有关高等学校编制并报教育部，由教育部负责审核并分送各有关省、自治区、直辖市高校招生办公室。各地、各部门和高等学校遵照执行。

内地普通高等学校招收西藏班、新疆班学生招生计划包含在当年国家下达给有关招生学校的总规模之内并作为国家指令性定向培养计划，单列下达执行。学生毕业后原则上分别回到西藏、新疆就业。西藏班生源为西藏班应届高中毕业生，其中有 10% 的进藏（汉族等）干部职工子女。新疆班生源为新疆班应届高中毕业生，其中有 10% 的汉族农牧子女。

西藏自治区、新疆维吾尔自治区教育厅分别根据西藏班、新疆班毕业生情况及本地需求，提出招生需求计划建议方案，报教育部审核后下达各有关高校。内地普通高等学校招收西藏班、新疆班的分专业招生来源计划，根据西藏、新疆提出的建议，由有关高校负责编制。教育部（民族教育司）负责商各有关省、直辖市教育厅（教委）、有关部门（单位）教育司（局）和部属高校后，汇总单独下达，各地、各部门和高等学校遵照执行。①

7. 落实教育援助的各项工作任务

教育援藏工作是党中央、国务院发展西藏教育事业的一项重要决策，是加快西藏社会主义现代化建设步伐的重要措施。有关省、直辖市和相关部门要把教育援藏工作作为一项政治任务，尽职尽责认真落实。

教育部负责对教育援藏工作的宏观指导和管理，制定有关政策措施，对教育援藏工作进行检查以及总结交流经验、表彰先进等。支援省、直辖市人民政府要健全由省级人民政府主管领导牵头、相关部门负责人参加的教育援藏工作协调领导小组，具体负责落实本地区教育援藏工作的任务，制定相关配套政策措施，完成对口支援项目。有关省、直辖市教育行政部门和高等院校负责组织实施教育援藏各项具体工作；有关省、直辖市教育行政部门和高等学校的主要领导要亲自抓教育援藏工作。西藏自治区人民政府要配合教育部、有关省、直辖市和高等院校做好教育受援工作，向教育部提出教育援藏项目建议，通报教育援藏项目的进展情况和下一年度实施的教育援藏项目情况；主动加强与支援省、直辖市、教育部门和高等学校的交流和联系，负责教育援藏项目的接受和具体实施；按照学用一致、优才优用的原则，协调西藏有关部门，负责内地高等学校援藏毕业生和西藏籍毕业生的就业工作；做好教育援藏干部的接收工作，并关心他们在藏的生活和工作；定期组织对教育援藏情况的考察和调研。②

---

① 2005 年 3 月 30 日教育部：《普通高等学校少数民族预科班、民族班招生工作管理规定》《普通高等学校招收非西藏生源定向西藏就业学生工作管理规定》《普通高等学校招收内地西藏班、新疆高中班学生工作管理规定》，http：//www. moe. edu. cn/srcsite/A09/moe_751/200503/t20050330_77933. html。

② 2006 年 12 月 20 日教育部、中央统战部、国家民委：《关于进一步加强教育对口支援西藏工作的意见》，http：//www. moe. edu. cn/srcsite/A09/s3082/200612/t20061220_77791. html。

加强领导，认真落实各项工作任务。确保内地西藏班办学和教育援藏工作的顺利实施，落实各项工作任务，实现预期目标，加强领导是关键。第一，要强化领导协调和组织指挥机制，健全以分管省长（市长）为组长，由教育、统战、民委等相关部门领导为成员的内地西藏班办学和教育援藏工作领导协调机构，明确主抓部门和成员单位的工作职责，强化领导、协调和组织指挥职能，及时协调解决工作中面临的突出困难和问题，推动整体工作有序、有效的开展，要把好事办实，实事办好。对工作做到年初有部署，过程有督促，年终有总结。要经常过问工作进展情况，深入基层调查研究，指导第一线工作。第二，要根据新情况，进一步完善内地西藏班办学和教育援藏工作的政策措施和管理制度，确保各项工作的实施有章可循。第三，明确责任，职责到位，中央统战部、教育部、国家发展改革委、国家民委、财政部，将会进一步加强对内地西藏班办学和教育援藏工作的宏观协调和管理工作，及时研究解决宏观性和全局性政策措施问题，强化对内地西藏班办学和教育援藏工作的指导，制定并落实国家对内地西藏班办学和教育援藏工作的扶持政策。各有关省、直辖市要统筹负责管理内地西藏班办学和教育援藏工作；各有关高校和事业单位，在主管部门的领导下，负责落实教育援藏和人才培养任务。西藏自治区将继续做好全方位的积极配合工作，在组织调研、提出政策建议、配合解决有关特殊问题、及时提供情况和信息等方面，为办好内地西藏班和开展教育援藏工作给予周到、有效的服务，认真落实好内地西藏班毕业生就业工作。第四，实行工作年报制度，各有关省、直辖市每年 11 月底前将内地西藏班办学和教育援藏工作实施的基本情况，以工作总结的形式报中央统战部和教育部，由中央统战部和教育部发布内地办学和教育援藏工作年度报告，并协调解决工作中面临的突出问题，组织交流经验，加强宏观指导，推动整体工作有序、有效的开展。①

8. 做好学校清真食堂的管理工作

随着内地新疆高中班招生规模的不断扩大和内地新疆中职班的举办，

---

① 2007 年 5 月 24 日中央统战部办公厅、教育部办公厅、西藏自治区人民政府办公厅：《关于印发〈全国内地西藏班和教育援藏工作会议纪要〉的通知》，http：//www. moe. edu. cn/srcsite/A09/s7046/200705/t20070524_62393. html。

内地办班学校有清真饮食习惯的少数民族学生将大幅增加，有必要切实加强清真食堂的管理工作。

进一步提高对办好清真食堂重要性的认识。尊重少数民族饮食习惯、办好学校清真食堂是落实党的民族政策、维护学校稳定的重要内容。各地教育、民族工作部门和办班学校要从讲政治、讲大局的高度，充分认识加强清真食堂管理的重要性。办班学校要加强领导，选派熟悉民族政策、责任心强、业务过硬的人员从事清真食堂管理工作，切实为有清真饮食习惯的师生提供良好的生活条件。

建立健全清真食堂管理制度。办班学校必须单独设立清真食堂，并在食堂显著位置标注“清真”字样。各地有关部门和办班学校要根据国家有关规定，结合当地和学校实际制定清真食堂建设、人员用工、环境卫生、安全、培训、服务、监督检查等相关管理办法，从制度上规范管理。

要加强原料进货储运和安全卫生管理。各办班学校要与当地清真食品生产经营部门建立定点供应关系，清真食堂主辅料食品必须到当地政府部门指定的清真食品销售点购买，并坚持清真食品入库检查制度。清真食堂内不得储存清真禁忌食品，清真食堂的加工工具、计量器具、储存容器和运输工具必须保持专用。清真食堂主副食品仓库要有专人管理，食堂操作间和工作人员通道应禁止无关人员进出，防止发生食品安全卫生事故。

做好对清真食堂员工的培训工作。各办班学校要加强对清真食堂从业人员的培训管理，对清真食堂从业人员进行党的民族政策和民族常识的培训与教育，使他们充分了解少数民族的饮食习惯和禁忌。所有清真食堂中工作的人员必须经过专业培训，取得清真食品行业合格证书，持证上岗。要安排适当比例有清真饮食习惯的少数民族人员从事清真伙食烹饪。

要加大对清真食堂的监督检查力度。各级教育、民族工作部门要把清真食堂的建设和管理作为督导检查的重要内容，指导帮助办班学校解决问题，提高管理水平。新疆维吾尔自治区教育行政部门要密切配合各办班学校办好清真食堂，帮助学校解决实际困难和问题。各办班学校要主动接受当地教育、民族工作部门对学校清真食堂的监督检查和指导。

各地教育、民族工作部门和办班学校要关心少数民族学生的生活，深入了解他们的思想动态，引导学生以正确方式、通过正常渠道反映意见，深入细致地做好学生的思想教育工作，及时化解矛盾，要防止别有用心的人借机煽动，制造事端，坚决维护学校的安全稳定。①

① 2011 年 7 月 18 日教育部办公厅、国家民委办公厅：《关于进一步加强内地新疆班清真食堂管理工作的通知》，http：//www. moe. edu. cn/srcsite/A09/moe_752/201107/t20110718_122775. html。

第五章　新中国民族教育理论的深化

从2012年11月党的第十八次全国代表大会到现在，是新中国民族教育理论的深化期。民族教育理论在这一时期的实践特点是坚定信心，凝聚共识，统筹谋划，攻坚克难，协同推进，持续发展等。

这期间，召开了全国高校思想政治工作会议、全国职业教育与继续教育工作会议、第六次全国民族教育工作会议等重要会议，制定和颁布了《关于深化教育体制机制改革的意见》《全面深化新时代教师队伍建设改革的意见》《关于进一步加强和改进新形势下高校宣传思想工作的意见》《统筹推进世界一流大学和一流学科建设总体方案》《国务院关于深化考试招生制度改革的实施意见》《国务院关于加快发展民族教育的决定》《国务院关于统筹推进县域内城乡义务教育一体化改革发展的若干意见》《国务院关于加强农村留守儿童关爱保护工作的意见》《国务院办公厅关于加快中西部教育发展的指导意见》等重要的法律、法规、文件。

所有这些，对新中国民族教育理论的深化起到了重要作用。正是在这些重要会议和重要实践中，才完成了新中国民族教育理论的深化过程，形成了新中国民族教育理论深化期的核心内容。

第一节　新中国民族教育理论深化阶段的实践条件

一　影响民族教育理论深化的社会条件

1. 理论深化期的政治经济环境

十八大以来，是党和国家发展进程中极不平凡的五年。这期间，国家统筹推进了“五位一体”的总体布局和协调推进了“四个全面”的战略布局。

经济建设、政治建设、文化建设、社会建设、生态文明建设总体布局是一个有机整体，其中经济建设是根本，政治建设是保证，文化建设是灵魂，社会建设是条件，生态文明建设是基础。只有坚持“五位一体”建设全面推进、协调发展，才能形成经济富裕、政治民主、文化繁荣、社会公平、生态良好的发展格局，把我国建设成为社会主义现代化国家。

全面建成小康社会、全面深化改革、全面依法治国、全面从严治党战略布局也是一个有机联系、环环相扣的整体，全面建成小康社会是战略目标，全面深化改革、全面依法治国、全面从严治党是一个都不能缺的三大战略举措，为全面建成小康社会提供了动力源泉、法治保障和政治保证。

《中华人民共和国国民经济和社会发展第十三个五年规划纲要》是2016—2020年中国经济社会发展的宏伟蓝图，是各族人民共同的行动纲领，是政府履行经济调节、市场监管、社会管理和公共服务职责的重要依据。其目标要求是：经济保持中高速增长，在提高发展平衡性、包容性、可持续性的基础上，到2020年国内生产总值和城乡居民人均收入比2010年翻一番，产业迈向中高端水平，消费对经济增长贡献明显加大，户籍人口城镇化率加快提高。农业现代化取得明显进展，人民生活水平和质量普遍提高，我国现行标准下农村贫困人口实现脱贫，贫困县全部“摘帽”，解决区域性整体贫困。国民素质和社会文明程度显著提高。生态环境质量总体改善。各方面制度更加成熟更加定型，国家治理体系和治理能力现代化取得重大进展。①

2. 理论深化期的重要会议和重要文献

这期间党中央召开了七次全会，分别就政府机构改革和职能转变、全面深化改革、全面推进依法治国、制定“十三五”规划、全面从严治党等重大问题作出决定和部署，党和国家的各项事业全面开创新的局面。

2013年11月9日至12日召开的中国共产党第十八届中央委员会第三次全体会议，通过了《中共中央关于全面深化改革若干重大问题的决定》，提出全面深化改革的总目标是完善和发展中国特色社会主义制度，

---

① 2016年3月16日十二届全国人大四次会议通过的《中华人民共和国国民经济和社会发展第十三个五年规划纲要》，http://news.xinhuanet.com/politics/2016lh/2016-03/17/c_1118366322.htm。

推进国家治理体系和治理能力现代化，对经济体制改革、政治体制改革、文化体制改革、社会体制改革、生态文明体制改革和党的建设制度改革进行了全面部署。

2017 年 10 月 18 日至 24 日召开的中国共产党第十九次全国代表大会，是在全面建成小康社会决胜阶段、中国特色社会主义发展关键时期召开的一次十分重要的大会。承担着谋划决胜全面建成小康社会、深入推进社会主义现代化建设的重大任务，事关党和国家事业继往开来，事关中国特色社会主义前途命运，事关最广大人民根本利益。

这期间召开了几次重要的民族工作会议，发布了重新修订并通过的《宗教事务条例》。

2014 年 5 月 28 日至 29 日召开了第二次中央新疆工作座谈会，全面总结了 2010 年中央新疆工作座谈会以来的工作，科学分析了新疆形势，明确了新疆工作的指导思想、基本要求、主攻方向，对当前和今后一个时期新疆工作作了全面部署。

2014 年 9 月 28 日至 29 日召开了中央民族工作会议暨国务院第六次全国民族团结进步表彰大会。本次会议的主题是增强文化认同和民族认同，反对分裂。会议全面分析了我国民族工作面临的国内外形势，深刻阐述了当前和今后一个时期我国民族工作的大政方针，就加强民族团结提出了一系列重大举措。

2015 年 8 月 18 日召开了第六次全国民族教育工作会议。这个会议是在全面建成小康社会的决战决胜阶段和实现中国梦的关键时期召开的一次重要会议。民族教育是教育工作和民族团结进步事业的交汇点和结合部，做好民族教育工作，对于保障少数民族和民族地区群众受教育权利，促进教育公平，提高各民族群众思想道德水平和科学文化素质，维护民族团结和社会稳定，实现国家长治久安和中华民族繁荣昌盛具有特殊重要意义。

2015 年 8 月 24 日至 25 日召开了中央第六次西藏工作座谈会。会议全面回顾了新中国成立以来特别是中央第五次西藏工作座谈会以来的西藏工作，明确了当前和今后一个时期西藏工作的指导思想、目标要求、重大举措，对进一步推进西藏经济社会发展和长治久安工作作了战略部署。会议还对四川、云南、甘肃、青海省藏区发展稳定工作作出了全面部署。

这期间我国教育工作和教育法制建设也取得重要成果。

2013 年 8 月 11 日教育部印发《中小学生学籍管理办法》，这是我国第一个全国性的中小学生学籍管理办法。中共中央政治局 2014 年 8 月 29 日召开会议，审议通过了《关于深化考试招生制度改革的实施意见》，提出要通过深化改革，形成分类考试、综合评价、多元录取的考试招生模式，健全促进公平、科学选才、监督有力的体制机制，构建衔接沟通各级各类教育、认可多种学习成果的终身学习“立交桥”。2017 年 5 月 23 日中央全面深化改革领导小组第三十五次会议审议通过《关于深化教育体制机制改革的意见》，提出要全面贯彻党的教育方针，坚持社会主义办学方向，全面落实立德树人根本任务，构建以社会主义核心价值观为引领的大中小幼一体化德育体系，注重培养学生终身学习发展、创新性思维、适应时代要求的关键能力，统筹推进育人方式、办学模式、管理体制、保障机制改革，使各级各类教育更加符合教育规律、更加符合人才成长规律，更能促进人的全面发展，着力培养德智体美全面发展的社会主义事业建设者和接班人。2010 年 11 月 21 日国务院印发《关于当前发展学前教育的若干意见》，要着力解决“入园难”问题，满足适龄儿童入园需求，促进学前教育事业科学发展。2014 年 3 月 26 日教育部印发《完善中华优秀传统文化教育指导纲要》，以弘扬爱国主义精神为核心，从爱国、处世、修身三个层次概括凝练出中华优秀传统文化教育的主要内容。

2016 年 12 月 24 日国务院印发《“十三五”促进民族地区和人口较少民族发展规划》，《规划》围绕全面贯彻新发展理念，紧扣全面建成小康社会目标，分析了“十三五”时期少数民族和民族地区发展面临的主要困难和机遇挑战，提出了总体要求、重点任务、重大举措。2015 年 8 月 11 日国务院颁布《关于加快发展民族教育的决定》，明确了当前和今后一个时期加快发展民族教育的指导思想、基本原则、目标任务和政策措施。到 2020 年，民族地区教育整体发展水平及主要指标要接近或达到全国平均水平，逐步实现基本公共教育服务均等化，服务民族地区全面建成小康社会的能力显著增强。

二 影响民族教育理论深化的思想条件

1. 我国发展的新的历史方位

中国特色社会主义进入了新时代，这是我国发展新的历史方位，意味着近代以来久经磨难的中华民族迎来了从站起来、富起来到强起来的伟大飞跃，迎来了实现中华民族伟大复兴的光明前景；意味着科学社会主义在21世纪的中国焕发出强大生机活力，在世界上高高举起了中国特色社会主义伟大旗帜；意味着中国特色社会主义道路、理论、制度、文化不断发展，拓展了发展中国家走向现代化的途径，给世界上那些既希望加快发展又希望保持自身独立性的国家和民族提供了全新选择，为解决人类问题贡献了中国智慧和中国方案。

新时代是承前启后、继往开来、在新的历史条件下继续夺取中国特色社会主义伟大胜利的时代，是决胜全面建成小康社会进而全面建设社会主义现代化强国的时代，是全国各族人民团结奋斗、不断创造美好生活、逐步实现全体人民共同富裕的时代，是全体中华儿女勠力同心、奋力实现中华民族伟大复兴中国梦的时代，是我国日益走近世界舞台中央、不断为人类作出更大贡献的时代。

我国社会主要矛盾已经转化为人民日益增长的美好生活需要和不平衡不充分的发展之间的矛盾。客观上要求我们在继续推动发展的基础上，着力解决好发展不平衡不充分问题，大力提升发展质量和效益，更好满足人民在经济、政治、文化、社会、生态等方面日益增长的需要，更好地推动人的全面发展、社会全面进步。

虽然我国社会主要矛盾已经发生了深刻变化，但我国仍处于并将长期处于社会主义初级阶段，我国是世界上最大的发展中国家的国际地位没有变。要牢牢把握社会主义初级阶段这个基本国情，牢牢立足社会主义初级阶段这个最大实际，牢牢坚持党的基本路线这个党和国家的生命线、人民的幸福线，领导和团结全国各族人民，以经济建设为中心，坚持四项基本原则，坚持改革开放，自力更生，艰苦创业，为把我国建设成为社会主义现代化强国而奋斗。①

2. 新时代中国特色社会主义思想

十八大以来，我们面临着从理论和实践结合上系统回答坚持和发展、怎样坚持和发展什么样的中国特色社会主义的问题。

新时代中国特色社会主义思想可以概括为“八个明确”，即明确坚持

① 2017年10月18日习近平：《决胜全面建成小康社会夺取新时代中国特色社会主义伟大胜利——在中国共产党第十九次全国代表大会上的报告》，http：//news. xinhuanet. com/politics/19cpcnc/2017－10/27/c_1121867529. htm。

和发展中国特色社会主义，总任务是实现社会主义现代化和中华民族伟大复兴，在全面建成小康社会的基础上，分两步走在21世纪中叶建成富强民主文明和谐美丽的社会主义现代化强国；明确新时代我国社会主要矛盾是人民日益增长的美好生活需要和不平衡不充分的发展之间的矛盾，必须坚持以人民为中心的发展思想，不断促进人的全面发展、全体人民共同富裕；明确中国特色社会主义事业总体布局是“五位一体”、战略布局是“四个全面”，强调坚定道路自信、理论自信、制度自信、文化自信；明确全面深化改革总目标是完善和发展中国特色社会主义制度、推进国家治理体系和治理能力现代化；明确全面推进依法治国总目标是建设中国特色社会主义法治体系、建设社会主义法治国家；明确党在新时代的强军目标是建设一支听党指挥、能打胜仗、作风优良的人民军队，把人民军队建设成为世界一流军队；明确中国特色大国外交要推动构建新型国际关系，推动构建人类命运共同体；明确中国特色社会主义最本质的特征是中国共产党领导，中国特色社会主义制度的最大优势是中国共产党领导，党是最高政治领导力量，提出新时代党的建设总要求，突出政治建设在党的建设中的重要地位。

坚持和发展中国特色社会主义的基本方略可以概括为“十四条”，即坚持党对一切工作的领导，坚持以人民为中心，坚持全面深化改革，坚持新发展理念，坚持人民当家做主，坚持全面依法治国，坚持社会主义核心价值体系，坚持在发展中保障和改善民生，坚持人与自然和谐共生，坚持总体国家安全观，坚持党对人民军队的绝对领导，坚持“一国两制”和推进祖国统一，坚持推动构建人类命运共同体，坚持全面从严治党。①

3. 实现中华民族复兴的“中国梦”

实现中华民族伟大复兴“中国梦”是我们国家、我们党未来的发展、奋斗目标，是中华民族近代以来最伟大梦想。“中国梦”的核心目标可以概括为“两个一百年”的目标，逐步并最终顺利实现中华民族的伟大复兴，具体表现是国家富强、民族振兴、人民幸福。

在“三步走”战略目标的基础上我国制定了“两个一百年”的战略

---

① 2017年10月18日习近平：《决胜全面建成小康社会夺取新时代中国特色社会主义伟大胜利——在中国共产党第十九次全国代表大会上的报告》，http：//news. xinhuanet. com/politics/19cpcnc/2017－10/27/c_1121867529. htm。

目标。即到建党一百年时建成小康社会；到新中国成立一百年时基本实现现代化。从2020年到21世纪中叶可以分为两个阶段：第一个阶段，从2020年到2035年，在全面建成小康社会的基础上基本实现社会主义现代化。第二个阶段，从2035年到21世纪中叶，在基本实现现代化的基础上把我国建成富强、民主、文明、和谐、美丽的社会主义现代化强国。①

实现中国梦的实践基础是中国特色社会主义道路，理论基础是中国特色社会主义理论体系，制度基础是中国特色社会主义制度，动力基础是不断增强人民群众的幸福感。

4. 办好让人民满意的教育

我国教育改革发展已进入一个新的阶段。到2020年，教育基础性制度体系基本建立，形成充满活力、富有效率、更加开放、有利于科学发展的教育体制机制，人民群众关心的教育热点难点问题进一步缓解，政府依法宏观管理、学校依法自主办学、社会有序参与、各方合力推进的格局更加完善，为发展具有中国特色、世界水平的现代教育提供制度支撑。为此，要健全立德树人系统化落实机制，要创新学前教育普惠健康发展的体制机制，要完善义务教育均衡优质发展的体制机制，要完善提高职业教育质量的体制机制，要健全促进高等教育内涵发展的体制机制，要推进普通高中育人方式和教育教学改革，要创新教师管理制度，要健全教育投入机制，要健全教育宏观管理体制，要做好深化教育体制机制改革的组织实施。②

要优先发展教育事业。建设教育强国是中华民族伟大复兴的基础工程，必须把教育事业放在优先位置，加快教育现代化，办好人民满意的教育。要全面贯彻党的教育方针，落实立德树人根本任务，发展素质教育，推进教育公平，培养德智体美全面发展的社会主义建设者和接班人。推动城乡义务教育一体化发展，高度重视农村义务教育，办好学前教育、特殊教育和网络教育，普及高中阶段教育，努力让每个孩子都能享有公

---

① 2017年10月18日习近平：《决胜全面建成小康社会夺取新时代中国特色社会主义伟大胜利——在中国共产党第十九次全国代表大会上的报告》，http://news.xinhuanet.com/politics/19cpcnc/2017-10/27/c_1121867529.htm。

② 2017年5月23日中央全面深化改革领导小组第三十五次会议通过的中共中央办公厅、国务院办公厅：《关于深化教育体制机制改革的意见》，http://news.sina.com.cn/c/nd/2017-09-24/doc-ifymenmt6592001.shtml。

平而有质量的教育。完善职业教育和培训体系，深化产教融合、校企合作。加快一流大学和一流学科建设，实现高等教育内涵式发展。健全学生资助制度，使绝大多数城乡新增劳动力接受高中阶段教育、更多接受高等教育。支持和规范社会力量兴办教育。加强师德师风建设，培养高素质教师队伍，倡导全社会尊师重教。办好继续教育，加快建设学习型社会，大力提高国民素质。①

全面建成小康社会最艰巨的任务在贫困地区，必须补上这个“短板”。扶贫必扶智。让贫困地区的孩子们接受良好的教育，是扶贫开发的重要任务，也是阻断贫困代际传递的重要途径。让贫困地区每一个孩子都能接受良好教育，实现德智体美全面发展，成为社会有用之才。② 让他们同其他孩子站在同一条起跑线上，向着美好生活奋力奔跑。③

5. 民族问题是当代世界性的问题

习近平同志站在全局和战略的高度，深刻地分析了目前我国民族工作面临的形势，集中阐述了新一届中央领导集体关于民族工作的基本思想，是当前和今后我国民族工作的大政方针。

当今世界有2500多个民族，分布在200多个国家和地区。无论是大国还是小国，无论是发达国家还是发展中国家，绝大多数都是多民族国家，都面临着如何处理民族关系的问题，这是我国和世界上多民族国家民族工作面临的现实和客观环境。

只要有民族存在，就会有民族问题存在，就要处理民族问题。民族问题的存在是一个长期历史现象，相应地，处理民族问题也是一个长期历史过程。处理好民族问题、做好民族工作，是关系祖国统一和边疆巩固的大事，是关系民族团结和社会稳定的大事，是关系国家长治久安和中华民族繁荣昌盛的大事。

对于民族问题，我们的态度不是去“取消”和“淡化”。忽视、取消民族存在等办法不是解决民族问题的办法。那种把多民族当“包袱”，把

---

① 2017年10月18日习近平：《决胜全面建成小康社会夺取新时代中国特色社会主义伟大胜利——在中国共产党第十九次全国代表大会上的报告》，http：//news. xinhuanet. com/politics/19cpcnc/2017 – 10/27/c_1121867529. htm。

② “习近平给‘国培计划（2014）’北京师范大学贵州研修班参训教师回信”，http：//news. xinhuanet. com/politics/2015 – 09/09/c_1116512833. htm。

③ “原声！习近平讲述精准扶贫这4年”，http：//news. youth. cn/sz/201711/t20171104_10962645. htm。

民族问题当“麻烦”，把少数民族当作“外人”，企图通过取消民族身份、忽略民族存在来一劳永逸解决民族问题的想法是行不通的。①

我国的民族政策是繁荣各民族的政策。当前，我们面临着加快民族地区经济文化事业发展，尽快缩小民族地区与其他发达地区经济文化上存在着差距的历史任务。如果不能尽快实现这一发展目标，不但会延缓民族地区实现现代化的历史进程，影响少数民族充分享受现代文明成果的程度；而且还会影响民族地区的社会稳定，危及国家的长治久安，损害正常的民族关系，破坏国内的民族团结。

第二节　新中国民族教育理论深化阶段的主要内容

一　加快发展民族教育事业

1. 保障少数民族群众的受教育权利

在新的历史，要准确把握民族教育的指导思想，即高举中国特色社会主义伟大旗帜，以邓小平理论、“三个代表”重要思想、科学发展观为指导，全面贯彻习近平总书记系列重要讲话精神，按照“四个全面”战略布局，认真贯彻党的教育方针和民族政策，深入落实党中央、国务院决策部署，以立德树人为根本，以服务改善民生、凝聚民心为导向，保障少数民族和民族地区群众受教育权利，提高各民族群众科学文化素质，传承中华民族优秀传统文化，大力培育和弘扬社会主义核心价值观，维护民族团结和社会稳定，为实现“两个一百年”奋斗目标和中华民族伟大复兴的中国梦，培养造就德智体美全面发展的社会主义合格建设者和可靠接班人。完善民族教育优先发展保障机制。国家公共财政资源向民族教育倾斜，教育普惠政策向民族地区倾斜，教育经费向民族地区倾斜，推进基本公共服务均等化。鼓励和引导社会力量支持发展民族教育。进

① 丹珠昂奔：《沿着中国特色解决民族问题的道路前进——中央民族工作会议精神学习体会》，http：//www. seac. gov. cn/art/2014/11/15/art_40_219059. html。

一步完善国家助学制度，绝不让一个孩子因家庭经济困难而失学。①

2. 逐步实现基本公共教育服务均等化

到2020年，民族地区教育整体发展水平及主要指标接近或达到全国平均水平，逐步实现基本公共教育服务均等化。民族地区学前两年、三年毛入园率分别达到80%、70%。义务教育学校办学条件基本实现标准化，九年义务教育巩固率达到95%，努力消除辍学现象，基本实现县域内均衡发展。高中阶段教育全面普及，普职比大体相当，中职免费教育基本实现。高等教育入学机会不断增加，高考录取率不断提高，学科专业结构基本合理，应用型、复合型、技术技能型人才培养能力显著提升。国家通用语言文字教育基础薄弱地区学前教育阶段基本普及两年双语教育，义务教育阶段全面普及双语教育。新增劳动力平均受教育年限接近或达到全国平均水平，主要劳动年龄人口平均受教育年限明显提高，从业人员继续教育年参与率达到50%。各级各类教育质量显著提高，服务民族地区全面建成小康社会的能力显著增强。②

3. 推动民族教育事业加快发展

由于历史、自然等原因，民族教育发展仍面临一些特殊困难和突出问题，整体发展水平与全国平均水平相比差距仍然较大。“十三五”时期，把加快少数民族和民族地区发展摆到更加突出的战略位置，对于补齐少数民族和民族地区发展“短板”，保障少数民族合法权益，提升各族人民福祉，增进民族团结进步，促进各民族交流交往交融，维护社会和谐稳定，确保国家长治久安，实现全面建成小康社会和中华民族伟大复兴中国梦，具有重要意义。

少数民族和民族地区人口整体素质有待提高，少数民族传统文化传承发展亟待加强，贫困问题依然严峻，维护社会和谐稳定任务繁重，缩小与全国发展差距仍然任重道远。破解多重问题和困难，必须加快少数民族和民族地区发展。③

---

① “用心用情用力做好少数民族和民族地区教育工作，教育部党组学习贯彻中央民族工作会议精神”，http：//www. moe. gov. cn/publicfiles/business/htmlfiles/moe/moe _ 1485/201409/175649. html。

② 2015年8月11日国务院：《关于加快发展民族教育的决定》，http：//www. gov. cn/zhengce/content/2015 – 08/17/content_10097. htm。

③ 2016年12月24日国务院：《关于印发“十三五”促进民族地区和人口较少民族发展规划的通知》，http：//www. 121jk. cn/news/redianzhuanti/show52704. html。

国家在区域发展总体战略中，把民族教育摆在更加重要的位置。应采取特殊支持措施，加大各项政策对少数民族和民族地区的倾斜力度，快速提升各级各类教育普及水平和办学质量，实现民族地区教育跨越发展。为此，要办好内地西藏班和新疆班、实施万名教师支教计划、增加民族地区学生上大学机会、实施高层次双千人计划等。[①]

继续办好内地西藏班、新疆班。鼓励四省藏区举办省内藏区高中班。[②]

4. 有序扩大人才培养规模

落实好少数民族高层次骨干人才计划。加强少数民族高端人才培养工作，培养一批政治素质高、学术造诣深、具有国际影响力和话语权的少数民族优秀人才。继续实施国家公派留学西部特别项目。支援中西部地区招生协作计划、农村贫困地区定向招生专项计划、教育部直属高校及其他自主招生试点高校招收农村学生专项计划等向民族地区倾斜。适当提高东中部省市职业院校招收民族地区学生的比例。适度扩大高校民族班、预科班招生规模以及东中部高校招收内地西藏新疆班高中毕业生规模。鼓励支持民族地区和东中部省市双向扩大高校招生规模。加强少数民族专业技术人才特殊培养。

5. 推进县域内城乡义务教育一体化

坚持以新发展理念为引领，落实立德树人根本任务，加强学校党的建设，深化综合改革，推进依法治教，提高教育质量，统筹推进县域内城乡义务教育一体化改革发展。适应全面建成小康社会需要，合理规划城乡义务教育学校布局建设，完善城乡义务教育经费保障机制，统筹城乡教育资源配置，向乡村和城乡接合部倾斜，大力提高乡村教育质量，适度稳定乡村生源，增加城镇义务教育学位和乡镇学校寄宿床位，推进城镇义务教育公共服务常住人口全覆盖，着力解决“乡村弱”和“城镇挤”问题，巩固和均衡发展九年义务教育，加快缩小县域内城乡教育差距，为到2020年教育现代化取得重要进展和全面建成小康社会奠定坚实基础。

---

① 2016年5月11日国务院办公厅：《关于加快中西部教育发展的指导意见》，http：//www. gov. cn/zhengce/content/2016－06/15/content_5082382. htm。

② 2016年12月24日国务院：《关于印发“十三五”促进民族地区和人口较少民族发展规划的通知》，http：//www. 121jk. cn/news/redianzhuanti/show52704. html。

加快推进县域内城乡义务教育学校建设标准统一、教师编制标准统一、生均公用经费基准定额统一、基本装备配置标准统一和"两免一补"政策城乡全覆盖，到2020年，城乡二元结构壁垒基本消除，义务教育与城镇化发展基本协调；城乡学校布局更加合理，大班额基本消除，乡村完全小学、初中或九年一贯制学校、寄宿制学校标准化建设取得显著进展，乡村小规模学校（含教学点）达到相应要求；城乡师资配置基本均衡，乡村教师待遇稳步提高、岗位吸引力大幅增强，乡村教育质量明显提升，教育脱贫任务全面完成。义务教育普及水平进一步巩固提高，九年义务教育巩固率达到95%。县域义务教育均衡发展和城乡基本公共教育服务均等化基本实现。①

为了巩固义务教育基本均衡发展成果，引导各地将义务教育均衡发展向着更高水平推进，全面提高义务教育质量，建立县域义务教育优质均衡发展督导评估制度，本着"依法实施、保障公平、注重质量、社会认可"的原则，开展义务教育优质均衡发展县（市、区）督导评估认定工作，内容包括资源配置、政府保障程度、教育质量、社会认可度四个方面。②

6. *加强农村留守儿童关爱保护工作*

留守儿童是指父母双方外出务工或一方外出务工另一方无监护能力、不满十六周岁的未成年人。农村留守儿童问题是我国经济社会发展中的阶段性问题，是我国城乡发展不均衡、公共服务不均等、社会保障不完善等问题的深刻反映。农村留守儿童和其他儿童一样是祖国的未来和希望，需要全社会的共同关心。做好农村留守儿童关爱保护工作，关系到未成年人健康成长，关系到家庭幸福与社会和谐，关系到全面建成小康社会大局。

以促进未成年人健康成长为出发点和落脚点，坚持依法保护，不断健全法律法规和制度机制，坚持问题导向，强化家庭监护主体责任，加大关爱保护力度，逐步减少儿童留守现象，确保农村留守儿童安全、健康、受教育等权益得到有效保障。坚持家庭尽责、政府主导、全民关爱、

① 2016年7月2日国务院：《关于统筹推进县域内城乡义务教育一体化改革发展的若干意见》，http：//www. waizi. org. cn/law/11715. html。

② 2017年4月19日教育部：《关于印发〈县域义务教育优质均衡发展督导评估办法〉的通知》，http：//www. moe. edu. cn/srcsite/A11/moe_1789/201705/t20170512_304462. html。

标本兼治。到2020年，未成年人保护法律法规和制度体系更加健全，全社会关爱保护儿童的意识普遍增强，儿童成长环境更为改善、安全更有保障，儿童留守现象明显减少。为此，要完善农村留守儿童关爱服务体系，建立健全农村留守儿童救助保护机制，从源头上逐步减少儿童留守现象，强化农村留守儿童关爱保护工作保障措施。①

二　继续做好少数民族干部的培养工作

1. 增强做好民族干部工作的责任感和紧迫感

大力培养、大胆选拔、充分信任、放手使用少数民族干部，注重培养优秀中高级少数民族领导干部，培养长期在民族地区工作的汉族干部，保持干部队伍合理结构。加大民族地区少数民族干部与中央国家机关、东部地区干部双向交流力度。加强少数民族干部挂职锻炼和多岗位锻炼，选派一批骨干到中央国家机关、东部地区任职锻炼。加强培养少数民族专业技术人员、学科带头人，推出一批拔尖人才。支持民族地区实施院士后备人选培养、人才小高地建设，促进高端科技人才聚集发展。大力引进经济社会发展急需紧缺的专门人才，支持和吸引各类人才到民族地区发展、创业。继续开展民族地区专业技术人才特殊培养项目，培养涵盖农林水牧、科教文卫、环境保护等多行业、多领域的专业技术骨干人才。加大基层民族工作部门优秀人才培养选拔力度，强化激励机制，激发基层民族工作干部队伍活力。加强民族地区乡村干部、农村能人培训工作。加强贫困民族地区干部人才教育培养培训，大力实施边远贫困地区、边疆民族地区和革命老区人才支持计划、民族地区本土人才培养计划及少数民族贫困村创业致富带头人培训工程。依托党校、行政学院、普通高校和职业院校，加大少数民族和民族地区干部教育培训力度，支持中央和地方民族干部学院（校）及现场教学点建设。②

“建设一支能够担当重任、经得起风浪考验的高素质的各族干部与人才队伍，尤其是大力培养和造就一大批德才兼备的少数民族优秀干部，是更快更好推动民族地区经济发展与社会进步的关键性因素。各级党委和中央有关部门要进一步增强做好新形势下少数民族干部工作的责任感

---

① 2016年2月4日国务院：《关于加强农村留守儿童关爱保护工作的意见》，http：//www.gov.cn/zhengce/content/2016－02/14/content_5041066.htm。

② 2016年12月24日国务院：《关于印发“十三五”促进民族地区和人口较少民族发展规划的通知》，http：//www.121jk.cn/news/redianzhuanti/show52704.html。

和紧迫感。”① 要加大少数民族干部培养力度，对经过实践检验是思想作风正派、对党忠诚、能力较强的少数民族干部，积极培养、放手使用。②

坚持德才兼备、以德为先用人标准，一方面注重在实践中特别是地方和基层一线实践中培养、锻炼和提高少数民族干部，切实加强少数民族优秀年轻干部的培养选拔工作；另一方面要继续有计划、分层次组织安排少数民族干部到党校、行政学院、干部学院、民族干部院校进行培训，不断提高政治素质和业务能力，增强抓好发展这个第一要务、履行好维护稳定这个第一责任的本领。③

“建设一支政治上坚强有力、经得起风浪考验的高素质干部队伍，对新疆稳定和发展至关重要。”④ 做好西藏工作，必须坚持党的领导，全面加强党的建设，着力建设好各级领导班子、干部人才队伍、基层组织，不断提高党的创造力、凝聚力、战斗力。在西藏和四省藏区，各级干部必须在思想上、政治上、行动上同党中央保持高度一致，做到忠诚于党和人民，坚定不移把党的各项方针政策落到实处。各族干部要像爱护自己的眼睛一样爱护团结，形成心往一处想、劲往一处使的强大合力。⑤

2. 培养高层次骨干人才是一项特殊工作

实施少数民族高层次骨干人才培养计划，是一项特殊重要工作。各单位要进一步提高重视程度，认真落实招生计划，用心用情做好学生教育管理服务工作，努力培养一大批立场坚定、思想过硬，具有较高科学人文素养和创新能力的少数民族高层次骨干人才，为民族地区经济社会发展提供人才支持和智力支撑。

坚持“定向招生、定向培养、定向就业”原则。骨干计划招生专业和学位类型重点向理工类、应用型专业倾斜，且招生比例不低于招生总

---

① 2010年10月21日习近平：《进一步做好少数民族干部培训工作》，http://politics.people.com.cn/GB/1024/13017267.html。

② 2014年4月30日习近平：《紧紧依靠各族干部群众共同团结奋斗》，http://www.chinanews.com/gn/2014/04-30/6124424.shtml。

③ 2010年10月21日习近平：《进一步做好少数民族干部培训工作》，http://politics.people.com.cn/GB/1024/13017267.html。

④ 2014年4月30日习近平：《紧紧依靠各族干部群众共同团结奋斗》，http://www.chinanews.com/gn/2014/04-30/6124424.shtml。

⑤ 2015年8月24日“中央第六次西藏工作座谈会召开习近平发表讲话”，http://www.chinanews.com/gn/2015/08-25/7488714.shtml。

数的50%。招生单位可招收不超过10%的汉族在职考生，不得超比例录取；录取的博士考生中，西部民族地区少数民族考生所占比例不得低于80%。各招生单位要根据教育部要求，结合民族地区经济社会发展和产业结构调整对人才的实际需求，制订本单位骨干计划专业和学位类型招生方案，及时向社会公布。①

2017年5月教育部办公厅就调整“少数民族高层次骨干人才计划”硕士研究生基础强化培训发出的通知：鉴于考生逐年增加，且生源质量不断提高，已基本具备直接入学培养的条件。教育部决定自2017年起各高校录取的“骨干计划”新生直接进入招生学校进行基础强化学习，不再单独安排强化基础培训；新生入校后严格执行相关招生单位的基本素质要求、研究生培养要求和学籍管理规定。②

2017年9月教育部办公厅在下达的2018年少数民族高层次骨干人才研究生招生计划的通知中提出：由北京大学、清华大学、中国人民大学、北京师范大学、复旦大学、浙江大学、厦门大学、四川大学8所高校承担定向西藏新疆公共管理人才培养任务。③

3. 坚持进行反对“两个主义”的教育

要加强民族团结，就必须坚决反对大汉族主义和狭隘民族主义，这是我们民族工作中始终坚持的一个重要原则，也是衡量民族干部的重要标准和少数民族干部教育的一项重要内容。

反对“两个主义”的问题，从共同纲领到现行宪法都作了规定。大汉族主义要不得，狭隘民族主义也要不得，它们都是民族团结的大敌。大汉族主义错误发展下去容易产生民族歧视，狭隘民族主义错误发展下去容易滋生离心倾向，最终都会造成民族隔阂和对立，严重的还会被敌对势力利用。实际上，在中国，“两个主义”是基础性的矛盾，要坚持长

---

① 2015年9月28日教育部办公厅：《关于下达2016年少数民族高层次骨干人才研究生招生计划的通知》，http://www.moe.edu.cn/srcsite/A09/moe_763/201509/t20150930_211452.html。

② 2017年5月23日教育部办公厅：《关于调整“少数民族高层次骨干人才计划”硕士研究生基础强化培训的通知》，http://www.moe.edu.cn/srcsite/A09/moe_763/201706/t20170605_306453.html。

③ 2017年9月22日教育部办公厅：《关于下达2018年少数民族高层次骨干人才研究生招生计划的通知》，http://www.moe.edu.cn/srcsite/A09/moe_763/201710/t20171017_316638.html。

期关注、长期反对，坚决抑制任何一个“主义”的抬头。因为，任何一个“主义”的倡行，对于国家来说，都将是祸害。靠大汉族主义的心态搞平等是没有结果的，靠狭隘民族主义的心态搞团结，也是没有结果的。①

反对“两个主义”，既是对民族干部素质的基本要求，也是民族干部教育和培养的重要标准。当前，在民族干部教育实践中更应当继续坚持和恪守反对“两个主义”的重要原则。

4. 促进经济和社会发展的作用无法替代

民族干部在少数民族地区发展中具有不可替代的重要作用，“实现新疆社会稳定和跨越式发展，关键在党，根本靠坚强的干部队伍、严密的基层组织体系、管用的群众工作机制”。②

做好新疆工作，关键是要发挥党总揽全局、协调各方的领导核心作用，全面加强和改进党的建设，为新疆社会稳定和长治久安提供坚强政治保证。要建设一支政治上强、能力上强、作风上强的高素质干部队伍。对长期在基层一线工作、把宝贵年华奉献给新疆的各族干部要给予特别关心。要大力选拔对党忠诚、关键时刻敢于发声亮剑、有较强群众工作能力和应对突发事件、驾驭复杂局面能力的干部。要把抓基层、打基础作为稳疆安疆的长远之计和固本之举，努力把基层党组织建设成为服务群众、维护稳定、反对分裂的坚强战斗堡垒，让党的旗帜在每一个基层阵地上都高高飘扬起来。③

做好民族工作关键在党、关键在人。做好民族工作，少数民族干部是重要桥梁和纽带。许多事情他们去办，少数民族群众更容易接受；关键时刻他们出面，效果会更好。④

5. 实现培训内容和方式创新

要进一步突出和强化特色内容。“在提高少数民族干部培训工作科学

---

① 丹珠昂奔：《沿着中国特色解决民族问题的道路前进——中央民族工作会议精神学习体会》，http：//www. seac. gov. cn/art/2014/11/15/art_40_219059. html。

② 2014 年 4 月 30 日习近平：《紧紧依靠各族干部群众共同团结奋斗》，http：//www. chinanews. com/gn/2014/04 – 30/6124424. shtml。

③ 2014 年 5 月 28 日“第二次中央新疆工作座谈会召开”，http：//finance. sina. com. cn/roll/20140530/104419277825. shtml。

④ 丹珠昂奔：《沿着中国特色解决民族问题的道路前进——中央民族工作会议精神学习体会》，http：//www. seac. gov. cn/art/2014/11/15/art_40_219059. html。

化水平上进一步下功夫、见成效。在培训内容上，要坚持重点抓好理论教育和党性教育，帮助少数民族干部全面提高思想政治素质；同时加强知识教育、领导能力教育，帮助他们提高履行领导职责和工作职责所必需的知识素养。”①

要实现培训方式的进一步创新。“既要坚持运用在长期实践中行之有效的传统方法，又要通过改革探索新的办法，增强培训的实践性和实效性，不断提高培训质量和效果。要强化实践培训的分量，改进和完善调研考察、现场教学等教育培训方法，组织少数民族学员到改革开放和社会主义现代化建设伟大实践中开阔思路、增长见识、锤炼党性、提高本领。”②

6. 提高“发展”和“稳定”的本领

民族地区干部的新标准可以用“三个特别”来概括。即“明辨大是大非的立场特别清醒、维护民族团结的行动特别坚定、热爱各族群众的感情特别真诚”。③

当前干部教育，要为各民族共同团结奋斗、共同繁荣发展这个主题服务，“让各族人民增强对伟大祖国的认同、对中华民族的认同、对中华文化的认同、对中国特色社会主义道路的认同”。④ 要切实提升民族干部“抓好发展”第一要务、“维护稳定”第一责任的本领。⑤ “自觉维护国家最高利益和民族团结大局。”⑥

那么，民族干部应该具备哪些管理能力和管理素质呢？应当说，这种能力是一种综合能力，涵盖着作为民族干部所应当具备的理论素养和管理技能。简言之，民族干部的管理能力主要应当包括：一是民族团结，

---

① 2010 年 10 月 21 日习近平：《进一步做好少数民族干部培训工作》，http：//politics. people. com. cn/GB/1024/13017267. html。

② 同上。

③ 王正伟：《做好新时期民族工作的纲领性文献——深入学习贯彻习近平总书记在中央民族工作会议上的重要讲话》，http：//www. seac. gov. cn/art/2014/10/17/art_40_216868. html。

④ 2014 年 9 月 28 日“中央民族工作会议举行　习近平作重要讲话”，http：//www. china. com. cn/military/2014 -09/30/content_33657111. htm。

⑤ 2010 年 10 月 21 日习近平：《进一步做好少数民族干部培训工作》，http：//politics. people. com. cn/GB/1024/13017267. html。

⑥ 2014 年 9 月 28 日“中央民族工作会议举行　习近平作重要讲话”，http：//www. china. com. cn/military/2014 -09/30/content_33657111. htm。

争取人心①的能力；二是抵制干扰，反对分裂的能力；三是民族理论与民族政策的把握能力和执行能力；四是促进民族地区经济和社会发展的能力。总之，民族干部应当具有积极推动改革，增进民族团结、促进社会进步、努力改善民生、实现巩固边防的能力。他们应当能自觉地维护国家的最高利益和民族团结的大局，做深入扎实的基础性工作，为我国民族地区的社会稳定和长治久安做出应有的贡献。

7. 加强高层次骨干人才招生管理

少数民族高层次骨干人才计划招生单位要在本单位网站上公布招生简章、招生政策和规定、招生专业目录。在复试、录取阶段，招生单位要提前在本单位网站上开辟专栏，向社会公布本单位少数民族高层次骨干人才计划复试工作方案和实施细则，各院（系、所）或学科、专业招生人数，参加复试所有考生（含拟录取考生）的初试成绩、复试成绩、总成绩（初试成绩和复试成绩加权后的成绩）、民族等信息。拟录取名单要由招生单位的研究生招生管理部门统一公示，公示时间不少于 10 个工作日，公示期间名单不得修改；名单如有变动，须对变动部分做出说明，并对变动内容另行公示 10 个工作日。未经公示的考生不得录取。

少数民族高层次骨干人才计划招生单位的招生简章、复试录取办法、拟录取名单均要向当地省级教育招生考试管理机构备案。各省级教育行政部门、教育招生考试管理机构要切实加强对少数民族高层次骨干人才计划招生的监督管理。对在招生工作中违反国家政策规定的行为，将严肃追究相关招生单位及负责人的责任。②

招生单位是骨干计划学生培养工作的责任主体。凡涉及学生在校期间教育管理服务的各类事项，如出国交换学习、学籍变动、学生奖助等，均按各招生单位有关规定执行。各招生单位要坚持“严、爱、细”原则，对骨干计划学生实行统一标准、统一要求、统一管理，不降低考试标准。学生在校学习期间（含基础培训）的学费、住宿费等按国家及招生单位相关规定缴纳。各招生单位和基础培训学校要按照国家和本单位的有关

---

① 2014 年 9 月 28 日“中央民族工作会议举行 习近平作重要讲话”，http：//www. china. com. cn/military/2014 -09/30/content_33657111. htm。

② 2013 年 9 月 22 日教育部办公厅：《关于下达 2014 年少数民族高层次骨干人才研究生招生计划的通知》，http：//www. moe. edu. cn/s78/A09/mzs _ left/moe _763/201310/t20131009 _ 158137. html。

规定对符合条件的学生给予奖励资助。在开展奖助学金评定时，要充分考虑骨干计划学生的特殊性，予以适当倾斜。

骨干计划学生毕业后，必须履行协议回定向地区和单位就业，不得违约。生源地省级教育行政部门要做好非在职毕业生的就业指导工作。在职考生派遣回原工作单位。毕业离校时仍未就业的非在职考生派遣回生源所在地毕业生就业工作主管部门。学生毕业证书、学位证书和档案转回原工作单位、就业单位或生源所在地毕业生就业工作主管部门。经生源所在地教育行政部门同意（在职学生还须征得原工作单位同意），骨干计划应届硕士毕业生可以限报骨干计划博士研究生，同时签订博士研究生定向协议书。①

三　建立完善教师队伍建设长效机制

1. 实施“三区”教师专项计划

为了提升边远贫困地区、边疆民族地区和革命老区学校教师队伍素质，为“三区”教育改革和发展提供人才支持，全面实施边远贫困地区、边疆民族地区和革命老区人才支持计划教师专项计划。从 2013 年起至 2020 年，每年选派 3 万名优秀幼儿园、中小学（含普通高中）和中等职业学校教师到“三区”支教一年；每年为“三区”培训 3000 名幼儿园、中小学和中等职业学校的骨干教师和紧缺专业教师。通过选派支教教师和培训当地教师，加快“三区”教师队伍建设，提高教师素质，为推动“三区”普及学前教育、义务教育均衡发展、普及高中阶段教育、大力发展中等职业教育提供人才支持。②“三区”人才支持计划教师专项计划的实施，要中央指导、地方实施；统筹规划、整体安排；因地制宜、注重实效；③ 切实提高针对性。④

受援范围以县为基本单位，主要是国家确定的连片特困地区覆盖的

---

① 2015 年 9 月 28 日教育部办公厅：《关于下达 2016 年少数民族高层次骨干人才研究生招生计划的通知》，http：//www. moe. edu. cn/srcsite/A09/moe_763/201509/t20150930_211452. html。

② 2012 年 11 月 27 日教育部等五部门：《关于印发〈边远贫困地区、边疆民族地区和革命老区人才支持计划教师专项计划实施方案〉的通知》，http：//www. moe. edu. cn/srcsite/A09/s7046/201212/t20121218_146367. html。

③ 同上。

④ 2014 年 3 月 13 日教育部办公厅、财政部办公厅：《关于做好 2014 年“三区”人才支持计划教师专项计划有关工作的通知》，http：//www. moe. edu. cn/srcsite/A09/s7046/201403/t20140314_165862. html。

县、国家扶贫开发工作重点县和省级扶贫开发工作重点县以及新疆生产建设兵团困难团场。主要应从省会城市、中心城市办学水平高，教育质量好的幼儿园、中小学和中等职业学校选派教师。中等职业学校可根据办学需要，从具有行业代表性的企业选聘具有中级以上专业技术职务的技术人员担任兼职教师。“三区”县数量较多的省份，可以从县级教育质量好的学校选派一部分教师去乡级学校任教。① 教师选派工作原则上以本省（区、市）内调配为主。希望加大省域外选派教师力度的中西部省（区、市），可以通过现有对口支援、扶贫协作等渠道，商支援省（市）解决。②

选派教师必须到受援县的县级以下（含县）学校连续任教一个完整的学年，担任相应课程或专业的教学任务，并通过集体备课、举办讲座、开设公开课等多种形式，帮助当地教师提高教学水平、业务能力。

各省级教育部门要加强调查研究，充分听取基层学校意见，统筹兼顾不同学段情况，选派受援县急需的、符合规定条件的学科教师和骨干教师，切实帮助受援学校解决实际问题，提高教学水平。各地要通过内部调剂、接收实习生、安排受援地教师跟岗培训等多种方式，解决派出学校的教师缺口问题。受援县教育部门和学校要安排好支教教师的生活、工作条件，做好日常管理考核工作，充分利用支教教师先进的教学理念、教学方法和丰富的教学经验，帮助当地教师提高教学水平和业务能力。③

2. 实施乡村教师支持计划

发展乡村教育，教师是关键，必须把乡村教师队伍建设摆在优先发展的战略地位。由于受城乡发展不平衡、交通地理条件不便、学校办学条件欠账多等因素影响，当前乡村教师队伍仍面临职业吸引力不强、补充渠道不畅、优质资源配置不足、结构不尽合理、整体素质不高等突出问题，制约了乡村教育持续健康发展。实施乡村教师支持计划，对于解决当前乡村教师队伍建设领域存在的突出问题，吸引优秀人才到乡村学

① 2012 年 11 月 27 日教育部等五部门：《关于印发〈边远贫困地区、边疆民族地区和革命老区人才支持计划教师专项计划实施方案〉的通知》，http://www.moe.edu.cn/srcsite/A09/s7046/201212/t20121218_146367.html。

② 2014 年 3 月 13 日教育部办公厅、财政部办公厅：《关于做好 2014 年“三区”人才支持计划教师专项计划有关工作的通知》，http://www.moe.edu.cn/srcsite/A09/s7046/201403/t20140314_165862.html。

③ 2015 年 5 月 19 日教育部办公厅：《关于下达 2015 年“三区”人才支持计划教师专项计划的通知》，http://www.moe.edu.cn/srcsite/A09/s7046/201506/t20150610_189886.html。

校任教，稳定乡村教师队伍，带动和促进教师队伍整体水平提高，促进教育公平、推动城乡一体化建设、缩小城乡师资水平差距、让每个乡村孩子都能接受公平、有质量的教育具有十分重要的意义。①

实施乡村教师支持计划的基本原则是师德为先，以德化人；规模适当，结构合理；提升质量，提高待遇；改革机制，激发活力。工作目标是到2017年，力争使乡村学校优质教师来源得到多渠道扩充，乡村教师资源配置得到改善，教育教学能力水平稳步提升，各方面合理待遇依法得到较好保障，职业吸引力明显增强，逐步形成“下得去、留得住、教得好”的局面。到2020年，努力造就一支素质优良、甘于奉献、扎根乡村的教师队伍，为基本实现教育现代化提供坚强有力的师资保障。

为此，要采取积极措施，全面提高乡村教师思想政治素质和师德水平；拓展乡村教师补充渠道；提高乡村教师生活待遇；统一城乡教职工编制标准；职称（职务）评聘向乡村学校倾斜；推动城镇优秀教师向乡村学校流动；全面提升乡村教师能力素质；建立乡村教师荣誉制度。

在组织实施过程中，要明确责任主体；加强经费保障；开展督导检查。②

3. 实施万名教师支教计划

组织内地优秀教师到西藏、新疆支教，在每所中学形成稳定的理科教学团队。在对口支援机制下，每期选派1万名内地教师赴西藏、新疆任教。支教教师发挥骨干示范作用，主要承担一线教学任务，组织教研活动，开展业务培训和教学指导，与当地教师组成教学团队，整体提升学校理科教学水平。每年置换出1万名当地理科教师，通过集中培训、专题研修、跟岗学习等方式，提高学科教学能力。到2020年，共组织内地3万名教师赴西藏、新疆支教，置换出当地90%以上理科教师脱产培训。③

2017年12月教育部、国家发展改革委、财政部、人力资源社会保障部四部门印发了《援藏援疆万名教师支教计划实施方案》，就此项工作的工作目标、主要任务、选派要求、管理方式、政策待遇、组织实施等事

① 2015年6月1日国务院办公厅：《关于印发乡村教师支持计划（2015—2020年）的通知》，http：//www. gov. cn/zhengce/content/2015 -06/08/content_9833. htm。

② 同上。

③ 2016年5月11日国务院办公厅：《关于加快中西部教育发展的指导意见》，http：//www. gov. cn/zhengce/content/2016 -06/15/content_5082382. htm。

项进一步进行了规范。

要通过实施援藏援疆万名教师支教计划，建立西藏、新疆与内地学校共享优质教育资源的常态化机制，缓解西藏、新疆受援地优秀教师不足的矛盾，辐射带动西藏、新疆受援学校教育教学水平，切实加强西藏、新疆教师队伍建设，提升西藏、新疆教育自给能力，全面提高西藏、新疆基础教育质量，为西藏、新疆经济发展、社会稳定和长治久安，培养爱党爱国的社会主义事业合格建设者和可靠接班人。

对口援藏援疆省市按照适地适校原则，精准选派支教教师，有效满足受援地急需紧缺的教师需求。原则上从教育教学管理水平较高的中小学校选派援藏援疆教师。选派数量较多或选派有困难的省市，可以选派新任教师、退休教师、采取政府向市场购买服务的方式选派教师或出资支持受援地招聘教师。

选派援藏援疆的教师要求政治可靠、师德高尚、爱岗敬业、业务精良，坚决执行党的民族和宗教政策，维护祖国统一和民族团结；有较强的工作能力和责任感；作风扎实，不怕吃苦，甘于奉献，身体健康；学校管理人员除符合上述要求外，还应具有较强的组织领导能力和丰富的学校管理经验。各单位不得从分流或下岗对象中选派援藏援疆教师。

对口援藏援疆省市采取政府向市场购买服务方式选派教师的，要严格按照国家关于政府购买服务的有关规定，集中委托，组团派出，可直接面向社会开展选派，或向符合条件的社会机构购买服务，选派的教师应当符合《教师法》规定的学历，具备相应的教师资格，有一定的教育教学能力，师范专业毕业优先。①

4. 加强乡村教师队伍建设

发展教育事业，教师责任重大、使命光荣。广大教师应牢记使命、不忘初衷，扎根西部、服务学生，努力做教育改革的奋进者、教育扶贫的先行者、学生成长的引导者，为贫困地区教育事业发展、为祖国下一代健康成长继续作出自己的贡献。②

---

① 2017 年 12 月 15 日教育部等四部门：《关于印发〈援藏援疆万名教师支教计划实施方案〉的通知》，http：//www. moe. edu. cn/srcsite/A10/s3735/201712/t20171225_322346. html。

② “习近平给‘国培计划（2014）’北京师范大学贵州研修班参训教师回信”，http：//news. xinhuanet. com/politics/2015 －09/09/c_1116512833. htm。

要重视建好建强乡村教师队伍。[①] 要全面加强乡村教师队伍建设，扩大农村教师特岗计划中乡村学校特设岗位数量，增加优秀大学毕业生到乡村学校任教比例。以地方师范院校为基地，采取免费教育、学费补偿、贷款代偿等多种方式，为乡村学校定向培养更多的合格、优秀教师。

鼓励研究生支教团、优秀退休教师到乡村学校支教。全面推进义务教育教师队伍“县管校聘”管理体制改革，加大教师交流力度，优先保障村小学和教学点需求，确保一定比例的骨干教师到村小学和教学点任教。补充音体美等紧缺学科教师，创新教学、管理方式，确保合格教师授课。加大乡村教师培训力度，“国培计划”集中支持乡村教师培训。

扩大农村学校教育硕士师资培养计划规模。推行校长职级制，选好配强乡村学校校长。落实好集中连片特殊困难地区乡村教师生活补助政策。对在乡村学校任教 3 年以上、表现优秀并符合条件的教师，职称评定时同等条件下优先。各地对在村小学和教学点工作满 10 年、继续在村小学和教学点工作的优秀教师给予奖励。国家对在村小学和教学点工作满 30 年并作出突出贡献的优秀教师给予表彰奖励。

要补充学前教育师资队伍。各地要按照幼儿园教职工配备标准，在地方事业单位编制总量内，合理调配，配齐农村公办幼儿园教职工，落实每班“两教一保”要求。鼓励各地因地制宜实施地方特岗计划，引进优秀毕业生到农村幼儿园任教。鼓励地方高校扩大免费师范生招生规模，办好中等幼儿师范学校和高等师范专科学校学前教育专业，为农村学前教育培养更多的合格教师。开展对农村幼儿园教师的全员培训，提高教师专业水平。通过生均财政拨款、专项补助等方式，支持解决好公办园非在编教师、集体办幼儿园教师工资待遇问题，逐步实现同工同酬。对长期在农村幼儿园工作的教师，在职务（职称）评聘等方面给予倾斜。采取“政府组织、中心园实施、志愿服务”模式，开展教师巡回支教，缓解当前师资紧缺状况。

要加强特教教师队伍建设。针对不同的残疾类别，制定特教教师专业标准。扩大高等院校特教专业培养规模，鼓励高校师范类专业开设特教课程。加强特教教师定向培养。普通教师转岗担任特教教师，应经过特

---

① 2017 年 11 月 20 日“习近平主持召开十九届中央深改组第一次会议”，http：//news. ifeng. com/a/20171120/53430599_0. shtml。

教专业培训，掌握相关知识和技能。在特教岗位工作满 10 年的教师，继续从事特教工作的，按照国家有关规定给予表彰。对普通中小学承担特教任务的教师，在绩效工资分配上给予倾斜。教师职务（职称）评聘向特教教师倾斜。①

2017 年 11 月 20 日十九届中央全面深化改革领导小组第一次会议审议通过了《全面深化新时代教师队伍建设改革的意见》。指出：全面深化新时代教师队伍建设改革，要全面贯彻党的教育方针，坚持社会主义办学方向，遵循教育规律和教师成长发展规律，全面提升教师素质能力，深入推进教师管理体制机制改革，形成优秀人才争相从教、教师人人尽展其才、好老师不断涌现的良好局面。要重视建好建强乡村教师队伍。②

5. 统筹推进城乡师资配置均衡化

各地要依据义务教育学校教职工编制标准、学生规模和教育教学需要，按照中央严格控制机构编制有关要求，合理核定义务教育学校教职工编制。建立城乡义务教育学校教职工编制统筹配置机制和跨区域调整机制，实行教职工编制城乡、区域统筹和动态管理，盘活编制存量，提高使用效益。有关部门要研究确定县域统一的义务教育学校岗位结构比例，完善职称评聘政策，逐步推动县域内同学段学校岗位结构协调并向乡村适当倾斜，实现职称评审与岗位聘用制度的有效衔接，吸引优秀教师向农村流动。县级教育行政部门在核定的教职工编制总额和岗位总量内，要按照班额、生源等情况，充分考虑乡村小规模学校、寄宿制学校和城镇学校的实际需要，统筹分配各校教职工编制和岗位数量，并向同级机构编制部门、人力资源社会保障部门和财政部门备案。全面推进教师“县管校聘”改革，按照教师职业特点和岗位要求，完善教师招聘机制，统筹调配编内教师资源，着力解决乡村教师结构性缺员和城镇师资不足问题。严禁在有合格教师来源的情况下“有编不补”、长期聘用编外教师，严禁挤占挪用义务教育学校教职工编制和各种形式“吃空饷”。积

---

① 2016 年 5 月 11 日国务院办公厅：《关于加快中西部教育发展的指导意见》，http：//www. gov. cn/zhengce/content/2016 -06/15/content_ 5082382. htm。

② “习近平主持召开十九届中央深改组第一次会议”，http：//news. ifeng. com/a/20171120/53430599_ 0. shtml。

极鼓励和引导乡村志愿支教活动。①

6. 健全教师培养制度和培养机制

健全教师培养补充制度，制定教师队伍建设专项规划。推进师范院校专业调整和改革，支持民族地区师范院校重点培养双语教师和紧缺学科教师。落实教师配备政策，严格教师准入。农村义务教育学校教师特岗计划和边远贫困地区、边疆民族地区、革命老区人才支持计划教师专项计划向民族地区倾斜。加强师德师风教育，全面提高教师思想政治素质、师德水平和能力素质。②

民族地区要制定教师队伍建设专项规划，推进师范院校专业调整和教学改革，重点培养双语教师、“双师型”教师和农村中小学理科、音体美等学科紧缺教师，形成教师培养补充长效机制。支持民族地区师范院校免费培养双语教师。教育部直属师范大学师范生免费教育政策向民族地区倾斜，鼓励引导东中部省市师范院校为民族地区培养免费师范生。落实好教师配备政策，杜绝挤占挪用教师编制，严格教师准入，招聘合格教师。实施好乡村教师支持计划。农村义务教育学校教师特岗计划和边远贫困地区、边疆民族地区、革命老区人才支持计划教师专项计划向民族地区倾斜。

进一步完善教师培训工作。制订全员培训规划，落实每五年一周期的培训。国家级、省级、市级培训向民族地区农村教师和内地民族班教师倾斜。重点加强幼儿园、中小学、职业院校和内地民族班校长、骨干教师、班主任（辅导员）思想政治和业务能力培训。加强少数民族双语教师国家通用语言文字培训。强化培训过程管理和结业考核双向评价。在东中部地区选择若干所师范院校建设民族地区双语和“双师型”骨干教师培养培训基地。

7. 改革乡村教师待遇保障机制

要切实落实教师激励政策。改善教师福利待遇，绩效工资分配向农村教学点、村小学、乡镇学校教师、双语教师和内地民族班教师倾斜。建立健全校长、教师交流轮岗和城镇教师支援农村教育等制度，对扎根

① 2016年7月2日国务院：《关于统筹推进县域内城乡义务教育一体化改革发展的若干意见》，http://news.xinhuanet.com/politics/2016－07/11/c_ 129135865.htm。

② 2016年12月24日国务院：《关于印发“十三五”促进民族地区和人口较少民族发展规划的通知》，http://www.121jk.cn/news/redianzhuanti/show52704.html。

边疆、扎根农村、长期从事内地民族班教育管理并作出突出贡献的教师，中央和地方政府按照国家有关规定给予表彰。

各地要实行乡村教师收入分配倾斜政策，落实并完善集中连片特困地区和边远艰苦地区乡村教师生活补助政策，因地制宜稳步扩大实施范围，按照越往基层、越往艰苦地区补助水平越高的原则，使乡村教师实际工资收入水平不低于同职级县镇教师工资收入水平。健全长效联动机制，核定义务教育学校绩效工资总量时统筹考虑当地公务员实际收入水平，确保县域内义务教育教师平均工资收入水平不低于当地公务员的平均工资收入水平。完善乡村教师职业发展保障机制，合理设置乡村学校中级、高级教师岗位比例。落实中小学教师职称评聘结合政策，确保乡村学校教师职称即评即聘。将符合条件的边远艰苦地区乡村学校教师纳入当地政府住房保障体系，加快边远艰苦地区乡村教师周转宿舍建设。①

8. 提高民办学校教师的社会地位

民办学校的教师、受教育者与公办学校的教师、受教育者具有同等的法律地位。民办学校聘任的教师，应当具有国家规定的任教资格。民办学校应当对教师进行思想品德教育和业务培训。民办学校应当依法保障教职工的工资、福利待遇，并为教职工缴纳社会保险费。民办学校教职工在业务培训、职务聘任、教龄和工龄计算、表彰奖励、社会活动等方面依法享有与公办学校教职工同等权利。②

四　民族团结是各族人民的生命线

1. 加强民族团结进步的宣传教育

要培育中华民族共同体意识。深入开展爱国主义和民族团结教育，引导各族群众牢固树立“三个离不开”思想，不断增强“五个认同”，树立正确的国家观、民族观、宗教观、历史观、文化观。健全民族团结教育常态化机制，把民族团结教育纳入国民教育、干部教育、社会教育全过程，推进民族理论、民族政策、民族知识进教材、进课堂、进头脑。推进民族领域思想理论阵地、工作平台及学科建设，加强民族团结教师培训和教材资源建设，增强民族团结进步公共产品有效供给。创新民族

① 2016 年 7 月 2 日国务院：《关于统筹推进县域内城乡义务教育一体化改革发展的若干意见》，http：//news. xinhuanet. com/politics/2016 －07/11/c_ 129135865. htm。

② 《中华人民共和国民办教育促进法》，https：//baike. so. com/doc/6706614 －6920612. html。

团结进步宣传理念、方法和手段，扩大媒体和社会传播，拓展网上传播平台，实施“互联网+民族团结”行动。健全民族团结进步模范表彰工作机制，大力培育、树立和宣传各级各类先进典型。加强民族团结进步教育基地建设，大力开展群众性主题实践教育活动，举办民族团结进步创建活动成果展。加强民族教育领域意识形态安全建设。①

各民族共同开发了祖国的锦绣河山、广袤疆域，共同创造了悠久的中国历史、灿烂的中华文化。形成了“你中有我、我中有你，谁也离不开谁”的中华民族多元一体格局。中华民族和各民族的关系，是一个大家庭和家庭成员的关系，各民族的关系，是一个大家庭里不同成员的关系。②

2. 促进各族学生和各民族的交往、交流和交融

在有条件的民族地区积极稳妥推进民汉合校，积极开展各族学生体育、文艺、联谊等活动，促进不同民族学生共学共进。在民族地区与支援省市之间，建立各族学生交流交往平台，通过开展“手拉手心连心”、主题夏令营以及互相考察学习等活动，增进相互了解，相互学习，相互帮助。在内地民族班开展走班制等多种教学管理模式试点，探索推进混班教学、混合住宿，鼓励少数民族学生积极参加学校社团组织和文体活动，组织开展当地学生与内地民族班学生之间互帮互学、友好班级等活动，促进内地民族班学生尽快融入当地学习、生活。

要做好民族工作，就必须不断促进各民族间的交往、交流和交融，要尊重民族差异、增强文化认同，“在各民族中牢固树立国家意识、公民意识、中华民族共同体意识”③，共享祖国繁荣发展的成果。“建设各民族共有精神家园”，④ 最大限度地团结和依靠我国各族人民群众，使每个民族都能为实现中华民族伟大复兴的中国梦而贡献力量，共享祖国繁荣发展的丰硕成果。各民族要相互了解、相互尊重、相互包容、相互欣赏、

---

① 2016年12月24日国务院：《关于印发“十三五”促进民族地区和人口较少民族发展规划的通知》，http：//www.121jk.cn/news/redianzhuanti/show52704.html。

② 王正伟：《做好新时期民族工作的纲领性文献——深入学习贯彻习近平总书记在中央民族工作会议上的重要讲话》，http：//www.seac.gov.cn/art/2014/10/17/art_40_216868.html。

③ 2014年5月28日“第二次中央新疆工作座谈会在京召开”，http：//finance.sina.com.cn/roll/20140530/104419277825.shtml。

④ 2014年9月28日“中央民族工作会议举行　习近平作重要讲话”，http：//www.china.com.cn/military/2014-09/30/content_33657111.htm。

相互学习、相互帮助，像石榴籽那样紧紧抱在一起。要加强民族交往交流交融，部署和开展多种形式的共建工作，推动建立各民族相互嵌入式的社会结构和社区环境，有序扩大新疆少数民族群众到内地接受教育、就业、居住的规模，促进各族群众在共同生产生活和工作学习中加深了解、增进感情。①

3. 发挥教育在民族文化交融创新中的基础性作用

坚持以社会主义先进文化为引领，传承建设各民族共享的中华文化，继承和弘扬少数民族优秀传统文化，建设各民族共有精神家园。充分发挥教育在各民族文化交融创新中的基础性作用，把中华优秀传统文化融入中小学教材和课堂教学，在民族地区学校开设民族艺术和民族体育选修课程，开展民族优秀传统文化传承活动。鼓励支持普通高校、职业院校加强与文化企事业单位合作，将民族优秀文化列入学科专业，开展教学和研究，挖掘民族优秀文化资源，抢救保护和传承非物质文化遗产。科学保护各民族语言文字。

2016 年习近平在哲学社会科学工作座谈会上的讲话中指出：绵延几千年的中华文化，是中国特色哲学社会科学成长发展的深厚基础。站立在960 万平方公里的广袤土地上，吸吮着中华民族漫长奋斗积累的文化养分，拥有 13 亿中国人民聚合的磅礴之力，我们走自己的路，具有无比广阔的舞台，具有无比深厚的历史底蕴，具有无比强大的前进定力，中国人民应该有这个信心，每一个中国人都应该有这个信心。“我们说要坚定中国特色社会主义道路自信、理论自信、制度自信，说到底是要坚定文化自信。文化自信是更基本、更深沉、更持久的力量。”② 文化是一个国家、一个民族的灵魂。文化兴国运兴，文化强民族强。没有高度的文化自信，没有文化的繁荣兴盛，就没有中华民族的伟大复兴。③

4. 民族团结教育是民族工作的着眼点和着力点

民族团结是我国各族人民的生命线。做好民族工作，最关键的是搞

---

① 2014 年 5 月 28 日“第二次中央新疆工作座谈会在京召开”，http：//finance. sina. com. cn/roll/20140530/104419277825. shtml。

② 2016 年 5 月 17 日习近平：《在哲学社会科学工作座谈会上的讲话》，http：//politics. people. com. cn/n1/2016/0518/c1024 －28361421. html。

③ “习近平代表十八届中央委员会作报告”，http：//www. henan. gov. cn/zt/system/2017/10/20/010744798. shtml。

好民族团结，最管用的是争取人心。要正确认识我国民族关系的主流，多看民族团结的光明面；善于团结群众、争取人心，全社会一起做交流、培养、融洽感情的工作；加强各民族交往交流交融，尊重差异、包容多样，让各民族在中华民族大家庭中手足相亲、守望相助；创新载体和方式，引导各族群众牢固树立正确的祖国观、历史观、民族观；用法律来保障民族团结，增强各族群众法律意识；坚决反对大汉族主义和狭隘民族主义，自觉维护国家最高利益和民族团结大局。①

当前，民族团结工作是我国民族工作的中心任务，是当前最大的政治。在我国民族地区全面进入建设小康社会的关键时期，要加快民族地区经济社会发展，逐步缩小地区间与民族间的发展差距，实现区域之间的协调发展，实现各族人民的共同富裕，就必须维护祖国统一、加强民族团结。民族团结是我国当前民族工作的着眼点和着力点，应当切实做好民族团结工作这件大事。

要充分发挥社会主义制度的优越性，促进各民族唇齿相依、手足相亲、守望相助，以繁荣发展促进团结稳定，以团结稳定保障繁荣发展，促进各民族交往交流交融，探索走出一条具有中国特色、符合民族地区特点、体现各族人民意愿的团结发展道路。

5. 实现民族地区的持续长期和全面稳定

坚持党的治藏方略，把维护祖国统一，加强民族团结，坚定不移开展反分裂斗争，坚定不移促进经济社会发展，坚定不移保障和改善民生，坚定不移促进各民族交往交流交融，确保国家安全和长治久安，确保经济社会持续健康发展，确保各族人民物质文化生活水平不断提高，确保生态环境良好。西藏工作的着眼点和着力点必须放到维护祖国统一、加强民族团结上来，把实现社会局势的持续稳定、长期稳定、全面稳定作为硬任务，各方面工作统筹谋划、综合发力，牢牢掌握反分裂斗争主动权。②

坚决贯彻党中央关于新疆工作的大政方针，围绕社会稳定和长治久安这个总目标，以推进新疆治理体系和治理能力现代化为引领，以经济

---

① 2014 年 9 月 28 日“中央民族工作会议举行　习近平作重要讲话”，http：//www.china.com.cn/military/2014 -09/30/content_ 33657111.htm。

② 2015 年 8 月 24 日“中央第六次西藏工作座谈会召开习近平发表讲话”，http：//www.chinanews.com/gn/2015/08 -25/7488714.shtml。

发展和民生改善为基础，以促进民族团结、遏制宗教极端思想蔓延等为重点，坚持依法治疆、团结稳疆、长期建疆，努力建设团结和谐、繁荣富裕、文明进步、安居乐业的社会主义新疆。新疆社会稳定和长治久安，关系全国改革发展稳定大局，关系祖国统一、民族团结、国家安全，关系中华民族伟大复兴。反对民族分裂，维护祖国统一，是国家最高利益所在，也是新疆各族人民根本利益所在。要把民族团结紧紧抓在手上，坚持正确的祖国观、民族观，全面贯彻党的民族政策，牢牢把握各民族共同团结奋斗、共同繁荣发展的主题，促进各民族和睦相处、和衷共济、和谐发展。对暴力恐怖活动，要高举法治旗帜，保持严打高压态势，先发制敌，以震慑敌人、鼓舞人民。①

6. 加强民族团结基本国情教育

要做好民族工作，首先是要充分认识和准确把握我国统一的多民族基本国情。民族地区是我国的资源富集区、水系源头区、生态屏障区、文化特色区、边疆地区、贫困地区。集这么多的“区”于一身，足以说明民族工作在党和国家工作全局中的重要地位。只有了解了这个“家底”，才能真正了解我国的基本国情，也才能懂得民族工作的重要性和做好民族工作复杂性。

实现社会主义国家各民族的团结，是社会主义国家一项十分重要的国策，是实现国家长治久安，实现社会稳定的根本性大计。要充分认识中华民族是一个命运共同体。多民族是我国的一大特色，也是我国实现发展的一大有利因素。老祖宗留给我们的一笔重要财富，也是我们国家的一个重要优势。要切实加强我国是统一的多民族国家这一基本国情的教育，坚持把维护民族团结和国家统一作为各民族最高利益，把各族人民的智慧和力量最大限度地凝聚起来，同心同德为实现“两个一百年”奋斗目标、实现中华民族伟大复兴的中国梦而奋斗。要实现中国梦，必须要凝聚全国各族人民大团结的力量。

在当前，民族教育就是要践行民族团结，做加强民族团结的事。民族团结教育的内容要纳入国民教育、干部教育、社会教育各级各类教育，

---

① 2014 年 4 月 30 日习近平：《紧紧依靠各族干部群众共同团结奋斗》，http：//www. chinanews. com/gn/2014/04 －30/6124424. shtml。

民族理论、民族政策、民族知识要进教材、进课堂、进头脑。①

7. 加强构筑各民族精神家园教育

要大力加强构筑各民族精神家园教育，就必须增强文化认同，积极加强培养“中华文化”和中华民族共同体意识教育。中华文化是各民族文化的集大成，是中国各民族的文化，要向各族人民反复讲，各民族都对中华文化的形成和发展做出了贡献，各民族要相互欣赏、相互学习。

在“十三五”时期，中华民族共同体意识深入人心，全社会“三个离不开”（汉族离不开少数民族，少数民族离不开汉族，各少数民族之间也相互离不开）思想全面加强，各民族群众“五个认同”（对伟大祖国、对中华民族、对中华文化、对中国共产党、对中国特色社会主义道路的认同）不断增强，民族理论政策创新发展，民族工作法律法规日臻完善，民族事务治理现代化水平显著提高，相互嵌入式的社会结构和社区环境逐步建立，民族团结进步示范区建设深入推进，各民族和睦相处、和衷共济、和谐发展，社会主义民族关系得到进一步巩固。② 切实抓好青少年爱国主义和民族团结教育。创新教育载体和方式，增强“四个认同”，建设各民族共有精神家园。③

要在各族群众中牢固树立正确的祖国观、民族观，弘扬社会主义核心价值体系和社会主义核心价值观，增强各族群众对伟大祖国的认同、对中华民族的认同、对中华文化的认同、对中国特色社会主义道路的认同。要加强思想政治工作，营造昂扬向上的社会氛围，引导各族群众追求现代文明生活。④

要把社会主义核心价值观教育融入各级各类学校课程，努力培养爱党爱国的社会主义事业建设者和接班人。⑤ 要加强社会主义核心价值体系

---

① 丹珠昂奔：《沿着中国特色解决民族问题的道路前进——中央民族工作会议精神学习体会》，http：//www. seac. gov. cn/art/2014/11/15/art_ 40_ 219059. html。

② 2016 年 12 月 24 日国务院：《关于印发“十三五”促进民族地区和人口较少民族发展规划的通知》，http：//www. 121jk. cn/news/redianzhuanti/show52704. html。

③ “用心用情用力做好少数民族和民族地区教育工作，教育部党组学习贯彻中央民族工作会议精神”，http：//www. moe. gov. cn/publicfiles/business/htmlfiles/moe/moe_ 1485/201409/175649. html。

④ 2014 年 5 月 28 日“第二次中央新疆工作座谈会在京召开”，http：//finance. sina. com. cn/roll/20140530/104419277825. shtml。

⑤ 2015 年 8 月 24 日“中央第六次西藏工作座谈会召开习近平发表讲话”，http：//www. chinanews. com/gn/2015/08 –25/7488714. shtml。

的学习教育，用先进思想和真善美的言行占领宣传舆论阵地。①

8. 开展新疆和援疆学校“千校手拉手”活动

要充分认识新疆和援疆省市学校之间开展“千校手拉手”活动的重要性。“千校手拉手”活动对于加强民族团结教育，引导教育学生树立正确的国家观、民族观、宗教观、价值观，打牢“四个认同”“三个离不开”思想基础，树立中华民族共同体意识具有重要作用。“千校手拉手”活动是学校思想政治教育和民族团结教育拓宽思路、创新形式、丰富内容的重要载体。“千校手拉手”活动有利于发挥援疆省市的学校管理与教育资源优势，帮助受援地学校转变教育观念，规范学校管理，提高教师素质，提升教育水平。各地要高度重视、精心组织、抓出实效。

活动形式和内容包括：在新疆各地学校之间开展“心连心·手拉手”活动的基础上，援疆省市与受援地学校之间建立“一对一”“多对一”或“一对多”的友好学校（班级）关系。加强学校间的教育教学交流，开展教师间互帮互学教学教研活动，组织友好学校（班级）夏令营以及互相考察学习活动等。援疆省市与受援地学生之间广泛开展“一对一”结对子、写书信、发微博等活动，促进学生共同学习、共同生活、共同成长。鼓励援疆省市与受援地学生家庭之间组织联谊，加强交流交往，增进感情、促进了解，开展家庭之间的相互帮扶。

新疆维吾尔自治区教育行政部门要首先在兵团与地方、北疆与南疆、城镇与乡镇各级各类学校（含幼儿园，下同）之间广泛开展“心连心·手拉手”活动。援疆省市和受援地教育行政部门要在已开展的“手拉手”结对子工作基础上，优先安排乡镇学校开展“手拉手”活动，再逐步扩大到县（市、区）、地（市、州）、省（市）各级各类学校。在积累经验，创新形式、丰富内容的基础上，2017 年实现新疆各级各类学校、援疆省市和受援地学校之间“手拉手”全覆盖，并形成长效机制。

新疆和援疆省市教育行政部门要加强组织协调，制订具体实施方案，有计划、分步骤开展活动。新疆和各援疆省市要完善工作机制，及时总结，推广典型经验，调动学校和广大学生、家长的积极性，全面深入开

---

① 2014 年 4 月 30 日习近平：《紧紧依靠各族干部群众共同团结奋斗》，http：//www. chinanews. com/gn/2014/04 – 30/6124424. shtml。

展活动。①

9. 建立民族团结教育常态化机制

坚持不懈开展爱国主义教育和民族团结教育，引导各族学生牢固树立“三个离不开”思想，不断增强对伟大祖国、中华民族、中华文化、中国共产党、中国特色社会主义的认同。深入推进民族团结教育进学校、进课堂、进头脑，在全国小学高年级、初中开设民族团结教育专题课，在普通高中思想政治课程中强化民族团结教育内容，在普通高校、职业院校（含高等职业学校和中等职业学校）开设党的民族理论与政策课程。国务院教育行政部门指导编写中学、小学各一册民族团结教育教材，其中农村义务教育阶段纳入免费教科书范围，各地可结合实际编写地方补充教材。推动马克思主义理论研究和建设工程民族学类教材在全国高校相关专业统一使用，巩固党的民族理论和民族政策在民族学教学研究领域的指导地位。利用现代信息技术等多种手段，开发、编译民族团结教育教学资源。在师范院校和民族院校设立马克思主义民族理论与政策师范专业，培养培训民族团结教育课教师。将民族团结教育纳入督导评估工作。

五　科学稳妥地推行“双语”教育

1. 加强国家通用语言文字的学习和使用

依据法律、遵循规律、结合实际，坚定不移推行国家通用语言文字教育，提升少数民族学生掌握和使用国家通用语言文字的能力和水平。②新修订后的《民族中小学汉语课程标准（义务教育）》，于 2014 年秋季学期开始执行。③

开展国家通用语言文字教育和扫盲，全面推广和普及国家通用语言文字。④

---

① 2014 年 12 月 26 日教育部办公厅：《关于开展新疆和援疆省市学校“千校手拉手”活动的通知》，http：//www. moe. edu. cn/srcsite/A09/s7046/201501/t20150106_ 183189. html。

② 2016 年 12 月 24 日国务院：《关于印发“十三五”促进民族地区和人口较少民族发展规划的通知》，http：//www. 121jk. cn/news/redianzhuanti/show52704. html。

③ 2013 年 12 月 25 日教育部：《关于印发〈民族中小学汉语课程标准（义务教育）〉的通知》，http：//www. moe. edu. cn/srcsite/A09/s7046/201401/t20140102_ 162461. html。

④ 2016 年 12 月 24 日国务院：《关于印发“十三五”促进民族地区和人口较少民族发展规划的通知》，http：//www. 121jk. cn/news/redianzhuanti/show52704. html。

2. 尊重和保障使用本民族语言文字接受教育的权利

尊重和保障少数民族使用本民族语言文字接受教育的权利，不断提高少数民族语言文字教学水平。在国家通用语言文字教育基础薄弱地区，以民汉双语兼通为目标，建立健全从学前到中小学各阶段教育有效衔接、教学模式与学生学习能力相适应、师资队伍与教学资源满足需要的双语教学体系。国家对双语教师培养培训、教学研究、教材开发和出版给予支持，为接受双语教育的学生升学、考试提供政策支持。建立双语教育督导评估和质量监测机制。①

3. 民汉双语教学是民族教育的重要特征

我国是统一的多民族的社会主义国家。根据我国有关法律规定，普通话和规范汉字是国家通用语言文字。少数民族学生在学习和使用民族语言文字的同时，应该加强对国家通用语言文字的学习和使用。民汉双语教学有利于促进各民族学生之间的沟通和交流，有利于促进各民族学生的全面发展和终身发展，有利于增强各民族学生的祖国意识，有利于增强中华民族的凝聚力。②

4. 加强双语人才队伍建设

依托民族语文翻译机构、民族院校、民族地区高校等单位，培训熟练掌握国家通用语言文字和少数民族语言文字的双语干部人才。建立推动双语学习激励机制，支持少数民族干部学习国家通用语言，鼓励汉族干部学习少数民族语言。依托双语教学能力较强的民族院校和民族地区高校、党校、行政学院，加强少数民族和民族地区双语人才培养培训。健全少数民族汉语水平等级测试标准。③

对口支援省市和教育部直属单位要帮助西藏和四省藏区建立和完善从学前到中小学教育教学相衔接、师资与教学资源相配套、教学模式与学生学习能力相适应的双语教学体系，切实提高少数民族学生适应社会发展和就业创业能力。帮助加强双语师资培养培训，为西藏和四省藏区

① 2016 年 12 月 24 日国务院：《关于印发“十三五”促进民族地区和人口较少民族发展规划的通知》，http：//www. 121jk. cn/news/redianzhuanti/show52704. html。

② 2013 年 12 月 25 日教育部：《关于印发〈民族中小学汉语课程标准（义务教育）〉的通知》，http：//www. moe. edu. cn/srcsite/A09/s7046/201401/t20140102_ 162461. html。

③ 2016 年 12 月 24 日国务院：《关于印发“十三五”促进民族地区和人口较少民族发展规划的通知》，http：//www. 121jk. cn/news/redianzhuanti/show52704. html。

定向培养一批双语教师和其他专业双语技术人才。[①]

5. 加强“双语”教师培养

加强双语教师培养培训，加大双语教学资源建设。[②] 引导内地民族班高校毕业生到农村中小学担任双语教师。研究完善双语教师任职资格评价标准，建立双语教育督导评估和质量监测机制。[③] 在内地省市选择若干所师范院校，建立西藏和四省藏区教师培养培训基地，重点培养双语教育语言类和数理化等学科紧缺教师。帮助加强双语师资培养培训，为西藏和四省藏区定向培养一批双语教师和其他专业双语技术人才。帮助开展双语教学研究、双语教材编译和双语教学资源开发，通过开发、译制、引进以及资源共享等多种途径，帮助受援方建设双语教育资源库。支持西藏和四省藏区语言文字工作，帮助制定双语教育教学质量标准和监测指标体系，提高双语教育质量。[④]

各地要将《民族中小学汉语课程标准（义务教育）》作为双语教师培训的一项重要内容，认真组织开展对民语授课为主、单科加授汉语的义务教育阶段学校的汉语教师、校长以及各级汉语教研员的培训，帮助他们全面理解、深入领会和准确把握修订后汉语课程标准的精神实质和主要变化，切实将汉语课程标准的教育理念和基本要求全面落实到汉语教学中。[⑤]

6. 科学稳妥地推行双语教育

民汉双语教学有利于促进各民族学生之间的沟通和交流，有利于促进各民族学生的全面发展和终身发展，有利于增强各民族学生的祖国意识，有利于增强中华民族的凝聚力。[⑥] 培养幼儿从小养成使用国家通用语

---

① 2016 年 12 月 29 日教育部：《关于加强“十三五”期间教育对口支援西藏和四省藏区工作的意见》，http：//www. moe. edu. cn/srcsite/A09/s3082/201701/t20170112_ 294684. html。

② “用心用情用力做好少数民族和民族地区教育工作，教育部党组学习贯彻中央民族工作会议精神”，http：//www. moe. gov. cn/publicfiles/business/htmlfiles/moe/moe_ 1485/201409/175649. html。

③ 2015 年 8 月 11 日国务院：《关于加快发展民族教育的决定》，http：//www. gov. cn/zhengce/content/2015 -08/17/content_ 10097. htm。

④ 2016 年 12 月 29 日教育部：《关于加强“十三五”期间教育对口支援西藏和四省藏区工作的意见》，http：//www. moe. edu. cn/srcsite/A09/s3082/201701/t20170112_ 294684. html。

⑤ 2013 年 12 月 25 日教育部：《关于印发〈民族中小学汉语课程标准（义务教育）〉的通知》，http：//www. moe. edu. cn/srcsite/A09/s7046/201401/t20140102_ 162461. html。

⑥ 同上。

言的习惯。①

依据法律，遵循规律，结合实际，坚定不移推行国家通用语言文字教育，确保少数民族学生基本掌握和使用国家通用语言文字，少数民族高校毕业生能够熟练掌握和使用国家通用语言文字。尊重和保障少数民族使用本民族语言文字接受教育的权利，不断提高少数民族语言文字教学水平。在国家通用语言文字教育基础薄弱地区，以民汉双语兼通为基本目标，建立健全从学前到中小学各阶段有效衔接，教学模式与学生学习能力相适应，师资队伍、教学资源满足需要的双语教学体系。国家对双语教师培养培训、教学研究、教材开发和出版给予支持，为接受双语教育的学生升学、考试提供政策支持。鼓励民族地区汉族师生学习少数民族语言文字和各少数民族师生之间相互学习语言文字。研究完善双语教师任职资格评价标准，建立双语教育督导评估和质量监测机制。②

积极推进民汉合校、混合编班、混合住宿，各民族学生互学共融、共同成长。③

7. 颁布《民族中小学汉语课程标准（义务教育）》

《全日制民族中小学汉语课程标准（试行）》自2006年发布以来，极大地促进了少数民族中小学汉语课程建设，有力推动了少数民族中小学汉语教学的改革与发展。根据试行情况，2010年下半年，教育部对《全日制民族中小学汉语课程标准（试行）》重新进行了制定和完善，并于2013年12月正式颁布了新的《民族中小学汉语课程标准（义务教育）》。

汉语课程标准分为义务教育和普通高中两个阶段。适用于母语为非汉语、汉语作为第二语言课程的少数民族学生，适用于以民族语言文字授课为主、单科加授汉语（含采用其他双语教学模式）的义务教育阶段学校的汉语教学。义务教育阶段的汉语课程应适应和满足社会进步与学生自身发展的需要，深化改革，与时俱进，着力培养学生掌握和运用国家通用语言文字的能力，为培养民汉兼通的少数民族人才发挥奠基作用。

---

① 2016年5月11日国务院办公厅：《关于加快中西部教育发展的指导意见》，http：//www. gov. cn/zhengce/content/2016－06/15/content_ 5082382. htm。

② 2015年8月11日国务院：《关于加快发展民族教育的决定》，http：//www. gov. cn/zhengce/content/2015－08/17/content_ 10097. htm。

③ “用心用情用力做好少数民族和民族地区教育工作，教育部党组学习贯彻中央民族工作会议精神”，http：//www. moe. gov. cn/publicfiles/business/htmlfiles/moe/moe_ 1485/201409/175649. html。

汉语课程的总体目标是培养学生的汉语应用能力，为学生的终身学习和全面发展奠定基础。目标的设计着眼于汉语素养的整体提高。汉语课程是一门学习运用国家通用语言文字的基础性、实践性课程，具有工具性和人文性双重性质。主要任务是培养学生的汉语应用能力，使学生基本学会运用普通话和规范汉字进行交流沟通。汉语课程应有创新活力和开放性，在继承和弘扬中华民族优秀文化和优良传统，增强中华民族文化认同感，增强中华民族凝聚力和创造力上，具有不可替代的作用。

汉语课程在总体目标之下，按一至二年级、三至四年级、五至六年级、七至九年级四个学段分别提出课程目标。每个学段的课程目标均对学生的语言知识、语言技能、文化意识、学习策略和情感态度五个方面的行为综合地提出要求。为了实现汉语课程的总体目标，课程标准对语言知识、语言技能、文化意识、学习策略和情感态度五个方面提出相应的学段标准。积极倡导自主、合作、交际的学习方式。

汉语课程在教学活动中，要充分发挥师生双方的主动性和积极性；努力体现汉语课程的交际性、实践性和综合性；重视汉语教学研究，依据学生的实际情况选择教学方法；积极主动创设汉语学习环境；重视情感态度与价值观的正确导向。

要做好汉语课程的评价工作。要依据课程目标，确定能力导向的评价内容和标准；促进评价主体的多元化，发挥学生的主体作用；综合运用多种评价方式，重视评价的反馈作用；充分考虑学生的个体差异，设置多层次、多维度的评价目标；用好中国少数民族汉语水平等级考试（MHK）这一评价工具；重视汉语教师的专业发展，建立健全汉语教师评价体系。①

六　全面提升各级各类教育办学水平

1. 高度重视中西部教育事业的发展

进入21世纪以来，国家通过实施西部地区“两基”攻坚计划、深化农村义务教育经费保障机制改革、营养改善计划、校舍安全工程、农村薄弱学校基本办学条件改善计划、农村教师特岗计划、对口支援、定向招生等重大举措，推动中西部教育迈上了新台阶。但由于自然、历史、

---

① 2013年12月25日教育部：《关于印发〈民族中小学汉语课程标准（义务教育）〉的通知》，http：//www.moe.edu.cn/srcsite/A09/s7046/201401/t20140102_162461.html。

社会等多方面原因，中西部经济社会发展相对滞后，教育基础差，保障能力弱，特别是农村、边远、贫困、民族地区优秀教师少、优质资源少，教育质量总体不高，难以满足中西部地区人民群众接受良好教育的需求，难以适应经济社会发展对各类人才的需要。促进各级各类教育协调发展。调整民族地区教育结构，解决制约少数民族和民族地区各级各类教育发展的“瓶颈”问题。①

教育投入要向民族地区、边疆地区倾斜，加快民族地区义务教育学校标准化和寄宿制学校建设，实行免费中等职业教育，办好民族地区高等教育，搞好双语教育。② 要坚持教育优先，培养优秀人才，全面提高入学率，让适龄的孩子们学习在学校、生活在学校、成长在学校。要吸引更多优秀人才投身教育，国家的教育经费要多往新疆投。③

要贯彻脱贫攻坚部署，坚持问题导向，把加强最薄弱环节作为优先任务，把调整资源配置作为根本措施，把创新体制机制作为重要保障，以提高教育质量为核心，优化顶层设计，整合工程项目，集中力量攻坚克难，全面提升中西部教育发展水平，培养更多栋梁之材，为促进中西部地区经济社会发展、缩小中西部地区与东部地区差距提供人才支撑。

要坚持教育的公益性和普惠性，着力从中西部最困难的地方和最薄弱的环节做起，把提升最贫困地区教育供给能力、提高最困难人群受教育水平作为优先任务，促进基本公共服务均等化，保障每个孩子受教育的权利。以改革促发展，重在盘活存量、用好增量，优化结构、提高效益，建立标准、完善机制，着力简政放权、营造良好办学环境，培养学生社会责任感、创新精神和实践能力，为中西部教育长远发展奠定坚实基础。

到 2020 年，中西部地区各级各类学校办学条件显著改善，教育普及程度明显提高，教育结构趋于合理，教育质量不断提升，教育保障水平进一步提高，人民群众接受良好教育的机会显著增加，支撑中西部经济

---

① “用心用情用力做好少数民族和民族地区教育工作，教育部党组学习贯彻中央民族工作会议精神”，http：//www. moe. gov. cn/publicfiles/business/htmlfiles/moe/moe_ 1485/201409/175649. html。

② 2014 年 9 月 28 日“中央民族工作会议举行 习近平作重要讲话”，http：//www. china. com. cn/military/2014 – 09/30/content_ 33657111. htm。

③ 2014 年 5 月 28 日“第二次中央新疆工作座谈会召开”，http：//finance. sina. com. cn/roll/20140530/104419277825. shtml。

社会发展的能力切实增强，中西部地区教育水平与东部发达地区差距进一步缩小，教育现代化取得重要进展。①

2. 加快普及学前教育

以扩充资源为核心、加强师资为重点、健全管理为支撑，通过举办托儿所、幼儿园等，构建农村学前教育体系，逐步提高农村入园率，基本普及学前教育。国家继续支持学前教育发展，重点向中西部革命老区、民族地区、边疆地区、贫困地区农村倾斜，因地制宜加强园舍建设、师资培训和玩教具配备，加快推进农村学前教育发展。到2020年，中西部地区农村学前三年毛入园率达到70%。为此，要扩充公办幼儿园资源、支持普惠性民办幼儿园发展、补充学前教育师资队伍、改革学前教育管理体制等。②

鼓励民族地区普惠性幼儿园发展，继续实施学前教育行动计划。合理布局学前教育机构，支持乡村两级公办幼儿园和普惠性民办幼儿园建设，进一步建立健全学前教育资助制度。③

科学规划、合理布局民族地区学前教育机构，支持乡村两级公办和普惠性民办幼儿园建设，新建、改扩建安全适用的幼儿园，开发配备必要的教育资源，改善保教条件，满足适龄幼儿入园需求。规范办园行为，强化安全监管，加强保教管理。合理配置幼儿园保教人员。重点支持民族地区实施学前教育三年行动计划。④

3. 均衡发展义务教育

义务教育是教育工作的重中之重，是国家必须保障的公益性事业，是必须优先发展的基本公共事业，是脱贫攻坚的基础性事业。

推动义务教育均衡发展，支持义务教育学校标准化建设，全面改善义务教育薄弱学校基本办学条件，逐步提高义务教育阶段学校经费保障水平。加强寄宿制学校建设，因地制宜保留并办好必要的乡村小规模学

---

① 2015年8月11日国务院：《关于加快发展民族教育的决定》，http：//www.gov.cn/zhengce/content/2015－08/17/content_10097.htm。

② 2016年5月11日国务院办公厅：《关于加快中西部教育发展的指导意见》，http：//www.gov.cn/zhengce/content/2016－06/15/content_5082382.htm。

③ 2016年12月24日国务院：《关于印发“十三五”促进民族地区和人口较少民族发展规划的通知》，http：//www.121jk.cn/news/redianzhuanti/show52704.html。

④ 2015年8月11日国务院：《关于加快发展民族教育的决定》，http：//www.gov.cn/zhengce/content/2015－08/17/content_10097.htm。

校（含教学点）。提升中小学办学质量。加强对地方课程和学校课程的管理和指导。[①] 加快民族地区义务教育学校标准化和寄宿制学校建设。优先支持集中连片特困民族地区义务教育学校标准化建设，大力加强农村寄宿制学校建设，推进农牧区和偏远地区集中办学，适当保留地处偏远的村小或教学点，着力改善民族地区办学条件，实施好贫困地区学生营养改善计划，全面提高入学率，降低辍学率。[②]

要统筹推进县域内城乡义务教育一体化改革发展，加快推进学校建设标准统一、教师编制标准统一、生均公用经费基准定额统一、基本装备配置标准统一和“两免一补”政策城乡全覆盖。到2020年，基本消除城乡二元结构壁垒，义务教育与城镇化发展基本协调；城乡学校布局更加合理，大班额基本消除，乡村完全小学、初中或九年一贯制学校、寄宿制学校标准化建设取得显著进展，乡村小规模学校（含教学点）达到相应要求；城乡师资配置基本均衡，乡村教师待遇稳步提高、岗位吸引力大幅增强，乡村教育质量明显提升，教育脱贫任务全面完成。义务教育普及水平进一步巩固提高，九年义务教育巩固率达到95%。

建立义务教育学校动态调整机制，优化学校布局，推进学校标准化建设，提升农村教师队伍总体水平，扩大优质教育资源覆盖面，缩小城乡差距、校际差距。国家继续实施全面改善贫困地区薄弱学校基本办学条件、农村教师特岗计划、营养改善计划等重大工程和项目，完善城乡义务教育经费保障机制，推动基本公共教育服务均等化。防止教学内容超前，注重培养学生的创造能力和动手能力。到2018年，中西部地区75%的县实现义务教育均衡发展；到2020年，中西部地区95%的县实现义务教育均衡发展。为此，要保障教学点基本办学需求、标准化建设寄宿制学校、基本消除大班额现象、全面加强乡村教师队伍建设、继续实施营养改善计划等。[③]

以提高教学质量为重点，实施民族地区中小学理科教学质量提升计

---

① 2016年12月24日国务院：《关于印发“十三五”促进民族地区和人口较少民族发展规划的通知》，http：//www. 121jk. cn/news/redianzhuanti/show52704. html。

② “用心用情用力做好少数民族和民族地区教育工作，教育部党组学习贯彻中央民族工作会议精神”，http：//www. moe. gov. cn/publicfiles/business/htmlfiles/moe/moe_ 1485/201409/175649. html。

③ 2016年7月2日国务院：《关于统筹推进县域内城乡义务教育一体化改革发展的若干意见》，http：//news. xinhuanet. com/politics/2016 –07/11/c_ 129135865. htm。

划，深化课程和教学改革，开齐开足国家课程，开设具有民族特色的地方课程和学校课程。依法保障农业转移人口和其他进城务工人员随迁子女平等接受义务教育的权利。切实解决“大班额”“大校额”问题。依法履行控辍保学职责，降低辍学率。建立健全农村留守儿童关爱服务机制。保障女童入学。①

2017 年 7 月国务院办公厅就义务教育控辍保学问题发出通知，要求坚持依法控辍，建立健全控辍保学工作机制；提高质量控辍，避免因学习困难或厌学而辍学；落实扶贫控辍，避免因贫失学辍学；强化保障控辍，避免因上学远、上学难而辍学；加强组织领导，狠抓工作落实。②

2017 年 12 月教育部印发的《义务教育学校管理标准》，是对义务教育学校管理的基本要求，适用于全国所有义务教育学校。要求认真组织所有义务教育学校对标研判、依标整改，切实做到“一校一案”，全面改进和加强义务教育学校管理工作，促进学校规范办学、科学管理，整体提高教育质量和办学水平，加快推进教育治理能力和治理水平现代化。③

4. 加快发展中等职业教育

加快中等职业教育发展，优化中职学校布局，重点打造一批具有民族特色、区域特点的职业学校，加强符合民族特色优势产业和经济社会发展需要的应用型特色专业建设，建立健全分类分专业的中职学校生均经费标准，建立稳定投入机制，完善产教融合、校企合作机制，实现初高中未就业毕业生职业技术培训全覆盖。④ 加快发展职业教育。加大职业教育经费保障力度，在民族地区实行免费中职教育。加强职业教育区域合作，推进职教集团、民办本科高校对口支援藏区中等职业教育工作

---

① 2015 年 8 月 11 日国务院：《关于加快发展民族教育的决定》，http：//www. gov. cn/zhengce/content/2015－08/17/content_ 10097. htm。

② 2017 年 7 月 28 日国务院办公厅：《关于进一步加强控辍保学提高义务教育巩固水平的通知》，http：//www. moe. gov. cn/jyb_ xxgk/moe_ 1777/moe_ 1778/201709/t20170905_ 313257. html。

③ 2017 年 12 月 4 日教育部：《关于印发〈义务教育学校管理标准〉的通知》，http：//www. moe. gov. cn/srcsite/A06/s3321/201712/t20171211_ 321026. html。

④ 2016 年 12 月 24 日国务院：《关于印发“十三五”促进民族地区和人口较少民族发展规划的通知》，http：//www. 121jk. cn/news/redianzhuanti/show52704. html。

机制。[①]

立足中西部经济社会发展实际，助推经济转型和产业升级，鼓励社会力量参与职业教育发展，改善职业学校办学条件。促进职业教育和普通教育双轨推动、双向推动，合理引导学生进入职业教育。改革人才培养模式，提高学生技术技能水平和就业创业能力，为培养大工匠打下扎实基础，为个人发展、家庭脱贫提供支撑，为承接东部地区产业转移创造条件。为此，要改善中等职业学校办学条件、提升高等职业院校基础能力、改革人才培养模式等。[②]

适应培养创新创业人才和培育新型职业农牧民要求，合理布局民族地区中等职业学校，保障并改善基本办学条件。现代职业教育质量提升计划、优质特色学校建设等项目重点向民族地区倾斜。加强校企合作，推进产教融合，择优扶持发展民族优秀传统文化、现代农牧业等优势特色专业。聘请民族技艺大师、能工巧匠、非物质文化遗产传承人担任兼职教师。推进招生和培养模式改革，扩大中东部地区职业院校面向民族地区招生规模，提高民族地区中等职业学校毕业生升入高等职业院校比例，实现初高中未就业毕业生职业技术培训全覆盖。鼓励内地优质职业教育资源以及有条件的企业在民族地区开办职业技术学校，落实税收等相关优惠政策。[③]

5. 提高普通高中教学质量

统筹普通高中和中职教育协调发展，优化学校布局，改善办学条件，提高办学质量，完善经费投入机制，加大学生资助力度，不断提高高中阶段教育普及水平。国家继续实施普通高中改造计划、现代职业教育质量提升计划等项目，着力改善高中阶段学校办学条件。到2020年，集中连片特困地区高中阶段教育毛入学率超过85%，中西部地区达到90%。

---

① “用心用情用力做好少数民族和民族地区教育工作，教育部党组学习贯彻中央民族工作会议精神”，http：//www. moe. gov. cn/publicfiles/business/htmlfiles/moe/moe_ 1485/201409/175649. html。

② 2016年5月11日国务院办公厅：《关于加快中西部教育发展的指导意见》，http：//www. gov. cn/zhengce/content/2016 －06/15/content_ 5082382. htm。

③ 2015年8月11日国务院：《关于加快发展民族教育的决定》，http：//www. gov. cn/zhengce/content/2015 －08/17/content_ 10097. htm。

为此，要新建和改扩建普通高中、办好乡村高中、加大学生资助力度等。①

加快普及高中阶段教育，继续支持教育基础薄弱县普通高中建设。②弥补高中阶段教育的明显“短板”，实施高中阶段教育普及攻坚计划。攻坚重点是中西部贫困地区、民族地区、边远地区、革命老区等教育基础薄弱、普及程度较低的地区，特别是集中连片特殊困难地区；家庭经济困难学生、残疾学生、进城务工人员随迁子女等特殊群体；普通高中大班额比例高、职业教育招生比例持续下降、学校运转困难等突出问题。到2020年，全国普及高中阶段教育，适应初中毕业生接受良好高中阶段教育的需求。全国、各省（区、市）毛入学率均达到90%以上，中西部贫困地区毛入学率显著提升；普通高中与中等职业教育结构更加合理，招生规模大体相当；学校办学条件明显改善，满足教育教学基本需要；经费投入机制更加健全，生均拨款制度全面建立；教育质量明显提升，办学特色更加鲜明，吸引力进一步增强。③

继续支持民族地区教育基础薄弱县普通高中建设，扩大优质教学资源，按国家规定标准配齐图书、实验室、教学仪器设备。全面深化课程改革，落实国家课程方案，加强选修课程建设，推行选课走班。强化基础知识和基本技能训练，加强理科课程和实验课教学，开展研究性学习、社区服务和社会实践，促进学生全面而有个性的发展。全面实施普通高中学业水平考试和综合素质评价。推动普通高中多样化、特色化发展，鼓励举办综合高中。④

6. 优化高等教育布局和结构

统筹谋划、分类指导，改革管理方式，加快简政放权、放管结合、优化服务改革，整合工程项目，推动中西部高校合理定位、突出特色，

① 2016年5月11日国务院办公厅：《关于加快中西部教育发展的指导意见》，http://www.gov.cn/zhengce/content/2016-06/15/content_5082382.htm。

② 2016年12月24日国务院：《关于印发“十三五”促进民族地区和人口较少民族发展规划的通知》，http://www.121jk.cn/news/redianzhuanti/show52704.html。

③ 2017年3月24日教育部等四部门：《关于印发〈高中阶段教育普及攻坚计划（2017—2020年）〉的通知》，http://www.edu.cn/edu/zheng_ce_gs_gui/zheng_ce_wen_jian/zong_he/201704/t20170406_1504500.shtml。

④ 2015年8月11日国务院：《关于加快发展民族教育的决定》，http://www.gov.cn/zhengce/content/2015-08/17/content_10097.htm。

提升办学能力和办学水平，更好地服务中西部经济社会发展。国家继续实施中西部高等教育振兴计划、面向贫困地区定向招生专项计划和支援中西部地区招生协作计划，扩大中西部学生公平接受优质高等教育的机会。为此，要建设一批高水平大学和学科、继续实施中西部高校基础能力建设工程、多方共建行业特色高校、多种形式开展高校对口支援、提升新建本科院校办学水平等。①

优化高等教育布局和结构，提升民族高等教育发展水平。以就业为导向，优化民族院校和民族地区高校学科专业结构，重点提高工、农、医、管理、旅游等学科比例，支持办好师范类专业，提升民族特色学科水平。办好民族院校，加大省部和行业共建力度。继续实施高等学校招生向民族地区倾斜政策，适度扩大高校少数民族预科班、民族班招生规模。②

制定实施民族地区高校布局规划、民族院校和民族地区高校学科专业调整规划。优先设置与实体经济和产业发展相适应的高等职业学校。积极支持有条件的民族地区设置工科类、应用型本科院校。引导一批民族地区普通本科高校和民族院校向应用技术型高校转型。以就业为导向，调整民族院校和民族地区高校学科专业结构，重点提高工、农、医、管理等学科比例，支持办好师范类专业，提升民族特色学科水平。硕士博士学位点设置、本专科研究生招生计划、高校人文社会科学研究基地、中央财政支持地方高校发展的专项资金等向符合规划、办学条件和质量有保障的民族院校和民族地区高校倾斜。办好民族院校。③

7. 积极发展继续教育

加强对民族地区城乡社区教育的指导。城乡社区教育机构和网络建设向民族地区倾斜。支持民族地区建设以卫星、互联网等为载体的远程开放教育及服务平台，加强涉农专业、课程和教材建设，开展学历与非学历继续教育。引导民族地区广播电视大学转型升级。鼓励中东部省市

---

① 2016 年 5 月 11 日国务院办公厅：《关于加快中西部教育发展的指导意见》，http：//www. gov. cn/zhengce/content/2016 －06/15/content_ 5082382. htm。

② 2016 年 12 月 24 日国务院：《关于印发“十三五”促进民族地区和人口较少民族发展规划的通知》，http：//www. 121jk. cn/news/redianzhuanti/show52704. html。

③ 2015 年 8 月 11 日国务院：《关于加快发展民族教育的决定》，http：//www. gov. cn/zhengce/content/2015 －08/17/content_ 10097. htm。

和教育部直属高校面向民族地区开放继续教育优质资源。加强农牧民继续教育。继续开展扫盲工作。[①]

8. 保障残疾人受教育权利

以普及残疾儿童少年义务教育为重点，扩大特殊教育资源总量，提高残疾人接受教育的比例，提高特教教师职业吸引力，推进全纳教育。国家实施特殊教育提升计划，重点支持中西部各省（区、市）建设特教学校和特教资源中心，改善特教学校办学条件，提高质量和水平。到2020年，形成较为完善的特殊教育体系，为每一位残疾儿童少年提供更加适合的教育。为此，要扩充特教资源总量、加强特教教师队伍建设、拓展特教服务模式、提高特教经费保障水平等。[②]

要办好特殊教育。[③] 在民族地区的地市州盟和30万人口以上、残疾儿童较多的县、市、区、旗建好一所特殊教育学校，配齐特教专业教师，完善配套设施。鼓励和支持普通学校为残疾学生创造学习生活条件，提高随班就读和特教班的教学质量。开展面向残疾学生的职业教育和国家通用语言文字教育，重点提高学生的生活技能和就业能力。[④]

七 切实提高少数民族人才培养质量

1. 深化考试招生制度改革

考试招生制度是国家基本教育制度。改革开放30多年来，我国考试招生制度不断改进完善，初步形成了相对完整的考试招生体系，为学生成长、国家选才、社会公平作出了历史性贡献，对提高教育质量、提升国民素质、促进社会纵向流动、服务国家现代化建设发挥了不可替代的重要作用。这一制度总体上符合国情，权威性、公平性得到社会认可，但也存在一些社会反映强烈的问题，主要是唯分数论影响学生全面发展，“一考定终身”使学生学习负担过重，区域、城乡入学机会存在差距，中小学择校现象较为突出，加分造假、违规招生现象时有发生。

---

① 2015年8月11日国务院：《关于加快发展民族教育的决定》，http：//www. gov. cn/zhengce/content/2015－08/17/content_ 10097. htm。

② 2016年5月11日国务院办公厅：《关于加快中西部教育发展的指导意见》，http：//www. gov. cn/zhengce/content/2016－06/15/content_ 5082382. htm。

③ 2016年12月24日国务院：《关于印发“十三五”促进民族地区和人口较少民族发展规划的通知》，http：//www. 121jk. cn/news/redianzhuanti/show52704. html。

④ 2015年8月11日国务院：《关于加快发展民族教育的决定》，http：//www. gov. cn/zhengce/content/2015－08/17/content_ 10097. htm。

要着力完善规则，确保公平公正。把促进公平公正作为改革的基本价值取向，加强宏观调控，完善法律法规，健全体制机制，切实保障考试招生机会公平、程序公开、结果公正。我国已于 2014 年启动了新一轮的考试招生制度改革试点，2017 年全面推进，到 2020 年基本建立中国特色现代教育考试招生制度，形成分类考试、综合评价、多元录取的考试招生模式，健全促进公平、科学选才、监督有力的体制机制，构建衔接沟通各级各类教育、认可多种学习成果的终身学习“立交桥”。

提高中西部地区和人口大省高考录取率。综合考虑生源数量及办学条件、毕业生就业状况等因素，完善国家招生计划编制办法，督促高校严格执行招生计划。继续实施支援中西部地区招生协作计划，在东部地区高校安排专门招生名额面向中西部地区招生。2017 年录取率最低省份与全国平均水平的差距从 2013 年的 6 个百分点缩小至 4 个百分点以内。

增加农村学生上重点高校人数。继续实施国家农村贫困地区定向招生专项计划，由重点高校面向贫困地区定向招生。部属高校、省属重点高校要安排一定比例的名额招收边远、贫困、民族地区优秀农村学生。2017 年贫困地区农村学生进入重点高校人数明显增加，形成保障农村学生上重点高校的长效机制。①

少数民族预科班、高校民族班对人口较少民族适当倾斜。② 对于“通用语言已经普遍、教育水平大体相当，可逐步缩小差距，逐步做到一律平等。对语言文化差异大、教育质量还不高的一些地区的少数民族学生，除应该大力普及双语教育、调整专业设置、提高教学质量外，还要实行高考加分的政策，这是支持少数民族学生取得较好教育水平的重要措施”。③

2. 认真执行国家指令性计划

普通高等学校招收少数民族预科、民族班、非西藏生源定向西藏就业、内地西藏班和新疆高中班毕业生招生计划为国家指令性计划，各主

① 2014 年 9 月 3 日国务院：《关于深化考试招生制度改革的实施意见》，http://www.gov.cn/zhengce/content/2014-09/04/content_9065.htm。

② 2016 年 12 月 24 日国务院：《关于印发“十三五”促进民族地区和人口较少民族发展规划的通知》，http://www.121jk.cn/news/redianzhuanti/show52704.html。

③ 丹珠昂奔：《沿着中国特色解决民族问题的道路前进——中央民族工作会议精神学习体会》，http://www.seac.gov.cn/art/2014/11/15/art_40_219059.html。

管部门要统筹招生计划增量安排和存量调整，指导学校予以优先保障，纳入学校招生总计划。各普通高等学校要从国家战略出发，积极采取有效措施，多渠道、多方式加大培养少数民族人才力度，为推进民族地区经济发展、社会稳定，提供人才和智力支持。

普通高校招收内地西藏班、新疆高中班毕业生计划，是根据西藏、新疆区域经济社会发展和产业结构调整升级的实际需求提出的，加大了农牧、能源、纺织、水利、建筑、商贸以及师范类等专业招生规模。各高校要认真核对本校招生专业名称、专业代码、学制，除对招生专业可以适当调整外，不得调整招生计划数。

各普通高校在编制少数民族预科、民族班招生计划时，要继续加大面向西部民族地区的投放比例，根据民族地区经济社会发展尤其是产业结构调整升级需求，重点安排理工科类应用型专业和师范类等专业；各生源地省级教育行政部门要将少数民族预科班、民族班计划重点投向本地区少数民族较集中的自治州、自治县和 14 个集中连片贫困地区。

北京、天津、辽宁、吉林、上海、江苏、浙江、福建、江西、山东、湖北、湖南、广东等省（市）继续按规定安排所属普通高等学校面向西部民族地区和享受西部待遇的地区各招收 500 名少数民族本科预科计划。

继续实施非西藏生源定向西藏就业招生计划。为进一步加快西藏教师队伍建设，根据《教育部　中央统战部　国家发展改革委　财政部　人力资源社会保障部关于推进西藏教育服务经济社会发展和长治久安的意见》有关要求和西藏自治区的实际需求，新增 8 所省属院校培养师范专业和审计专业人才。

内地西藏新疆高中班毕业生、少数民族预科转入本、专科计划在“全国普通高校招生来源计划网上管理系统”的“其他类”相关项目编制，民族班、非西藏生源定向西藏就业招生来源计划以“民族班”“非西藏生源”计划性质单列编制，上报教育部高校学生司。另将少数民族预科班分学校招生计划上报教育部发展规划司。①

实施高层次双千人计划。实施公共管理人才培养计划，由内地高校

① 2016 年 3 月 6 日教育部办公厅：《关于编制 2016 年全国普通高等学校招收少数民族预科、民族班、非西藏生源定向西藏就业、内地西藏班和新疆高中班毕业生招生计划的通知》，http：//www. moe. edu. cn/srcsite/A09/moe_ 751/201603/t20160316_ 233800. html。

牵头组织教学，联合当地大专院校，开设公共管理硕士项目，遴选一批当地优秀年轻干部，重点学习法律、经济、科技、行政管理等课程，提升综合素质。从2016年起，用5年时间为西藏、新疆培养1000名左右干部。实施少数民族高端人才培养计划，在民族、宗教、历史、地理、文化等领域，选拔1000名有潜力的优秀中青年学者，通过攻读博士学位、进入博士后流动站、公派出国进修、到国际组织任职等形式，培养一批有学术造诣、有国际视野、有社会影响力的少数民族高级专门人才。①

3. 做好民族预科结业会考工作

民族预科结业会考工作要进行职责分工。教育部民族教育司负责会考工作的指导和监督；高等学校少数民族预科教育教学和管理工作指导委员会受教育部民族教育司委托，负责研究制订会考方案，组织统一命题，协调有关预科培养学校做好考务及相关工作；各预科培养学校根据会考方案，具体负责本校会考工作的组织实施。

2016年会考科目为语文、数学、英语；参加会考对象为有关预科培养学校正式在读的2015级一年制少数民族本科预科学生；考试方式采用上机+纸质考试模式。参加考试学校名单、会考方案及其他配套文件将由预科指导委员会发布。

结业会考成绩以不低于30%权重计入该门课程结业考试总分，具体权重由各学校确定。鼓励有条件的学校将本次会考作为学生的结业考试，以及升入目标学校选择专业的重要参考依据。

各预科培养学校要充分认识结业会考的重要作用，加强宣传，做好动员，按照会考方案，组织好考试报名、模拟演练、人员培训、考务安排等工作；要做好考试期间的餐饮供给、电力网络、医疗卫生、安全保卫等后勤保障工作；要参照本校考试管理有关规定，切实加强试题保密和考场管理工作，规范考试行为，要求师生严格遵守考试纪律。②

4. 实施国家贫困地区儿童发展规划

儿童发展关系国家未来和民族希望，关系社会公平公正，关系亿万

① 2016年5月11日国务院办公厅：《关于加快中西部教育发展的指导意见》，http：//www. gov. cn/zhen gce/content/2016－06/15/content_ 5082382. htm。

② 2016年4月5日教育部办公厅：《关于开展2016年普通高等学校少数民族预科学生结业会考工作的通知》，http：//www. moe. edu. cn/srcsite/A09/moe_ 751/201604/t20160419_ 239132. html。

家庭的幸福。总体上看，我国儿童事业发展还不平衡，特别是集中连片特殊困难地区的4000万儿童，在健康和教育等方面的发展水平明显低于全国平均水平。进一步采取措施，促进贫困地区儿童发展是切断贫困代际传递的根本途径，是全面建成小康社会的客观要求，也是政府提供基本公共服务的重要内容。

要坚持儿童优先原则，坚持儿童成长早期干预基本方针，以健康和教育为战略重点，以困难家庭为主要扶持对象，加大统筹协调、资源整合和推进发展力度，实行政府直接提供服务和向社会力量购买服务相结合的工作机制，切实保障贫困地区儿童生存和发展权益，实现政府、家庭和社会对贫困地区儿童健康成长的全程关怀和全面保障。

国家贫困地区儿童发展规划实施范围包括集中连片特殊困难地区680个县从出生到义务教育阶段结束的农村儿童。总体目标是到2020年，集中连片特殊困难地区儿童发展整体水平基本达到或接近全国平均水平。学前三年毛入园率达到75%。义务教育巩固率达到93%，教育总体质量、均衡发展水平显著提高。视力、听力、智力残疾儿童少年义务教育入学率达到90%。为此，要开展婴幼儿早期保教；推进学前教育；办好农村义务教育；推进农村学校信息化建设；保障学生安全成长；保证残疾儿童受教育权利。

5. 努力办好乡村教育

各地要结合国家加快水电路气等基础设施向农村延伸，在交通便利、公共服务成型的农村地区合理布局义务教育学校。同时，办好必要的乡村小规模学校。因撤并学校造成学生就学困难的，当地政府应因地制宜，采取多种方式予以妥善解决。合理制订闲置校园校舍综合利用方案，严格规范权属确认、用途变更、资产处置等程序，并优先用于教育事业。要切实提高教育资源使用效益，避免出现“边建设、边闲置”现象。

着力提升乡村教育质量，按照国家课程方案开设国家课程，通过开展城乡对口帮扶和一体化办学、加强校长教师轮岗交流和乡村校长教师培训、利用信息技术共享优质资源、将优质高中招生分配指标向乡村初中倾斜等方式，补齐乡村教育“短板”。推动城乡教师交流，城镇学校和优质学校教师每学年到乡村学校交流轮岗的比例不低于符合交流条件教师总数的10%，其中骨干教师不低于交流轮岗教师总数的20%。结合乡村教育实际，定向培养能够承担多门学科教学任务的教师，提高教师思想政治素质和师德水平，加强对学生的思想品德教育和爱国主义教育，在音乐和美术（或艺术）、体育与健康等学科中融入优秀传统艺术和体育项目，在学科教学特别是品德、科学教学中突出实践环节，确保综合实践和校外教育活动常态化。开展专题教育、地方课程和学校课程等课程整合试点，进一步增强课程的基础性、适宜性和教学吸引力。①

6. 增加民族地区学生上大学机会

继续实施高等学校招生向民族地区倾斜的有关政策。民族地区高等院校要紧贴民族地区需求，动态调整专业设置，通过委托培养、定向培养、订单式培养等形式，为民族地区培养急需人才。鼓励民族地区高等院校开展高层次岗位培训和继续教育。适度增加高等院校少数民族预科班、民族班招生规模，让更多的少数民族学生有机会到不同类型的高校接受高等教育。鼓励高水平大学统筹安排民族地区生源计划，确保农牧区学生占一定比例，确保人口较少民族学生有更多机会进入高水平大学学习。②

改革考试招生制度。按照国家考试招生制度改革的统一要求，保留并进一步完善边疆、山区、牧区、少数民族聚居地区少数民族考生高考加分优惠政策，推进民族地区和内地西藏新疆班毕业生高考招生制度改革，逐步探索建立基于统一高考和高中学业水平考试成绩、参考综合素质评价的公平、多元的录取机制。完善高校民族班、民族预科班招生办法，探索实施高校民族预科阶段结业会考制度，不断提高培养质量。③

7. 办好内地西藏班、新疆班

编制好内地民族班长远发展规划。继续选拔西藏、新疆优秀初中毕业生到内地接受高中阶段优质教育，合理确定培养规模，坚持招生计划向少数民族农牧民子女倾斜。加强内地西藏班、新疆班管理，不断提高合校混班教学比例，引导学生融入学校、融入集体。提高内地西藏班、新疆班教学水平，合理安排课程和教学计划，配强学科指导教师，加强

---

① 2016 年 7 月 2 日国务院：《关于统筹推进县域内城乡义务教育一体化改革发展的若干意见》，http：//news. xinhuanet. com/politics/2016 -07/11/c_ 129135865. htm。

② 2016 年 5 月 11 日国务院办公厅：《关于加快中西部教育发展的指导意见》，http：//www. gov. cn/zhen gce/content/2016 -06/15/content_ 5082382. htm。

③ 2015 年 8 月 11 日国务院：《关于加快发展民族教育的决定》，http：//www. gov. cn/zhen gce/content/2015 -08/17/content_ 10097. htm。

民族团结教育。完善内地西藏班、新疆班单独招生政策。改进内地西藏、新疆中职班培养模式，帮助毕业生掌握一技之长，具备就业创业能力。健全内地西藏班、新疆班经费投入机制，促进内地民族班持续稳定发展。适当扩大内地西藏、新疆中职班规模。①

8. 加强寄宿制学校建设

针对国家通用语言文字教育基础薄弱地区、农牧区和偏远地区实际，科学编制寄宿制学校建设规划，合理布局，改扩建、新建标准化寄宿制中小学校。按照国家规定标准配备图书、实验室、教学仪器设备。提高生均公用经费标准，配齐后勤管理服务人员，加强学校管理，强化安全教育，提高人防、物防、技防能力，确保学校安全。全面提高入学率，实现各民族学生学习在学校、生活在学校、成长在学校。对地处偏远又无条件寄宿的学校，因地制宜加强建设、改善条件。②

9. 定向培养和培训新疆文化艺术人才

根据新疆维吾尔自治区 2015 年文化艺术人才定向培养、培训需求，教育部经商中宣部、财政部同意，决定 2015 年新疆文化艺术人才定向培养和培训计划。由中央音乐学院等 20 所内地高校为新疆培养、培训文化艺术人才 235 人，其中：培养 73 人，培训 162 人。培养计划为全日制普通本科招生计划。培养计划的考生要与新疆维吾尔自治区文化厅和培养学校签订定向就业协议书；培训学员要与新疆维吾尔自治区文化厅和原工作单位签订定向培训协议书。学生所需生均财政定额补助和学费、培训费、住宿费由中央财政承担。培养培训计划的学费及住宿费标准具体为：培养计划艺术类专业每生每年学费 1.5 万元、住宿费 1500 元，非艺术类专业每生每年学费 5000 元、住宿费 1500 元，预科一年每生每年学费 6000 元、住宿费 1500 元。培训计划艺术类专业每生每年培训费 1.3 万元、住宿费 2000 元，非艺术类专业每生每年培训费 1.2 万元，住宿费 2000 元。艺术专业水平测试等有关招生的具体工作，要严格执行教育部有关招生工作规定。各学校要加强与新疆维吾尔自治区教育厅、文化厅

---

① 2016 年 5 月 11 日国务院办公厅：《关于加快中西部教育发展的指导意见》，http://www.gov.cn/zhengce/content/2016-06/15/content_5082382.htm。

② 2015 年 8 月 11 日国务院：《关于加快发展民族教育的决定》，http://www.gov.cn/zhengce/content/2015-08/17/content_10097.htm。

沟通协调。①

八　教育援助是重要的政治任务

1. 高度重视教育援助工作

要深入推进教育对口支援工作。②

实施内地高校支援新疆协作计划，是党中央、国务院作出的重要决策，充分体现了中央对新疆少数民族人才培养的高度重视。实践证明，协作计划在保障新疆少数民族受教育权利，提高新疆各民族科学文化素质，传承中华民族优秀传统文化，增强中华民族凝聚力和向心力等方面发挥了重要作用。“十三五”期间，协作计划共计招收4.5万人，重点培养丝绸之路经济带核心区建设和新疆产业结构调整升级所急需的农牧、能源、纺织、水利、建筑、商贸等行业的专门人才以及南疆农村中小学双语教师。承担任务的25个省（区、市）教育行政部门和部委属高校，分别与新疆维吾尔自治区教育厅签署了第七期协作计划培养协议。③

教育对口支援西藏和四省藏区工作是一项重要的政治任务，要不断加大支援力度，有力促进了西藏和四省藏区教育事业的改革和发展。党的十八大以来，以习近平同志为核心的党中央提出了“治国必治边、治边先稳藏”的战略思想和“依法治藏、长期建藏、争取人心、夯实基础”的重要工作原则，为做好教育援藏工作提供了根本遵循。中央第六次西藏工作座谈会提出加强人才和技术援藏、突出改善民生、促进交往交流交融，为做好教育援藏工作提出了明确要求。各省市、高校、直属单位要深刻领会中央精神，充分认识对口援藏工作的长期性，始终把握对口援藏工作的群众性，不断提高对口援藏工作的科学性，坚持真情援藏、科学援藏、创新援藏，进一步发挥人才优势、管理优势和资源优势，围绕教育教学质量、教师队伍建设、学前双语教育和中等职业教育等薄弱

---

① 2015年1月30日教育部办公厅：《关于下达2015年新疆文化艺术人才定向培养和培训计划的通知》，http：//www. moe. edu. cn/srcsite/A09/moe_ 763/201502/t20150227_ 189358. html。

② 2016年12月24日国务院：《关于印发“十三五”促进民族地区和人口较少民族发展规划的通知》，http：//www. 121jk. cn/news/redianzhuanti/show52704. html。

③ 2016年3月11日教育部办公厅、国家民委办公厅、新疆维吾尔自治区人民政府办公厅：《关于印发〈内地高等学校支援新疆第七次协作计划工作部署会议纪要〉的通知》，http：//www. moe. edu. cn/srcsite/A09/s3082/201604/t20160428_ 241255. html。

环节，不断加大教育援藏工作力度，提高教育质量。①

2. 深刻认识教育援助的基本原则

教育援助工作要明确目标，科学规划。结合受援地区实际，坚持立足当前、着眼长远，围绕西藏和四省藏区教育发展，共同研究制定教育对口支援五年规划和分年度计划，明确阶段性工作目标和重点，精心组织，周密安排，确保教育援藏工作扎实有序推进。

要突出重点，精准施力。聚焦受援方薄弱环节，集中力量解决最突出的困难。"十三五"时期，教育援藏要以提升各级各类教育教学质量、提高教育管理水平为重点，以实施好"组团式"教育人才援藏为示范，采取多种方式提升西藏和四省藏区教师队伍素质。基础建设以各对口省市编制的"十三五"援藏规划内容为主要依据。

要发挥优势，创新引领。进一步解放思想，创新教育援藏工作思路和方法。充分利用内地的人才优势、资源优势、技术优势，拓展思维，挖掘潜力，探索"互联网+教育援藏"新方式，提高对口援藏效益。②

3. 突出教育援助的主要任务和重点

确保社会主义办学方向。坚持立德树人，把学生培养成为维护民族团结和国家统一的中坚力量。深入开展社会主义核心价值观教育，坚持不懈开展爱国主义和民族团结教育，使学生牢固树立"五个认同""三个离不开"思想。深入推进交往交流交融，搭建各族学生交往交流平台，推进各族学生混合住宿、混班教学全覆盖。引导学生正确认识和看待宗教问题，坚决抵制宗教极端思想渗透。

落实好协议招生任务。各高校要按照协议规定，逐步扩大招生规模，优化招生结构，提高理工类特别是应用型、技术型学科专业招生比例。多渠道扩大师范生招生规模，满足新疆特别是南疆对合格双语教师的迫切需求。新疆要充分发挥招生政策对双语教育发展的引领作用，合理安排民考汉、双语班、民考民招生计划比例。

提高人才培养质量。把提高培养质量作为核心工作来抓，夯实学生基础知识，深化预科教育教学改革，探索预科与本科阶段的有机衔接，

---

① 2016年12月29日教育部：《关于加强"十三五"期间教育对口支援西藏和四省藏区工作的意见》，http：//www.moe.edu.cn/srcsite/A09/s3082/201701/t20170112_ 294684.html。

② 同上。

完善预科结业会考等制度和淘汰机制，确保预科培养质量。抓好学生专业学习，加强课堂教学，强化课后辅导，严把考核、评价关，不随意降低学业合格标准。提高学生综合素质，强化实践教学环节，全面提高学生的社会责任感、创新精神和实践能力。

强化管理服务。严格管理，按照统一标准、统一要求、统一管理的原则，加强学生的学籍管理、教学管理、安全管理和校园网络管理。细化服务，尊重少数民族学生饮食习惯，办好清真食堂。加大助学工作力度，落实好国家助学政策，并向少数民族家庭经济困难学生倾斜，确保应助尽助，帮助学生解决好学习生活、交往、交流等困难和问题。

加强队伍建设。配好专业课教师，安排教学经验丰富、教学能力强、有敬业奉献精神的教师承担教学任务。配齐少数民族管理教师，新疆少数民族学生集中的学校，要按规定要求，配齐政治素质高、懂双语、会管理的少数民族辅导员，并推广设立少数民族学生工作室。新疆少数民族学生集中的省市，要逐步推广设立工作站，统筹协调当地少数民族学生教育管理服务。重视培养学生骨干，积极发展优秀少数民族学生入党，鼓励少数民族学生参加学校社团组织，发挥少数民族学生骨干的自我管理作用。

抓好就业创业教育和指导服务。加强就业创业教育，抓好就业指导课程建设，提升教学效果，强化创新创业实践，推进协同育人，提高学生就业创业能力，鼓励毕业生到企业就业、到基层就业、在内地就业和自主创业。落实好就业扶助政策，对就业困难的少数民族学生要安排就业补助资金、优先推荐就业单位、提供便利条件。新疆要进一步加强就业指导服务平台建设，充分利用移动互联网平台向学生发布就业信息，组织在疆企事业单位分片区到内地高校召开专场招聘会，协调在疆中央企业定向招录内地高校少数民族毕业生。要抓好毕业生的培养使用，帮助他们尽快成长。

切实加强组织领导和保障。充分发挥党组织领导核心作用，党组织主要负责同志要亲自抓，分管负责同志要重点抓，有关部门要分工负责、密切合作，及时研究解决难点、热点问题。要健全工作机制，明确职责分工，加强沟通协调，形成工作合力。要高度重视做好舆论宣传工作，形成良好的工作环境和舆论氛围。①

教育援助的重点任务包括：实施好“组团式”教育人才援藏工作；帮助提高教师和管理人员素质；加强学校之间的结对帮扶；帮助提高双语教育质量；帮助提高教育信息化水平；加大人才培养力度；帮助推进中等职业教育发展；继续做好高校对口支援工作；加强教育部直属单位对口援藏工作。②

4. 进一步强化教育援助的工作职责

要进一步明确教育援助工作职责：

教育部负责协作计划的宏观管理和综合协调，制定招生、教育教学和学生管理等方面的政策措施，监督检查协作计划执行情况。

国家民委负责指导协助有关省（区、市）教育行政部门和有关高校处理涉及民族方面的特殊性工作。

有关部门（单位）教育司（局）和有关省（区、市）教育行政部门确定专人负责协调落实年度招生计划，帮助解决学校招生培养工作中出现的困难和问题。

各高校根据新疆实际需求，合理安排招生专业，按新疆维吾尔自治区招委会确定的各批次录取最低控制分数线，根据考生高考成绩、志愿从高分到低分录取。加强学生的思想政治教育和教育管理服务工作，不断提高学生培养质量。

新疆维吾尔自治区做好人才需求预测，加强与各高校的协调，负责提出分年度专业需求并与招生学校对接；负责认定家庭经济困难学生资格；选派管理干部和教师到内地高校协助做好学生思想政治教育和管理工作；配合有关部门和学校处理突发事情；负责制定并组织实施有利于毕业生就业的政策措施。③

要进一步完善教育援助工作组织保障：

---

① 2016年3月11日教育部办公厅、国家民委办公厅、新疆维吾尔自治区人民政府办公厅：《关于印发〈内地高等学校支援新疆第七次协作计划工作部署会议纪要〉的通知》，http：//www.moe.edu.cn/srcsite/A09/s3082/201604/t20160428_241255.html。

② 2016年12月29日教育部：《关于加强“十三五”期间教育对口支援西藏和四省藏区工作的意见》，http：//www.moe.edu.cn/srcsite/A09/s3082/201701/t20170112_294684.html。

③ 2016年3月11日教育部办公厅、国家民委办公厅、新疆维吾尔自治区人民政府办公厅：《关于印发〈内地高等学校支援新疆第七次协作计划工作部署会议纪要〉的通知》，http：//www.moe.edu.cn/srcsite/A09/s3082/201604/t20160428_241255.html。

完善工作机制。教育援藏工作在中央西藏工作协调小组的统一领导下，由教育部牵头指导协调，对口支援省市、高校和教育部直属单位具体实施。对口支援省市各级教育行政部门，承担对口支援任务的学校和教育部直属单位，受援省区各级教育行政部门以及受援学校、受援单位，都要建立健全教育对口支援工作机制，指定一名分管领导作为责任人，任务明确到具体处室，并指定具体经办人，负责对口支援工作的管理、协调和落实。援受双方要加强沟通协调，形成援受双方沟通工作机制，共同制定对口援藏工作规划和年度计划，扎实推进教育援藏各项工作。

明确各方责任。教育部负责教育援藏工作的宏观指导和协调服务，督促落实教育对口援藏政策，加强监督检查和交流宣传，把教育对口援藏工作作为考核教育部直属高校和直属单位领导班子以及评价各对口支援省市教育行政部门工作绩效因素之一。对口支援省市教育行政部门要在省级人民政府领导下，协调有关部门，制定配套政策措施，指导所属各级教育部门和学校，落实各项具体任务。承担对口任务的教育部直属高校、直属单位要按照对口支援协议，负责落实各项教育对口支援工作。西藏和四省藏区教育部门要在当地人民政府的领导下，实事求是提出受援需求，负责教育对口援藏工作的组织协调和项目实施，为援藏人员提供必要的条件保障。

提高援藏效益。对口支援省市、高校和教育部直属单位以及受援省区要认真落实各项援藏政策措施，创新援藏思路，完善援藏机制，推动援藏工作发挥更大效益。及时总结教育援藏任务完成情况，定期向教育部报送援藏工作年度报告。加强信息工作，定期编写工作简报，对在教育援藏工作中做出突出贡献的部门、单位和个人的先进事迹进行宣传报道，营造全社会支援西藏和四省藏区教育事业发展的良好氛围。①

5. 开展多种形式的高校对口支援

鼓励高水平大学尤其是东部高校扩大对口支援范围，提高中部省属高校受援比例。深化团队式支援，鼓励多所高校联合支援一所或几所中西部高校。支援高校要制订相应计划，通过多种方式帮助受援高校培养、培训在职教师，着力提升受援高校教师的教学科研水平。支援高校可向

---

① 2016年12月29日教育部：《关于加强“十三五”期间教育对口支援西藏和四省藏区工作的意见》，http：//www. moe. edu. cn/srcsite/A09/s3082/201701/t20170112_ 294684. html。

相关部门申请定向培养博士、硕士研究生单列招生指标，用于受援高校现有师资队伍的培养。国家公派出国留学继续采取倾斜政策，使中西部高校教师有更多的出国进修学习培训机会。鼓励支援高校与受援高校有计划、有重点地开展联合培养研究生和本科生工作，建设相应学科专业学位点科研基地。支援高校积极参与受援高校的科研合作，努力提供人力、物力和技术支持，不断提升受援高校服务经济社会发展的能力和水平。积极鼓励支援高校与受援高校联合申报各层次科研项目，合作开展研究。

要形成阶梯式支援格局，第一阶梯由100所左右高水平大学支援中西部75所地方高校，第二阶梯由75所受援高校和部省共建高校支援中西部100所左右地方本科高校。①

6. 充分发挥对口支援作用

健全教育对口支援机制。支援省市、中央企业、学校要树立政治意识、大局意识、全局意识，按照已建立的对口援助关系，重点加大对受援地区双语教育、职业教育和学前教育的支援力度，配套完善必要的设施设备，培训和选派中小学校长、班主任、骨干教师，帮助培养各类人才。发挥中东部职业教育集团办学优势，对口支援民族地区职业学校。继续做好中东部高校对口支援西部高校工作，利用优质教育资源帮助受援高校加强人才培养、师资队伍建设、学科专业建设和科学研究。②

7. 加强对口支援的组织领导

加强组织领导。各地、各有关部门及承担对口支援任务的地区和单位，要分别将落实本指导意见列入本地区经济社会发展规划和本部门（单位）工作计划，制定配套政策、措施和实施方案，做好与国家“十三五”规划的衔接，做好与教育改革发展其他工作的衔接，确保政策连续性，把各项任务落到实处。

抓好统筹协调。各地要整合相关政策措施，优化资源配置，对目标接近、资金投入方向类同、资金管理方式相近的项目予以整合，控制同一领域的专项数量。根据不同阶段教育属性及经费投入机制，通过发展

---

① 2016年5月11日国务院办公厅：《关于加快中西部教育发展的指导意见》，http：//www. gov. cn/zhen gce/content/2016－06/15/content_ 5082382. htm。

② 2015年8月11日国务院：《关于加快发展民族教育的决定》，http：//www. gov. cn/zhen gce/content/2015－08/17/content_ 10097. htm。

民办教育、社会捐资助学、政府和社会资本合作等多种方式筹措教育经费。

开展督导监测。要密切跟踪工作进展，督促各项措施落地见效。要按照政策要求、实施范围、资金使用、时间节点、阶段目标等要素，研究建立评价指标体系，依法开展专项督导，公开督导报告。

营造良好氛围。要广泛宣传党中央、国务院关于中西部教育发展的各项政策措施，大力宣传中西部教育发展取得的重大成就，及时宣传实施本指导意见的好做法、好经验，让人民群众见到实效，形成合理预期，凝聚社会共识，营造加快中西部教育发展的良好环境。①

九　切实加强民族教育科学研究

1. 从战略高度审视和谋划民族教育工作

坚持以研兴教、以研促教，是党中央和国务院高度重视民族教育事业发展的重要体现。新中国成立后，特别是改革开放以来，我国民族教育科研工作经历了从无到有、从星星之火到燎原之势，民族教育科研体系已初步形成，研究领域涉及民族教育改革与发展的各个方面。从纵向上看，涉及学前教育、基础教育、职业教育、高等教育、继续教育等；从横向上看，涉及民族教育基本理论、政策法规、教育教学管理、教师队伍建设和民族团结教育、双语教育以及民族文化、民族心理、宗教、跨文化研究等。这些研究及其成果的广泛运用，对于指导和推动我国民族教育事业发展发挥了十分重要的作用。但是，由于历史、社会、经济发展等原因的制约，民族教育科研工作整体呈现出起步晚、底子薄、投入少、重视程度不够、研究力量分散的状态，民族教育科研特别是政策研究明显滞后于民族教育事业发展，存在一些亟须研究解决的特殊困难和突出问题。

今后几年，是我国全面建成小康社会的决定性阶段，是构建社会主义和谐社会的关键时期，也是促进民族教育改革发展的重要战略机遇期。要牢牢把握这一重要战略机遇，站在新的历史起点，将全面提升民族教育质量和大力培养优秀人才作为民族教育科研工作的出发点和落脚点，统筹规划、协调指导、组织开展好民族教育重大理论、政策和实践问题

---

① 2016 年 5 月 11 日国务院办公厅：《关于加快中西部教育发展的指导意见》，http://www.gov.cn/zhengce/content/2016-06/15/content_5082382.htm。

研究，整合全国力量，加强民族教育主要问题和重大课题的协作攻关，以点带面、重点突破，积极有序推动全国民族教育科研工作健康快速发展，进一步提高民族教育科研质量和水平，为加快民族教育事业改革发展提供理论指导与智力支撑。

2. 坚持服务民族教育实际需要的原则

要统筹规划、突出重点。以服务民族教育事业发展、服务民族教育政策决策、服务民族教育中心工作为重点，以民族教育改革与发展的重大理论、政策和实践问题为主攻方向，重点扶持精品课题，全面推进协调发展。

要优化结构、突出效益。优化基础研究、政策研究和实践研究结构，优化决策咨询、理论创新和教育教学实验结构，完善课题立项和成果转化机制，推进民族教育科研体系建设，不断提高民族教育科研效益，扩大社会影响力。

要专业引领、突出整合。加强民族教育科研工作的专业化建设，促进民族教育工作者的专业化发展，发挥、整合各级各类民族教育科研资源的作用，引导社会力量积极参与和支持民族教育科研事业，促进全国民族教育科研资源的合理布局和科学发展。

要立足实践、突出服务。充分发挥科研工作的指导和引领作用，立足当前民族教育改革发展面临的特殊困难和突出问题，着力提高民族教育科研的针对性和实效性，既要瞄准决策，为政府决策服务，促进科研兴教；又要服务师生，为学校发展服务，促进科研兴校。

3. 推动民族教育科研工作跃上新台阶

经过几年努力，推动民族教育科研工作跃上新台阶，基本形成与全面建成小康社会、构建社会主义和谐社会相适应的民族教育科研工作新格局；基本建成有中国特色、与国际民族教育发展趋势和我国民族教育事业发展要求相适应的民族教育科研创新体系；基本建立与我国少数民族和民族地区经济发展、社会稳定、民族团结、长治久安相适应的民族教育科研服务体系，力争在民族教育改革发展的重点领域和关键环节取得突破。

民族教育科研规划要统筹短线研究和中长线研究，加强研究平台建设、人才建设、学科建设、基地建设和网络建设，推动民族教育基础数据资料库建设，拓展国内外学术交流领域，打造一支高水平的民族教育科研队伍，形成一批在国内外有重大学术和社会影响的精品成果，更好地为民族教育宏观决策服务，为民族教育改革发展实践服务，为民族教育跨越式发展服务。

在理论研究领域，主要以文献研究、比较研究、历史研究和交叉研究为基础，关注理论的创新性，关注现实情境中的复杂因果关联，理解、参与、反思民族教育实践，努力实现理论与实践的深度结合，形成中国特色的民族教育理论。

在政策研究领域，整合全国研究力量，加强实地调查研究、比较研究和实验研究，为政府部门制定民族教育政策提供决策咨询。围绕民族教育改革发展中心工作，重点研究战略性、紧迫性、现实性教育问题，着重考察民族教育政策的形成、确立与发展趋势。着力研究西藏、新疆和四省藏区教育服务社会稳定和长治久安的政策，以民族团结教育、双语教育和职业教育为突破口，推进促进就业、结构调整、教师队伍和资源建设等方面的特殊扶持政策研究。加强历史研究和前瞻性研究，重视国际比较研究，为出台重大民族教育政策提供科学依据。

在实践研究领域，坚持将深化改革全面贯穿于民族教育科研工作，探索完善教育结构和人才培养模式的有效途径，推进双语教育、理科教育等民族教育重点领域的实验试点工作。采取有效措施扎实推进校本研究和合作研究，倡导学校管理者和教师从实践者的视角，创造性地解决民族教育实践中的热点和难点问题，改进学校教育教学和管理工作。

4. 要突出研究重点和研究领域

民族教育研究的重点和领域主要集中在以下 12 个方面：

民族教育政策研究。研究的主要问题包括：民族教育政策的形成与发展研究，民族教育政策体系研究，民族教育特殊性政策研究，民族教育优惠性政策研究，民族教育政策实施保障机制研究，民族教育政策实施效果监测与评价机制研究，民族教育立法研究，民族教育政策与民族教育立法的关系研究，国内外民族教育政策法规的比较研究等。这一领域研究的主要任务和目标是探寻民族教育政策制定和实施的科学依据，不断丰富和发展我国民族教育政策咨询服务体系。

西藏、新疆和四省藏区教育研究。当前和今后一个时期，西藏、新疆和四省藏区教育研究工作，要紧紧围绕社会稳定和长治久安这个总目标，以提高教育质量为核心，以服务就业为导向，以促进民族团结为根本，以推进双语教育和职业教育为重点，以深化改革、调整结构为抓手，大力提升民族教育科研服务国家战略决策能力，推进西藏、新疆和四省藏区教育事业科学健康发展。

学校民族团结教育理论与实践研究。研究的主要问题包括：民族团结教育体系研究，民族团结教育常态化机制建设研究，民族团结教育课程教材建设研究，民族团结教育的内容、实施途径和方式研究，民族团结教育资源开发与利用研究，民族团结教育实践活动形式和方法创新研究，民族团结教育师资培养培训研究，民族团结教育基地建设研究，学校民族团结教育管理的途径与策略研究等。这一领域研究的主要任务和目标是进一步提高民族团结教育的针对性和实效性，建立和完善学校民族团结教育的理论指导体系，搭建各民族学生交往交流交融的平台，不断增强中华民族的凝聚力、向心力和自豪感。

双语教育理论与实践研究。研究的主要问题包括：双语教育基础理论研究，双语教育实践模式研究，双语教育质量监测体系研究，学前与义务教育阶段双语教育衔接研究，双语课程教材开发和资源建设研究，双语教师培养培训研究，双语教育教学规律研究，双语学生学习规律研究，国内外双语教育理论和实践模式比较研究等。这一研究领域的主要任务和目标是不断建立和完善双语教育的政策、理论体系和实践模式，提高双语教育的质量和效益。

内地民族班改革与发展研究。研究的主要问题包括：我国内地办学发展历程研究，内地民族班教育教学与管理服务特点研究，内地民族班办班规律研究，内地民族班民族团结教育实施效果研究，内地民族班教育教学研究，内地民族班改革发展实践和创新研究，内地民族班办学质量监测和评价体系研究，内地民族班学生政治倾向和思想表现跟踪研究，内地民族班学生就业跟踪研究等。这一领域研究的主要任务和目标是探寻内地民族班办学与管理的一般规律，不断探索和完善推动民族教育健康快速发展的内地民族班办学体系。

教育对口支援和协作研究。研究的主要问题包括：对口支援协作形式内容创新研究，对口支援协作机制研究，民族地区人才需求预测与人力资源开发研究，紧缺专业和高层次应用型人才培养研究等。这一领域研究的主要任务和目标是健全教育对口支援协作机制，促进教育对口支援协作的内涵式发展。

学校民族传统文化传承创新体系研究。研究的主要问题包括：学校民族优秀传统文化传承的顶层设计研究，民族民间文化与传统技艺进校园实践研究，民族文化教育课程与教材开发建设研究，民族文化纳入义务教育课程体系研究，民族文化对少数民族学生行为习惯、心理特点的影响研究，民族文化教育师资队伍建设研究，职业教育改革发展与民族文化传承创新研究，民族传统文化传承创新示范校评估体系研究，民族文化产业发展研究等。这一领域研究的主要任务和目标是通过加强民族优秀传统文化传承创新体系研究，充分保护和传承各民族优秀传统文化，繁荣发展民族文化事业，增强各民族文化创造活力，促进各民族文化交流发展，为建设社会主义文化强国贡献力量。

民族地区基础教育研究。研究的主要问题包括：民族地区基础教育科学发展研究，民族地区基础教育课程改革与乡土教材建设研究，民族地区基础教育学校管理与改革研究，边疆民族地区校长和教师队伍建设研究，跨境民族基础教育研究，民族地区基础教育质量评估体系研究，民族地区巩固提高普及义务教育成果研究，民族地区高中阶段教育改革和发展研究，民族地区妇女和女童教育研究，民族地区以数学为核心的理科教育改革与发展研究，基础教育阶段围绕民族团结教育、双语教育和理科教育开展的课外活动内容和形式研究，民族地区寄宿制学校办学研究，民族地区基础教育与职业教育、高等教育衔接研究等。这一领域研究的主要任务和目标是通过对民族地区基础教育特点和规律的科学研究，巩固提高民族地区基础教育水平，促进民族地区基础教育均衡发展。

民族高等教育研究。研究的主要问题包括：民族高等教育理论体系研究，民族高等教育规模、结构、质量与效益研究，民族高等教育发展定位与办学特色研究，民族地区高校与民族院校学科专业结构调整和建设研究，民族地区高校与民族院校人才培养模式研究，民族地区高校与民族院校招生体制改革研究，少数民族高校毕业生就业指导改革研究，民族地区师范院校双语教师培养培训改革研究，普通高校民族预科教育创新发展研究等。这一研究领域的主要任务和目标是建立和完善我国民族高等教育理论体系，不断探索适合我国民族地区特点和民族特点的民族高等教育办学体制和人才培养模式。

民族地区职业教育研究。研究的主要问题包括：民族地区职业教育可持续发展研究，民族地区职业教育人才培养模式研究，民族地区职业教育与产业对接研究，民族地区职业教育“双师型”教师队伍建设研究，民族地区职业教育实训基地建设研究，民族地区中等职业教育与高等职业教育、普通高等教育衔接研究等。这一领域研究的主要任务和目标是探寻民族地区职业教育改革与发展的一般规律，加快民族地区现代职业教育发展，为推动民族地区经济社会发展和促进就业作出贡献。

中国特色民族教育理论体系研究。研究的主要问题包括：民族教育学理论基础研究，民族教育学理论框架研究，民族教育学课程教材建设研究，民族教育管理理论研究等。这一领域研究的主要任务和目标是进一步构建我国民族教育学学科体系，不断丰富和完善具有中国特色的民族教育理论体系。

多元文化教育比较研究。研究的主要问题包括：多元文化教育理论体系研究，多元文化教育课程与教材研究，多元文化教育教师与学生研究，美国、加拿大、澳大利亚多元文化教育研究，西方多元文化教育比较研究，中国少数民族教育与西方多元文化教育比较研究，多元文化教育本土化研究等。这一领域研究的主要任务和目标是通过比较研究，积极借鉴西方多元文化教育的理论成果和成功经验，推进我国民族教育的理论建设和实践进程，促进我国民族教育及其研究走向世界。

5. 重视开展对现实问题的研究

民族教育研究要重视对现实问题的研究，使研究具有针对性、可行性和实效性。

民族教育研究应注意关注以下现实问题：双语教育衔接和质量保障体系研究；双语教育政策与实践研究；民族团结教育实施效果与典型案例研究；民族地区中小学理科教学质量提升研究；内地西藏班新疆班改革发展创新研究；内地西藏中职班新疆中职班改革发展实践研究；民族地区职业教育与产业对接改革实践研究；民族地区职业教育民族文化传承与创新实践研究；民族地区高校学科专业建设与人才培养改革研究；民族院校办学特色与发展定位研究；民族地区师范院校双语教师培养培训改革研究；“双语双师型”教师队伍建设改革实践研究；民族地区与内地省市教育交流与合作研究；普通高校民族预科教育创新发展研究；普通高校少数民族高层次骨干人才培养服务体系改革研究；普通高校少数民族高端人才培养服务体系研究；边境地区民族教育改革与发展研究；

民族教育政策实施效果及保障机制研究。①

6. 构建跨地区民族教育科研平台

民族教育研究机构要构建跨地区民族教育科研平台，统筹规划，协调指导，组织开展民族教育重大理论和政策研究。各省（区、市）政府要高度重视民族教育科研、教研工作，完善支持机制，加强队伍建设，以研促教、教研结合，全面提升民族教育科研、教研工作服务民族教育发展的能力。②

为了加强对全国民族教育研究工作，教育部设置了民族教育发展中心。其业务范围包括：拟定民族教育研究计划，开展民族教育发展战略的决策研究，承担国家民族教育重点研究课题，参与拟定民族教育发展规划；开展重点民族地区教育政策、民族教育特殊性问题以及热点难点问题研究，提出具体政策建议；开展双语教育体制机制、教师队伍建设、课程和教材体系以及教育教学资源建设研究；开展民族教育质量监测、评估及评价指标体系的研究；开展民族文化和国际多元文化教育政策比较研究，参与组织学术交流，承办民族教育政策宣传工作等。③

民族教育发展中心已建立了 12 个重点研究基地。其主要任务包括：聚焦国家关于加快发展民族教育事业的重点工作，以民族教育改革与发展的重大理论、政策和实践问题为主攻方向，立足区域优势、发挥基地特长、找准科研定位，以合作开展课题项目和组织专项调研等为抓手，构建跨地区民族教育科研平台，切实增强服务民族教育决策的能力，为民族教育科学发展提供理论指导与智力支撑。④

7. 加强领导，规范管理工作

加强组织领导。按照教育部统一部署，强化教育部民族教育发展中心的研究指导职能，统筹规划、协调指导、组织开展民族教育重大理论、政策和现实问题的研究，加强全国民族教育专家委员会建设，充分发挥

---

① 2014 年 11 月 2 日教育部办公厅：《关于印发〈全国民族教育科研规划（2014—2020 年）〉的通知》，http：//www. moe. edu. cn/srcsite/A09/s7046/201411/t20141103_ 178341. html。

② 2015 年 8 月 11 日国务院：《关于加快发展民族教育的决定》，http：//www. gov. cn/zhengce/content/2015 –08/17/content_ 10097. htm。

③ “中心简介”，http：//mjzx. moe. edu. cn/edoas2/nationality/NewSecond. jsp? infoid =1366206776982297&infoid1 =1365667404897102&first =0。

④ “重点研究基地”，http：//mjzx. moe. edu. cn/edoas2/nationality/NewSecond. jsp? infoid =1421746233664107&infoid1 =1444351936703109&first =2。

专家的学术引领和智库作用。进一步深化地方民族教育行政、科研部门和高校科研处（社科处）及其他科研管理部门的沟通合作，加强地方民族教育研究机构、研究基地和科研队伍建设，整合民族教育科研资源，建立完善民族教育科研协作平台和交流研究机制。

突出研究重点。要紧密结合民族教育实际，在教育部统筹规划下加强民族教育领域重大理论、政策与实践问题的研究，特别是要加强西藏、新疆、四省藏区以及其他特殊困难地区教育问题的研究。鼓励跨地区、跨部门加强民族教育重大问题的联合攻关，鼓励民族教育一线工作者开展民族教育行动研究。民族院校、民族地区高校和科研机构要建立专门的研究团队，促进民族教育科研队伍专业化建设。

加大经费投入。高度重视民族教育科研工作，把民族教育科研纳入中央和地方教育科学研究总体规划，加大政策和经费支持。中央和地方财政要根据民族教育发展需求，加大倾斜力度，支持民族地区学校、相关科研机构加强民族教育研究团队建设，开展民族教育理论、政策及实践研究。要广泛开展民族教育宣传工作，扩大社会影响力，鼓励社会力量支持民族教育科学研究。加强科研经费的使用和监管，切实提高使用效益。

完善制度建设。不断建立和完善民族教育科研管理制度，形成规范化的课题规划制度、评审制度、开题制度、中期报告制度、鉴定结题制度、成果奖励和推广制度，深化民族教育科研体制机制改革，推进课题管理的科学化、程序化、民主化。加强课题绩效考核，鼓励联合攻关，重视后期资助，促进民族教育科研制度化建设，形成知识创新系统、应用研究系统、成果推广系统相结合的科研体系。

健全实施方案。按照“分类指导、分步实施、循序渐进”的原则实施民族教育科研规划，增强规范性和可预见性。每年度课题指南应紧紧围绕和落实科研规划有所侧重，及时反映民族教育改革发展的新情况和新问题，深化基本理论研究，强化政策实践研究，拓展新的研究空间，进一步细化研究工作实施方案，不断推进民族教育科研工作跃上新台阶。①

---

① 2014 年 11 月 2 日教育部办公厅：《关于印发〈全国民族教育科研规划（2014—2020 年）〉的通知》，http：//www. moe. edu. cn/srcsite/A09/s7046/201411/t20141103_ 178341. html。

十　切实加强对民族教育的组织领导

1. 加强党对民族教育工作的领导

党的领导是确保民族教育正确发展方向的根本保证。要充分发挥党委领导核心作用，健全民族教育的领导体制和工作机制，及时研究解决民族教育工作中的重大问题和群众关心的热点问题。进一步加强和改进民族地区教育系统党的建设，重视抓基层、打基础，把学校党建工作放在更加突出的位置，加强组织建设，完善制度体系，抓住薄弱环节，转变工作方式，提升党员干部的政治意识、责任意识、阵地意识和底线意识，切实增强学校党组织的创造力、凝聚力、战斗力。①

2. 全面履行政府职责

各有关部门要加强对民族教育发展的统筹协调和分类指导。地方各级政府是推进民族教育发展的责任主体，要把民族教育工作纳入重要议事日程，建立由主要负责同志负总责、分管负责同志具体负责、教育部门牵头、有关部门密切配合的工作机制。健全民族教育管理机构，加强领导班子建设，教育行政部门要明确专门机构和人员负责民族教育工作，加强对跨省区民族教育协作的指导和管理。②

认真落实各项政策措施。地方政府在编制区域发展战略规划和地方经济社会发展规划时，要把民族教育摆到突出位置，优先发展、重点保障，并列为政府目标考核的重要内容。研究制订民族教育发展专项规划和年度计划，明确发展目标、主要任务、改革举措、重大项目和保障措施。民族自治地方可以依据法律，结合实际，制定民族教育法规。建立健全民族教育政策落实情况监督检查机制，国务院教育行政部门要会同有关部门定期开展专项督导检查。③

3. 把握发展民族教育的基本原则

要准确把握新时期发展民族教育的基本原则。

坚持中国共产党的领导。坚定不移地把党的政治领导、思想领导、组织领导贯穿到民族教育工作的全过程和各方面，坚持社会主义办学方向，坚持中国特色社会主义道路，坚持维护祖国统一，坚持各民族一律

---

① 2015年8月11日国务院：《关于加快发展民族教育的决定》，http：//www. gov. cn/zhengce/content/2015－08/17/content_ 10097. htm。

② 同上。

③ 同上。

平等，打牢中华民族共同体思想基础，巩固和发展平等团结互助和谐的社会主义民族关系。

坚持缩小发展差距。坚持民族因素和区域因素相结合，完善差别化区域政策，分区规划，分类指导，夯实发展基础，缩小发展差距，促进教育公平，决不让一个少数民族、一个地区掉队，推进民族教育全面发展。

坚持结构质量并重。适应区域发展总体战略和“一带一路”建设需要，优化教育结构，科学配置资源，提高教育质量，提升少数民族和民族地区学生就业创业能力和创造幸福生活能力，促进民族教育与经济社会协调发展。

坚持普特政策并举。发挥中央统筹支持作用，加大中东部地区对口支援力度，激发民族地区内生潜力，系统谋划、突出重点，普惠性政策向民族教育倾斜，制定特殊政策重点支持国家通用语言文字教育基础薄弱地区教育快速发展。

坚持依法治教。依据国家法律法规，运用法治思维和法治方式深化民族教育综合改革，扎实推进教育行政部门依法行政、学校依法治校，加强法治教育，增强各民族师生法律意识。坚持教育与宗教相分离。全面贯彻党的宗教工作基本方针和有关宗教法律法规，任何组织和个人不得利用宗教进行妨碍国家教育制度的活动，不得在学校传播宗教、发展教徒、设立宗教活动场所、开展宗教活动、建立宗教组织。①

4. 加强“三区”教师资源配置管理

“三区”教师选派工作是加强教师资源配置管理、推进县域内义务教育学校教师校长轮岗交流和城镇教师支持农村教育的重要措施。各省（区、市）省级教育、财政部门要充分认识做好此项工作的重要性，力争通过实施该计划建立健全师资均衡化发展长效机制，不断提高“三区”师资队伍水平。

要及时研究解决具体问题。各地要通过内部调剂、接收实习生、安排受援地教师跟岗培训等多种方式，解决派出学校的教师缺口问题。受援县教育部门和学校要安排好支教教师的生活、工作条件，做好日常管

---

① 2015 年 8 月 11 日国务院：《关于加快发展民族教育的决定》，http：//www. gov. cn/zhengce/content/2015 -08/17/content_ 10097. htm。

理考核工作，充分利用支教教师先进的教学理念、教学方法和丰富的教学经验，帮助当地教师提高教学水平和业务能力。①

对"三区"人才支持计划教师专项计划要加强领导，做到政策保障、经费保障和组织保障。

选派到"三区"的支教教师，支教期间人事关系保留在原单位，支教期满后仍回原单位工作。原工资福利待遇不变，按月发放工作补助、交通差旅费用以及购买意外保险等补助。其支教经历视同城镇教师到农村教育工作经历，符合规定条件的，应在工资、职务（职称）晋升、计算基层工作经历、研究生考试等方面，按现有倾斜政策执行。对于选派工作期间业绩突出、基层欢迎的特别优秀人员，按照国家有关教师奖励的规定予以表彰奖励。受援县（团场）负责支教教师的住宿生活、工作岗位及日常管理，要充分发挥他们的引领示范作用，并如实对教师支教期间的工作情况进行考核评价。选派方、受援方及支教教师本人三方应签订工作协议以明确权责。

受援县义务教育阶段教师选派工作经费由中央财政和地方财政按照年人均2万元标准共同分担，其中：西部省份由中央财政负担；中部省份由省级财政和中央财政按1∶1比例分担；东部省份由省级财政自行负担。选派工作经费主要用于向选派教师发放工作补助、交通差旅费用及购买意外保险费等补助。中央财政应分担的选派工作经费采取据实结算的方式。其他教育阶段教师选派工作经费由派出地负责。培训工作经费，由各地结合本地区中小学和幼儿园教师国家级培训计划、职业院校教师素质提高计划以及对口支援等工作统筹安排。

"三区"人才支持计划教师专项计划在中央组织部、教育部、科技部、民政部、财政部、人力资源社会保障部、农业部、文化部、卫生部、国务院扶贫办等部门（单位）联合组成的部际协调小组的统一领导下，由教育部牵头制订总体方案，各省（区、市）及新疆生产建设兵团教育行政部门具体负责组织实施。

在中央组织部的指导下，教育部会同财政部、人力资源社会保障部、

---

① 2014年3月13日教育部办公厅、财政部办公厅：《关于做好2014年"三区"人才支持计划教师专项计划有关工作的通知》，http：//www.moe.edu.cn/srcsite/A09/s7046/201403/t20140314_165862.html。

国务院扶贫办等有关部门负责计划的总体设计和统筹管理，研究制定相关标准和指导意见，审核各省（区、市）及新疆生产建设兵团项目计划和实施方案，指导项目实施，开展评估检查工作。

各省（区、市）及新疆生产建设兵团教育行政部门会同当地有关部门统筹规划和管理本地区项目实施工作，建立健全项目工作机制和具体实施办法，指定专门机构和人员负责本地区方案实施的协调管理工作，落实各项优惠政策和支持措施，确保本地区教师选派、培训工作顺利开展。

各受援地的市、县两级教育行政部门会同同级有关部门，积极落实选派教师安排、本地教师培训的具体任务，提出受援需求，负责安排落实工作岗位，为选派到受援单位的教师提供必要的工作和生活条件，做好日常管理和考核工作。①

5. *加强全国性学术组织机构建设*

为进一步推进全国民族教育科研工作，提高民族教育科学决策水平，教育部决定成立全国民族教育专家委员会。

专家委员会是在教育部领导下，对民族教育科研重点工作和重大课题开展专业工作的专家组织，是全国民族教育科研工作的学术咨询和审议机构。专家委员会贯彻党的教育方针和民族政策，解放思想、实事求是，恪守学术道德和科研规范，科学规范、公平公正地履行职责。其主要职责是对民族教育科研工作开展咨询、指导、评估和服务工作，重点根据全国民族教育专家委员会章程和教育部统筹规划，开展对民族教育重大问题的科学研究，为教育部民族教育政策的制定提供咨询意见。专家委员会下设民族教育理论与政策、基础教育、职业教育、高等教育、双语教育、民族团结与比较教育、内地民族班 7 个学科（领域）组。专家委员会常设机构为秘书处，负责处理日常事务。秘书处设在教育部民族教育发展中心。②

为了充分发挥专家学者在高等学校少数民族预科教育教学和管理工

---

① 2012 年 11 月 27 日教育部等五部门：《关于印发〈边远贫困地区、边疆民族地区和革命老区人才支持计划教师专项计划实施方案〉的通知》，http：//www. moe. edu. cn/srcsite/A09/s7046/201212/t20121218_ 146367. html。

② 2014 年 8 月 14 日教育部办公厅：《关于成立全国民族教育专家委员会的通知》，http：//www. moe. edu. cn/srcsite/A09/s7046/201408/t20140819_ 174348. html。

作中的指导作用，切实提高高等学校少数民族预科教育教学质量和管理水平，教育部决定成立高等学校少数民族预科教育教学和管理工作指导工作委员会。

预科指导委员会由各高等学校少数民族预科基地及有关高校的领导、专家组成。为非常设学术机构，在教育部领导下，对全国高等学校少数民族预科教育教学和管理工作开展研究、咨询、指导和服务。主要任务是：组织和开展高等学校少数民族预科教育教学管理领域的理论与实践研究；就高等学校少数民族预科教育改革等重大问题向教育部提出咨询意见和建议；就少数民族预科培养学校的思想政治教育、安全稳定、教材建设、教学改革等具体工作向教育部提出咨询意见和建议；承担与高等学校少数民族预科教育教学有关的其他咨询工作，组织开展高等学校少数民族预科教育的学术研讨和信息交流等工作；承担教育部委托的其他任务。①

6. 做好贫困地区儿童发展工作

促进贫困地区儿童发展是切断贫困代际传递的根本途径，是全面建成小康社会的客观要求，也是政府提供基本公共服务的重要内容。为此，要进一步采取措施，促进贫困地区儿童发展。

要落实地方政府责任。贫困地区儿童发展工作在国务院统一领导下，实行地方为主、分级负责、各部门协同推进的管理体制。省级政府负责统筹组织，制订实施工作方案和推进计划。地市级政府要加强协调指导，督促县级政府和有关部门明确责任分工，细化政策措施。县级政府要统筹整合各方面资源，落实各项具体政策和工作任务，创新管理和运行方式，切实提高支持政策和项目的执行效率。

要明确部门职责分工。发展改革部门要将贫困地区儿童发展纳入国民经济和社会发展总体规划，完善贫困地区妇幼保健和儿童医疗、教育、福利服务等基础设施建设。财政部门要统筹安排财政资金，加强经费监管。教育、卫生计生、民政、公安、工业和信息化、水利、扶贫、妇儿工委等部门要切实履行职责，并加强协调和指导。妇联、共青团、残联等单位要积极参与做好促进儿童发展各项工作。

---

① 2014 年 12 月 8 日教育部：《关于成立高等学校少数民族预科教育教学和管理工作指导委员会的通知》，http：//www. moe. edu. cn/srcsite/A09/s7046/201412/t20141223_ 182994. html。

要开展监测评估。各级政府对规划实施进展、质量和成效进行动态监测评估，将规划重点任务落实情况作为政府督查督办重要事项，并将结果作为下一级政府绩效考核重要内容。建立健全评估机制，开展第三方评估。充分发挥卫生计生、教育和社会政策等领域专家作用，开展贫困地区儿童发展重大问题决策咨询。

要营造良好氛围。广泛宣传促进贫困地区儿童发展的重要性和政策措施，做好政策解读、回应群众关切，宣传先进典型、推广经验做法，动员全社会关心支持贫困地区儿童发展，为规划实施创造良好社会环境。①

要设立学前教育发展资金。学前教育发展资金是由中央财政设立、通过一般公共财政预算安排、用于奖补支持各地扩大学前教育资源、开展幼儿资助的资金。由财政部和教育部共同管理。分配使用管理遵循“总量控制，突出重点，省级统筹，规范透明”的原则。学前教育发展资金支持的范围为各省、自治区、直辖市、计划单列市及新疆生产建设兵团，重点支持中西部和东部困难省份，并向农村、边远、贫困和民族地区倾斜。学前教育发展资金分为两类，即“扩大资源”类项目资金和“幼儿资助”类项目资金。前者用于奖补支持地方多种渠道扩大普惠性学前教育资源，后者用于奖补支持地方健全幼儿资助制度。财政部和教育部对学前教育发展资金分类实施目标管理，根据各省工作进展情况，适时组织开展绩效评价。“扩大资源”类项目资金，地方财政和教育部门要根据学前教育发展目标和各地实际，统筹确定扩大学前教育资源的方式和资金比例，采取适宜的资金管理方式，厉行勤俭节约，反对铺张浪费。加强项目库建设和管理。属于基本建设的项目，要严格履行基本建设程序，项目完成后要及时办理竣工决算和资产移交等手续。属于政府采购范围的项目，应该严格执行政府采购法律制度规定。“幼儿资助”类项目资金，地方财政和教育部门要向贫困地区倾斜，合理确定资助范围和资助标准，建立幼儿资助管理信息系统和动态调整机制，通过减免保育教育费、补助伙食费等方式，确保家庭经济困难幼儿接受普惠性学前教育。地方财政和教育部门要明确职责，分级管理，加强监督，提高资金使用

---

① 2014年12月25日国务院办公厅：《关于印发〈国家贫困地区儿童发展规划（2014—2020年）〉的通知》，http：//www. gov. cn/zhen gce/content/2015－01/15/content_ 9398. htm。

效益。[①]

7. 对民族教育发展情况进行督导督察

2015年8月国务院印发《关于加快发展民族教育的决定》，对新时期做好民族教育工作进行了全面部署。根据中央改革办关于对已出台的改革举措开展督察工作的要求，由教育部、国家民委牵头，对全国贯彻落实《决定》、加快发展民族教育的情况进行督察。督察的内容包括：各省（区、市）传达学习贯彻情况，研究制定推进民族教育发展政策情况，建立民族教育发展工作机制情况，加大对民族地区教育的对口支援情况，内地民族班办学情况等。督察的范围包括：各省级教育行政部门、民族部门均开展自查。其中实地督察内蒙古、广西、四川、贵州、云南、甘肃、青海、宁夏8个省份。督察的方式包括：各省级教育行政部门会同民族部门，按照自查提纲开展全面自查，并按照要求报送自查报告。实地督察的方式主要包括召开座谈会、查阅资料、到学校和相关单位实地查看等。[②] 在此基础上，2017年继续对落实《决定》情况开展督查。督查内容包括各省（区、市）贯彻落实《决定》研究制定推进民族教育发展政策措施情况，健全民族教育领导体制和工作机制情况，解决突出问题情况，教育扶贫工作开展情况等。[③]

为深入贯彻落实党的十九大精神，推动改变教育区域发展不平衡状况，缩小东中西之间差距，促进教育公平，提高教育质量，国务院教育督导委员会办公室于2017年12月印发《加快中西部教育发展工作督导评估监测办法》，以确保2020年加快中西部地区教育发展总体目标如期实现。督导评估监测的主要内容包括：实现县域内义务教育均衡发展、大力发展职业教育、加快普及高中阶段教育、提升中西部高等教育发展水平、积极发展农村学前教育、推动民族教育加快发展、保障残疾人受

---

① 2015年7月1日财政部、教育部：《关于印发〈中央财政支持学前教育发展资金管理办法〉的通知》，http://www.xjedu.gov.cn/xjjyt/jyzt/ckw/kjxh/cktx/2015/90645.htm。

② 2016年4月21日教育部办公厅、国家民委办公厅：《关于开展加快发展民族教育督察工作的通知》，http://www.moe.edu.cn/srcsite/A09/s7046/201605/t20160504_241920.html。

③ 2017年10月13日教育部办公厅、国家民委办公厅：《关于继续开展加快发展民族教育督查工作的通知》，http://www.moe.gov.cn/srcsite/A09/s7046/201711/t20171121_319640.html。

教育权利等。[①]

8. 完善教育经费投入机制

继续安排人口较少民族农村义务教育阶段寄宿生生活费补助[②]。

加大学生资助力度。完善学前教育资助制度。落实好农村义务教育阶段学生“两免一补”政策，完善经费标准动态调整机制，确保应助尽助。落实好中等职业教育免学费政策，完善国家助学金政策。普通高中、高校学生资助政策向少数民族和民族地区家庭经济困难学生倾斜。在按程序制定或修订对口支援项目规划后，各省市对口支援新疆、西藏、青海藏区资金可用于资助受援地在内地学习的学生。将民族预科生和少数民族骨干计划基础强化培训阶段的家庭经济困难学生纳入高校国家资助体系。鼓励内地高校通过设立学习进步奖学金等方式，加大对来自国家通用语言文字教育基础薄弱地区学生的奖励资助力度。做好残疾学生资助工作。[③]

完善经费投入机制。各级政府要切实增加民族教育投入，加快推进民族地区基本公共教育服务均等化。中央财政针对民族地区特殊情况加大一般性转移支付和教育专项转移支付力度，并重点支持新疆、西藏和四省藏区等国家通用语言文字教育基础薄弱地区开展双语教育。整合民族教育中央专项资金并适时扩大资金规模，集中用于解决双语教育、教师培养培训、民族团结教育、民族文化交融创新等方面的突出问题。地方各级人民政府在安排财政转移支付资金和本级财力时要对民族教育给予倾斜。对口支援资金要继续加大对教育事业的支持力度。完善内地民族班办学经费投入机制。鼓励和引导社会力量支持发展民族教育，多渠道增加民族教育投入。[④]

9. 强化内地民族班教育管理服务

制订长远发展规划，加大支持力度，进一步加强内地民族班建设，

---

① 2017 年 12 月 12 日国务院教育督导委员会办公室：《关于印发〈加快中西部教育发展工作督导评估监测办法〉的通知》，http：//www. moe. gov. cn/srcsite/A11/s7057/201712/t20171214_321358. html。

② 2016 年 12 月 24 日国务院：《关于印发“十三五”促进民族地区和人口较少民族发展规划的通知》，http：//www. 121jk. cn/news/redianzhuanti/show52704. html。

③ 2015 年 8 月 11 日国务院：《关于加快发展民族教育的决定》，http：//www. gov. cn/zhengce/content/2015 -08/17/content_ 10097. htm。

④ 同上。

改善办学条件。坚持“严、爱、细”原则，对各民族学生实行统一标准、统一要求、统一管理。推行内地民族班一对一、一对多的全员育人导师制，用心用情关爱学生，帮助解决学习生活困难。合理设置课程，加强教材建设，深化教学改革，强化课堂教学，加强课后辅导，严格考核标准，完善淘汰机制，加强督导评估，提高教学质量。完善后勤服务，办好学生食堂，尊重清真饮食习惯，鼓励有条件的地方为内地民族班学校统一采购清真食品原材料。在少数民族学生集中的学校按照50∶1的生师比配齐配强政治素质高、懂双语、会管理的少数民族教师，推广设立少数民族学生工作示范平台，全面提高教育管理服务水平。①

10. 加快推进民族地区教育信息化

加强民族地区教育信息基础设施建设，加快推进“宽带网络校校通”“优质资源班班通”“网络学习空间人人通”，国家教育资源公共服务平台优先向民族地区学校开放。制订民族地区教育资源建设方案，开发、引进、编译双语教学、教师培训和民族文化等数字资源，并推广应用。在大规模在线学习平台上，开发面向民族地区的教育课程。鼓励民族地区与发达地区之间的校际联网交流。以中小学和职业院校教师为重点，加强对教师信息技术应用能力的培训，全国中小学教师信息技术应用能力提升工程向民族地区倾斜。②

① 2015年8月11日国务院：《关于加快发展民族教育的决定》，http：//www. gov. cn/zhengce/content/2015 -08/17/content_ 10097. htm。

② 同上。

再版后记

此书是国家民委高等学校社会科学课题“我党第三代集体领导对民族教育理论的继承与发展”的最终研究成果。

新中国民族教育理论是新中国民族教育实践活动的科学概括和总结，是中央几代领导集体智慧的结晶，是广大民族教育工作者无穷创造力的真实体现。前后既有继承性，又有阶段性，其发展呈现出持续性、发展性和创新性。由于各种因素的影响，目前我们对这方面的研究还相对薄弱，因此萌发了对新中国民族教育理论发展的全过程进行研究的愿望和创作激情。

为了完成此项目，我翻阅了新中国成立以来党和国家领导人的讲话，国家的有关法律、法规，国务院及有关部委颁布的有关文件和领导同志的讲话。

由于此项研究是对新中国民族教育理论全面和系统的研究，在总结和归纳过程中难免存在一些疏漏，甚至是比较大的疏漏。又由于此项研究涉及的文献较多，在具体内容的取舍过程中，也会因本人理解的偏差和认识程度上的不足等原因，存在着一些不尽如人意的地方。敬请各位专家、广大民族教育理论工作者和实践工作者提出宝贵的意见，以便今后做进一步的充实和完善。

该书于 2006 年 12 月由广西民族出版社出版后，曾作为“民族教育”博士和硕士学位培养学科的教科书和重要的参考文献。《中国教育报》2008 年 8 月 28 日曾刊发了由华中师范大学秦在东教授撰写的题为《丰富的教育实践遗产——评〈新中国民族教育理论概论〉》的书评。2009 年该书获得湖北省第六届社会科学优秀成果奖（2005—2006 年）三等奖。

该书第一版的研究内容截止于 2006 年 12 月。为了能够更全面地展示我国民族教育理论的整个发展过程和新鲜经验，十分有必要在原版的基础上，续写自 2006 年 12 月至今 11 年来民族教育理论发展进程和主要内容。正是基于这种考虑，笔者除了重新对该书原版内容重新进行了补充和修订外，还着重对民族教育理论自2006年12月以来11年的内容进行了归纳、补充和完善。

再版后的《新中国民族教育理论概论》，将我国民族教育理论的发展阶段重新划分为五个重要发展时期，即在原版民族教育理论的创立期、完善期、发展期、创新期基础上增加了深化期。通过研究可以看出，新中国民族教育理论在各个历史发展阶段，既展示出了它们所具有的特殊性和时代特征，也呈现出了与其他发展阶段相衔接的继承性和发展特征。

当然，我国民族教育理论与实践是丰富多彩的，是富于创造性和多样性的。笔者秉持无畏探索和无惧求真精神，力图更加充分地展示这种具有无限张力的理论和勃勃生机实践过程。希望通过我的不懈努力，能够为民族教育理论的发展“增砖添瓦”，续写民族教育理论辉煌的篇章。

此书的再版，得到了中南民族大学科学发展研究院和教育学院的大力指导与支持。特别是国家民委副主任吴仕民同志在该书第一版出版时亲自为此书写了序言。中国社会科学出版社和刘晓红编辑为此书的再版付出了辛勤的劳动，在此一并表示衷心的感谢！

孟立军

2017年1月15日